D1671740

LE CULTE DE LA JEUNESSE ET DE L'ENFANCE

EN ALLEMAGNE 1870-1933

Sous la direction de
Marc CLUET

Le Culte de la jeunesse
et de l'enfance en Allemagne
1870-1933

PRESSES UNIVERSITAIRES DE RENNES

2003

COLLECTION ETUDES GERMANIQUES

Parutions précédentes

La Révolution conservatrice et les élites intellectuelles européennes,
sous la direction de Barbara KOEHN, 2003, 228 p.

La Crise de la modernité européenne,
sous la direction de Barbara KOEHN, 2001, 488 p.

L'Allemagne, des Lumières à la Modernité,
Mélanges offerts à Jean-Louis BANDET sous la direction
de Pierre LABAYE, 1997, 424 p.

© Presses Universitaires de Rennes
Campus La Harpe
2, rue du Doyen Denis-Leroy
35 044 Rennes

Mise en page
Thomas van Ruymbeke pour le compte des PUR

ISBN : 2-86847-804-2
Dépot légal : avril 2003

SOMMAIRE

À Pierre Labaye,

pour son départ à la retraite au 1er septembre 2003
avec le cordial hommage du GRAAL,
ainsi nommé grâce à lui.

Avant-propos

Marc CLUET

Université Rennes 2

Les études réunies dans le présent volume sont issues du colloque international sur « Le culte de la jeunesse et de l'enfance en Allemagne 1870-1933 »,
organisé par le GRAAL (Groupe de Recherches Autrichiennes et Allemandes)
de l'Université de Haute Bretagne — Rennes 2, les 7, 8 et 9 mars 2002.
L'idée d'embrasser dans un seul et même regard scientifique le Jeune et
l'Enfant, dont les cultes différaient sensiblement — sans parler des distinc-
tions établies par la psychologie du développement contemporaine —, tient
à l'approche sociocritique que le GRAAL privilégie en Histoire des idées.
Jeune et Enfant entraient dans des stratégies de la « bourgeoisie cultivée »
allemande (*Bildungsbürgertum*) pour recentrer la société sur soi-même.
On pactisait avec les forces vitales, « pré-sociales », voire « a-sociales »,
pour contester la société telle qu'elle était « advenue » depuis 1848-1849.
Le front uni à l'époque de la première révolution allemande entre les
bourgeoisies d'affaires et « de culture » s'était bientôt rompu ; le courant
national-libéral se décomposa en partis rivaux. Le « bourgeois cultivé » qui
envisageait ses diplômes (*Abitur* + n) comme de véritables titres, nobiliaires
ou financiers, payait de dédain non seulement le banquier ou l'industriel,
mais aussi les experts en tous genres, autres qu'« ès culture ». Il était rarement accessible au mode de vie esthétique, mais superficiel, de l'aristocratie
que le régime impérial continuait de parer d'un prestige anachronique.
Le monde ouvrier n'existait guère pour lui, si ce n'est qu'il le devinait uni,
moralement et physiquement, avec le patronat, y compris quand ils s'af-
frontaient. C'étaient tous gens à se battre pour un bout de gras. Toutefois,
le dédain universel et l'esprit de caste n'excluaient pas l'envie de s'agréger
les autres couches sociales sous réserve qu'on soit au centre de la communauté renouvelée. Non seulement ce serait la meilleure revanche sur les
industriels et experts qui surclassaient de près ou de loin les « clercs », mais
on resterait également fidèle ainsi au travail de définition « culturelle »

de la nation allemande qu'on avait accompli avant l'unification (1871), — à la vieille idée de « *Kulturnation* ». Encore fallait-il trouver les ingrédients de la nouvelle culture normative. Les « universaux » biologiques de la Jeunesse et de l'Enfance convenaient d'autant mieux pour obliger toutes les couches sociales qu'un certain discours officiel de l'Empire, en particulier sous Guillaume II, transformait le retard objectif de l'Allemagne sur d'autres nations européennes comme la France en avantage de la jeunesse sur l'âge.

Par delà la sociologie, les paradigmes existentiels du Jeune et de l'Enfant étaient unis à l'origine dans la philosophie *kulturkritisch* de Nietzsche, prototype du « bourgeois cultivé » à tendance bohème. La *Deuxième Intempestive* (1874) où Nietzsche dénonce la (pseudo-)culture contemporaine, faisant alterner ennui et stimulation, connaît les deux figures : l'Enfant, préservé de cette alternative infernale, parce qu'il vit encore dans l'éternité de l'instant (« entre les barrières du passé et de l'avenir dans un bienheureux aveuglement ») ; le Jeune, de nature robuste, en sursis de la psychose maniaco-dépressive générale, prêt à combattre le dragon de la (pseudo-)culture au nom des puissances anhistoriques de l'Art et de la Religion (« *äternisierende Mächte* »)[1]. La subversion de la temporalité linéaire, judéo-chrétienne et moderne, était un thème hautement sophistiqué, proprement nietzschéen[2], mais il en recouvrait d'autres, d'un intérêt plus direct pour la « bourgeoisie cultivée ». Il y avait par exemple la santé naturelle face à la pathologie sociale, l'instinct ou le sentiment face à l'entendement (*Verstand*), « naturellement » enclin au matérialisme et à l'égoïsme. À ce titre, le Jeune et l'Enfant condensaient l'alternative à l'ordre dominant, industriel et capitaliste, défavorable à la « bourgeoisie cultivée ». L'émergence dans la peinture et les arts graphiques du thème de l'enfant ou de l'adolescent étranger à ce monde, chez Paula Modersohn-Becker ou Oskar Kokoschka[3], paraît hautement significative à la lumière des préoccupations « bourgeoises-cultivées ».

Les valeurs attachées au Jeune et à l'Enfant devaient être transmises grosso modo par trois canaux. Tout d'abord, on comptait sur un effet « magique » du spectacle de la jeunesse vivante ou représentée. Stefan George avait prétendu que l'apparition de Maximilian Kronenberg

---

1. Cf. *Zweite unzeitgemäße Betrachtung. Vom Nutzen und Nachteil der Historie für das Leben*, chap. 1 et chap. 10.
2. La doctrine de l'Éternel Retour du *Zarathoustra* n'a pas d'autre enjeu que de subvertir la temporalité linéaire, accusée de nourrir tous les ressentiments. Significativement, l'Enfant fait figure de protagoniste instinctif de la doctrine de l'Éternel Retour — au même titre que les animaux de Zarathoustra — à travers sa désignation métaphorique comme « roue qui roule sur elle-même » ! (« Ein aus sich rollendes Rad »). Cf. *Also sprach Zarathustra I* (1883), « Von den drei Verwandlungen ».
3. Cf. dans le présent volume l'étude d'Hélène Boursicaut sur « Vision et représentation de l'enfance dans la peinture de Paula Modersohn-Becker ».

(14 ans) dans son champ visuel, un jour de 1902, avait bouleversé son existence[4] ; plus prosaïquement, Adolf Knoblauch, poète néo-romantique égaré dans le Cercle de Herwarth Walden, affirmait que la seule vue d'un enfant pouvait réconforter un adulte en proie au découragement. Indiscutablement, tous les « fabricants » d'images d'enfants et de jeunes, à caractère visuel et/ou poétique, comptaient sur un effet de ce type. — Tout particulièrement, Hugo Höppener, dit Fidus, qui s'est toujours attaché à diffuser en masse les nus nordiques juvéniles dont il s'était fait une spécialité[5]. Par ailleurs, on comptait sur un effet de rajeunissement sur l'adulte de lectures qui l'y enjoignaient, soit par l'exemple, soit en théorie. Hugo von Hofmannsthal a beaucoup théorisé à ce sujet dans divers essais, apportant cette précision importante qu'une simple régression ne pouvait fournir la synthèse féconde souhaitable entre le jeune et le mûr[6]. La même leçon, très exactement, ressort de récits de Hermann Hesse qu'on qualifierait volontiers de « romans de *ré*formation » : au terme d'une maturation néfaste, Anselm atteint à une enfance supérieure dans le conte (*Märchen*) intitulé *Iris* (1918) ; pareillement, Emil Sinclair, à une jeunesse supérieure dans *Demian* (1919), véritable « livre culte » du mouvement de jeunesse[7]. Enfin, on s'en remettait à des institutions spécifiques, scolaires ou périscolaires, pour préserver le meilleur de l'enfance et de la jeunesse pour la vie adulte et la société. La disposition de l'enfant à constituer un être « complet », doué tout à la fois d'un cœur, d'un esprit et d'une main (« Herz, Kopf und Hand »), devait être maintenue et cultivée ; sa sensibilité (« Herz ») devait être renforcée dès l'origine pour qu'elle ne succombe pas ultérieurement à la dictature sociale de l'entendement[8]. Écoles Rudolf Steiner, « internats de campagne » (*Landerziehungsheime*), instituts divers prodiguaient aux enfants les cours d'artisanat d'art ou de danse rythmique, propices à leur complétude, ou leur faisaient pratiquer le dessin d'après nature, bon pour leur sensibilité. Plus tard, à partir de l'adolescence, d'autres institutions entraient en ligne de compte, telles les associations de jeunes « en mouvement » (*jugendbewegt*), les camps de vacances ou les universités d'été — avec des finalités partiellement modifiées. Dès lors que la complétude et la sensibilité étaient bien assises, des valeurs

---

4. Cf. dans le présent volume l'étude de Pierre Labaye sur « Le thème de la jeunesse chez Stefan George ».
5. Pour Fidus, cf. plus particulièrement dans le présent volume l'étude de Philippe Thiébaut sur « Le Jugendstil : quête de la modernité ou de l'âge d'or ». Également les études de François Genton et Klaus Vondung (cf. resp. n. 9 et n. 15).
6. Cf. dans le présent volume l'étude de Veronica Fanelli sur « Le projet 'anthropoïétique' de Hugo von Hofmannsthal pour la modernité » (en allemand).
7. Cf. dans le présent volume l'étude de Barbara Koehn sur « L'Enfant, utopie anthropologique chez Hermann Hesse » (en allemand).
8. Cf. dans le présent volume l'étude de Jacques Gandouly sur « La figure de l'enfant créateur dans la culture allemande autour de 1900 ».

13

subsidiaires, liées plus spécifiquement à l'adolescence, devaient être promues, notamment la force du caractère, face aux méfaits du matérialisme et de l'égoïsme.

Malgré leur coenracinement dans la « bourgeoisie cultivée » et par delà dans la philosophie *kulturkritisch* de Nietzsche, malgré tous les recoupements thématiques observés, les cultures « bourgeoises-cultivées » de l'enfance et de la jeunesse étaient donc conçues pour se compléter l'une l'autre. Le bien le plus élevé de l'enfance était indiscutablement sa (prétendue) faculté d'empathie avec le monde, voire sa mentalité « magique », au sens de Lévy-Bruhl, totalement étrangère à la raison instrumentale, en l'absence de distinction franche et nette entre le sujet et l'objet. Par suite, l'enfant savait apprécier les choses pour elles-mêmes ou, pour paraphraser Hofmannsthal, percevoir la « piscité » (*Fischheit*) du poisson ou l'« aurité » (*Goldheit*) de l'or — sous-entendu : sans jamais penser à la friture ou à l'anneau… En d'autres termes, l'enfant était un artiste né — même si — ou précisément parce qu'il ne (se) représentait rien. Le bien le plus élevé de la jeunesse était, à certains égards, antithéthique à celui de l'enfance. À la valorisation de l'objet déployé répondait celle d'un sujet formalisé. Le thème nietzschéen de la vraie volonté se retrouve dans la fameuse formule du Haut-Meissner sous couvert de laquelle le mouvement de jeunesse tenta de se fédérer, en octobre 1913, avec la bénédiction de « protecteurs » comme l'éditeur Eugen Diederichs, le publiciste Ferdinand Avenarius ou le pédagogue Ludwig Gurlitt[9]. La jeunesse s'arrogeait le droit de s'en tenir toujours à « son propre dessein, sous sa responsabilité particulière [et] en toute authenticité intérieure ». Il s'agissait essentiellement de prévenir tous les choix opportunistes, commandés par la routine, la facilité ou l'intérêt matériel. Étaient plus spécialement visés le nationalisme de commande, « suscité » par toutes sortes de rituels wilhelminiens (allocutions quotidiennes de l'Empereur, fêtes annuelles de la victoire de Sedan, commémoration « exceptionnelle » du centenaire de la bataille des Nations, etc.), ainsi que l'affairisme « bourgeois-mercantile » qui mettait à mal la « bourgeoisie cultivée » et ses fils et filles du mouvement de jeunesse.

Étant donné que le thème de l'authenticité permettait de sacraliser toutes les attitudes, y compris certaines qu'on récusait sur le fond, comme on allait voir en 1914, on chercha, dès les années de guerre, à en préciser le contenu : il s'agirait de cultiver la personnalité authentique, l'identité nationale authentique et l'essence du genre authentique, cette dernière servant de garde-fou à la première et surtout à la seconde. Ce tournant « sage », caractéristique de la branche *freideutsch* du mouvement de

---

9. Cf. dans le présent volume l'étude de François Genton sur « Les idées du Haut-Meissner ».

jeunesse d'après-guerre[10], doit même être crédité de diverses tentatives de rapprochements intercommunautaires/internationaux qui, pour modestes, voire ambiguës, qu'elles aient été, avaient le mérite, au moins, d'être lancées[11]. Dans toutes les hypothèses, ces développements offraient un saisissant contraste non seulement avec la branche *bündisch* du mouvement de jeunesse, fondée sur l'idée d'allégeance à un chef — bien plus dangereuse encore que l'idée de vraie volonté —, mais également avec l'expressionnisme littéraire. Si la génération expressionniste a salué en un premier temps, à travers la revue *Die Aktion*, l'esprit du Haut-Meissner, c'est finalement la rage vengeresse à l'encontre des instances qui entravent l'épanouissement des jeunes, la famille patriarcale, l'école traditionnelle, l'armée, le monde du travail, qui tint lieu de programme[12]. Les valeurs attachées à la jeunesse ne sont presque jamais thématisées pour elles-mêmes dans l'expressionnisme littéraire : en effet, quand ce n'est pas la révolte violente — parricide, « géronticide » — qui est « au cœur de l'action », c'est le scandale de la jeunesse corrompue, voire interrompue qui en constitue la trame. Cette thématique particulière domine aussi l'oeuvre de Kafka, qu'on peut rattacher à ce titre à l'expressionnisme littéraire[13], mais pas plus que chez les expressionnistes à proprement parler on ne trouve chez lui d'Anselm ou d'Emil Sinclair « d'avant-garde ».

Au lendemain de la guerre, les thèmes attachés à la jeunesse étaient ainsi soit abstraits (ou formalistes), comme dans le mouvement de jeunesse *freideutsch* et *bündisch*, soit pubertaires, comme dans l'expressionnisme littéraire. Deux types de réactions se sont manifestés dans les années vingt. Tout d'abord, on constate un phénomène de relégation de la figure du Jeune au profit de types virils accomplis[14]. La maturation recherchée devait prendre ce tour « mâle », non seulement parce que le Jeune avait toujours été plutôt le jeune de sexe masculin, mais aussi parce que l'ambiguïté sexuelle de l'adolescence appelait une solution tranchée. Les thèmes associés sont l'abnégation, l'autodiscipline qu'on retrouve aussi bien chez Ernst Jünger que chez Johannes Becher — ou encore chez

---

10. Cf. dans le présent volume l'étude de Marc Cluet sur « Le 'camp/terrain de jeunes' — un concept nouveau au lendemain de la Première Guerre mondiale ».

11. On retiendra surtout le dialogue avec la communauté juive allemande et le dialogue avec la France. Cf. resp. dans le présent volume l'étude de Peter Morris-Keitel sur « La belle apparence de la jeunesse. En rapport avec l'œuvre narrative de Gertrud Prellwitz » (en allemand) et l'étude de Dieter Tiemann sur « Le culte de jeunesse dans les rencontres de jeunes français et allemands de l'entre-deux-guerres » (en allemand).

12. Cf. dans le présent volume l'étude de Maurice Godé sur « La 'génération expressionniste' dans le miroir de ses revues ».

13. Cf. dans le présent volume l'étude de Florence Bancaud sur « Le 'meurtre d'âme' ou la nostalgie de la jeunesse perdue ».

14. Cf. dans le présent volume l'étude de Klaus Vondung, « Étapes du culte de la jeunesse dans la littérature allemande de 1900 à 1933 » (en allemand).

Hans Dominik, auteur de romans d'anticipation pour jeunes[15]. Chez ce dernier, le salut de la planète, mise à mal par des crises économiques, des guerres intercontinentales et des catastrophes écologiques, repose entre les mains d'une poignée de camarades surhumains, prêts à sacrifier tout développement personnel, tout plaisir des sens, toute légèreté de l'être à leur mission auto-assignée. L'entendement retrouve un certain prestige, mais le thème « classique » de la complétude n'est pas totalement abandonné. Ces héros ont recours à des techniques de méditation venues de l'Orient ancien ! Parallèlement au phénomène de « virilisation » du Jeune, sensible non seulement dans les textes, mais dans la vie, on observe de multiples retours critiques sur l'ancien culte de la jeunesse. Un Siegfried Kracauer qui avant-guerre avait été un randonneur d'allure « jeune en mouvement » (*jugendbewegt*) fit éclater la fiction d'une jeunesse une[16]. Il y avait la jeunesse petite-bourgeoise, moyenne-bourgeoise, « dorée », etc.[17]. Un Carl Sternheim tourna en dérision l'association jeunesse/vitalité/danse telle qu'on la cultivait (l'avait cultivée) dans de multiples instituts (cf. *supra*). Les filles en perdaient la tête, mais cela avait aussi du bon, puisque de la sorte elles devenaient des proies « faciles » pour les séducteurs masculins...[18]

La satire, chez Sternheim, de certaines valeurs préalablement associées à la jeunesse fait certainement rire, surtout à la scène, mais, à la reconsidérer aujourd'hui dans une perspective socio-culturelle, elle apparaît comme un combat d'arrière-garde, non seulement parce que les jeunes en général et les filles en particulier s'étaient éloignés des valeurs visées — sans parler de la part du fantasme dans leurs applications concrètes chez Sternheim —, mais aussi et surtout parce que des sympathisants de Hitler étaient déjà en train d'élaborer un mythe national-socialiste de la jeunesse, intégrant l'idée du sacrifice suprême. Le livre sur Quex, dont fut tiré le premier grand film de propagande nationale-socialiste (*Hitlerjunge Quex*), fut en librairie dès 1932.

L'idée de réactiver l'ancien culte de l'Enfant contre le Troisième Reich, avec toutes les valeurs associées, notamment la (prétendue) faculté d'empathie avec le monde, promettait d'être efficace — encore fallait-il la concevoir. Le mérite en revient à Johannes Urzidil[19] — à l'actif duquel

---

15. Cf. dans le présent volume l'étude de Denis Bousch sur « Les romans d'anticipation de Hans Dominik sous la République de Weimar ».
16. Cf. dans le présent volume l'étude d'Olivier Agard sur « Jeunesse et jeunisme dans la sociologie de la culture de Siegfried Kracauer ».
17. Pour la « jeunesse dorée », cf. dans le présent volume l'étude d'Alexandre Kostka sur « Nietzsche et la 'jeunesse dorée' — un penseur d'avant-garde, enjeu entre générations dans la revue *Pan* (1895-1900) ».
18. Cf. dans le présent volume l'étude d'Éva Philippoff sur « L'Éducation des jeunes filles selon Sternheim ».
19. Cf. dans le présent volume l'étude d'Isabelle Ruiz sur « La valeur mythique et anthropologique de l'enfance dans l'œuvre de Johannes Urzidil ».

on mettra encore d'avoir aidé, dans une certaine mesure, par sa présence physique aux Etats-Unis (1941 *sqq.*), à l'acclimatation américaine du culte de la jeunesse et de l'enfance sous des aspects spécifiquement germaniques. Le principal vecteur en fut cependant Hermann Hesse dont la fortune américaine est bien connue. La question des présupposés de ce transfert culturel est un vaste problème. Pour leur part, les participants du colloque de Rennes sur « Le culte de la jeunesse et de l'enfance en Allemagne 1870-1933 » sont déjà heureux d'avoir contribué — un peu, mais de fait — à la compréhension du culte de la jeunessse et de l'enfance en Allemagne même, — à la compréhension des facteurs qui ont présidé à son émergence dans le sillage de Nietzsche, ainsi que des modalités selon lesquelles il s'est décliné jusqu'en 1933 et au delà.

La figure de l'enfant créateur
dans la culture allemande autour de 1900

Jacques GANDOULY
Université d'Angers

Si l'intérêt porté à la jeunesse dans la culture allemande autour de 1900, ainsi que l'apparition d'un mouvement de jeunesse autonome : le *Wandervogel*, sont bien connus, comme l'attestent de nombreuses études, il n'en va pas de même pour l'intérêt que suscite à cette même époque la (re)découverte des facultés créatrices de l'enfant, dont le succès du livre d'Ellen Key *Das Jahrhundert des Kindes* permet de mesurer l'importance[1]. Cette figure de l'enfant créateur apparaît déjà dans le livre de Langbehn, *Rembrandt als Erzieher*[2], qui présente l'avantage de pouvoir mesurer — au plan de la simple perception ou des représentations — la réception, la diffusion de cette figure de l'enfant « dans la pose de l'artiste », au sein d'un milieu social qui use des mêmes références culturelles : le *Bildungs-bürgertum*. Pour Langbehn, que l'on peut classer parmi les représentants d'une *Kulturkritik* de type « *vulgär idealistisch* », la pensée scientifique, appelée aussi *Verkopfung*, *Verstandeskultur* (culture cérébrale), a perverti l'idéal de la *Bildung*, le résultat étant une « barbarie scientifique, instruite ». Reprenant un thème récurrent de la culture allemande, Langbehn propose comme remède de « rétro éduquer » (*zurückerziehen*) le peuple allemand, pour qu'il « retrouve ses forces originelles (p. 48) » (*auf seine eigenen Urkräfte zurückgreift*). Cette œuvre de « rétro éducation » sera entreprise par « l'empereur inconnu » (*der heimliche Kaiser*), dont Langbehn annonce la venue à la fin de son livre (p. 352-356). Pour notre propos deux aspects sont à retenir ; d'une part il s'agit d'une « personnalité qui réunissant les qualités

---

1. KEY E., *Das Jahrhundert des Kindes*, 1902. Sur E. Key on signalera le livre (collectif) de BAADER M. S., BAADER J. & ANDERSEN S., *Ellen Keys reformpädagogische Vision. Das Jahrhundert des Kindes und seine Wirkung*, Weinheim und Basel, Beltz Taschenbuch, 2000.
2. *Rembrandt als Erzieher. Von einem Deutschen*, 50-55. Auflage, 1922.

de l'homme politique et de l'artiste » (*kunstpolitische Persönlichkeit*), « étendra la formation politique acquise par les Allemands à ces dons artistiques qu'ils possèdent depuis déjà longtemps ». L'achèvement de l'unité allemande exige donc que l'on comble un déficit culturel en redonnant à l'art la place qui lui revient ; il faut prendre le terme « art » certes dans le sens le plus courant, mais plus encore dans le sens des facultés intuitives dont Langbehn fait la clé de tout savoir et en toute logique il n'hésite pas étendre le domaine de l'art à toutes les activités humaines que ce soit la politique, ou la science. D'autre part, et nous touchons là au point central de notre sujet, cet empereur secret se présente comme un enfant ; « il doit être l'enfant terrible (en français) des Allemands ; celui dont la parole vraie renverse des constructions illusoires et fausses ; celui qui rétablit la nature dans ses droits face à la nature dénaturée (*Unnatur*) » (p. 354). Dans le dernier chapitre intitulé *Wiedergeburt*, Langbehn revient sur la nécessité pour les Allemands de retrouver leur *Kindernatur*, l'enfance, et de se ranger aux côtés des peuples jeunes, s'ils ne veulent pas comme les Turcs être privés d'avenir ; il termine par une de ces affirmations gratuites qui ont sans doute assuré le succès du livre auprès d'un public friand de « *geflügelte Worte* » : « La vraie foi a toujours été celle de l'enfant et l'humanité vraie a toujours été l'enfance » (*Echter Glaube war immer Kinderglaube ; und echte Menschheit immer Kindheit*[3]).

On voit bien apparaître dans cet ouvrage les éléments qui constituent la figure de l'enfant créateur : retour aux origines, à une nature première, valorisation de l'art au détriment de la raison positiviste (*Verstand*). Cette position est une réponse à la crise culturelle que connaît alors une partie de la bourgeoisie cultivée et cette crise trouve aussi un écho parmi les pédagogues chez qui elle prend la forme d'une *Bildungskrise* ; parmi ces pédagogues beaucoup sont philosophes ou théologiens de formation et s'intéressent principalement à l'école primaire, donc à la petite enfance, mais on trouve aussi parmi eux des *Philologen*, qui enseignent dans le secondaire ; par ailleurs la formation théorique et pratique qu'ils ont reçue ainsi qu'une tradition plurielle de la pensée éducative leur facilitent, à la différence de la France, la réflexion sur des solutions alternatives à l'enseignement institutionnalisé. Celui-ci justement est la cible de nombreuses critiques ; Nietzsche s'est exprimé à ce sujet au début de son séjour à Bâle[4], mais le malaise s'accroît dans les années qui suivent. La Conférence sur l'école de 1890 en est le signe. On peut résumer les causes de ce malaise ainsi :

---

3. *Ibid.* p. 378.
4. In *Über die Zukunft unserer Bildungsanstalten*. Voir HEGER-ETIENVRE, « Nietzsche à Bâle. Anatomie et réception de 'Sur l'avenir de nos établissements d'enseignement' », in *Recherches germaniques*, n° 19, 1989.

1) l'enseignement apparaît sclérosé (*verknöchert*) dans ses méthodes; l'école, la *Paukschule* distille l'ennui, on relira à ce propos les témoignages d'écrivains dans des œuvres telles que *Le professeur ordure ou la fin d'un tyran (Professor Unrat oder das Ende eines Tyrannen*) ou bien *Sous la roue (Unterm Rad)* de H. Hesse. Cette situation s'explique en partie par le triomphe de l'herbartianisme, pédagogie mise au point par les disciples d'Herbart et qui dans un esprit de systématisation impose une démarche pédagogique contraignante et réductrice.

2) Il faut tenir compte aussi des contenus de l'enseignement classique, fondement de la *Bildung*, qui sont fortement concurrencés par la poussée des sciences et techniques qui font justement appel au *Verstand* (c'est la question de la reconnaissance du *Realgymnasium*, du lycée moderne, et des universités techniques).

3) A cela s'ajoute la crise des diplômes dont certains sont dévalorisés, ce qui suscite une inquiétude profonde dans un pays où les diplômes, en particulier l'*Abitur*, le baccalauréat, ont fondé sur le savoir, sur la *Bildung* une certaine forme d'égalité, de méritocratie. Mais cette *Bildung* est, il est vrai, défendue en même temps par certains comme un droit de propriété (voir les conditions d'accès au *Einjähriges*[5]) face à l'expansion d'un enseignement secondaire qui permet en effet une ouverture vers les classes moyennes.

C'est dans ce contexte que des pédagogues et des enseignants — principalement dans le Nord de l'Allemagne — redécouvrent des courants plus anciens, occultés par l'esprit de système des disciples d'Herbart ou par des considérations d'ordre politique (Fröbel[6]); on assiste ainsi à une renaissance de la pensée fröbélienne (importance du jeu, mais aussi vision romantique, de l'unité profonde de l'homme, de la nature et du divin); en 1874 la nièce de Fröbel fonde à Berlin la Maison Pestalozzi-Fröbel. Dans les années 80 émerge le courant de la *Kunsterziehungsbewegung* (Mouvement d'éducation par/pour l'art, désigné dans ce texte par KEW) qui conçoit l'art comme une activité créatrice fondamentale chez l'enfant et chez l'adulte; ce courant définit une anthropologie où l'art est conçu comme une force vitale permettant de dépasser les cloisonnements disciplinaires et de contrebalancer les excès de la *Verstandeskultur*, de la culture positiviste, qui toutefois n'est pas rejetée en bloc ou esthétisée comme chez Langbehn. Ce mouvement organise à Dresde (1901), à Weimar (1903) et à Hambourg (1905) trois congrès qui portent respectivement sur les arts plastiques, la langue et la poésie et

---

5. Sur cette singularité socio-culturelle qui joue un rôle non négligeable dans la militarisation de l'Allemagne wilhelminienne, voir J. Gandouly, *Pédagogie et enseignement en Allemagne de 1800 à 1945*, PU de Strasbourg, Coll. « Mondes Germaniques », 1997, pp. 93-95.
6. Fröbel ayant soutenu des positions libérales lors de la révolution de 1848, sa pédagogie est victime de la réaction.

enfin sur la musique et la gymnastique ; dans le même temps les expositions sur le thème de l'enfant artiste — dans le domaine du dessin, de la décoration — se multiplient : à Vienne en 1887, à la Kunsthalle de *Hambourg* en 1898, en 1901 à Berlin ; l'avant-garde artistique elle-même — par exemple l'almanach du *Blauer Reiter* de 1912 — se réfère à « l'art de l'enfant » comme nouvelle forme d'expression. Le mouvement se poursuit au-delà de la guerre : en 1922, Georg Friedrich Hartlaub conservateur du musée de Darmstadt organise une exposition sur les dessins d'enfant et publie à cette occasion un livre au titre éloquent *Der Genius im Kinde* (le fait qu'il supprime dans les éditions ultérieures le chapitre introductif intitulé *Die Anbetung des Kindes*, L'adoration de l'enfant, doit être mis au compte d'un tournant réaliste, dont la *Neue Sachlichkeit* — on lui attribue ce terme — est le signe). Comme on peut le constater les conditions étaient réunies pour accueillir le livre d'Ellen Key *Le siècle de l'enfant* (*Das Jahrhundert des Kindes*) qui paraît en 1902 et dont le succès est immense, sauf chez certains pédagogues, dont Friedrich Paulsen, pour qui le livre est une lecture pour « *Berliner Backfische* » (pour gamines berlinoises).

Le tableau que nous esquissons serait incomplet si nous passions sous silence l'apparition d'un nouveau savoir, qui revendique le statut de « science de l'âme », nous voulons parler de la psychologie expérimentale. En 1879 Max Wundt fonde le premier institut de psychologie expérimentale et parmi les initiateurs de la KEW on trouve un ancien collaborateur de Max Wundt, Ernst Meumann (1862-1915), qui s'installe en 1911 à Hambourg, où il fonde l'*Institut für Jugendkunde*. En 1882, le physiologiste Wilhelm Preyer publie *Die Seele des Kindes* (L'âme de l'enfant) livre dans lequel il décrit en détail les trois premières années de l'enfance de son fils, devenant ainsi l'un des fondateurs de la psychologie infantile. Rappelons enfin les travaux de Ludwig Klages sur la graphologie et la caractérologie. La question qui se pose est celle du rapport qui s'établit entre cette nouvelle science et la vision de l'enfant créateur. Dans la logique d'un Langbehn, l'approche expérimentale devrait susciter de sérieuses réserves ; or il n'en est rien : les pédagogues réformistes ainsi qu'une large fraction du public cultivé voient dans l'expérimentation psychologique la confirmation de leur image de l'enfance. L'intérêt pour la psychologie joue un double rôle : d'une part il assoit la pratique éducative sur des bases scientifiques, même si la psychologie est encore une science tâtonnante, et d'autre part il apporte la confirmation que l'art, le pouvoir de créer n'est pas réservé au génie. En conséquence, la frontière entre l'artiste et l'enfant a tendance à s'effacer, mais aussi entre l'artiste et l'amateur, entre l'œuvre d'art et des travaux ou des activités plus modestes comme la photographie, la peinture d'amateur (*Sonntagsmalerei*) ou la reliure. Cette absence d'opposition entre une visée esthétique et des considérations d'ordre expérimental s'explique en partie si l'on tient compte du poids de la philosophie dans la hiérarchie des disciplines ; M. Wundt lui-même occupe à Leipzig une chaire de philosophie et ses publications de 1883 à 1905 portent le titre *Philosophische Studien*. Mais plus encore, comme l'observe J. Oelkers, l'image de l'enfant au lieu de provenir de la synthèse des résultats de l'observation, est en fait le résultat d'une création volontaire, sinon volontariste : « La question centrale n'était pas tant la nature véritable de l'enfant que sa nature idéale[7] ». On se situe dans une logique progressiste, loin de tout pessimisme culturel : les progrès de la science semblent fournir à l'éducation la confirmation de ses espoirs et de ses certitudes.

Pareille attitude n'est pas propre à l'Allemagne ; à la même époque, Édouard Claparède, qui fonde en 1912 à Genève l'Institut Jean-Jacques Rousseau, cherche à « mettre en lumière les facteurs sociaux ou autres qui empêchent la plante humaine (on notera la métaphore organique, fröbélienne) de croître et de grandir d'une façon conforme à sa destinée[8] ». Il faut donc isoler par l'expérience et l'observation les facteurs qui font obstacle à la « croissance » de cette plante, avec laquelle on compare l'enfant, ce qui signifie que l'on présuppose qu'il existerait une vraie nature enfantine. On retrouve donc un vieux débat sur l'état de nature, initié par Rousseau, lequel précisait bien qu'il s'agit d'un état » qui n'existe plus, qui n'a peut-être point existé, qui probablement n'existera jamais » (*Discours sur l'origine de l'inégalité*) ; si on peut parler d'une fiction, d'une mise entre parenthèses, elle a toutefois le mérite de permettre la réflexion sur les faits et tout particulièrement les faits sociaux. Ainsi lit-on chez Pestalozzi, qui fut admirateur de Rousseau : « [...] l'homme est ce qu'il est par l'effet de la contrainte et de l'effort qui l'ont conduit à sentir, à penser et à agir dans ses affaires les plus importantes autrement qu'il ne l'aurait fait sans contrainte ni peine[9] ». Dans son *Anthropologie in pragmatischer Hinsicht*, Kant voit dans l'éducation le moyen d'articuler théorie et pratique, de former l'homme naturel de telle sorte que l'espèce morale et l'espèce physiologique ne se contredisent plus. Dans la période précédant le néo-humanisme le but de l'éducation est l'intégration de l'individu dans la société en tenant compte des réalités politiques et économiques, donc de la mutilation sociale. Si maintenant on examine la figure de l'enfant dans le contexte de la fin du XIXe siècle, la question est de savoir si elle renvoie à une nature première, immuable, ce qui peut indiquer une valorisation

---

7. In *Reformpädagogik. Eine kritische Dogmengeschichte*, Weinheim, 1989, p. 81.
8. In « Un institut des Sciences de l'Éducation et les besoins auxquels il répond », *Archives de Psychologie*, t. XII, fév. 1912, p. 8.
9. In *Mes recherches sur la marche de la nature dans le développement du genre humain* (1797), trad. M. Soëtard, Lausanne, Payot, 1994, p. 88. Sur Pestalozzi on lira l'excellente introduction de M. Soëtard, *Pestalozzi*, PUF, coll. « Pédagogues et pédagogies », 1995. Signalons que l'unique enfant de Pestalozzi, Jakob, est appelé familièrement Jean-Jacques.

des forces vitales (ces *Urkräfte* dont parlait Langbehn), d'une spontanéité pure qui fonde l'autonomie (*Selbstführung*), ou bien alors si l'objectif poursuivi est plus modestement de corriger un excès de rationalité, de systématisation. Mais dans un cas comme dans l'autre, étant donné l'affaiblissement du libéralisme politique, la question des faits sociaux, préoccupation centrale chez Pestalozzi, n'est pas l'objet du débat ; le débat se déploie dans le cadre d'une conception de la *Bildung* qui s'intéresse peu aux institutions, au rôle des partis, au progrès du parlementarisme. Si la figure de l'enfant créateur est porteuse d'avenir, c'est essentiellement parce qu'elle se fonde en premier sur une vision globale de l'homme, sur l'idée de *Ganzheit* (totalité) et on peut dire que dans un certain sens elle reprend la tentative schillérienne de dépasser grâce à l'éducation esthétique ces divisions qu'impose l'évolution des sociétés modernes. Chez les pédagogues elle apparaît comme un retour à une vision globale de l'homme marquée moins par le néohumanisme de Humboldt (sans doute trop universaliste) que par la triade *Herz, Kopf, Hand* (coeur, tête, main) chère à Pestalozzi, lequel voulait construire l'homme intégral, à la faveur de chaque objet d'enseignement, que celui-ci soit d'ordre moral, intellectuel ou physique.

C'est à partir de cette vision de l'homme intégral que d'un point de vue plus strictement éducatif, la découverte ou mieux la redécouverte des facultés créatrices chez l'enfant génère des pratiques pédagogiques et sociales très originales, novatrices. Citons la nouvelle conception de l'enseignement du dessin, mise en pratique à Hambourg par Carl Götze (non plus imitation d'ornements traditionnels et de formes abstraites mais représentation simple et claire des objets observés selon le principe de l'*Anschauung*, de l'observation des choses, qui vient de Pestalozzi), la décoration murale dans les classes (*Wandschmuck*), ou encore le travail en collaboration avec les musés sur l'initiative de Lichtwark, conservateur de la Kunsthalle. L'intérêt porté aux arts plastiques est très grand, étant donné le déficit de l'Allemagne dans ce domaine (Lichtwark a cette boutade : « *Der Deutsche sieht mit den Ohren* » : « l'Allemand voit avec ses oreilles »). Mais l'enseignement de la musique est également repensé grâce à Fritz Jöde, et on voit se développer en outre des pratiques pédagogiques qui reposent sur une nouvelle anthropologie, sur la découverte du corps : ainsi la danse ou la gymnastique pratiquées comme expression du rythme, de l'union *Leib-Seele*, de même le théâtre chez Martin Luserke ou R. Steiner. Venu du Nord de l'Europe le *slögd*, travail manuel sur le bois, connaît une large audience ; on milite en faveur de l'artisanat, des travaux à domicile (*Hausfleiss*) ce qui conduit à la création du *Deutscher Verein für werktätige Erziehung* (Association allemande pour l'éducation manuelle).

Cette dernière remarque à propos du travail manuel et de l'artisanat établit un lien avec un autre aspect, une autre fonction de la figure de l'enfant créateur ; il s'agit d'une *bildungspolitische Aufgabe*, c'est-à-dire d'une prise de conscience de la nécessité d'éduquer dès l'enfance le goût d'un public le plus vaste possible afin de donner à l'Allemagne dans le domaine de la production des produits manufacturés et artisanaux, et sur le marché de l'art, une place digne de son rang politique. Rappelons ici le rôle joué par les expositions internationales : Londres (1851), Paris (1855, 1867) et Chicago (1893) qui sont l'occasion d'importants transferts non seulement techniques, économiques mais aussi culturels. Culturels, car la question qui se pose, est celle du critère du beau appliqué à la production mécanisée, industrielle (Lichtwark avait visité l'exposition universelle d'Anvers en 1885 et noté la qualité médiocre des produits allemands).

Le sujet étant très vaste, on se contentera de poser les jalons suivants en centrant le propos sur A. Lichtwark (qui est idéal typique). Le champ culturel est ici remarquablement ouvert : influences scandinaves évoquées plus haut, anglaises surtout : William Morris que Lichtwark découvre par l'intermédiaire de fondateurs ou directeurs de musées d'arts décoratifs (*Kunstgewerbe*) tels que Brinkmann à Hambourg, Julius Lessing à Berlin. John Dewey même n'est pas absent du débat. Lichtwark justifie la nécessité de revaloriser esthétiquement les productions artisanales et industrielles, par le fait qu'il existe un lien entre l'esthétique d'un produit et son succès auprès du public. Or il se trouve que sur ce point l'Allemagne accuse à ses yeux un retard considérable ; « Il n'y a sans doute jamais eu, écrit-il, une couche supérieure de la société aussi inculte que dans l'Allemagne d'aujourd'hui », et il voit en Guillaume II le modèle du « prince sans culture ». Il s'irrite du comportement des nouveaux riches, tels cette millionnaire qui « dépense quelques milliers de marks pour un dîner, et s'épouvante si pour un bronze qu'elle veut offrir on lui demande 200 marks ». Le moyen pour lutter contre ce marasme culturel, annoncé par Nietzsche sous la forme de « l'extirpation de l'esprit allemand au profit du Reich allemand », s'inscrit dans le droit fil d'une tradition allemande séculaire : la *Volkserziehung*, l'éducation du peuple, mais dans le cas présent l'accent est mis sur l'éducation artistique, sur la formation du goût. A cet effet Lichtwark crée à Hambourg une « Association pour la Promotion de l'Éducation artistique à l'École », organise des visites au musée et on ne sera pas surpris d'apprendre qu'il est un des membres fondateurs du *Werkbund*. Par ailleurs sa volonté d'éduquer le goût des couches populaires (non pas des masses), de faire revivre l'art populaire, de développer l'amateurisme le rapproche du *Dürerbund* et de la *Heimatkunstbewegung*. En bref la figure de l'enfant créateur peut être considérée comme une « matrice » à partir de laquelle on tente de modifier en profondeur les pratiques culturelles de milieux sociaux qui débordent le *Bildungsbürgertum*, dans le sens d'une

« modernité modérée[10] » ; mais cette *volkspädagogische Aufgabe* n'exclut pas le pragmatisme économique, sous la forme d'un *Kunstnationalismus*[11] ouvert aux influences étrangères, presque avant-gardiste dans son intérêt pour l'esthétique industrielle et qui comprend que l'éducation artistique peut servir les conquêtes économiques[12].

Pourtant cette explication doit être complétée par un autre aspect culturel majeur : le rapport du *Bildungsbürgertum* à l'art. Que l'art joue un rôle important dans la vie de la bourgeoisie cultivée européenne est une banalité ; la valorisation de l'art dans ses qualités intuitives, en réponse au positivisme, se rencontre aussi en France, où Bergson s'exprime ainsi dans une interview en 1910 : « La philosophie telle que je la conçois […] se rapproche davantage de l'art que de la science. On a trop longtemps considéré la philosophie comme une science, la plus élevée hiérarchiquement. Mais la science ne donne de la réalité qu'un tableau incomplet, ou plutôt fragmentaire. Elle ne le saisit qu'au moyen de symboles forcément fragmentaire. L'art et la philosophie se rejoignent au contraire, dans l'intuition qui est leur base commune. Je dirai même : *la philosophie est un genre dont les différents arts sont les espèces*[13] ». La clarté du style, comme le contexte culturel excluent toute confusion avec le *Rembrandt als Erzieher*, mais on notera une convergence dans la place assignée à la science et le rôle dévolu à l'intuition. Ceci étant, la situation est en Allemagne profondément différente. Nous empruntons à Nipperdey les concepts de *Verbürgerlichung* et *Entbürgerlichung* appliqués aux rapports que le *Bildungsbürgertum* entretient avec l'art[14] ; l'art occupe en Allemagne plus qu'ailleurs une place centrale, il est devenu avec l'effacement progressif de la religion et de l'idéalisme, avec l'affaiblissement du libéralisme politique, porteur de sens, *sinnstiftend*, un substitut de la religion (*Kunstreligion*). Dans son dernier ouvrage, *Tradition, Avantgarde, Reaktion*, G. Bollenbeck décrit fort bien à propos des *Schillerfeiern* de 1859 ce qu'il appelle le « *konsensueler Kunstnationalismus der liberalen Ära* » (le consensus national sur l'art à

---

10. Voir NIPPERDEY Th., *Wie das Bürgertum die Moderne fand*, Stuttgart, Reclam, 1998, p. 62. « […] ce qu'il y a de particulièrement remarquable est l'approbation relativement large par la bourgeoisie de la modernité modérée, jusque dans ses aspects antibourgeois » (« […] das eigentlich Auffallende ist doch die relativ breite Zustimmung von Bürgern zur — moderaten — Modernität auch in deren Unbürgerlichkeit »).

11. In BOLLENBECK Georg, *Tradition, Avantgarde, Reaktion. Deutsche Kontroversen um die kulturelle Moderne 1880-1945*, Frankfurt/Main, Fischer, 1999, p. 44 ff.

12. Le *Werkbund* est fondé en 1907 et cette même année P. Behrens est engagé comme conseiller artistique par l'entreprise berlinoise AEG, fondée par Emil Rathenau. Parmi les membres du *Werkbund* on trouve également des entreprises de taille moyenne, tels les Ateliers allemands de Dresde ou la fabrique d'argenterie Bruckmann de Heilbronn. Il s'agit donc aussi de la fabrication d'objets d'utilisation courante. Ces efforts portent leurs fruits, puisque l'Angleterre impose la fameuse mention « *made in germany* ».

13. In *Mélanges*, Paris, PUF, 1972, p. 843.

14. *Wie das Bürgertum die Moderne fand, op. cit.*

l'époque libérale[15]). Mais ce consensus s'effrite ; la fondation du Reich n'a-mène pas de renouveau culturel et l'Allemagne apparaît de ce fait comme un pays culturellement à la traîne, à l'écart des grands courants artistiques : impressionnisme, sculpture avec Rodin (la musique n'est pas ici en ques-tion), mais aussi en position d'infériorité sur le marché de l'art. Pourtant ce pays reste très ouvert, en dépit de la montée du *Reichsnationalismus*, aux influences extérieures, comme le montrent les acquisitions des conservateurs de musées (Lichtwark à Hambourg, Hugo von Tschudi à la *Nationalgalerie* de Berlin) et le rôle joué par les mécènes et les marchands d'objets d'art (les Cassirer p. ex) ; de ce fait les canons esthétiques évoluent et cette évolution est accentuée par le phénomène des sécessions, par l'affirmation de plus en plus envahissante aux yeux de certains, de la modernité artistique qui menacerait « l'art allemand » et enfin par l'apparition des arts de masse. La question qui se pose est la suivante : existe-t-il un lien entre cette moder-nité et le succès de la figure de l'enfant créateur ou en d'autres termes cette figure est-elle une réponse au brouillage de ces repères qui sont à la fois esthétiques et porteurs de sens. On peut proposer, sous forme de résumé, l'hypothèse suivante : jusqu'aux deux dernières décennies du XIXᵉ siècle, l'œuvre d'art comme l'artiste sont issus du *Bildungsbürgertum* lequel impose les canons esthétiques, sa propre *Kunstsemantik*, pour reprendre le terme de Bollenbeck. La rupture se produit avec le naturalisme : l'artiste s'émancipe, ne rejoint plus son milieu d'origine dont il renie les valeurs esthétiques et morales ; ses œuvres sont assimilées au *Rinnsteinkunst* (art de bas étage) aux catégories du *Schmutz und Schund* (art immoral) ; la rupture touche d'autres domaines : la peinture, mais aussi la musique (R. Strauss, et plus encore Schönberg). Il est vrai aussi qu'une partie de la bourgeoisie cultivée accepte une certaine modernité, celle que Nipperdey qualifie de « modernité modérée » *(moderate Modernität)*, et que cette bourgeoisie argumente toujours selon le modèle libéral d'élargissement et d'intégration. Il n'en reste pas moins que l'hégémonie culturelle du *Bildungsbürgertum* est fortement ébranlée : les réactions de rejet au nom de « l'art allemand » sont le signe cette crise. C'est dans ce contexte d'un brouillage des repères et/ou d'un sentiment d'une menace que surgit la figure de l'enfant créateur, *das Kind als Schöpfer, Künstler, Genie* (l'enfant comme créateur, artiste, génie). Sa fonction nous semble être double : d'une part cette figure se substitue à celle de l'artiste moderne, elle permet à la création artistique de réintégrer son milieu social et culturel d'origine et garantit ainsi au *Bildungsbürgertum* la maîtrise des normes culturelles ; d'autre part les créations originales, hors normes, que sont les dessins et peintures réalisés par des enfants, rendent sans doute pos-sible l'accommodation à une modernité artistique jugée jusque là déroutante.

---

15. Voir *supra*.

Dans la mesure où certains représentants de la *Kunsterziehungsbewegung*, Lichtwark certes, mais aussi des artistes invités aux congrès du mouvement, considèrent que l'art, la formation de l'artiste créateur est le noyau de l'éducation artistique, la figure de l'enfant créateur représente une alternative éducative élitiste qui se tient à l'écart des réalités sociales et politiques (entendues au sens large de « métapolitiques »). En dépit de ses activités pédagogiques, muséologiques, de sa formation d'instituteur, de ses prises de position en faveur de l'amateurisme et de la renaissance de l'art populaire à partir de la civilisation urbaine, le conservateur de la *Kunsthalle* qu'est Lichtwark reste partisan d'une formation élitiste. C'est ainsi qu'à propos d'une éventuelle renaissance de l'art populaire (*Volkskunst*), il écrit en parfaite contradiction avec ses convictions pédagogiques : « Le souhait de galvaniser l'art populaire a-t-il quelque chance de se réaliser ? C'est peine perdue que de vouloir bâtir une culture nouvelle en partant du bas ; il est dans la nature de tout progrès que des individualités incarnent un modèle supérieur et que les masses les suivent[16] ». L'individualité géniale étant incarnée ici par l'artiste et non pas par les grands hommes qui font l'Histoire, on pourrait voir dans cette position un fondamentalisme esthétique à la Stefan George, mais à la condition de ne pas faire de Lichtwark un antimoderniste. Ce qui autorise un rapprochement est un néoaristocratisme esthétique latent qui s'explique en partie par le développement à cette époque des arts de masse, qui préoccupe certains pédagogues (*Schmutz- und Schundliteratur*). Il faut ajouter en conclusion que le courant « esthéto-élitiste » incarné par Lichtwark est loin d'être majoritaire ; pour beaucoup d'autres la figure de l'enfant créateur ne représente que l'une des composantes de la pédagogie active et s'inscrit dans un cadre plus général. Le terme allemand *Kunsterziehung* présente le défaut d'être ambivalent désignant tout aussi bien l'éducation *par* l'art que *pour* l'art ; on pourrait lui appliquer la remarque de C. Schmitt à propos du romantisme : « Les Allemands n'ont pas cette facilité à faire d'un mot une désignation simple, pratique, sur laquelle on s'entend sans grande difficulté[17] ». Pourtant lors du congrès tenu à Weimar en 1903, Kerschensteiner, le représentant de l'école active et partisan de l'éducation civique lève toute ambiguïté en déclarant : « Permettez- moi de poser ce principe : l'éducation esthétique est la condition nécessaire mais non suffisante pour que l'homme soit conduit vers le but de toute éducation, vers la liberté morale[18] ».

---

16. *Dilettantismus und Volskunst*, p. 22-23. In LICHTWARK A., *Kleine pädagogische Texte*, Weinheim, Beltz, 1962

17. « *Den Deutschen fehlt die Leichtigkeit, die aus einem Wort eine handliche, einfache Bezeichnung macht, wegen der man sich ohne grosse Umstände einigt* ». In *Politische Romantik*, Berlin, Duncker und Humboldt, 1925, p. 3.

18. In *Kunsterziehung. Ergebnisse und Anregungen des zweiten Kunsterziehungstages in Weimar, am 9., 10., 11., Okt. 1903*, Leipzig, R. Voigtländer, 1904, p. 281.

Le Jugendstil :
quête de la modernité ou de l'âge d'or ?

Philippe Thiébaut

Conservateur en chef au Musée d'Orsay, chargé des collections Art Nouveau

Au cours des années 1895-1905 qui assurent le passage du XIXe au XXe siècle, l'Europe entière a engendré un style[1], probablement le dernier grand style de son histoire : l'Art Nouveau. Ce style résulte d'une tentative globale d'apporter une réponse à la crise qui affectait l'ensemble des productions de l'esprit humain, qu'elles relèvent de la sensibilité ou du savoir. En effet l'homme « fin de siècle » est assurément convaincu de vivre une période tardive de la civilisation occidentale. Cependant il ne cesse de proclamer son intention d'œuvrer pour le siècle nouveau qui se profile à l'horizon[2]. L'urbanisation croissante et les réalités sociales du monde dans lequel il évolue ont beau susciter chez lui un sentiment de panique, les interrogations nées des progrès de la science et du développement d'un univers technique toujours plus autonome provoquer un sentiment d'angoisse, il n'en trouve pas moins l'énergie de repenser un cadre de vie dans lequel son moi puisse s'accomplir le plus parfaitement possible et lutter contre les facteurs de désagrégation qui le menacent. A ce vaste projet et à ses diverses manifestations formelles et plastiques, l'Allemagne a donné le nom de Jugendstil, alors que les autres pays mettaient en avant les notions soit de nouveauté — la France, la Belgique, les Pays-Bas —, de modernité — l'Espagne — ou encore de rupture, tel l'empire austro-hongrois dont les trois capitales, Vienne, Prague et Budapest adoptèrent le terme de « Secession ».

---

1. Le terme étant pris au sens que lui a donné l'historien de l'art américain Meyer Shapiro, à savoir que l'on entend par style « la forme constante dans l'art d'un individu ou d'un groupe d'individus » (*Style, artiste et société*, Paris, Gallimard, 1982, p. 35).
2. Sur la manifestation dans le domaine de la création artistique d'un tel comportement riche en contradictions, voir notre essai « L'homme fin de siècle en quête de forces vives » dans le catalogue de l'exposition *1900*, Paris, Galeries nationales du Grand Palais, 2001, p. 46-57.

C'est au titre d'une revue, créée en 1896 à Munich par l'éditeur Georg Hirth, que le Jugendstil dut son nom. *Jugend. Münchner Illustrierte Wochenschrift für Kunst & Leben* était une publication hebdomadaire, abondamment illustrée, au contenu essentiellement littéraire et politique, mais qui abordait volontiers des sujets relatifs aux arts, aux spectacles, au sport et à la mode. Une revue donc qui se voulait ouverte à toutes les manifestations de la vie contemporaine, tout en témoignant d'une humeur plutôt batailleuse. Ses flèches visaient surtout l'esprit petit-bourgeois et les comportements philistins, mais étaient décochées dans la bonne humeur et l'insouciance.

L'affiche de librairie[3] — elle fera également la couverture du n° 12 de la revue — destinée à assurer la promotion de cette nouvelle publication apparaît du plus haut intérêt pour notre propos, bien qu'elle soit l'œuvre d'un artiste dont on ne sait pas grand-chose et dont le nom n'est pas passé à la postérité, à savoir le peintre munichois Ludwig von Zumbusch (1861-1927) (**illustration 1**). Celui-ci a su, pour honorer la commande qui lui était faite, composer une œuvre profondément originale, dont le caractère emblématique et l'efficacité ne sauraient être contestés. Un petit vieillard, policé et citadin comme l'indique sa mise et peut-être aveugle si l'on en juge par les lunettes noires qu'il porte, est entraîné dans une course folle par deux jeunes filles légères, qui le traitent comme deux grandes sœurs faisant bondir leur petit frère dans les champs. Le bonhomme est-il réticent? L'expression de son visage traduit-elle la douleur d'articulations mises à rude épreuve, un enthousiasme irrépressible ou un sentiment de bien-être lié à une jeunesse soudainement retrouvée? Peu importe. Ce qui compte ici est l'allusion à un nouveau départ, à une régénération que suggèrent par ailleurs la prairie printanière et le ciel d'un azur parfait. Régénération qu'apporteront naturellement la lecture de *Jugend* et l'adhésion aux recherches entreprises en vue de l'élaboration d'un nouveau cadre de vie.

Qui feuillette les différentes livraisons de *Jugend* ne peut qu'être frappé par le nombre considérable de représentations de jeunes gens et de jeunes filles, le plus souvent nus, tantôt isolés, tantôt en couple, se détachant sur un fond de paysage volontiers printanier. Le programme annoncé par l'affiche de Zumbusch se prolonge donc au fil des numéros, non plus sur le mode de l'ironie, mais sur un ton idyllique, dont est parfaitement représentative par exemple « Frühlingsodem », la composition de Hugo Höppener (1868-1948), plus connu sous le nom de Fidus, publiée dans le numéro du 3 décembre 1900 (**illustration 2**) : au centre d'un médaillon, sur un fond de ciel d'un bleu froid, traversé par une course de nuages, un jeune couple nu se tenant enlacé s'est arrêté un instant dans sa promenade au sein d'une

---

3. Voir HOLLMANN Helga et al., *Das frühe Plakat in Europa und den USA : ein Bestandskatalog*, Berlin, Mann, 1980, t. III, n° 3502.

nature bourgeonnante pour contempler rêveusement le spectacle qui s'offre à lui. Ces illustrations, qu'elles soient vignettes, encadrements de pages, culs-de-lampe, accompagnent généralement les textes littéraires — prose ou poésie — que publie la revue. Les images peuvent parfois présenter un rapport avec le texte. Tel est le cas, dans le numéro du 15 janvier 1898, de la mise en page d'un très long poème d'Arno Holz intitulé *Phantasus* et commençant par ce vers « Ich bin des reichste Mann der Welt » (**illustration 3**). Cet être comblé est figuré sous les traits d'un jeune homme nu, à califourchon sur la branche d'un arbre, afin de mieux jouir de la beauté du paysage maritime environnant. L'auteur de l'illustration mérite une attention toute particulière, puisqu'il s'agit d'un des représentants majeurs du Jugendstil, à savoir Bernhard Pankok (1872-1943)[4]. Peintre de formation, Pankok abandonne aux environs de 1900 la peinture pour se consacrer entièrement aux arts industriels. Il figure en 1898 parmi les membres fondateurs des Vereinigte Werkstätten für Kunst im Handwerk, groupement qui offrait aux artistes et artisans intéressés par une production allemande « moderne » la possibilité de travailler ensemble au sein d'une structure dont l'organisation rationnelle apportait des réponses satisfaisantes aux questions d'ordre technique et économique[5]. Parmi les collaborateurs de *Jugend* figurent bien d'autres maîtres du Jugendstil. Mentionnons Bruno Paul (1874-1968) et Richard Riemerschmid (1868-1959)[6] qui, comme Pankok, renoncèrent à la peinture pour rejoindre dans un premier temps les Vereinigte Werkstätten puis le Deutscher Werkbund qui voit le jour en 1907. Au cours de ces années de gestation et de développement du Jugendstil, l'habitude est prise d'annoncer, de signaler les manifestations artistiques relevant de ce mouvement en recourant à des figures d'éphèbes, encore que le terme d'éphèbe soit impropre puisque les images produites sont dépourvues de toute connotation mythologique ou historique ; leur intention est d'exalter les ressources et les capacités créatives émanant de ces jeunes corps vigoureux pleins de promesses. C'est ainsi qu'en 1898, pour annoncer sa création, la revue *Deutsche Kunst und Dekoration*, qui s'impose rapidement comme l'organe essentiel de la défense et de l'illustration du Jugendstil, confie la réalisation de l'affiche de librairie au peintre Josef Rudolf Witzel (1867-1920)[7]. Une jeune fille guide la main d'un jeune homme traçant de gracieuses arabesques dont

---

4. Sur Pankok voir les catalogues des deux expositions qui lui ont été consacrées : *Bernhard Pankok 1872-1943*, Stuttgart, Württembergisches Landesmuseum, 1973 et *Bernhard Pankok. Malerei, Graphik, Design im Prisma des Jugendstils*, Münster, Westfälisches Landesmuseum für Kunst und Kultugeschichte, 1986. Pankok a collaboré à d'autres revues que *Jugend* : *Pan* et *Innendekoration*.
5. Sur ces ateliers voir le catalogue de l'exposition *Art Nouveau in Munich*, Philadelphie, Philadelphia Museum of Art, 1988.
6. Voir le catalogue de l'exposition *Richard Riemerschmid. Vom Jugendstil zum Werkbund*, Munich, Stadtmuseum, 1982.
7. HOLLMANN, *op. cit.*, n° 3453.

l'agencement et le rythme sont hautement caractéristiques de l'Art Nouveau. Mais est tout aussi intéressant le parti, dorénavant fréquent, adopté par l'artiste dans la représentation de ce couple d'adolescents : l'élément masculin est entièrement nu tandis que la bas du corps de l'élément féminin est dissimulé sous un drapé. Est tout aussi emblématique, du point de vue de l'utilisation de l'anatomie masculine — le jeune homme nu est cette fois saisi dans une marche exaltée — au service d'un programme esthétique, le carton d'invitation dessiné par Paul Bürck (1878-1947) à l'occasion d'un événement fondamental dans l'histoire du Jugendstil : l'inauguration en mai 1901 de la première exposition de la Künstlerkolonie de Darmstadt[8] (**illustration** 4).

Rappelons que ce rassemblement est né de la volonté d'un homme, Ernst-Ludwig, dernier grand-duc de Hesse. Intelligent et cultivé, audacieux, soucieux de se démarquer des pesanteurs de l'administration wilhelminienne, il manifeste, dès son accession en 1892 au gouvernement de la Hesse, le désir de sortir Darmstadt, petite ville administrative et militaire, de l'existence assoupie qu'elle mène afin d'en faire une véritable capitale tant du point de vue économique qu'artistique. Pour cela il décide, entre autres mesures, de réunir une poignée d'artistes dont la collaboration devra produire des résultats tangibles et exemplaires. En juillet 1899 est appelé celui à qui Ernst-Ludwig confie la tâche d'être le fédérateur des énergies du futur groupe, Joseph Maria Olbrich (1867-1908), architecte autrichien que le grand-duc admire beaucoup et qui vient de réaliser le pavillon de la Secession viennoise. La colonie se compose, le directeur compris, de sept membres qui sont tous de jeunes hommes[9], dont la familiarisation avec l'architecture et le décor intérieur est chose très récente, pour ne pas dire entièrement nouvelle pour certains d'entre eux. Tous s'engageaient à travailler trois années consécutives à Darmstadt, durant lesquelles le grand-duc leur versait un salaire annuel et mettait à leur disposition des ateliers. Le jour du trente et unième anniversaire de leur mécène — qui, notons-le, appartient rigoureusement à la même génération qu'eux —, les artistes lui présentent un programme rédigé par Olbrich, comprenant notamment un projet d'exposition intitulé *Ein Dokument Deutscher Kunst*. Il s'agissait de construire sur un terrain vierge une agglomération proposant les prototypes d'un habitat nouveau dans lesquels tout, de la conception du plan jusqu'au moindre détail du décor intérieur, aurait été conçu par les artistes et animé d'un même esprit. Le terrain nécessaire à une telle entreprise avait été offert par le grand-duc : la

---

8 On doit une excellente synthèse sur cette entreprise à ULMER Renate, *Museum Künstlerkolonie Darmstadt. Katalog*, Darmstadt, Institut Mathildenhöhe, [1990].

9 Le plus âgé, le peintre Hans Christiansen, a 33 ans, les deux plus jeunes, le peintre Paul Bürck et le dessinateur Patriz Huber, ont 21 ans. Peter Behrens a 31 ans, les sculpteurs Rudolf Bosselt et Ludwig Habich ont respectivement 28 et 27 ans.

Mathildenhöhe, colline qui dominait les abords de la ville. En quelques années, sous les efforts conjugués du grand-duc et de ses architectes, la colline se transforme en un quartier résidentiel « moderne ». La pose de la première pierre du futur ensemble a lieu le 24 mars 1900 et le 15 mai de l'année suivante était célébrée l'inauguration des sept premières maisons.

C'est donc cet événement capital qu'annonçait le carton dessiné par Bürck. Les thèmes de la jeunesse, de la nudité masculine, de la marche en avant, de l'exaltation, de la nature printanière sont ici convoqués pour célébrer un moment qui est perçu, non seulement en Allemagne, mais à l'étranger aussi, comme un véritable printemps des arts.

L'une des maisons les plus remarquées est celle qui fut construite et aménagée par Peter Behrens (1868-1940), peintre de formation qui avait abandonné cette pratique première pour se consacrer à l'architecture et aux arts décoratifs en rejoignant les Vereinigte Werkstätten. Il n'y a pas lieu d'analyser ici cette maison[10], mais seulement d'attirer l'attention sur un élément du décor intérieur. L'un des murs du salon de musique situé au premier niveau de l'édifice était occupé par une grande peinture, œuvre de Behrens lui-même, intitulée *Der Traum*, qui participait à l'atmosphère recueillie de la pièce, propice à l'audition de la musique wagnérienne (**illustration 5**). Le tableau représentait un jeune homme nu, endormi à terre, que vient visiter une apparition féminine enveloppée de voiles vaporeux. Héritage du symbolisme, ce thème, à double lecture — il peut s'agir d'un jeune homme rêvant à sa bien-aimée, réelle ou imaginaire, ou de l'artiste visité dans son sommeil par sa muse — est particulièrement fréquent chez les adeptes du Jugendstil. On le rencontre notamment chez Ferdinand Hodler (1853-1918), peintre zurichois qui entretient des liens étroits avec l'Allemagne et l'Autriche. Il l'utilisa à plusieurs reprises à des fins publicitaires[11] : la première fois en 1897 pour annoncer la Kunstgesellschaft de Zurich. En 1904 la figure du jeune homme nu sommeillant dans une prairie printanière devient le motif de l'affiche de la dix-neuvième exposition de la Secession viennoise qui se présentait — les mots *Ver sacrum* sont là pour le rappeler — comme un printemps des arts. L'œuvre de Hodler est fort riche en évocations de l'enfance et de la jeunesse. L'artiste multiplie les images tout au long de sa vie, adoptant pour modèle principal son propre fils Hector, né en 1887. C'est ainsi qu'en 1895 *Anbetung* (Zurich, Kunsthaus) montre l'enfant nu agenouillé en adoration devant des rameaux fleuris. Quelques années plus tard, en 1901, il constitue l'élément masculin de *Der Frühling* (Essen, Folkwang Museum). Il s'agit moins

---

10. Le bâtiment a été remarquablement analysé par BUDDENSIEG Tilmann, « Das Wohnhaus als Kultbau. Zum Darmstädter Haus von Behrens » in catalogue de l'exposition *Peter Behrens und Nürnberg*, Nuremberg, Germanisches Nationalmuseum, 1980, p. 37-47.
11. Voir le catalogue de l'exposition *Ferdinand Hodler und Wien*, Vienne, Osterreichische Galerie, 1992, n° 10 et 11, p. 128-131.

pour le peintre d'insister sur les liens affectifs qui l'attachent à son modèle que de parvenir, en profitant de la présence quotidienne du garçon auprès de lui, à une expression idéale de l'idée de jeunesse. Une jeunesse synonyme d'espoir et de renouveau, une jeunesse en osmose immédiate avec la nature environnante, mais une jeunesse qui peut aussi se révéler objet de désir comme dans les deux versions datant de 1903 et 1904 de l'immense composition *Jüngling von Weibe bewundert* (Zurich, Kunsthaus) : des femmes d'âge mur, vêtues de robes noires se retournent en un lent mouvement continu pour porter leur regard sur la nudité triomphante de Victor qui vient d'atteindre seize ans.

Dans ces représentations, qu'elles soient dues à des artistes qui ont adhéré au projet de l'Art Nouveau ou qu'elles soient investies de la mission de véhiculer les objectifs de l'Art Nouveau, les nudités radieuses, associées ou non à un fond de paysage – et si c'est le cas, il s'agit toujours d'un paysage printanier – sont étrangères à toute évocation mythologique au profit d'une suggestion beaucoup plus large qui à l'évidence se rattache au thème de l'âge d'or. Sous le crayon ou le pinceau des artistes allemands, le thème n'est empreint d'aucune nostalgie ; il se veut plutôt une annonce optimiste d'un futur immédiat. Ces corps jeunes et vigoureux sont perçus par leurs metteurs en scène comme les symboles les plus efficaces de la possibilité pour l'homme « moderne » de vivre en harmonie avec son temps — tout comme en Arcadie — à la condition évidemment qu'il sache opérer les bons choix, distinguer l'authentique du faux, identifier les solutions les mieux adaptées à satisfaire ses besoins, en l'occurrence celles que lui proposait le Jugendstil. A cette quête du renouveau, Eros apporte sa contribution. On ne saurait en effet nier la charge érotique de bon nombre de ces images. Mais en optant délibérément pour la représentation de corps jeunes et libres, peintres et dessinateurs font des pulsions sexuelles des agents actifs du renouveau si ardemment souhaité. En cela Allemagne se distingue très nettement des autres nations qui, d'une manière générale, et ô combien plus conventionnelle, ont, pour exprimer leurs aspirations à la modernité, privilégié la figure féminine. En Belgique et en France notamment — que l'on songe par exemple aux affiches d'Alfons Mucha (1860-1939), d'Eugène Grasset (1845-1917), de Privat Livemont (1861-1936) — la femme, ainsi que l'a brillamment démontré Claude Quiguer, « est à elle seule *tous* les symboles, *toutes* les allégories[12] » au point de créer une dangereuse situation inflationniste : « un langage universel, mais sans contenu, une forme creuse, une enveloppe décorative, une image utilisée par tous, mais dont le sens originel s'est perdu[13] ». En revanche l'Allemagne ne

---

12. QUIGUER Claude, *Femmes et machines de 1900. Lecture d'une obsession modern style*, Paris, Klincksieck, 1979, p. 27.
13. QUIGUER, *op. cit.*, p. 28.

connaîtra pas, en dépit de sa fréquence, de banalisation du thème de la jeunesse mais produira quelques œuvres emblématiques qui aujourd'hui sont là pour nous aider à mieux comprendre la mission que s'était fixée le Jugendstil. Peint en 1899 par Ludwig von Hoffmann (1861-1945) *Frühlingssturm* (Darmstadt, Städtische Kunstsammlungen) est l'une d'elles (**illustration 6**). Nous sommes en présence d'un trio, à la fois comparable et différent de celui de l'affiche de *Jugend* : comparable car composé d'un élément mâle flanqué de deux éléments féminins, différent car cette fois c'est l'élément masculin qui mène la marche. Par ailleurs plus de place pour l'humour et le batifolage dans les vertes prairies, mais une détermination sereine à braver les éléments hostiles qui précèdent la venue des beaux jours et l'avènement de la Lebensreform. Le regard fixé devant lui du jeune homme, l'obstination des jeunes filles qu'il entraîne à avancer malgré le vent qui les décoiffe et s'engouffre dans leurs robes sont autant d'attitudes symboliques des élans d'une jeunesse génératrice d'un futur plein de promesses. Cependant l'image était audacieuse : un jeune homme, non idéalisé, au type contemporain, entièrement nu marche le long d'une grève tenant par les épaules deux jeunes filles, dont l'une mi-nue. L'atmosphère qui émane de cette toile, présentant des corps parfaitement conscients de leur nudité, n'est pas celle d'un quelconque paradis perdu, mais celle d'un paradis bien terrestre. Même si les personnages sont dotés d'une valeur allégorique, ils ne sont ni des stéréotypes, ni le produit d'un langage allégorique conventionnel. Si une iconographie de ce type, propre à l'Allemagne, destinée à véhiculer les capacités de l'art « moderne » à embellir la vie, a pu se développer et se propager sans soulever la moindre réprobation pudibonde, cela est vraisemblablement imputable aux pratiques naturistes que la science et la philosophie commencent à prôner au tournant du siècle[14]. Pratiques auxquelles l'un de ses fervents apôtres, le peintre Fidus, dont nous avons vu qu'il comptait parmi les collaborateurs de *Jugend*, rendra hommage en peignant en 1894 le célèbre *Lichtgebet* (Berlin, Deutsches Historisches Museum). Le jeune homme qui ici s'offre au soleil dans une étreinte quasi cosmique n'appartient pas au monde de l'allégorie. Bien au contraire, il s'agit d'un jeune homme « moderne » dont la « modernité » précisément est d'être façonné par des pratiques hygiénistes, considérées comme génératrices d'une nouvelle humanité pour laquelle de son côté œuvrait le Jugendstil.

---

14. Voir par exemple PUDOR Heinrich (pseudonyme de Heinrich Samm, 1865-1943), *Katechismus des Nacktkultur für Sonnenbäder und Nacktpflege*, Berlin, 1905 et UNGEWITTER Richard (1868-1958), *Die Nacktheit*, Stuttgart, 1907. Ces auteurs entretenaient des liens étroits avec la Scandinavie, elle aussi adepte du naturisme : cf. l'essai de LINSE Ulrich, *Nordisches in der deutschen Lebensreformbewegung* in catalogue de l'exposition *Wahlverwandtschaft. Skandinavien und Deutschland 1800 bis 1914*, Berlin, Deutsches Historisches Museum, 1997, p. 397-407.

Nietzsche et la « jeunesse dorée »
Un penseur d'avant-garde, enjeu entre générations dans la revue *PAN* (1895-1900)

Alexandre KOSTKA
Université de Cergy-Pontoise

1932 : le « faux prêtre » Oswald Spengler est devenu le philosophe attitré des Archives Nietzsche à Weimar, et les nazis viennent en masse rendre les honneurs à la sœur de Nietzsche. Un nietzschéen de la première heure, Harry Kessler[1], se souvient avec tristesse des moments de la découverte de Nietzsche dans un régiment de cavalerie d'élite, au début des années 1890 :

> Je me souviens de mes jeunes années, quand je lisais Nietzsche avec Bernhard Stolberg et mon cercle. Stolberg fut alors emmené par son père loin de Postdam et il a été enfermé pendant six mois avec un prêtre. En ces jours, Nietzsche était considéré comme un révolutionnaire, et passait presque autant que les socialistes pour un dangereux cosmopolite.[2]

Nietzsche est au début des années 1890 un penseur des jeunes et des artistes proches de la bohème, persécuté par les aînés comme une menace. Quand Nietzsche cesse-t-il d'être un « révolutionnaire » pour être admis dans la bonne société? Quel est le chaînon manquant qui permet au culte nietzschéen de poursuivre sur sa lancée? Pourquoi son étoile a-t-elle réussi à s'imposer durablement, à la différence de comètes comme Stirner ou Weininger?

Ces questions conduisent à s'interroger sur le rôle de médiateurs entre la jeunesse, l'avant-garde artistique et les élites sociales établies. Je les appellerais

---

1. Surnommé « le comte rouge » à cause de son engagement pour le parti démocratique allemand (DDP).
2. KESSLER Harry Graf, Journal intime, (cité désormais Tagebuch, TB), 7 août 1932, Deutsches Literaturarchiv, Marbach (cité DLA) : « Wie war es in meiner Jugend in Potsdam, als ich mit Bernhard Stollberg und meinem Kreis Nietzsche las? Stollberg wurde damals von seinem Vater aus Potsdam fortgeholt und sechs Monate mit einem Pfarrer eingesperrt. Damals war Nietzsche Revolutionär und fast ebensosehr vaterlandsloser Geselle wie die Sozis. »

pour ma part les représentants de la « jeunesse dorée », en analogie aux *golden boys* d'aujourd'hui. Le comte Kessler (1868-1937) en est lui-même un représentant éminent. Il est un de ces jeunes qui entrent sur la scène intellectuelle au début des années 1890, et qui se considèrent eux-mêmes comme les successeurs naturels des dirigeants culturels et politiques du *Reich* wilhelminien. Leur culte nietzschéen relève d'une double motivation. Comme tant d'adolescents après eux, ils trouvent chez Nietzsche un allié pour critiquer la génération des parents, qui n'aurait pas su donner à l'Allemagne une véritable culture. Nietzsche cristallise un mal-être des jeunes. Il fournit aussi un arsenal de contre-propositions, qui prétendent démasquer la « fausse culture » des aînés. Mais si ces jeunes privilégiés défendent Nietzsche avec tant de ferveur, au point de chercher à diffuser activement son œuvre, c'est aussi parce qu'il est encore un penseur « rare », réservé à un milieu d'avant-garde, artiste. S'en faire l'interprète, c'est participer à cette « aristocratie de l'esprit » auquel prétend s'adresser le message nietzschéen – et pouvoir réclamer que les « vieux » leur fassent une place. Nietzsche est aussi le vecteur d'une ambition.

Nous tenterons de suivre Kessler et son ami Eberhard Freiherr von Bodenhausen (1868-1918), qui dans la revue d'art *PAN* — l'une des plus importantes de leur époque — tentent de promouvoir le culte de Nietzsche. C'est en fréquentant la « première génération » nietzschéenne, l'écrivain d'art et fondateur de la revue *PAN*, Julius Meier-Graefe (1867-1935) et son collègue, le poète Otto Julius Bierbaum (1865-1910), qu'ils se frayent une entrée dans le monde prestigieux de l'art — et comprennent sans doute la valeur du nietzschéisme comme facteur d'appartenance à l'avant-garde. Dès la première année de la parution de la revue, après la démission forcée de Meier-Graefe et de Bierbaum, Kessler et Bodenhausen saisissent leur chance : ils vont défendre « leur » Nietzsche face aux représentants de la génération précédente, qui domine au Conseil d'administration de la revue : Alfred Lichtwark (1852-1914), Woldemar von Seidlitz (1850-1922), Wilhelm von Bode (1845-1929), respectivement directeurs des musées de Hambourg, de Saxe et de Prusse.

Nietzsche entre jeunes et vieux

Dans ses mémoires, parues en 1935, le comte Harry Kessler, relate avec une certaine emphase l'avènement du « messie » Nietzsche :

> […] je ne crois pas trop m'avancer en disant que Dostoïevski, Ibsen, saint François, furent les phares spirituels de toute notre génération […]. Ils étaient comme des torches avant l'aube ; mais celui qui finit par tout éclairer et percer tout d'une lumière éclatante et cruelle, ce fut Nietzsche.[3]

---

3. KESSLER Harry, *Souvenirs d'un Européen*, Paris, Plon, 1936, p. 274.

« ... toute notre génération », vraiment ? Qu'en était-il, exactement, lorsqu'en en 1895 Kessler et son ami Eberhard von Bodenhausen faisaient leurs premiers pas sur la scène publique ? Et si « toute » la génération était « nietzschéenne », est-ce que tous les jeunes l'étaient au même titre ? N'est-ce pas plutôt a posteriori que se forme une « génération » avec ce fonds d'expériences partagées que la notion sous-entend ? Il est certain, en revanche, que Nietzsche est immédiatement perçu par la génération précédente comme un « penseur pour jeunes », potentiellement dangereux. Les mises en garde des aînés ne manquent pas. Alors que les conservateurs déplorent la dissolution des liens naturels et des hiérarchies prôné par *Zarathoustra*, les libéraux mettent notamment en garde devant un néo-conservatisme qui prend les traits d'un culte du « grand individu ». Deux exemples illustrent cette crainte. Theodor Fontane (1818-1898) se plaint dans une lettre de 1895 à son ami Colmar Grünhagen « que la célèbre 'transmutation des valeurs' convient parfaitement à notre noblesse militariste, qui n'est rien d'autre que la dernière floraison d'une époque de brutalité, maintenant sur le déclin.[4] » La génération libérale suivante, née dans les années 1860, porte un jugement tout aussi pessimiste. Les mémoires de Friedrich Meinecke (1862-1954), publiées en 1941 sous le titre *Erlebtes*, rapportent une exclamation savoureuse du philosophe et historien de la religion Ernst Troeltsch (1865-1923) : « les générations [se distinguent] aujourd'hui selon qu'elles ont absorbé Nietzsche ou non [...] (Nietzsche) fait le même effet que d'avoir de la mort-aux-rats dans l'estomac.[5] »

Klaus Vondung a consacré en 1976 un ouvrage à l'histoire sociale des idées de la bourgeoise de culture wilhelminienne[6]. Nietzsche y figure comme porte-parole des enfants de la *bourgeoisie de culture* traditionnelle, menacée dans ses valeurs, et jusque dans son existence même, par la bourgeoisie industrielle — il est donc associé à un pessimisme culturel. Mais d'autres interprétations de Nietzsche sont possibles, dans les couches nouvelles qui se superposent à l'Allemagne ancienne : élites bourgeoises annoblies, élites aristocratiques reconverties aux valeurs de l'Allemagne industrielle. C'est dans ces strates que la « jeunesse dorée » se recrute. Nietzsche y est associé à l'espoir d'un renouveau culturel, à une réconciliation entre l'Allemagne et l'Europe, entre *Bildung* et *Politik*.

Entre 1890 et le début de la Première guerre mondiale, Nietzsche est l'objet d'un processus classique de réception : à une première diffusion restreinte, élitiste et à fort impact d'identification succède à partir de 1900

---

4. Lettre de Theodor Fontane à Colmar Grünhagen, 14 octobre 1895, cité d'après KRUMMEL Richard Frank, *Nietzsche und der deutsche Geist. Ausbreitung und Wirkung des Nietzscheschen Werkes im deutschen Sprachraum bis zum Todesjahr des Philosophen*, Berlin/New York, de Gruyter 1974, (Monographien und Texte zur Nietzsche-Forschung 1), p. 141.

5. MEINECKE Friedrich, *Erlebtes*, Leipzig, Koehler und Amelung, 1941, p. 184.

6. VONDUNG Klaus, *Das wilhelmische Bildungsbürgertum : zur Sozialgeschichte seiner Ideen*, Göttingen, Vandenhoek, 1976.

une phase de large diffusion. On peut donc parler à son sujet de *sinkendes Kulturgut* : l'œuvre de Nietzsche constitue une pensée d'avant-garde, qui se banalise avec son succès.

Il est important de souligner une particularité de la première réception de Nietzsche : les lecteurs sont eux-mêmes des créateurs, notamment des écrivains et des poètes. Si leur interprétation, aussi personnelle que passionnée, ne peut nullement prétendre aux normes d'une exégèse philosophique, c'est que les artistes trouvent chez Nietzsche un penseur qui incarne par excellence le mythe de la crise du sujet créateur qu'ils subissent de plein fouet[7].

Du coup, Nietzsche devient aussi le penseur qui incarne l'idée même d'avant-garde : pouvoir se prévaloir de lui, c'est appartenir au cercle restreint de ceux qui peuvent se dire modernes. Nous emboîterons donc le pas de l'historien israélien Stephen Aschheim et nous tiendrons à l'hypothèse centrale de son livre *Nietzsche und die Deutschen*[8]. Aschheim souligne que dans la perspective d'une histoire de la réception, il est vain de chercher une « vérité » de Nietzsche, qui pourrait servir d'étalon pour donner de bons ou de mauvais points à ceux qui se sont servi dans la pensée de Nietzsche. Il faut plutôt s'interroger sur les usages et leurs motivations, psychologiques, sociales et politiques[9].

Si les travaux d'Aschheim et de ses collègues portent surtout sur des utilisations extrémistes de Nietzsche, que ce soit au sein des dadaïstes ou des précurseurs du fascisme[10], il reste à étudier plus en détail une dimension de la réception de Nietzsche qui jusqu'à présent n'a pas reçu toute l'attention qu'elle mérite. Bodenhausen et Kessler appartiennent à un milieu de nietzschéens « libéraux » qui ne se recoupe pas vraiment avec le milieu libéral des universitaires Max et Alfred Weber, de Ernst Troeltsch, ou encore Friedrich Naumann[11]. Or, à la notable exception de Walther

---

7. Les premiers lecteurs sont notamment les poètes Michael Georg Conrad, Paul Heyse, Arno Holz, Leo Berg, Detlev von Liliencron, Richard Dehmel, Johannes Schlaf, Christian Morgenstern, Hugo von Hofmannsthal, voir KRUMMEL *op. cit.* ; voir aussi HILLEBRAND Bruno, *Nietzsche — wie ihn die Dichter sahen*, Göttingen 2000. La mise au point la plus récente, avec une abondante bibliographie dans Henning Ottmann (éd.), *Nietzsche-Handbuch. Leben-Werk-Wirkung*, Stuttgart, Weimar, Metzler 2000, notamment chap. v. « Aspekte der Rezeption und Wirkung », p. 428-527.

8. ASCHHEIM Stephen E., *Nietzsche und die Deutschen. Karriere eines Kults*, Stuttgart, Weimar, 1996. (En anglais : *The Nietzsche Legacy in Germany 1890-1990*, Berkeley, University of California Press 1992).

9. Pour cette raison, j'ai délibérément enlevé une partie qui occupait une place importante dans la version antérieure de mon exposé. A l'aide de la version sur CD-Rom des œuvres complètes de Nietzsche, j'avais cerné toutes les occurrences des mots de « Jugend », « Kind », etc., pour cerner « l'archive sémantique » dans laquelle ont pu puiser des générations successives de jeunes. Le résultat est passionnant ; il montre à quel point la jeunesse est pour Nietzsche un point non pas d'exclamation mais un point d'interrogation douloureux.

10. Voir ASCHHEIM, *op. cit* (avec une abondante bibliographie) ; PENZO Giorgio, *Der Mythus vom Übermenschen. Nietzsche und der Nationalsozialismus.*, Frankfurt/M. et al., Lang, (Würzburger Studien zur Fundamentaltheologie 11) 1992.

11. MOMMSEN Wolfgang J., « Universalgeschichtliches und politisches Denken » in id., *Max Weber. Gesellschaft, Politik und Geschichte*, Francfort/M, Fischer 1974, p. 97-143 ; ANTES Peter, PAHNKE Donate (éd.), *Die Religion von Oberschichten. Religion-Profession-Intellektualismus*, Marburg,

Rathenau, l'attention des chercheurs s'est pour l'instant essentiellement tournée soit vers le milieu universitaire, soit vers le milieu artiste[12]. Les nietzschéens de la « jeunesse dorée » comme Bodenhausen et Kessler, tout en croisant ces deux milieux, ne font pleinement parti d'aucun, et leur spécificité risque de passer inaperçu. Or avec eux, c'est une partie importante de la mentalité wilhelminienne qui risque d'être passé sous silence : médiateurs par conviction, ils professent un *Kulturoptimismus* éclectique, qui emprunte à la fois à Nietzsche et à Bismarck, et qui cherche à concilier le meilleur de la tradition allemande et du cosmopolitisme. Parmi ses représentants, on trouve l'éditeur de la revue *Insel*, l'héritier Alfred Walther Heymel (1878-1914), l'intendant du théâtre de Wiesbaden, Kurt von Mutzenbecher (1866-1938), les diplomates Alfred von Nostitz-Wallwitz (1870-1953) et Gerhard von Mutius (1872-1934), le philosophe Raoul Richter (1871-1912) (petit-neveu du componiste Meyerbeer), les industriels Walther Rathenau (1867-1922), August von der Heydt (1851-1929) et Karl-Ernst Osthaus (1874-1921), etc. Leurs cercles se recoupent : ils ont souvent fait leurs études ou leur service militaire ensemble, ils sont quasiment tous membres de *PAN*, collectionnent des tableaux modernes (notamment néo-impressionnistes), sont clients de l'architecte belge Henry Van de Velde… Une étude de deux représentants ne pourra prétendre à faire un portrait de ce milieu : mais elle pourra au moins contribuer à lever un coin du voile sur une partie encore relativement peu connue de l'époque wilhelminienne, dont l'histoire des élites reste à compléter.

Un père à la recherche de ses fils… et des fils en mal de père

Comment devient-on « nietzschéen » en 1890 ? Et pourquoi ? Il y a me semble-t-il, une dimension psychologique, dont il ne faut pas méconnaître la portée — même si elle aura besoin, par la suite, d'être contextualisée pour faire apparaître les stratégies qui sont liées à l'invocation du philosophe.

Une caractéristique fondamentale, soulignée à juste titre par Jürgen Krause dans son étude sur les représentations nietzschéennes dans les beaux-arts, est que Nietzsche apparaît comme une promesse de libération dans le climat étouffant des années 1890[13]. Il faut y ajouter dans un certain nombre

---

Diagonal-Verlag) 1989, (Veröffentlichungen der Deutschen Vereinigung für Religionsgeschichte 19), p. 117-161 ; OTTMANN Henning, *Philosophie und Politik bei Nietzsche*, Berlin/New York 1999 (Monographien und Texte zur Nietzsche-Forschung 17).

12. Voir p. ex. HELLIGE Hans Dieter, « Einleirende Studie », in *Walther Rathenau/Maximilian Harden. Briefwechsel 1897-1920*, édité par id., München, Gotthold Müller Verlag, Heidelberg, Lambert Schneider 1982, (Walther Rathenau Gesamtausgabe, Bd. 6), p. 17-299, notamment p. 91-129. Pour le milieu artiste, voir KRAUSE Jürgen, *„Märtyrer" und „Prophet". Studien zum Nietzsche-Kult in der bildenden Kunst der Jahrhundertwende*, Berlin, New York, de Gruyter 1984, (Monographien und Texte zur Nietzsche-Forschung 14) ; une mise au point récente dans Ottmann 2000, « Nietzsche-Darstellungen in Malerei und bildender Kunst », p. 480-485.

13. KRAUSE, *op. cit.*, p. 51-59.

de cas, comme le remarque Hans Dieter Hellige à propos de Rathenau, un phénomène de transfert pour des adolescents écrasés par un père soit trop dominateur, soit absent[14]. Ils trouvent dans les écrits de Nietzsche — pour lequel la « jeunesse », loin d'être synonyme de conquête et de vitalité, est au contraire synonyme de doute et d'erreur[15] —, un grand nombre d'appels pour terminer une œuvre que lui-même n'avait pu achever. Nietzsche (né en 1844) est perçu comme un père tombé, un prophète incompris par ses contemporains, qui s'est consumé dans sa tâche[16]. Si cette image a surtout été concrétisée par le célèbre portrait de Hans Olde, parue dans *PAN* en 1899 (et dont il sera question plus tard), il faut souligner qu'elle a été préparée par Nietzsche lui-même. Bien qu'il se défende dans *Zarathoustra* de vouloir des disciples, son œuvre fourmille d'appels insistants, adressés à la générations des fils de ses contemporains, pour reprendre et achever son œuvre[17].

Aussi un axe central du culte nietzschéen est-il son caractère épigonal. Il s'agit d'« épigonisme » au sens original du mot, celui que décrit Gert Mattenklott dans un article paru en 1986[18], mais avec une différence fondamentale. On connaît l'histoire des *Sept contre Thèbes* : les pères échouent mais ils seront vengés par leurs fils, qui après leur mort prennent la ville. Il n'en va pas de même pour les *épigonoï* nietzschéens : Nietzsche n'est pas seulement vengé ; il est aussi utilisé, voir instrumentalisé comme une arme dans leur conquête de la cité. C'est aussi le cas des premiers disciples issus de la « jeunesse dorée », dont deux méritent que l'on s'y attardent un peu plus longtemps, car ils jouent un rôle fondamental dans la revue *PAN*.

Harry Kessler avait 22 ans en 1890, au moment où Nietzsche sombre dans la folie, et 27 en 1895, au moment de la disparition de son propre père qui, l'année de la fondation de la revue *PAN,* met à sa disposition une grande fortune[19]. Son père, Adolf Kessler, est copropriétaire

---

14. HELLIGE, *op. cit.*, notamment chap. II, « Soziale Herkunft und frühe Sozialisationskonflikte Rathenaus und Hardens » p. 29-76.

15. Les exemples abondent ; un exemple, tiré de *Schopenhauer éducateur* : « Es ist kein Zweifel, dass für den Ungewöhnlichen, der sich mit dieser Kette beschwert, das Leben fast Alles, was man von ihm in der Jugend ersehnt, Heiterkeit, Sicherheit, Leichtigkeit, Ehre, einbüsst; das Loos der Vereinsamung ist das Geschenk, welches ihm die Mitmenschen machen ; die Wüste und die Höhle ist sofort da, er mag leben, wo er will. » Cité d'après NIETZSCHE Friedrich, *Sämtliche Werke : kritische Studienausgabe in 15 Einzelbänden*, éd. par Giorgio Colli et Mazzino Montinari, Munich, dtv, vol. I, p. 351.

16. Voir KRAUSE, *op. cit.*

17. « Gefährten sucht der Schaffende, und Miterntende [...] Mitschaffende sucht Zarathustra... » *Zarathustra*, Vorrede, cité d'après NIETZSCHE, *op. cit*, vol. IV, p. 26.

18. MATTENKLOTT Gert : « Epigonalität », in : *Blindgänger. Physiognomische Essays*, Frankfurt/M, Suhrkamp, Fischer, 1986, p. 72/73.

19. Sur Kessler, voir GRUPP Peter, *Harry Graf Kessler 1868-1937. Eine Biographie*. München, Beck, 1995 ; SCHUSTER Gerhard, PEHLE M., *Harry Graf Kessler. Tagebuch eines Weltmannes*, catalogue d'exposition, Marbach, Deutsches Literaturarchiv 1988. Sur la relation de Kessler à Nietzsche, WOLLKOPF Roswitha: « Das Nietzsche-Archiv im Spiegel der Beziehung Elisabeth Förster-Nietzsche zu Harry Graf Kessler », in *Jahrbuch der Deutschen Schillergesellschaft* 1990 ; KOSTKA Alexandre, « Der Epigone als Vollender : Harry Graf Kessler », in Andreas Schirmer, Rüdiger Schmidt (éds), *Widersprüche. Zur frühen Nietzsche-Rezeption*, Weimar, Hermann Böhlau Nachf., 2000, p. 166-186.

et représentant à Paris d'une des principales banques de commerce alle-mandes, la firme *Auffmordt und Sohn*. Inquiet pour la santé mentale d'un enfant nerveux, Adolf Kessler éloigne très tôt Harry de sa mère dans des pensions à Paris, Oxford et Hambourg. Après la disparition du père, c'est Harry qui doit assumer son rôle face à sa sa mère et sa jeune sœur, plus jeune que lui de douze ans, et qu'il appelle toute sa vie *child*. La noblesse récente de la famille, accordée à un simple bourgeois, est source de rumeurs. Kessler passe (à tort) pour le fils naturel de l'empereur Guillaume Ier. Hans-Ulrich Simon, éditeur de la correspondance entre Kessler et Boden-hausen, constate : « Son père, publiquement mis en doute, ne devenait pas un partenaire ; Kessler assumait plutôt son rôle face à sa mère et à sa sœur […] Il pouvait trouver le succès dans une fonction qui tenait à la fois de l'imitation et de l'appropriation.[20] » Simon émet l'hypothèse que cette interaction entre l'appro-priation et l'imitation prédestine Kessler aux fixations épigonales, à la recherche d'un père substitutif.

Ce père ne doit pas forcément être Nietzsche, qui ne se révélera à lui qu'assez tard. Le Journal intime permet de suivre un jeune homme, parti-culièrement intéressé par des figures d'historiens, et qui ressemble en tout point au cas critique dessiné par Nietzsche dans sa *Deuxième Considération inactuelle*. Avec une voracité étonnante, il lit tout Macauley, Gibbon, Mommsen. Macauley est désigné en 1891 comme « mein(en) wirklicher geistiger Vater[21] ». Mais il dira la même chose à propos de Thackeray et de Taine[22], de l'historien de l'art Springer et même d'un proche ami de Nietzsche, l'helléniste Overbeck. Après une leçon donné en tant que pro-fesseur invité à Bonn, il note « Heard Overbeck this morning […] It is a curious sensation seeing for the first time a man who has had such an influence on your whole way of thinking as Overbeck had on mine, a man who has been to you *almost more than your bodily father*, and finding his outward body so little adequate to his writings[23] ».

En même temps que l'urgence, la multiplicité des pères adoptifs pos-sibles montre la difficulté du choix. Pour finir, Kessler en 1895 ne fera pas *un* choix, mais deux — Nietzsche *et* Bismarck. Dans son autobiographie, Nietzsche est conçu comme un appel à poursuivre et compléter l'œuvre de Bismarck : « Est-ce qu'il avait (Bismarck) réussi à synthétiser l'esprit et la force comme l'avait fait en son temps l'Empereur Auguste à Rome ? […] Cette synthèse, c'était notre tâche, nous les jeunes, qui voulions

---

20. SIMON Hans-Ulrich (éd.), *Bodenhausen-Kessler. Briefwechsel 1894-1918*, Marbach, Deutsches Literatur-archiv, 1978, p. 209.
21. KESSLER, TB, 4. 11. 1891, DLA.
22. « Heute ist Taine gestorben, der Lebende dem ich geistig am meisten verdanke » Kessler, TB, 21. 11. 1892, DLA.
23. K, TB, 10. 01. 1890, DLA. Je souligne.

suivre l'appel de Goethe et Nietzsche en faveur d'une vie active et coura-geuse[24] ? »

Tous deux, Bismarck et Nietzsche, sont des pères déchus en 1890 : l'un a perdu la raison, l'autre a perdu le pouvoir. Kessler va tenter de réconcilier ces deux pères « faibles », pour mener à bien un projet de réconciliation entre *Kultur* et *Politik*. Nous retrouvons ici la dimension « épigonale », évoquée par Mattenklott. Ceci surprend au premier abord, puisque Nietzsche pendant la dernière phase de sa vie a poursuivi la Prusse et ses dirigeants d'une haine implacable[25]. Pourtant, l'association Bismarck/ Nietzsche est très répandue, comme l'atteste par exemple la réaction de Bierbaum à la mort de Nietzsche. Il écrit dans son épitaphe : « L'Allemagne a perdu son deuxième grand homme – après Bismarck, Nietzsche. On serait infidèle à son souvenir en se laissant aller à des lamentations[26]. » Position d'ailleurs préparée par Nietzsche lui-même, qui écrit en septembre 1888 : « Y a-t-il des philosophes allemands ? Y a-t-il des poètes allemands – c'est ce que l'on me demande à l'étranger. Je rougis, mais avec un courage qui m'ap-partient même dans les cas désespérés, je réponds : 'oui, Bismarck'[27]… »

On trouve une structure biographique et une interprétation similaire de Nietzsche chez Eberhard von Bodenhausen, son ami et complice dans la rédaction de *PAN*. Si Kessler présente le cas d'un aristocrate de date récente, tenu de montrer son « rang », son ami illustre un cas plus rare : un *Junker* prussien qui après une tentative de prendre pied en histoire de l'art fait une impressionnante carrière industrielle[28].

Né comme Kessler en 1868, Bodenhausen est le fils d'un riche pro-priétaire foncier, qui veut assurer à son fils une carrière administrative et désapprouve de ses activités dans le domaine de l'art, comme de son intention d'entrer dans le corps diplomatique. Les sources ne sont pas aussi précises que celles de Kessler pour suivre sa recherche de modèles, mais les papiers édités par sa femme en 1955 sous le titre *Eberhard von Bodenhausen. Ein Leben für Kunst und Wissenschaft* permettent de consta-ter un attrait simultané pour Nietzsche et Bismarck[29]. Ainsi, il essayera de

---

24. Voir KESSLER Harry Graf, *Gesichter und Zeiten*, Frankfurt/M, Fischer, 1988, p. 231
25. Cf. NIETZSCHE, *op. cit.*, vol. XIII, p. 637-647, où il déclare Bismarck et les Hohenzollern cou-pables de la « fluchwürdige Aufreizung zur Völker- und Rassenselbstsucht » qui se présente à tort comme la « grande politique », ici p. 640.
26. *Die Insel*, 2 (1900), H. 1, p. 1, cité par Krause, p. 117.
27. NIETZSCHE, *op. cit.*, vol. XIII, p. 540 (Nachgelassene Fragmente, September 1888).
28. Voir la présentation faite par SIMON 1978, et plus récemment par BILLETER Felix, « Zwischen Kunst-geschichte und Industriemanagement. Eberhard von Bodenhausen als Sammler Neoimpressionis-tischer Malerei », dans Felix Billeter, Andrea Pophanken (éds.), *Die Moderne und ihre Sammler. Französische Kunst in deutschem Privatbesitz vom Kaiserreich zur Weimarer Republik*, Berlin, Akademie-Verlag 2001 (Centre allemand d'histoire de l'art, Paris, Série Passagen/Passages, vol. III), p. 125-148.
29. BODENHAUSEN-DEGENER Dora (éd.), *Eberhard von Bodenhausen. Ein Leben für Kunst und Wissenschaft*, Düsseldorf-Köln, Diederichs, 1955.

rassurer Lichtwark : « Ne rejetez pas Nietzsche, je vous en prie, parce qu'il a écrit l'Antéchrist. Nous avons besoin de Nietzsche ; il est vraiment notre Goethe et pour moi il est plus encore[30]. »

L'attrait simultané pour Nietzsche et Goethe est partagé également par Kessler, qui écrit dans ses mémoires : « Avec lui (Nietzsche) nous avions quitté notre monde pour un monde nouveau, dans lequel nous nous sentions immédiatement chez nous, car là-bas, sous des étoiles étrangères, sous un jour nouveau, nous rencontrions quelques-uns des plus grands Allemands, comme Beethoven, Fichte et Hölderlin[31]. » Ces citations permettent de différencier la position de Kessler et Bodenhausen de la génération suivante, expressionniste ou dadaïste, qui tâchera de rompre avec un passé considéré comme *Bildungsballast* néfaste[32]. Pour les deux représentants de la « jeunesse dorée », en revanche, il s'agira d'assumer le passé et de le transformer pour ainsi dire de l'intérieur, en coopération avec les générations précédentes. Ils sont confortés dans cette interprétation par les ouvrages biographiques d'Elisabeth Förster-Nietzsche, dont les premier volumes paraissent en 1895 et 1897. Ils dressent le portrait d'un penseur systématique, respectueux des institutions et des valeurs incarnées par l'Etat prussien[33]. Leur Nietzsche ne brise pas les « tables de la loi » ; il est intégrateur et syncrétique — et, avec l'accent mis sur les *grössten Deutschen*, indubitablement « aristocratique ».

PAN – une revue « nietzschéenne » ?

Le nietzschéanisme de Bodenhausen et de Kessler prend ses contours à un moment où ils se lancent dans l'arène avec l'espoir, justifié par leur richesse et leur instruction, d'accéder à des places de pouvoir. Ce sera le cas avec l'association *PAN*, établi en 1894/95, dont Bodenhausen est président, mais dont la *Hauptperson* n'est autre que Kessler[34]. C'est la position acquise au sein de *PAN* qui permettra à Kessler d'assumer un rôle de médiateur artistique entre la France et l'Allemagne, et de devenir en 1902 directeur du *Museum für Kunst und Kunstgewerbe* de Weimar. Bodenhausen, quant à lui, doit faire fortune dans l'industrie pour nourrir sa famille. Mais en 1917, il est question de lui pour succéder à Bode à la tête des musées de Berlin ; proposition impensable sans le passage à *PAN*. Aussi, on lira avec attention les propos contenu dans le *Curriculum vitae* que Kessler adresse à Samuel Fischer de 1929, pour lui présenter la suite de ses *Mémoires*.

---

30. BODENHAUSEN, *op. cit*, p. 117 ;
31. KESSLER Harry Graf, *Gesichter und Zeiten*, p. 211.
32. Voir TAYLOR Seth, *Left-wing Nietzscheans : the Politics of German Expressionism 1910-1920*, Berlin, de Gruyter 1990 (Monographien und Texte zur Nietzsche-Forschung 22).
33. FÖRSTER-NIETZSCHE Elisabeth, *Das Leben Friedrich Nietzsches*, 2 t. en 3 volumes, Leipzig, Naumann, 1895, 1897, 1904.
34. SIMON, *op. cit.*, p. 121.

Il semblait émaner de lui (Nietzsche) un rajeunissement. C'était comme si l'on avait enlevé partout des bandages et des pansements, qui jusqu'à présent avaient entrâvé la croissance des membres sains et des forces de l'âme, et que désormais, le corps et l'âme pouvaient se développer librement […] tout compte fait, cette influence spirituelle révolutionnaire était bénéfique et stimulante comme un orage de printemps […] Autour de lui (Nietzsche) se rassemblait, comme je l'ai dit, toute la génération nouvelle ; et, pour se doter d'un organe d'expression, elle avait fondé, sous le nom de *PAN*, la première grande revue littéraire et artistique en Allemagne[35].

PAN apparaît comme lieu de ralliement des nietzschéens, comme une « libération » des « contraintes » surannées du passé. Ce point de vue est conforté par des voix contemporaines, y compris par celles qui réfutent Nietzsche. Parmi ces dernières, celle de Wilhelm v. Bode, directeur des Musées royaux de Prusse, et membre du Conseil d'administration de *Pan*, se fait particulièrement entendre. Von Bode n'a guère de sympathie pour le *Frühlingsgewitter* invoqué par Kessler ; il critique l'orientation trop moderniste et francophile de la revue, et croit en discerner la raison : « die Vergötterung von Nietzsche machte sich in jedem Heft breit[36] ».

Lichtwark, Bode et Seidlitz sont des représentants de la génération libérale, pour qui l'aspiration principale, l'unité nationale, a été satisfaite ; ils croient que le musée fonctionne comme un lieu de contre-pouvoir de la bourgeoisie de culture face au pouvoir de la politique et de l'argent[37]. Ils partagent avec leur génération les réserves à l'égard d'un penseur considéré comme « aristocrate » et irrationnel.

Comment a-t-on pu venir à la coopération entre la « bohème » et les « Geheimräte » ? Car, à la différence d'autre revues « à programme », et notamment des revues expressionnistes de la génération suivante[38], *PAN* mêle explicitement les générations. S'adressant à un public fortuné d'environ 1600 lecteurs, la revue éditée par la *Société PAN* vise à être un relais entre les artistes et un public d'élite, regroupant l'aristocratie et la haute bourgeoise[39].

---

35. KESSLER Harry Graf, *Curriculum vitae*, (1924) in *Gesammelte* Schriften vol. II, édité par Gerhard Schuster et Cornelia Blasberg, Francfort/M, Fischer 1988, (GZ), p. 328 : « Eine Erneuerung schien von ihm [=Nietzsche] auszugehen. Es war, als ob überall veraltete, das Wachstum gesunder Glieder und Seelenkräfte einschnürende Binden und Bandagen, fortgenommen und Körper und Seele sich jetzt erst frei und natürlich recken könnten. […] alles in allem war dieser geistig revolutionäre Einfluß förderlich und befruchtend wie ein Frühlingsgewitter. » […] « Um ihn sammelte sich, wie gesagt, die ganze junge Generation ; und um sich ein Organ zu schaffen, gründete sie unter dem Titel PAN die erste große künstlerisch-literarische Zeitschrift in Deutschland. »
36. BODE Wilhelm v., *Memoiren*, édité par Thomas W. Gaehtgens et Barbara Paul, Berlin 1999, Berlin, Akademie-Verlag, p. 283
37. Pour le contexte culturel de la pensée libérale autour de 1900, cf. BENEKE Sabine, *Im Blick der Moderne. Die « Jahrhundertausstellung deutscher Kunst » (1775-1875) in der Berliner Nationalgalerie 1906*, Berlin, Bostelmann & Siebenhaar, 1999.
38. Cf. la contribution de Maurice Godé dans ce volume.
39. La revue paraissait en général quatre fois par an, en trois versions différentes : une *Künstlerausgabe* (38 ex.), une *Vorzugsausgabe* (75 ex.) et la *Allgemeine Ausgabe* (entre 110 et 1500 ex.) Le prix d'un cahier simple s'établissait à 25 M.

PAN naît en effet d'une initiative de la Bohème berlinoise, où la référence à Nietzsche occupe — comme nous l'avons vu plus haut — une place centrale dans l'autodéfinition du sujet artiste dans une société peu encline à l'admettre[40]. Il est ici tout à fait étonnant de voir ces jeunes nés vers le milieu des années 1860 s'allier à des *Geheimräte* nés vers 1840, gardiens d'une institution qui incarne de la manière la plus concrète le « culte du passé », raillé par Nietzsche dans la *Deuxième considération inactuelle* : le musée.

La stratégie de la bohème semble être celle du cheval de Troie. La caution des « vieux » est garante aux yeux d'un public censé apporter son soutien financier à l'entreprise — et c'est effectivement sur la foi de noms tels que Bode et Lichtwark qu'il est possible de réunir un capital de 100 000 Mark dont la « Société *PAN* » se trouve dotée[41]. Or, la mise en pratique de cette idée généreuse s'avère difficile. Si les tensions s'articulent chaque fois autour de questions « techniques » de présentation et de choix des contributions, leur fréquence témoigne d'un conflit générationnel sous-jacent, que certains des participants ont d'ailleurs eux-mêmes thématisé par la suite[42]. Dès le premier numéro, Wilhelm von Bode n'hésite pas à critiquer ouvertement la mise en page trop éclectique de la revue[43]. Et dans le deuxième numéro, Lichtwark réclame dans un éditorial « Was wir wollen » une plus forte place accordée à l'art national, s'inscrivant en faux contre le cosmopolitisme artistique de Meier-Graefe et de Bierbaum[44]. Dans cette situation de blocage, Bodenhausen et Kessler, appelés initialement pour servir de médiateur entre les générations, entre bohème et bonne société, vont jouer un rôle crucial.

En effet, les deux initiateurs, Meier-Graefe et Julius Bierbaum sont écartés après le troisième numéro, à l'occasion de ce que l'on a appelé « le scandale de Toulouse-Lautrec », né à propos de la décision des deux rédacteurs de publier une lithographie jugée scandaleuse du peintre parisien[45]. Dès lors, Bodenhausen et Kessler ouvrent la revue à leurs propres choix,

---

40. Le noyau originel est constitué de quelques jeunes qui se réunissent dans le bistrot *Zum Schwarzen Ferkel* pour boire et honorer August Strindberg, que la fuite devant ses créanciers a fait échouer à Berlin. Il s'agit des poètes Richard Dehmel (1863-1924), et visiteur en 1904 du Nietzsche-Archiv de Weimar), Arno Holz (1863-1929), le dessinateur Paul Scheerbart, l'écrivain polonais Stanislaw Przybiszewski (1868-1927). Il faut y ajouter deux organisateurs, qui vont permettre au groupe de se structurer : Julius Meier-Graefe (1867-1935) qui sera le grand introducteur de la peinture française en Allemagne, et Otto Julius Bierbaum (1865-1910), qui vient de se brouiller avec Samuel Fischer.

41. Cf. Henze Gisela, *Der Pan. Geschichte und Profil einer Zeitschrift der Jahrhundertwende*, Freiburg 1974.

42. Notamment Otto Julius Bierbaum, qui en donnera dans son roman *Pan und die Geheimrät* une présentation volontairement caricaturale.

43. Voir Bode Wilhelm von, « Anforderungen an die Ausstattung einer illustrierten Kunstzeitschrift », *PAN*, I, 1 (1895), p. 30-33, et la réponse de Meier-Graefe et Bierbaum, « Zur Ausstattungsfrage », *PAN*, I, 1 (1895), p. 40.

44. Lichtwark Alfred, « Was wir wollen », *PAN*, I, 2 (1895), p. 99.

45. Cf. Krahmer Catherine, « *PAN* and Toulouse-Lautrec », in *Print Quarterly*, 10, 3 (décembre 1993), p. 392-397. Krahmer insiste davantage sur l'imprudence de Meier-Graefe, qui a outrepassé ses prérogatives, que sur l'aspect « générationnel » des conflits.

au premier titre à la culture française et à leur interprétation du culte de Nietzsche[46].

L'image de Nietzsche
enjeu d'un compromis entre générations

Dans *PAN*, la présence de Nietzsche est soutenue sans être étouffante[47]. Avec au moins huit textes ou images publiés durant cinq ans, il est à côté de Fontane l'auteur le plus représenté; et il est le seul à qui deux portraits (en 1895 et 1899) sont consacrés. Si les deux premières apparitions de Nietzsche relèvent encore de la première équipe rédactionnelle, les autres sont à inscrire à l'actif de Kessler et de Bodenhausen — on voit mal qui, parmi les autres membres du conseil d'administration, aurait pu imposer sa présence, face à l'hostilité déclaré de Bode et de Seidlitz et la relative indifférence de Lichtwark. Malheureusement tous les passages portant sur Nietzsche ne pourront pas être reproduits — ce qui est d'autant plus regrettable que la spécificité du culte nietzschéen de *PAN* résulte de l'interaction entre texte et illustration. Pour cette raison, je voudrais me concentrer ici sur trois occurrences significatives : les premier et troisième numéros de la première année (1895), enfin le numéro de clôture (1899).

Il faut souligner d'emblée que ce ne sont ni Kessler ni Bodenhausen qui introduisent Nietzsche dans la revue. C'est la première rédaction composée de Meier-Graefe et Bierbaum, qui décide de publier dans le premier numéro un fragment inédit de *Zarathoustra* : *Zarathustra vor dem König*. Placé immédiatement après la profession de foi de la rédaction, ce fragment acquiert du coup la valeur d'un manifeste. La prose apo-

---

46. De l'orientation francophile atteste notamment le numéro spécial consacré au néo-impressionnisme, *PAN*, III, 4. (1898), imposé par Kessler.

47. Nietzsche apparaît huit fois dans la revue *PAN* pendant les cinq années de son existence, essentiellement au début et à la fin. 1/1895 : *Zarathustra vor dem Könige*, *PAN*, I, 1, p. 1, illustration par Hans Thoma, « Es ist nicht mehr Zeit für Könige : die Völker sind es nicht mehr werth, Könige zu haben… das Volk wartete auf Zarathustra »; 2/ *PAN*, I, 3 (septembre-octobre 1895), contient un portrait de Nietzsche par le peintre Curt Stoeving (1863-1939). Stoeving est un artiste thuringeois qui avait déjà réalisé un portrait de Nietzsche, et avait apparemment été recommandé par Elisabeth Förster à la nouvelle équipe de rédaction. En tout cas, cette illustration, qui restera jusqu'en 1899 la seule représentation directe de Nietzsche bénéficie d'une place stratégiquement importante. Elle se trouve en effet après le mot de la rédaction informant les lecteurs du changement de rédaction. 3/ *Der Riese (fragment inédit)*; « Meine Brüder, sagte der älteste Zwerg, 'wir sind in Gefahr' […] Dieser Riese wird nicht mehr rieseln », Turin, 21 April 1888; Illustration Ernst Moritz Geyger 4/ 1896, *PAN*, II, 2 Nietzsche : Aus den Sprüchen Zarathustras p. 85-88; avec une gravure de Klinger, *Prometheus*, « Krumm gehen grosse Menschen und Ströme, krumm aber zu ihrem Ziele : das ist ihr bester Mut, sie fürchten sich vor krummen Wegen nicht. » Ce numéro contient également un poème de Fritz Koegel (ancien collaborateur des Archives Nietzsche à Naumburg et Weimar) « Meine Tage » p. 96, et une gravure de l'artiste Weimarer Paul Baum « Landschaft » *PAN*, II, 2. 5/ Fritz Koegel, Friedrich Nietzsches Musik, S. 145; 6/ Friedrich Nietzsche, Die junge Fischerin, Komposition, S. 121 7/1897, *PAN*, IV, 3 Fünf Freundesbriefe von Fr. Nietzsche, S. 167 8/1899 (IV, 4), Portrait de Nietzsche par Hans Olde.

dictique de Nietzsche, et notamment la première ligne *Es ist nicht mehr Zeit für Könige*, appelle à une nouvelle époque aristocratique. Si le temps des rois est passé, c'est que les peuples ne les méritent plus : « *die Völker sind es nicht mehr werth, Könige zu haben.* » La voie de l'avenir est donc une « révolution aristocratique », incarnée par Zarathoustra. L'édition française de *PAN*, réalisée par Henri Albert, traducteur de Nietzsche, donne une explication que l'on estime inutile pour le public allemand : « Pour comprendre le fragment de Zarathoustra devant le Roi, il suffira de songer au Christ devant Pilate. Mais pourquoi le Roi condamnerait-il le Sage ? La populace hurle devant les fenêtres ; elle détrônera les Rois ; pourrait-elle avoir un pire ennemi que l'initiateur de l'aristocratie future[48] ? »

Frappante est la disproportion entre l'audace du texte et le caractère très traditionnel de l'ornement, confié à Hans Thoma (1839-1924). Les historiens de l'art rangent Thoma volontiers dans la catégorie de la *Heimatkunst*, à cause de sa prédilection pour des paysages alpestres et bucolique. Il se contente ici d'une allégorie banale. L'aube des temps nouveaux est symbolisé par des rayons de soleil et un entrelacement de fleurs, dont la composition fait songer à deux tableaux majeurs de Philipp Otto Runge, le peintre romantique redécouvert et favorisé par Lichtwark à Hambourg : *Der Kleine Morgen* (1808) et *Der Grosse Morgen* (1809) (tous deux à la *Kunsthalle*, Hambourg). Les animaux de Zarathoustra sont invoqués de manière conventionnelle pour accompagner le message : un lion trottine dans l'arrière-plan, alors qu'un aigle se dresse sur un cristal, autour duquel s'enroule le serpent. Cette décoration, si sage, d'un texte si radical, ne convient pas à Meier-Graefe et Bierbaum. Dans une lettre de remerciement adressée à Elisabeth Förster-Nietzsche, ils estiment : « Nous n'étions pas satisfaits de l'illustration de 'Zarathoustra devant le Roi', mais pour maintes raisons, nous étions obligés de nous en satisfaire[49] ». On peut supposer avec Jürgen Krause, que les « mancherlei Gründe » renvoient aux problèmes de trouver un compromis pour imposer la présence de Nietzsche face à l'opposition des « vieux »[50].

Or, comme l'a constaté Krause, l'artiste initialement retenu n'est autre que Max Klinger (1857-1920) — un artiste qui, depuis ses succès à scandale en 1878 avec une série de dessins trop « réalistes » de la vie de Jésus, incarne la pointe de l'avant-garde allemande, et dont le talent est reconnu jusqu'à Paris[51]. Ce graveur et sculpteur allait réaliser en 1902/03 un buste pour les Archives Nietzsche à Weimar, commandé par Kessler ; le fait que les rédacteurs pensent confier l'illustration à cet artiste d'avant-garde prouve

---

48. *Pan – Supplément français*, 1, 2, Paris, 1895, p. 2
49. Lettre à Elisabeth Förster-Nietzsche, du 22 avril 1895, cité par Krause, p. 112.
50. KRAUSE, 1984, p. 112.
51. Cf. LAFORGUE Jules, *Textes de critique d'art*, réunis et présentés par Mireille Dottin, Lille, Presses Universitaires de Lille, 1988, p. 51-55 (Salon de Berlin de 1882).

qu'ils veulent faire le lien entre deux formes d'« avant-gardes », Nietzsche et Klinger : jonction qui se fera sept ans plus tard. Klinger n'a-t-il pas répondu à l'invitation parce qu'il était à Paris ? Ou a-t-elle été prononcée, puis retirée (selon un procédé dont faillit être victime le portrait de Nietzsche, réalisé par Olde en 1899) ? On peut imaginer que la présence de Nietzsche ait donné lieu à une sorte de compromis entre les « jeunes » et les « vieux » de la revue : un texte d'avant-garde, illustré par un artiste qui a l'assentiment des « vieux ». Thoma est en effet membre de la société de *Pan* depuis son début, et il a contribué tous les ans à la revue, qui, en 1899, lui consacre un numéro spécial à l'occasion de son soixantième anniversaire[52].

Une telle recherche d'un dénominateur commun semble également s'être effectuée pour l'illustration de Ernst Moritz Geyger (1861-1941) d'un fragment de Nietzsche, *Der Riese*, paru dans le troisième numéro de la revue (*PAN*, I, 3) (**illustration 7**). Une nouvelle fois, l'artiste pressenti est Klinger, qui pour des raisons qu'il n'a pas été possible de déterminer, refuse[53].

Le choix d'un artiste de second rang est donc une solution de secours. La personnalité du créateur, membre de l'association *PAN* depuis 1895, plaît à la fraction conservatrice de la revue. Bode loue le « zèle digne d'une abeille » dont aurait fait preuve le graveur « pour résoudre de manière spirituelle un motif malheureux et de mauvais goût qui lui avait été donné[54] ». Ce n'est sans doute pas seulement le talent de l'artiste, mais aussi ses convictions qui séduisent le directeur des musées de Berlin, qui visiblement n'apprécie pas la prose de Nietzsche. Car Geyger est, comme Bode, très réservé à l'égard de l'impressionnisme français, et il a bâti sa réputation sur la réalisation minutieuse de gravures d'après les tableaux de la Renaissance aux Offices à Florence. Geyger sera l'un des artistes les plus présents dans les pages de *PAN*, avec dix gravures originales, et trois reproductions. Mais il est également acceptable pour le groupe des jeunes ; la preuve en est qu'il travaillera à partir de 1900 pour la revue *Insel*, au sein de laquelle on trouve aussi bien Bierbaum que le secrétaire de rédaction, Cäsar Flaischlen.

Comme maint artiste mineur, Geyger ne cherche pas tant l'originalité qu'à satisfaire les attentes de ses commanditaires. De la sorte, son illustration est davantage révélatrice de la manière dont la jeune partie de la rédaction interprète Nietzsche, que du texte lui-même. L'artiste tente de rendre l'idée que les jeunes nietzschéens avaient d'eux-mêmes : il oppose le grand solitaire, présenté *di sotto in su*, c'est-à-dire dans une perspective

---

52. Cf. SIMON, *op. cit.*, p. 124.
53. KRAUSE, *op. cit.*, p. 117.
54. BODE W., « Künstler im Kunsthandwerk », in *PAN*, III, 1 (1897), p. 40-46, cité par Krause, *op. cit.*, p. 115.

exagérément basse, faisant ressortir l'isolement du *Géant* dans la foule bigarrée des « trop nombreux ». Au premier coup d'œil, on ne distingue que des cochons, des corbeaux, des chiens, des singes et des rats ; mais les attributs — la collerette du pasteur protestant et des universitaires — permettent d'identifier l'Eglise et l'Université, honnies dans les écrits de Nietzsche. Les nains essayent de démonter la statue du géant, de jeter au feu des livres, et le torse d'un buste. Le géant n'est donc autre que l'artiste. Le fait qu'il tienne entre ses mains une page ouverte avec la représentation de la planète Saturne s'inscrit également en ce sens, puisque la mélancolie — symbolisée par Saturne — est l'apanage traditionnel de l'artiste[55]. Dans le texte de Nietzsche, rien ne permet d'identifier le géant comme un « jeune ». Or, Geyger propose une figure prométhéenne, en mobilisant une iconographie chrétienne bien connue, celle de l'ange éternellement jeune — qui correspond à l'âge de ses commanditaires.

Malheureusement je n'ai pas trouvé trace de la réaction de Kessler ou de Bodenhausen. Mais on peut supposer qu'au moins Kessler avait de lui-même une conception « tragique » qui correspond à l'image en question. En témoigne notamment une « adresse » que voulait lui dédier son ami Hugo von Hofmannsthal à l'occasion de son quarantième anniversaire (Il est vrai, bien plus tard, en 1907). Reprenant une partie du vocabulaire familier de Nietzsche (*die Masse, der Gebildete, der Lebende*), Hofmannsthal rend hommage à l'isolement tragique de Kessler au sein de la foule, qui fait de lui l'égal d'un artiste : « Dans un monde où la foule nous fait face passivement, même lorsqu'elle prétend nous rendre hommage, vous n'êtes pas venus vers nous en 'homme de culture', mais animé par la vie qui est en vous [...] Vous êtes aussi seul que nous, et en voulant aller à notre rencontre, vous n'avez fait que suivre la ligne de votre destin.[56] »

Si l'on considère aujourd'hui *PAN* comme une revue « nietzschéenne », elle doit cette réputation notamment au fait qu'elle a publié une véritable « icône » du culte nietzschéen : le célèbre portrait de Nietzsche malade, réalisé par Hans Olde (1855-1917) (*PAN*, IV, 4). Contrairement à l'ornement de Thoma et au *Riese* de Geyger, a lithographie de Olde renonce à toute forme d'allégorisation[57]. Elle correspond à la figure du père déchu, celle d'un prophète qui s'est entièrement « brûlé » dans l'accomplissement de sa tâche. Nous disposons ici peut-être de l'illustration la plus pure du caractère épigonal du mythe nietzschéen. A l'épuisement

---

55. Cf. l'ouvrage classique de KUBANSKI Raymond, PANOWSKY Erwin, SAXL Fritz, *Saturn and melancholy. Studies in the History of Natural Philosophiy, Religion and Art*, Londres et New York, Nelson, 1964.
56. Hugo von Hofmannsthal, projet d'adresse à Kessler, à l'occasion de son quarantième anniversaire, cité d'après BURGER Hilde (éd.), *Hugo von Hofmannsthal, Harry Graf Kessler. Briefwechsel*, Francfort, Insel, p. 548.
57. Pour la présentation de la lithographie, nous nous référons à KRAUSE, *op. cit*, p. 119-126.

du « père » correspond un appel implicite aux « jeunes » pour poursuivre sur la lancée de celui est tragiquement tombé. Ce fait est corroboré par l'emplacement du portrait : il précédait un article de Elisabeth Förster, dont le but était de réfuter la thèse de la démence héréditaire de Nietzsche. Celle-ci était avancée par Cesare Lombroso, dont la version allemande de *Entartung und Genie* venait de connaître de multiples rééditions entre 1894 et 1898[58]. Olde montre une image pathétique, qui dans sa simplicité dégage une profonde dignité ; il ne présente pas un fou, mais inaugure un nouveau type : la représentation du philosophe sous les traits du *gefallener Geistesaristokrat* (Krause)[59].

Si le point de départ est une représentation naturaliste, attestée par les nombreuses photos et les esquisses préparatoires, le résultat constitue une typisation qui sera poussée plus en avant par Max Klinger dans sa *Nietzsche-Herme* (1903/05) des Archives Nietzsche de Weimar. Le traitement de la tête en gros plan relève d'une démarche physiologique, comme si la tête de Nietzsche exprimait déjà un message. Une telle conception relève de l'engouement pour la phrénologie, qui avait gardé en Allemagne une certaine faveur. Ainsi la biographie de Schopenhauer par Wilhelm v. Gwinner, dont la troisième réédition paraît en 1910, est ornée de plusieurs planches représentant le crâne du penseur, grandeur nature ![60]

Que la tête de Nietzsche était « parlante », telle était en tout cas l'avis de Kessler qui a souvent eu l'occasion d'approcher le malade de près et de formuler des hypothèses sur sa physiognomie. Son désir de syncrétisme entre la finesse de l'esprit « grec » et la force de l'Allemagne de Bismarck se manifestait de manière très concrète. Dans une lettre écrite en 1911 à Henry van de Velde, chargé de réaliser un monument en l'honneur de Nietzsche, il désirera que l'architecture s'inspire de « la physionomie même de Nietzsche, avec son ossature formidable, bismarckienne, [et] les plans exquisement délicats et grecs du front et de la bouche[61] ».

Kessler est pleinement satisfait du travail de Olde. Dans une lettre il lui assure qu'il a crée « une des œuvres les plus importantes de l'époque présente [...] la meilleure chose que *PAN* ait produite depuis sa création[62] ». L'histoire lui a donné raison. Inlassablement reprise et variée (par Munch, par Vallotton, pour ne citer que les plus importants), l'image continue d'être associée au texte de Nietzsche — aujourd'hui encore, elle se trouve par exemple en couverture de la réédition de la traduction d'Henri Albert des œuvres de Nietzsche dans la collection *Bouquins*.

---

58. Nietzsche s'y trouve en bonne compagnie ; le peintre Menzel (qui n'allait mourir qu'en 1905) avait eu le plaisir de découvrir à la lecture de l'ouvrage qu'il était lui aussi un « dégénéré »...
59. KRAUSE, *op. cit.*, p. 129.
60. GWINNER Wilhelm (v.), *Schopenhauers Leben*, Leipzig, A. Brockhaus, 1910 (3e éd.). Les planches se trouvent entre les pages 400 et 401. La première édition date de 1862, la deuxième de 1878.
61. Lettre de Kessler à Henry Van de Velde, 12 décembre 1911, Bruxelles, Bibliothèque Albert 1er.
62. Cité par KRAUSE, *op. cit.*, p. 118.

Cette image si importante, elle aussi, résulte d'un compromis entre jeunes et vieux. Il est curieux de noter que l'initiative du portrait au sein du Conseil d'administration revient apparemment à Alfred Lichtwark, pourtant réputé plutôt hostile à Nietzsche. Pourquoi le directeur de la *Kunsthalle* propose-t-il d'ouvrir les pages de la revue à la représentation d'un fou, audacieuse pour l'époque ? Ce mystère s'éclaire en partie lorsqu'on se rappelle que Hans Olde est un artiste hambourgeois, et proche ami de Lichtwark. Or celui-ci s'est toujours montré soucieux de mettre en valeur l'activité artistique de sa ville face à Berlin, et de promouvoir des artistes locaux[63]. S'ils voulaient disposer d'une représentation de Nietzsche conforme à leurs vues, Bodenhausen et Kessler auraient en tout cas été bien inspirés de faire présenter la demande par un « neutre ». Lichtwark était à cette fin un candidat idéal, et la correspondance et le journal de Kessler montrent un important effort de séduction à son égard. Mais les tractations ont dû être compliquées, car *PAN* fait une offre à Olde dès 1897, pour la retirer aussitôt[64]. Elle n'est réitérée qu'en été 1898 à la suite des interventions énergiques de Kessler.

Ces trois exemples montrent que l'iconographie nietzschéenne est l'objet d'un compromis entre jeunes et vieux : dans chacun des cas, une entente a été trouvée, qui permettait de faire correspondre à un message jugé audacieux une présentation dont la « sagesse » est garantie aux yeux des vieux par la personnalité de l'artiste choisi pour l'illustrer. Si les deux premières solutions sont insatisfaisantes, la troisième, celle d'Olde, réussit à s'imposer durablement.

Lors de l'arrivée de Kessler à la direction du musée de Weimar, en 1902, il se donne un objectif qui reprend celui de la revue *PAN* :

> Il n'y a plus de culture paysanne ou de classe moyenne. Ce qui continue d'exister est un reliquat, ce sont des terres inondables qui seront immanquablement emportées. Les basses couches n'ont rien de positif à quoi contribuer. Même leur « manque de goût » n'est pas original, mais une image réfléchie. Ils prennent les couches supérieures comme modèle. La seule façon de les guider est d'améliorer le modèle. Toute réforme culturelle doit aujourd'hui commencer avec les couches supérieures[65].

Une réforme culturelle par le haut : Kessler évoque ici à la formulation près la pensée du Nietzsche de la période wagnérienne. Mais comment la

---

63. Lichtwark avait notamment plaidé pour l'introduction de cahiers thématiques, consacrés à une région spécifique, pour montrer la vitalité du fédéralisme culturel, cf. SIMON, *op. cit.*, p. 16/17.

64. Voir KRAUSE, *op. cit.*, p. 125

65. KESSLER, *TB*, 10.01.1903, DLA : « Es gibt keine Kultur der Bauern oder des Mittelstandes mehr. Was noch besteht ist Rest, Flutland, das unfehlbar weggeschwemmt werden wird. Positiv könne die unteren Stände nichts mehr leisten. Auch ihre « Geschmacklosigkeit » ist nicht positiv, sondern ein Spiegelbild. Sie gucken es sich ab von den oberen Ständen. Die einzige Art sie zu leiten, ist, das Vorbild zu bessern. Jede Kulturreform muß heute mit den oberen Schichten anfangen. »

mettre en œuvre ? L'expérience du *PAN* est une illustration de la scission de la société wilhelminienne entre jeunes et vieux : mais elle indique aussi des champs de coopération. Le fait que des « jeunes » vont mettre leur projet de réforme sous l'aile protectrice de leurs aînés, pour se prévaloir de leur légitimité et pour attirer un financement adéquat, participe d'un mythe spécifique — allemand, si l'on veut — de la jeunesse. On pourrait aller jusqu'à dire que la constitution d'une telle entreprise repose elle-même sur un *Kulturoptimismus* propre à l'époque. Elle part de l'idée que les intérêts des différentes générations sont conciliables dans le but commun de doter l'Allemagne d'une « vraie » culture. L'élite a des obligations spécifiques qui découlent de son rôle de « modèle » (*Vorbild*). Il y a pour ainsi dire une entente « inter-générationnelle » sur la possibilité une « réforme par le haut » du Reich, qui ne perd sa crédibilité que dans la tourmente de la Première guerre mondiale. On peut y percevoir l'écho d'une idée formulée à l'époque romantique, selon laquelle les jeunes incarnent l'avenir d'un pays lui-même jeune, et que leurs aînés ont une obligation morale d'apporter leur savoir et leur expérience, voire même d'apprendre au contact de la jeunesse. Cette base permet de surmonter des divisions profondes quant aux contenus de la culture de l'avenir, et de trouver des formules de compromis pragmatiques. Le culte de Nietzsche, tel qu'il est préconisé par Kessler et Bodenhausen, est un témoignage de ce consensus fragile.

Vision et représentation de l'enfance
dans la peinture de Paula Modersohn-Becker

Hélène BOURSICAUT
Université Rennes 2

Und so wie Früchte sahst du auch die Frauen
und sahst die Kinder so, von innen her
getrieben in die Formen ihres Daseins.[1]

« Voir jusqu'où on peut aller sans se préoccuper du public[2] » : cette profession de foi de l'artiste-peintre Paula Modersohn-Becker (1876-1907) a pesé comme une malédiction sur la réception de son œuvre. Lors de sa première exposition, le sujet d'un de ses tableaux fut comparé à « une histoire répugnante[3] » et, incomprise de son vivant, l'artiste ne réussit à vendre en tout et pour tout que trois toiles. Dans les années vingt, sa peinture tout autant que les circonstances tragiques de son décès — elle mourut à trente et un ans, trois semaines après avoir mis au monde l'enfant qu'elle désirait depuis bon nombre d'années — attirèrent quelque peu l'attention, mais cet intérêt naissant prit brutalement fin avec l'avènement du national-socialisme, puisque Paula Modersohn-Becker alla grossir les rangs des artistes qualifiés de « dégénérés ». Il faut attendre les années cinquante et surtout le premier catalogue édité par la *Kunsthalle* de Brême en 1976 pour que lui soit enfin rendue justice.

Si Paula Modersohn-Becker s'est heurtée à beaucoup d'incompréhension, elle a également suscité l'embarras d'une critique friande d'étiquettes. D'abord raccrochée, faute de mieux, à la communauté artistique de

---

1. RILKE Rainer Maria, *Requiem für eine Freundin* (1908), in *Rainer Maria Rilke. Werke in sechs Bänden*, Francfort/Main, Insel, 1989, t. II, p. 405.
2. Lettre à Otto Modersohn (03. 03. 1903), in BUSCH Günter & REINKEN Liselotte (von) (dir.), *Paula Modersohn-Becker in Briefen und Tagebüchern*, Francfort/Main, Fischer, 1979, p. 350 : « Zu sehen, wie weit man gehen kann, ohne sich um das Publikum zu kümmern. »
3. FITGER Arthur, « Aus der Kunsthalle », *Weser-Zeitung* (20. 12. 1899), *ibidem*, p. 171 : « eine Ekelgeschichte ».

Worpswede, où elle passa, il est vrai, sept ans de sa vie, entrecoupés de longs séjours à Paris, elle a ensuite été longtemps rabaissée au rang de simple imitatrice de Van Gogh, Gauguin et Cézanne. Aujourd'hui encore, elle est hâtivement classée parmi les expressionnistes[4], avec lesquels elle n'eut pourtant jamais de contact. Même s'il est incontestable qu'elle partage avec ces derniers le goût pour la simplification des formes et la redécouverte des cultures dites « primitives », on cherchera en vain dans ses tableaux ces déformations, contrastes et orgies de couleurs qui caractérisent en particulier le groupe *Die Brücke*. Christa Murken-Altrogge affirme qu'elle est dans l'histoire de l'art « un personnage singulier. On ne peut la rattacher à un style précis ni prétendre non plus qu'elle ait fait école. Son œuvre expressive réunit pourtant les aspects les plus importants de l'art du début du XXᵉ siècle[5]. » Absorbant avec une vitesse et un enthousiasme prodigieux tous les courants artistiques qui traversent cette période, sans oublier non plus les époques antérieures, Paula Modersohn-Becker a de fait créé une peinture à la fois syncrétiste et profondément originale.

L'originalité de cette œuvre considérable, puisqu'on recense à l'heure actuelle plus d'un millier de dessins, sept cent quarante-sept tableaux et treize eaux-fortes, tient au demeurant plus au langage pictural qu'à la quantité et la nature des sujets abordés. Outre de nombreux autoportraits et portraits, Paula Modersohn-Becker a essentiellement peint des paysages et des natures mortes. Il est un thème cependant qu'elle n'a cessé de traiter au cours de sa brève carrière : le thème de l'enfant, qu'elle a représenté à chaque stade de son développement, du nouveau-né au jeune garçon ou à la jeune fille pubère, et qui, si l'on prend en compte les tableaux montrant une mère et un nourrisson, a fourni la matière d'une centaine d'œuvres[6]. C'est dire si en ce début du « siècle de l'enfant », pour reprendre le titre du livre de Ellen Key (*Das Jahrhundert des Kindes*, 1900), Paula Modersohn-Becker a su trouver là un mode d'expression correspondant à la fois à sa personnalité et à son époque, d'aucuns allant même jusqu'à soutenir qu'elle a révolutionné un genre pourtant consacré par la tradition[7].

---

4. Dans sa monographie, Dietmar Elger la rattache à l'expressionnisme de l'Allemagne du Nord (cf. Elger, Dietmar, *Expressionnisme. Une révolution artistique allemande*, traduit de l'allemand par Françoise Laugier, Cologne, Benedikt, 1994, p. 121), tandis que Gianfranco Malafarina la classe parmi les expressionnistes indépendants (cf. MALAFARINA Gianfranco, *Guide de l'expressionnisme*, traduit de l'italien par Susanne Franco, Paris, Canal, « Guides Canal Art moderne », 1998, p. 28).

5. MURKEN-ALTROGGE Christa, *Paula Modersohn-Becker*, Cologne, DuMont, « Taschenbücher », 1996, p. 57 : « […] eine singuläre Figur. Man kann sie weder einem bestimmten Stil zuordnen noch behaupten, daß sie schulbildend geworden ist. Dennoch verbinden sich in ihrem expressiven Werk die bedeutendsten Aspekte der Kunst des frühen 20. Jahrhunderts. »

6. Cf. MURKEN-ALTROGGE, « Die Kinderbildnisse Paula Modersohn-Beckers », in EICHORN Herbert & SCHENK Isabell, *Kinder*Blicke: *Kindheit und Moderne von Klee bis Boltanski*, Ostfildern-Ruit, Hatje Cantz, 2001, p. 38 : « Zählt man zu den Kinderbildnissen auch die, die Mutter und Kind zeigen, so lassen sich im Werk dieser Malerin an die 100 Gemälde zum Thema 'Kind' nachweisen.

7. Cf. MURKEN-ALTROGGE, *ibid.*, p. 31 : « Mehr noch: Diese wenigen, rastlosen Schaffensjahre zwischen den beiden spannungsvollen geografischen und kulturellen Polen Worpswede und Paris hatten genügt, um das Kinderbildnis durch die Hand der ausgerechnet im Kindbett so früh verstorbenen Malerin auf eine grundsätzliche, ja revolutionäre Weise zu verändern. »

Les enfants des proches

Dès son premier séjour à Worpswede pendant l'été 1897, celle qui ne s'appelle encore que Paula Becker avoue être plus attirée par la représentation de l'homme que par la peinture de paysage[8], domaine de prédilection des artistes-peintres qui s'étaient installés en 1889 dans ce village situé à quelque vingt-cinq kilomètres de Brême. Un an plus tard, un voyage en Norvège la renforce dans son opinion : « Si j'ai le moindre don pour la peinture, confie-t-elle dans une lettre adressée à ses parents, le portrait sera toujours mon point fort […]. Et le plus beau serait de réussir à exprimer à travers une figure ces sensations inconscientes qui, parfois, bourdonnent en moi de manière légère et charmante[9]. » S'affirment ici non seulement une vocation pour le genre du portrait jamais démentie par la suite, mais aussi une conception de ce dernier comme exploration et extériorisation de l'être le plus intime, comme si la quête de soi passait inévitablement par celle de l'autre. Cette dimension intersubjective du portrait explique entre autres que Paula Modersohn-Becker se soit particulièrement intéressé à l'enfant auquel l'unissent de profondes affinités. Elle ne considère pas au demeurant ce dernier comme un « petit adulte », mais voit en lui une personne autonome, obéissant à des lois qui lui sont propres et dont elle s'efforce intuitivement de suggérer la vie intérieure.

Ce sont les enfants des proches, parents ou amis, qui lui fournissent ses premiers modèles, à commencer par sa jeune sœur Herma et surtout sa belle-fille, la petite Elsbeth, née d'un premier mariage d'Otto Modersohn. Les quatre œuvres sur lesquelles s'appuiera le début de notre réflexion donnent un aperçu des tentatives de l'artiste pour s'orienter à travers la diversité stylistique qui caractérise le tournant du siècle et constituent en outre une première approche du monde de l'enfance. Si le portrait d'Herma (*Mädchen mit Blumenkranz* – cf. **illustration n° 8**) porte l'empreinte du *Jugendstil* et celui représentant Elsbeth dans le jardin familial de Worpswede (*Mädchen im Garten neben Glaskugel* – cf. **illustration n° 11**) se situe encore dans la tradition impressionniste, le deuxième document (*Brustbild Elsbeth mit Blütenkranz* – cf. **illustration n° 9**) révèle, lui, l'influence de la Renaissance italienne. C'est comme si Modersohn-Becker puisait aux sources les plus diverses pour déterminer sa position par rapport à l'histoire de l'art et fonder un style qui lui soit propre. C'est ainsi que la couronne de fleurs, qui apparaît dans les deux premières toiles, n'est pas seulement un motif décoratif repris à la fois de Botticelli et de l'Art nouveau, mais relève déjà

---

8. Cf. lettre aux parents (Worpswede, août 1897), in Busch & Reinken, *Paula Modersohn-Becker in Briefen und Tagebüchern, op. cit.*, p. 104 : « Menschen malen geht doch schöner als eine Landschaft. »

9. Lettre aux parents (10 juin 1898), *ibid.*, p. 126 : « Wenn ich überhaupt Begabung zur Malerei habe, wird im Porträt doch immer mein Schwerpunkt liegen […]. Das Schönste wäre ja, wenn ich jenes unbewußte Empfinden, was manchmal leicht und lieblich in mir summt, figürlich ausdrücken könnte. »

d'un langage symbolique qui établit des correspondances entre l'enfance et la nature tout en suggérant une dialectique de la croissance et de la caducité. L'éphémère de la fleur renvoie en effet à l'identité fragile de l'enfance, immanquablement menacée par le temps.

Ces quatre portraits se distinguent en outre par leur dépouillement. Paula Modersohn-Becker supprime tous les détails qui lui semblent anecdotiques et renonce par exemple systématiquement à cet attribut traditionnel du portrait d'enfant qu'est le jouet. Cet épurement du style correspond au credo qui restera le sien toute sa vie : « faire porter l'accent sur l'essentiel[10] ! » Cet objectif explique aussi, du moins pour les trois premiers tableaux, que l'artiste ait opté pour le portrait en buste, coupé à la naissance des épaules, présentation fréquente en sculpture qui, alliée de surcroît ici à une frontalité plus ou moins stricte, est censée capter un état d'âme. A cette nuance près que chez Modersohn-Becker la visualisation d'états psychologiques ne procède guère d'une analyse rationnelle, mais se fait au contraire de manière intuitive et allusive. On ne peut ainsi s'empêcher d'être frappé par l'étrange gravité qui émane du regard, gravité que l'on retrouve presque en permanence par la suite et qui contraste fortement avec la conception simpliste de l'insouciance enfantine que traduit par exemple la peinture de Ferdinand Georg Waldmüller, Hans Thoma ou Wilhelm Leibl. Même lorsque l'enfant semble fixer le spectateur avec intensité, comme dans le portrait d'Herma, voire l'interroger, ce qui est le cas pour le deuxième portrait d'Elsbeth (*Kopf eines kleinen Mädchens* – cf. **illustration n° 10**), il ne recherche pourtant pas le contact avec lui, donnant de cette manière l'impression d'être à la fois proche et lointain : un être solitaire et introverti, dont le peintre se contente de suggérer l'univers énigmatique et inaccessible pour l'adulte. Le quatrième tableau, un portrait en pied d'Elsbeth, traduit encore une volonté déclarée de faire ressortir l'essentiel, mais l'intérêt n'est plus d'ordre psychologique. Il s'agit cette fois d'appréhender les relations entre l'enfant et le monde qui l'entoure. Le thème fondamental est donc celui de l'être en harmonie avec la nature, stylisée ici sous la forme du « jardin paradisiaque » terrestre, ce qui explique qu'Elsbeth n'apparaisse pas en tant qu'individu et que les traits de son visage ne soient pas définis. L'enfant est réduit à une silhouette, n'existe qu'à titre de type représentatif qui, bien que se détachant du paysage en arrière-plan par le contraste des couleurs, le rejoint toutefois par le flou du dessin.

Curieusement, Paula Modersohn-Becker s'est montrée assez sévère pour ses premiers tableaux d'enfants. C'est ainsi qu'à propos d'un portrait d'Elsbeth, elle estime elle-même qu' « évidemment, cela ne changera pas la face du monde », tout en admettant que « ce travail [lui] a néanmoins permis d'améliorer [sa] maîtrise technique et d'accroître [son] énergie

---

10 Journal (15 février 1903), *ibid.*, p. 337-338 : « Auf das Hauptsächliche das Gewicht legen! »

créatrice[11] » . On peut de fait considérer ces tableaux d'enfants empruntés à la sphère privée comme une sorte de laboratoire expérimental. Mais
ce n'est qu'en rompant avec l'univers familial que Modersohn-Becker
parvient à l'autonomie artistique.

Les enfants des pauvres

Au cours de ses premiers séjours dans la campagne brêmoise, Paula
Modersohn-Becker réalise de nombreuses études d'enfants. Mais c'est surtout à partir de 1900/1901, une fois mariée au peintre Otto Modersohn
et installée définitivement à Worpswede, qu'elle va contribuer à renouveler autant le regard porté sur l'enfance que le genre même du portrait
d'enfant, trouvant ses modèles parmi les fils et filles de la paysannerie
locale et les orphelins de l'asile.

Des nombreux tableaux peints à Worpswede — rien que pour l'année
1902 on en comptabilise près de soixante-cinq[12] — se détachent quelques
œuvres qui forment une unité thématique bien distincte. Il s'agit de portraits
d'enfants atteints de maladie ou affectés de tares physiques et psychiques,
particulièrement répandues dans ce milieu rural où l'inceste était monnaie
courante. En adoptant une fois de plus la présentation frontale et en buste
pour le portrait de la petite fille malade (*Bildnis eines kranken Mädchens –
cf. **illustration n° 12**), l'artiste focalise l'attention sur un regard empreint de
tristesse et de souffrance. On observe le même désarroi chez le nourrisson
que Modersohn-Becker a représenté à maintes reprises (*Säugling* – cf. **illustration n° 13** ; *Säugling mit der Hand der Mutter* – cf. **illustration n° 14**).
Le format réduit et le gros plan font ici ressortir l'anomalie du faciès : que
ce soit le visage, avec son nez camus, sa lèvre inférieure proéminente, son
absence de menton et son regard légèrement mongolien, surtout sensible
dans le fusain, ou le corps presque difforme, doté de membres courts et
sans attaches, tout concourt à souligner la détresse de l'enfant, voué à
l'existence de la créature. Il en va de même pour la fillette de douze ans,
sujet du tableau suivant (*Sitzendes Mädchen im Profil nach links* – cf. **illustration n° 15**), la vue de profil accentuant spécialement le menton fuyant
et le cou démesuré.

On peut se demander pour quelles raisons Paula Modersohn-Becker a
peint ces portraits d'inspiration naturaliste qui ont tant choqué les contemporains. Ces réalisations procèdent au départ d'une recherche purement
formelle. Se défiant de ses états d'âme, de sa propension à l'effusion, de

---

11. Lettre à Mathilde Becker (6 juillet 1902), *ibid.*, p. 325 : « Welterschütternd ist es natürlich nicht.
    Aber an dieser Arbeit ist meine Gestaltungskraft gewachsen, meine Ausbildungskraft. »
12. Cf. Reinken, *Paula Modersohn-Becker mit Selbstzeugnissen und Bilddokumenten*, Reinbek, Rowohlt,
    « rowohlts monographien », 1997, p. 73.

son *pathos* même, l'artiste s'astreint à une discipline d'observation et de représentation rigoureuses de la réalité en choisissant des physionomies singulières ou disgracieuses, « presque monstrueuses[13] » selon un critique des années vingt. Ce qui l'incite à se tourner vers des êtres aussi misérables, mais qui lui paraissent paradoxalement être le plus proches de l'état naturel, c'est en outre le désir de concilier objectivité et sensibilité, réalisme et compassion et de parvenir à ce qu'elle appelle la « simplicité vibrante[14] ». Un des membres de la colonie de Worpswede, Heinrich Vogeler, a parlé à juste titre de son regard à la fois « scrutateur et chaleureux[15] ». Il ne faut donc pas voir dans cette série de portraits une quelconque intention voyeuriste ou moralisatrice. Il n'est pas question non plus de misérabilisme ni de protestation sociale, comme on peut la déceler par exemple chez Käthe Kollwitz. En refusant toutefois la vision idyllique et sentimentale de l'enfance, Modersohn-Becker détonnait au sein même du groupe de Worpswede, plus enclin, dans la lignée de l'idéal romantique, à transfigurer et à idéaliser le monde de l'enfance rurale, ce que confirme au demeurant Otto Modersohn en 1903 :

> Paula déteste tout ce qui est conventionnel et tombe maintenant dans l'erreur contraire qui consiste à rendre tout anguleux, laid, bizarre, raide. La couleur est sublime — mais la forme ? Et que dire de l'expression ! Des mains comme des cuillères, des nez comme des turgescences, des bouches comme des plaies, des expressions de crétin. Elle s'impose trop d'exigences. Deux têtes, quatre mains sur une surface minuscule, sinon rien, et le comble de tout, c'est qu'il s'agit d'enfants[16].

En écrivant ces lignes, indice aussi d'une rupture intellectuelle qui se confirmera au cours des années suivantes, ce dernier n'avait évidemment pas conscience que, trente ans plus tard, les représentants de la politique culturelle national-socialiste reprendraient exactement les mêmes arguments pour stigmatiser l'œuvre de Paula Modersohn-Becker.

La misère physique de l'enfance n'est pas, loin s'en faut, la seule thématique des portraits de Worpswede. L'artiste a aussi réalisé des toiles dans le même esprit que les portraits de famille, s'attachant à saisir la complexité de la psyché enfantine. Un de ses tableaux, qu'on peut considérer

---

13. *Schwäbischer Merkur* (12. 08. 1926), in MURKEN-ALTROGGE, *Paula Modersohn-Becker, op. cit.*, p. 91 : « beinahe als Mißgeburt ».
14. Journal (19 janvier 1899), in BUSCH & REINKEN, *Paula Modersohn-Becker in Briefen und Tagebüchern, op. cit.*, p. 151 : « vibrierende Einfachheit ».
15. VOGELER Heinrich, *Erinnerungen*, Berlin, 1952, in MURKEN-ALTROGGE, *Paula Modersohn-Becker. Kinderbildnisse*, Munich, Piper, 1977, p. 56 : « forschend und warm ».
16. MODERSOHN Otto, journal (26. 09. 1903), in BUSCH & REINKEN, *Paula Modersohn-Becker in Briefen und Tagebüchern, op. cit.*, p. 370 : « Paula haßt das Konventionelle und fällt nun in den Fehler, alles lieber eckig, häßlich, bizarr, hölzern zu machen. Die Farbe ist famos — aber die Form? Der Ausdruck! Hände wie Löffel, Nasen wie Kolben, Münder wie Wunden, Ausdruck wie Cretins. Sie ladet sich zuviel auf. Zwei Köpfe, vier Hände auf kleinster Fläche, unter dem thut sie es nicht und dazu Kinder. »

comme faisant partie des plus achevés par sa rigueur formelle et sa « grande simplicité biblique[17] » (*Worpsweder Bauernkind auf einem Stuhl* – cf. **illustration n° 16**), montre une petite fille dans un intérieur paysan. L'espace, organisé sans notation de profondeur, est dépourvu de tout détail pittoresque et réduit au strict minimum, puisqu'il ne se compose que d'un fond géométrique et d'une chaise dont les pieds ont été coupés. La palette uniforme et restreinte, mélange de tons ocres, bruns et gris tirant vers le noir, insinue une corrélation entre la fillette et le milieu environnant. Seuls se détachent, dans des couleurs plus claires, l'ovale du visage et les mains croisées. Les yeux noirs et ronds, si caractéristiques du style de Modersohn-Becker, fixent l'observateur, mais là encore sans rechercher la communication. Immobile et passive, voire statique, l'enfant paraît repliée sur elle-même, acceptant avec patience, sinon résignation, le sort qui est déjà le sien. En observant ce regard grave et solennel, mais figé, on songe à la remarque de Rilke qui, lui aussi, a côtoyé les enfants de Worpswede : « Les mères ne transmettent pas leur sourire aux fils, parce que les mères n'ont jamais souri. […] Le cœur, comprimé dans ces corps, ne parvient pas à s'épanouir[18]. » Les lignes rectangulaires du mur, prolongées par la structure sévère de la chaise, contribuent de fait à enfermer la petite fille dans un cadre, un destin auquel elle ne saurait échapper. Seul le rectangle plus clair derrière la tête, évoquant une auréole, lui confère profondeur et dignité. En fixant, par-delà la situation momentanée, la solitude existentielle et l'ineffable mélancolie de l'enfant, l'artiste démontre en outre qu'elle a désormais dépassé l'anecdotique et l'individuel.

Cette solitude, que Paula Modersohn-Becker dit elle-même éprouver depuis son plus jeune âge[19], ne s'atténue que dans les œuvres qu'on peut classer sous la rubrique « enfance et nature ». Bon nombre d'études, comme le prouvent les **documents 17** et **18** (*Junge mit Ziege – Studie mit zwei Kindern, schwarzer Katze und Hühnern*), représentent en effet un enfant isolé ou un groupe d'enfants avec un bestiaire récurrent, composé de chats, de chèvres, de poules ou d'oies, compagnons qui viennent momentanément interrompre l'isolement de ces êtres démunis, seul jeu aussi qui leur soit accordé et dans lequel ils retrouvent leur nature de jeune animal à l'écart du monde des adultes. Bien loin d'être traitées comme de simples attributs décoratifs ou folkloriques, la faune et la flore servent à mettre en

17. Journal (avril 1903), *ibid.*, p. 359 : « [Ich komme unsern Leuten hier wieder nahe, empfinde ihre] große biblische Einfachheit. »
18. RILKE, *Einleitung (zu Worpswede)*, in *Rainer Maria Rilke. Werke in sechs Bänden, op. cit.*, t. VI, p. 491 : « Das Lächeln der Mütter geht nicht auf die Söhne über, weil die Mütter nie gelächelt haben. […] Das Herz liegt gedrückt in diesen Körpern und kann sich nicht entfalten. »
19. Cf. journal (Pâques, mars 1902), in Busch, Reinken, *Paula Modersohn-Becker in Briefen und Tagebüchern, op. cit.*, p. 316 : « In meinem ersten Jahre der Ehe habe ich viel geweint und es kommen mir die Tränen oft wie in der Kindheit jene großen Tropfen. […] Ich lebe im letzten Sinne wohl ebenso einsam als in meiner Kindheit. »

valeur l'union de l'enfant et de la nature, comme on peut aussi le constater dans la composition intitulée *Mädchen im Birkenwald mit Katze* (cf. **illustration n° 19**). Comme pour le portrait de la petite paysanne sur sa chaise, le tableau frappe par l'homogénéité du coloris où dominent les tons gris et noirs, réchauffés par toute une gamme de bruns rappelant la couleur de la terre. Bien que se détachant au premier plan, la petite fille fait partie intégrante du paysage, un petit bois de bouleaux, qu'inversement l'artiste a souvent tendance à personnifier, les qualifiant, lors de son premier séjour à Worpswede, de « tendres vierges élancées […] à la grâce amollie et rêveuse, comme si elles n'avaient pas encore commencé à vivre[20] ». Les pieds de la fillette demeurent invisibles et sa robe sombre forme une masse compacte qui se confond avec le sol. Comme d'habitude, le visage aux traits ici grossièrement esquissés est fermé, indifférent au monde extérieur en dépit de la présence au second plan de quelques silhouettes, schématisées à la manière des nabis découverts à Paris par quelques tâches de couleur plus vives. On n'arrive pas du reste à discerner si c'est l'enfant qui s'appuie contre le bouleau ou si c'est au contraire l'arbre qui vient se blottir contre la petite fille qui, de son côté, serre un chat dans ses bras. Mais le redoublement du geste signale que l'enfant, l'arbre et l'animal sont à l'unisson. On ne peut s'empêcher, là encore, de songer aux observations de Rilke sur la communion qui s'opère entre les deux mondes :

> Les enfants, eux, portent un tout autre regard sur la nature ; les enfants solitaires en particulier, grandissant parmi les adultes, se rallient à elle en une sorte de sympathie et vivent en son sein, pareils aux petits animaux, qui, tout à l'écoute des phénomènes de la forêt et du ciel, jouissent d'une innocente et illusoire harmonie avec eux[21].

Parfois même, la nature humaine rejoint la nature animale ou végétale. Tout en pratiquant une peinture sans fard, Modersohn-Becker n'a en effet eu de cesse d'insister sur la cohésion qui, à ses yeux, définit la communauté des humbles, comme si toute détresse, qu'elle soit sociale, physique ou psychique, appelait sollicitude, réconfort et entraide. Cette solidarité s'exprime sous son pinceau par le biais de quelques métaphores, tel l'allaitement, sujet du tableau *Stillende Mutter* (cf. **illustration n° 20**), traité ici avec un réalisme qui exclut toute sentimentalité. Malgré l'intimité du geste, la mère, le regard perdu dans le vide, semble se soumettre, passive et comme absente, à une simple loi biologique qui accorde pour ainsi dire

---

20. Journal (24. 07. 1897), *ibid.*, p. 102 : « Und Deine Birken, die zarten, schlanken Jungfrauen […]. Mit jener schlappen, träumerischen Grazie, als ob ihnen das Leben noch nicht aufgegangen sei. »

21. RILKE, *Einleitung (zu Worpswede)*, in *Rainer Maria Rilke. Werke in sechs Bänden, op. cit.*, t. VI, p. 475 : « Anders schon sehen Kinder die Natur ; einsame Kinder besonders, welche unter Erwachsenen aufwachsen, schließen sich ihr, ähnlich den kleinen Tieren, ganz hingegeben an die Ereignisse des Waldes und des Himmels und in einem unschuldigen, scheinbaren Einklang mit ihnen. »

le droit à l'enfant de recevoir et même d'absorber toute l'énergie dont il a besoin. Dans une lettre antérieure, l'artiste a commenté une de ces scènes d'allaitement dont elle était familière en ces termes : « La femme donnait sa vie, sa jeunesse, sa force à l'enfant en toute simplicité, sans avoir con- science de sa dimension héroïque[22]. » L'assistance, ici purement instinctive, peut également prendre la forme de l'affection, que Modersohn-Becker traduit souvent à travers les portraits de frères et sœurs. *Das blinde Schwesterchen* (cf. **illustration n° 21**) est fondé sur le contraste entre les yeux inertes de la petite sœur aveugle et le regard éveillé de l'aînée qui la guide et la prend sous son épaule. La tendresse vient ainsi compenser et apaiser la souffrance émanant de cette œuvre qui fait partie de la série des enfants malades. Il arrive au demeurant que l'artiste simplifie la narration à l'extrême. C'est ainsi qu'elle a découpé le portrait du nourrisson (cf. **illustration n° 14**), tableau acquis par Rilke et Clara Westhoff, de façon à ce que ne subsiste que l'étreinte d'une main sur l'épaule de l'enfant, le fragment suffisant à traduire l'amour maternel.

Si l'on considère la période passée à Worpswede, il est incontestable qu'en l'espace de quelques années, Paula Modersohn-Becker a atteint le double objectif de simplicité et de grandeur[23] qu'elle s'était fixé. Le por- trait d'enfant lui a néanmoins offert l'occasion de compléter cet idéal par une troisième dimension, celle de l'intimité[24]. En parvenant de la sorte à ce qu'elle désigne elle-même par le terme d'« écriture runique[25] », c'est comme si elle avait déjà fait sienne la démarche que Rilke énoncera une dizaine d'années plus tard : « Œuvre de vue est faite/ Fais désormais œuvre de cœur[26] ».

Le culte de l'enfance et de la maternité

Les années 1906-1907 constituent un tournant dans la peinture de Paula Modersohn-Becker, son séjour de près d'un an à Paris, l'autre pôle de son existence, lui ouvrant de nouveaux horizons. Elle fait preuve d'une activité débordante, multiplie les cours à l'Académie Julian, école d'où est sorti le groupe des nabis, et parcourt musées ou galeries afin de se perfection-

---

22. Journal (29. 10. 1898), in Busch & Reinken, *Paula Modersohn-Becker in Briefen und Tagebüchern*, *op. cit.*, p. 140 : « Und das Weib gab sein Leben und seine Jugend und seine Kraft dem Kinde in aller Einfachheit, und wußte nicht, daß es ein Heldenweib war. »
23. Cf. journal (25. 02. 03), *ibid.*, p. 345 : « Die große Einfachheit der Form, das ist etwas Wunder- bares. » Cf. journal (avril 1903), *ibid.*, p. 359 : « Es brennt in mir ein Verlangen, in Einfachheit groß zu werden. »
24. Cf. Modersohn, journal (11 mars 1902), *ibid.*, p. 313 : « Vor allem freue ich mich, daß sie viel intimer, tiefer geworden ist, früher malte sie sehr oberflächlich. »
25. Journal (01. 12. 1902), *ibid.*, p. 331 : « Runenschrift ».
26. Rilke, *Wendung* (1914), in *Rainer Maria Rilke. Werke in sechs Bänden*, *op. cit.*, t. III, p. 83 : « Werk des Gesichts ist getan, / tue nun Herz-Werk ».

ner et d'approfondir sa connaissance des classiques et des modernes. Bien qu'elle soit dans l'ensemble restée attachée à ses thèmes de prédilection, ses derniers tableaux portent néanmoins l'empreinte de son éclectisme. Les œuvres consacrées au premier âge de la vie en particulier se distinguent de la manière worpswédienne à plusieurs égards : sans que l'artiste délaisse la dimension psychologique, cette période est marquée par la découverte du corps de l'enfant, découverte qui trouve sa traduction naturelle dans la réalisation de nombreux nus, et une interprétation extensive de l'enfance, intègrant désormais le thème de la maternité, ce qui donne lieu à d'imposantes compositions. Parallèlement, le caractère général et symbolique de sa peinture, déjà sensible dans les portraits de Worpswede, s'accentue au fur et à mesure qu'elle se détache de la reproduction réaliste des modèles, choisis à Paris parmi les enfants des rues.

Les deux premiers nus, *Kleiner Mädchenakt* (cf. **illustration n° 22**) et *Nacktes Mädchen mit Apfel* (cf. **illustration n° 23**), offrent un premier exemple d'intericonicité, liée à une fréquentation assidue des musées parisiens. Ces visites ont pour effet de renforcer la fascination de l'artiste pour toutes les époques qui ont trouvé une voie vers la simplification, le résumé des formes et une plus grande clarté d'expression. C'est ainsi qu'on repère aisément dans le premier portrait une influence de la sculpture antique, que ce soit dans le modelé du corps, dénué de tout statisme, ou le motif de l'étoffe, négligemment drapée autour des reins. En même temps, l'aisance et la grâce qui émanent de ces deux nus ne sont pas sans rappeler l'Eve de Dürer (*Adam und Eva*, 1507) ou la Vénus de Cranach (*Venus und Amor*, 1530). Toujours fidèle à son idéal de sobriété, Modersohn-Becker ne se contente pas de dépouiller l'enfant de ses vêtements, mais épure aussi le décor en le réduisant à sa plus simple expression. Un arrière-plan sombre pour le premier portrait en demi-grandeur et un fond bicolore pour le second portrait en pied contribuent à mettre en valeur la luminosité de la carnation. Exceptés la couronne de fleurs et le collier du premier tableau, éléments qui traversent toute l'œuvre, la nature ne fait plus qu'une apparition discrète, symboliquement résumée par la fleur ou le fruit que tiennent les deux jeunes filles. La gravité du regard, encore soulignée dans le deuxième nu par le geste des bras croisés, renvoie à l'énigme de l'adolescence, dont l'artiste tente une fois de plus de transcrire la nature ambivalente et qui se caractérise par la recherche inquiète d'une identité. Ces deux femmes-enfants s'inscrivent ainsi dans une démarche qui consiste à donner à l'expérience de l'enfance une dimension universelle et constituent *de facto* deux allégories de la puberté.

Le caractère allégorique et syncrétique des œuvres de la dernière période apparaît encore plus nettement dans les deux nus suivants, *Kinderakt mit Storch* (cf. **illustration n° 24**) et *Kinderakt mit Goldfischglas* (cf. **illustration n° 25**), où on décèle, là encore, de multiples réminiscences, à commencer par un souvenir de la statuaire indienne et africaine. L'exotisme des deux scènes s'inspire en revanche du Douanier Rousseau et surtout de Gauguin, dont la découverte s'avère décisive pour l'évolution de l'artiste. Sous son influence, sa palette s'enrichit et s'éclaire. Les tons sourds et terreux de Worpswede cèdent le pas à des contrastes plus téméraires qui font la part belle aux couleurs complémentaires comme ici le vert ou le violet. La stylisation des figures et le contenu symbolique du décor, associant le règne animal (cigogne, poissons rouges) et le règne végétal (plantes luxuriantes et, pour les fruits, l'orange et le citron), éléments tous deux empruntés aux cultures archaïques et primitives, témoignent d'une recherche du paradis perdu et d'une mythologie de l'homme naturel déjà expressionniste. Cette aspiration à retrouver l'innocence des origines va de pair avec une sacralisation de l'enfant, arraché dans les deux cas à son individualité et au réel qui l'entoure. Tandis que l'attitude du premier nu, agenouillé sur une natte bleue, n'est pas sans évoquer celle de la prière, voire de l'adoration, le deuxième enfant, représenté sur un socle également recouvert d'un tapis, sorte d'île qui l'élève au-dessus du quotidien, semble sacrifier à quelque divinité. La modernité du langage pictural employé dans ces deux œuvres n'a d'ailleurs pas manqué de heurter la plupart des contemporains, ce qu'atteste le commentaire d'un critique à propos du portrait de l'enfant aux poissons rouges : « […] quant au dessin de la petite patte brune que la fillette pose sur le plateau clair qu'elle porte, c'est un véritable fiasco[27]. » Bien rares aussi sont ceux qui surent percevoir le caractère sacré de ces représentations.

Le tableau suivant, intitulé *Zwei Mädchen* (cf. **illustration n° 26**), confirme le chemin parcouru par Paula Modersohn-Becker en moins d'une décennie. La reprise du thème de la fratrie et de la palette worpswédienne se fait au profit d'une schématisation presque naïve. En revanche, le motif de l'affection fraternelle est traité de manière plus ambiguë. Si l'on retrouve dans le geste de la sœur aînée au type méditerranéen, l'un des rares enfants d'ailleurs qui esquissent un sourire, la même attention que dans les portraits de Worpswede, la cadette, elle, pantin désarticulé au corps grossier (la tête semble directement posée sur le corps), semble esquiver le regard de l'autre et opposer de la résistance, comme si l'artiste était désormais convaincue de l'incommunicabilité des consciences.

La fusion, sujet des deux toiles consacrées au thème de la maternité, semble désormais n'être admise qu'au plan purement physique et instinctif. Des trois versions du premier tableau, *Liegende Mutter mit Kind* (cf. **illustration n° 27**), deux ont disparu pendant la guerre. Cette œuvre frappe à la fois par sa sensualité animale et son mysticisme irrationnel.

---

27. *Volkszeitung* (Berlin, 08. 05. 1909), in MURKEN-ALTROGGE, *Paula Modersohn-Becker, op. cit.*, p. 9 : « […] das braune Pfötchen aber, das die Kleine auf ein helles Gefäß legt, das sie trägt, ist vollkommen in der Zeichnung verunglückt. »

Clin d'œil aux tahïtiennes de Gauguin, la silhouette massive de la mère, dont le visage esquissé à grands traits respire à la fois plénitude et épuisement, et le nourrisson, dont elle recouvre la tête dans un geste protecteur, sont deux corps distincts qui pourtant ne font qu'un. Ceci est dû en particulier à la carnation, qui rappelle la couleur de la terre cuite, et au motif du tapis, qui semble surélever et isoler les deux êtres. La maternité devient ici l'élément d'une mythologie des forces élémentaires de la vie qui trouve son apogée dans la monumentale composition *Kniende Mutter mit Kind an der Brust* (cf. **illustration n° 28**). L'éclairage focalise l'attention de l'observateur sur l'enfant qui tète et la poitrine généreuse de la mère. Tous deux sont comme irradiés de lumière, tandis que le reste du corps de la femme, y compris le visage qui rappelle les masques africains, forme des zones d'ombre proto-cubistes. Cet hymne à la mère porteuse et dispensatrice de vie est complété par un décor savamment orchestré. Agenouillée sur son tapis, entourée de plantes et d'oranges, condensé de l'arbre de vie et des fruits de la nature, la silhouette lourde et gigantesque de la mère, qui se détache au premier-plan et semble s'élever vers le ciel, revêt l'aspect d'une *magna mater*, une déesse de la fécondité à la fois protectrice et menaçante, puisée aux sources de l'archaïsme.

A partir du thème de l'enfant, Paula Modersohn-Becker développe donc dans ses derniers tableaux un « symbolisme personnel[28] », lui-même élément d'un culte matriarcal qui célèbre la symbiose entre la mère et le nouveau-né pour en faire l'emblème du cycle de la vie : « La maternité continue de vivre en chaque femme, disait-elle dès 1900. Tout ceci est tellement sacré. C'est un mystère pour moi d'une telle profondeur, impénétrable, tendre et universel. Je m'incline chaque fois que j'y suis confrontée. Je m'agenouille en toute humilité. La maternité et la mort, voilà ma religion, parce que je n'arrive pas à les saisir[29]. » De retour à Worpswede, Paula Modersohn-Becker reviendra néanmoins sur les œuvres qu'elle a réalisées pendant son ultime séjour dans la capitale française, cette année mouvementée qu'elle qualifie elle-même de « période *Sturm und Drang*[30] ». C'est ainsi que dans une lettre adressée au sculpteur Bernhard Hoetger au cours de l'été 1907, elle les juge « trop froides, trop solitaires, trop vides ». Et il est indéniable que ces « travaux parisiens[31] », avec leur schématisme tendant

---

28. SELZ Peter, *German expressionist painting*, Los Angeles, 1957, p. 46, *ibid.*, p. 158 : « personal symbolism ».

29. Lettre à Otto Modersohn (25. 12. 1900), in BUSCH & REINKEN, *Paula Modersohn-Becker in Briefen und Tagebüchern, op. cit.*, p. 253 : « [...] diese Mutterbotschaft, sie lebt ja immer noch weiter in jedem Weibe. Das ist denn alles so heilig. Das ist ein Mysterium, das für mich so tief und undurchdringlich und zart und allesumfassend ist. Ich beuge mich ihm, wo ich ihm begegne. Ich knie davor in Demut. Das und der Tod, das ist meine Religion, weil ich sie nicht fassen kann. »

30. Lettre à Otto Modersohn (09. 04. 1906), *ibid.*, p. 440 : « Es ist eben eine Sturm- und Drangzeit, durch die ich hindurch muß [...]. »

31 Lettre à Bernhard Hoetger (été 1907), *ibid.*, p. 473 : « Meine Pariser Arbeiten sind zu kühl und zu einsam und leer. »

à l'abstraction et leur symbolique parfois trop appuyée, ont beaucoup perdu de cette émotion retenue qui émanait de la peinture de Worpswede.

Rompant avec le point de vue idéaliste sans pour autant tomber dans l'étude de milieu et l'engagement social, la peinture de Paula Modersohn-Becker propose une vision de l'enfance qui, dans sa volonté de concilier objectivité et humanité, s'écarte de tous les poncifs et met l'accent sur des aspects volontiers occultés par les artistes. Dans ses toiles dominent la mélancolie, la solitude et une interrogation inquiète révélant un degré d'empathie proche de celui dont fait preuve Rainer Maria Rilke dans son langage poétique. Et ce n'est pas un hasard que ce soit justement Rilke qui, dans un long poème intitulé *Requiem pour une amie*, ait dit avec finesse et intuition de Paula Modersohn-Becker qu'elle avait su voir les enfants « comme des fruits, poussés de l'intérieur vers les formes de l'existence[32] ».

Sans doute faudrait-il s'interroger pour terminer sur les raisons qui ont poussé Paula Modersohn-Becker à accorder autant d'importance à cette figure à laquelle l'unit une sympathie au sens le plus fort du terme. L'argument avancé à la fin des années vingt par le critique d'art Richard Hamann, selon lequel la peinture de Modersohn-Becker serait l'indice d'un « désir criant de l'enfant[33] », paraît difficilement recevable tant il révèle surtout une analyse réduisant l'œuvre à n'être qu'un simple reflet de la biographie. Que l'artiste ait réalisé des tableaux d'enfants à chacune de ses périodes inviterait plutôt à considérer ces derniers, à l'instar des autoportraits, comme le lieu d'une réflexion sur son propre développement artistique. Si l'on songe en outre que le thème évolue dans le sens d'un langage de plus en plus symbolique, on serait même tenté de voir dans la figure de l'enfant une métaphore désignant l'art. On en veut pour preuve un autoportrait datant de 1906 (*Selbstbildnis am 6. Hochzeitstag* – cf. **illustration n° 29**), dans lequel Modersohn-Becker s'est peinte sous les traits d'une femme enceinte. La gestuelle (la main droite désigne clairement le fœtus) et l'inscription tout en bas du tableau (« J'ai peint ceci à l'âge de trente ans à l'occasion de mon sixième anniversaire de mariage. P. B.[34] ») renvoient ici au troisième et dernier autoportrait de Dürer, dans lequel celui-ci s'est représenté à l'image du Christ, assimilant son rôle de peintre à celui du Créateur. Ces deux allusions permettent d'affirmer que l'enfant chez Paula Modersohn-Becker est également l'emblème de l'œuvre en gestation.

---

32. Cf. note 1.
33. HAMANN Richard, *Die deutsche Malerei vom Rokoko bis zum Expressionismus*, Leipzig, Berlin, 1925, p. 456, in MURKEN-ALTROGGE, *Paula Modersohn-Becker, op. cit.*, p. 96 : « der gemalte Schrei nach dem Kind ».
34. « Dies malte ich mit 30 Jahren an meinem 6. Hochzeitstag. P. B. », *ibid.*, p. 176.

Orientations bibliographiques

ŒUVRES DE PAULA MODERSOHN-BECKER (CORRESPONDANCE ET CATALOGUE)

BUSCH Günter & REINKEN Liselotte (von) (dir.), *Paula Modersohn-Becker in Briefen und Tagebüchern*, Francfort/Main, Fischer, 1979.

BUSCH Günter et alii, *Paula Modersohn-Becker in Bremen*, Brême, H. M. Hauschild, 1997.

MONOGRAPHIES ET ARTICLES SUR PAULA MODERSOHN-BECKER

BUSCH Günter, *Paula Modersohn-Becker. Malerin/Zeichnerin*, Francfort/Main, Fischer, 1981.

MURKEN-ALTROGGE Christa, *Paula Modersohn-Becker. Kinderbildnisse*, Munich, Piper, 1977.

MURKEN-ALTROGGE Christa, *Paula Modersohn-Becker*, Cologne, DuMont, « Taschen-bücher », 1996 (1991).

MURKEN-ALTROGGE, Christa, « Die Kinderbildnisse Paula Modersohn-Beckers », in EICHORN Herbert & SCHENK Isabell, *Kinder*Blicke*: Kindheit und Moderne von Klee bis Boltanski*, Ostfildern-Ruit, Hatje Cantz, 2001.

REINKEN Liselotte (von), *Paula Modersohn-Becker mit Selbstzeugnissen und Bilddokumenten*, Reinbek, Rowohlt, « rowohlts monographien », 1997 (1983).

DIVERS

RILKE Rainer Maria, *Werke in sechs Bänden*, Francfort/Main, Insel, 1989

8. Paula MODERSOHN-BECKER :
Mädchen mit Blumenkranz
(Herma Becker), 1902

9. Paula MODERSOHN-BECKER :
Brustbild Elsbeth mit Blütenkranz,
1901

10. Paula MODERSOHN-BECKER :
Kopf eines kleinen Mädchens
(Elsbeth), 1902

11. Paula MODERSOHN-BECKER : *Mädchen im Garten neben Glaskugel* (Elsbeth), 1901/02

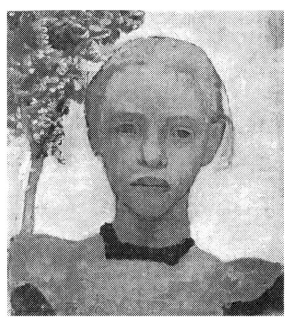

12. Paula MODERSOHN-BECKER : *Bildnis eines kranken Mädchens*, 1901

13. Paula MODERSOHN-BECKER : *Säugling*, vers 1903

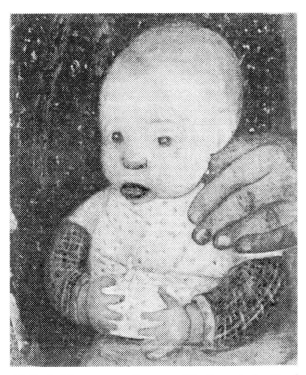

14. Paula MODERSOHN-BECKER : *Säugling mit der Hand der Mutter*, vers 1903

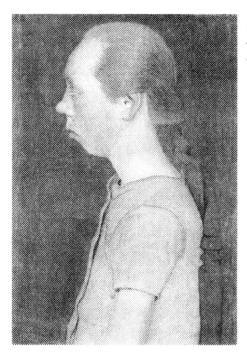

15. Paula MODERSOHN-BECKER :
Sitzendes Mädchen im Profil nach links, vers 1899

16. Paula MODERSOHN-BECKER :
Worpsweder Bauernkind auf einem Stuhl sitzend, vers 1899

17. Paula MODERSOHN-BECKER :
Junge mit Ziege, 1902

18. Paula MODERSOHN-BECKER :
Studie mit zwei Kindern, schwarzer Katze und Hühnern, 1902

19. Paula MODERSOHN-BECKER : *Mädchen im Birkenwald mit Katze,* 1904

20. Paula
MODERSOHN-
BECKER :
Stillende Mutter,
1903

21. Paula
MODERSOHN-BECKER :
Das blinde Schwesterchen,
1903/04

22. Paula MODERSOHN-BECKER :
Kleiner Mädchenakt, 1906

23. Paula MODERSOHN-BECKER :
Nacktes Mädchen mit Apfel, 1906

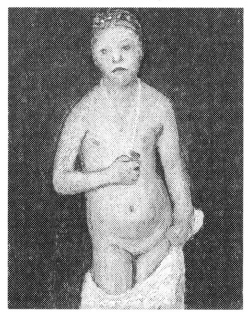

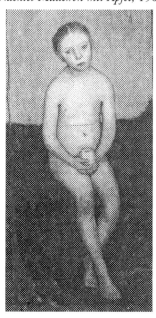

24. Paula MODERSOHN-BECKER :
Kinderakt mit Storch, 1906/07

25. Paula MODERSOHN-BECKER :
Kinderakt mit Goldfischglas, 1907

26. Paula MODERSOHN-BECKER :
   Zwei Mädchen, 1906

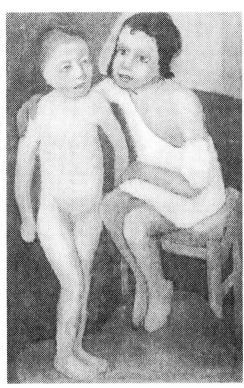

27. Paula MODERSOHN-BECKER : *Liegende Mutter mit Kind*, Sommer 1906

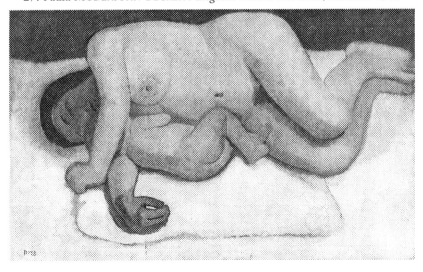

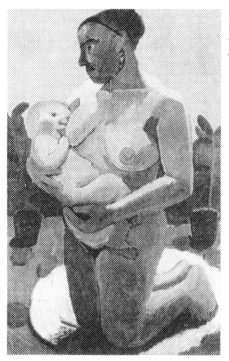

28. Paula MODERSOHN-BECKER :
*Kniende Mutter mit Kind
an der Brust,* 1906/07

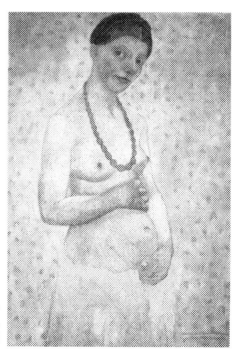

29. Paula MODERSOHN-BECKER :
Selbstbildnis am 6. Hochzeitstag,
1906

Le thème de la jeunesse chez Stefan George

Pierre LABAYE
Université Rennes 2

Il va de soi qu'une réflexion sur le thème de la jeunesse chez Stefan George n'a pas sa finalité en elle-même. Ce doit être l'occasion de pousser plus loin la recherche, de tenter de clarifier, incidemment, ce qui, malgré des études nombreuses sur cet auteur, reste encore assez énigmatique : le sens de son ascèse poétique, de sa religion de l'art en conflit avec la vie, et, corrélativement, la signification de son symbolisme particulier susceptible d'expliquer son génie et sa place dans le lyrisme allemand.

Les remarques qui suivent vont montrer que, dans l'œuvre de George, le thème de la jeunesse se déploie sous deux aspects contradictoires : la jeunesse orgueilleuse du génie immature, celle qu'il gaspille, et la jeunesse que l'artiste recrée dans l'œuvre, celle qu'il pérennise et dans laquelle il cherche à se reconnaître.

Mais d'emblée, sur ce thème, il paraît possible d'opposer George à Nietzsche dans un domaine particulier, celui de la plasticité de l'image. On peut s'orienter ici sur son propos épistolaire à Gundolf selon lequel il aurait manqué à Nietzsche la plasticité du dieu grec : « Er hatte den plastischen Gott nicht[1] ». En créant le mythe de Maximin, l'enfant-dieu, George s'est définitivement mis à l'abri de ce reproche.

Ce mythe a été abondamment commenté. Avec Claude David, on peut admettre qu'il a évolué avec le temps et y distinguer trois moments. Dans un premier temps, Maximin « n'est qu'un homme divinement beau ». S'il est un dieu, c'est « seulement pour le poète[2] » qui, dans *Kunfttag I* (*Venue*) écrit : « Dem bist du kind. dem freund. / Ich seh in dir den Gott / Den schauernd ich erkannt[3] ». Le second moment du mythe est contem-

---

1. RASCHEL Heinz, *Das Nietzsche-Bild im George-Kreis*, Berlin/New-York, W. de Gruyter, 1984, 223 p., p. 41.
2. DAVID Claude, « Nouvelles études sur Stefan George », in *Études Germaniques*, juillet-septembre 1961, pp. 267-268.
3. GEORGE Stefan, *Werke*. Ausgabe in zwei Bänden, München, H. Küpper, 1958, (563 et 613 p.), vol. I,

porain des poèmes à Maximin dans *Der Siebente Ring* composés en 1904, après la mort de l'enfant. Celui-ci y est traité comme l'incarnation d'un dieu ainsi que le suggèrent ces vers de *Das erste* : « Mit blumiger hand. mit schimmer um die haare / Erschien ein gott und trat zu euch ins haus » (I, 284). Le troisième état du mythe est annoncé dans la *Préface* du *Mémorial* (*Gedenkbuch*) de 1906 où, selon C. David, Maximin « redevient peu à peu un homme divin », un « modèle ou un symbole, plutôt qu'un dieu[4] ».

Cette précision a la valeur d'une mise en garde contre la tentation de projeter sur George des caractéristiques propres à Nietzsche telles que l'aspiration mystique et l'esthétique tragique de *Zarathoustra*. On a trahi le mythe de Maximin chaque fois qu'on l'a interprété en relation avec la figure idéalisée du jeune héros guerrier qui apparaît dans *Algabal* (1892). Certes Algabal est un personnage faustien. Il ressemble en cela à Zarathoustra parce qu'il cherche à maîtriser le temps par la force de la volonté. Mais il n'y a pas dans *Algabal* (I, 45-59) de culte de la violence barbare, de la cruauté ou de la guerre. C'est à un périple totalement imaginaire que George convie ici son lecteur. Il s'agit d'un pur jeu de masques, même lorsqu'il prétend explorer le royaume souterrain de la mort.

Cela dit, le premier aspect du thème de la jeunesse qu'il convient de souligner chez George a trait au poète lui-même. C'est sans aucun doute cette ardeur juvénile qu'il a appliquée à tenter de renouveler la poésie allemande, cette foi militante à soulever les montagnes, cette combativité au service de l'art nouveau. Elle fait de lui, en quelque sorte, un croisé ou un chevalier du symbolisme allemand. Elle s'exprime non seulement dans l'œuvre du Maître, mais aussi dans les *Blätter für die Kunst* (*Feuilles pour l'art*) publiées de 1892 à 1919 et dans le *Jahrbuch für die geistige Bewegung* qui paraît de 1911 à 1913. Ces deux revues sont les organes d'une religion esthétique qui, au nom de la perfection formelle, condamne tous les autres courants esthétiques de l'époque, en particulier le naturalisme, rejeté à cause de sa trivialité plébéienne.

Un témoignage de première main permet d'apprécier cette ferveur critique, voire subversive, qui animait le cercle de George dans les années 1910, cet antimodernisme juvénile que l'on a récemment appelé « fondamentalisme esthétique[5] ». Ce témoignage est celui de Paula Fischer qui, le 26 avril 1911, assista à l'université de Heidelberg à la leçon inaugurale donnée par Gundolf sur le célèbre poème de Hölderlin *Der Archipelagus*. A l'issue de cette conférence où le Maître était présent, elle lui adressa ces remarques admiratives, apparemment sincères : « Was in Ihren kreis bannt,

---

p. 279. Dans la suite du texte, le chiffre romain renvoie au volume des *Œuvres* de George ; il est suivi du numéro de la page.

4. DAVID Claude, *op. cit.* note 1. p. 268.

5. Cf. BREUER Stefan, *Ästhetischer Fundamentalismus. Stefan George und der deutsche Antimodernismus*, Darmstadt, Primus Verlag, 1995, 272 p.

das ist die ungeheure intensität der seelenglut, das ist der glaube, dass ein urgeist als seher erschien, um die morgenröte zu verkünden und die werke der finsternis zum kot zu verweisen[6] ». Ce jugement qui souligne l'incroyable intensité d'un « feu » intérieur énonce en raccourci le programme du mouvement : « proclamer une aurore de la poésie » et « renvoyer à la boue les oeuvres des ténèbres ». Dans un tel programme, il entre sans aucun doute une part d'esprit juvénile.

Mais ce messianisme combattant peut s'expliquer aussi par la position particulière de George dans son siècle. Il est tard venu. Il est l'héritier d'une riche tradition poétique. Il succède aux grands courants littéraires qui ont fondé la modernité. Il tombe par conséquent sous l'emprise de cette « malédiction de la grandeur » dont parle Nietzsche dans *Humain trop humain*, malédiction qui conduit inévitablement les jeunes artistes de talent à s'opposer, dans un « antagonisme violent », à ceux de leur âge dans leur période[7]. A cela s'ajoute que l'époque est propice aux rêves de grandeur de nouveaux messies. Depuis que dans son *Zarathoustra* (1885) Nietzsche a annoncé la mort de Dieu, on assiste en Allemagne à une métamorphose du sentiment religieux. C'est l'époque des prophètes, des gourous, des mages, des rédempteurs qui cherchent à occuper la place laissée vide.

Un siècle plus tôt, il y a eu une situation analogue, après que Schiller eut annoncé en 1788, dans sa célèbre élégie *Die Götter Griechenlands*, l'éloignement définitif des dieux grecs. C'est alors que sont apparus sur la scène littéraire des philosophes et des poètes qui ont tenté de revivifier les mythes et de faire revivre les dieux. C'est ainsi par exemple qu'en 1796, Schelling appelle de ses voeux une « mythologie de la raison » qui soit « au service des idées ». Son projet est d'accomplir une synthèse originale des dieux grecs et du dieu chrétien en inventant « un devenir réel de Dieu » où les dieux apparaîtraient comme des « moments singuliers de sa genèse[8] ». Comme on peut s'y attendre, cet essai est resté pure construction théorique. Mais il a pu inspirer des poètes dont l'un d'eux est précisément Hölderlin,

---

6. Cf. *Stefan George. Dokumente seiner Wirkung*, aus dem Friedrich Gundolf Archiv der Universität London, Hrsg. v. Lothar Helbing und Claus Victor Bock mit Karlhans Kluncker, Amsterdam, Castrum Peregrini Presse, 1974, (319 p.), p. 44.

7. NIETZSCHE, *Menschliches Allzumenschliches*, A. Kröner, Stuttgart, 1964, (348 p.), pp. 142-143. Cf. « Verhängnis der Grösse » (Nr. 158) et « Die Kunst dem Künstler gefährlich » (Nr. 159). « So entsteht zuletzt ein heftiger Antagonismus zwischen ihm und den gleichalterigen Menschen seiner Periode ».

8. SCHELLING, *Einleitung in die Philosophie der Mythologie*, Sämtliche Werke, Zweite Abteilung, Band 1, Stuttgart und Augsburg, 1856, p. 198. Cf. Herbert Anton : « Romantische Deutung griechischer Mythologie », in Hans Steffen (Hrsg.), *Die deutsche Romantik*, Göttingen, Vandenhoeck und Ruprecht, 1989, p. 283 : « ... da indess wirkliche Götter nur die sind, denen Gott zugrunde liegt, so ist der letzte Inhalt der Göttergeschichte die Erzeugung, ein wirkliches Werden Gottes im Bewusstseyn, zu dem sich die Götter nur als die einzelnen erzeugenden Momente verhalten ». L'idée sous-jacente est que le christianisme n'exprime qu'une vision partielle du divin, vision que le concept antique de dieu permettrait de compléter.

ce voyant, ce prophète, que George redécouvre dans l'enthousiasme, avec ses disciples, à Berlin, en 1910[9]. Or en insérant l'éloge de Hölderlin dans le premier volume de ses oeuvres juste avant la Préface à Maximin, George l'a ostensiblement désigné comme l'un de ses principaux pères spirituels. De sorte que, c'est chez lui qu'il a pu puiser une bonne part de son esprit de jeunesse. De son grand prédécesseur, George retient une mission et une méthode. La mission est celle du novateur, du prophète d'une nouvelle jeunesse poétique. Hölderlin est celui qui, par son style fait de « dissociation et de concentration », a « rajeuni le langage et rajeuni les âmes[10] » (I, 581). Il semble que George ait repris à son compte cette mission. Mais il en a retenu aussi la méthode qui est de « redescendre aux sources profondes » du langage poétique, c'est-à-dire à sa « matière brute » qui est le mythe[11]. La supériorité de Hölderlin sur les maîtres du classicisme est ici d'avoir tiré de leur obscurité Dionysos et Orphée, d'avoir réalisé une synthèse étonnante entre Héraklès et le Christ et de les avoir en quelque sorte unis à Apollon, le seul que les classiques acceptaient de voir[12]. C'est ainsi que, pour George, Hölderlin est devenu le prophète de « l'avenir immédiat de l'Allemagne », à savoir « celui qui a appelé le Nouveau Dieu[13], c'est-à-dire Maximin.

Ces indications sont certes précieuses pour comprendre comment le Maître s'est engagé dans la construction du mythe de Maximin, ce qu'il a cherché, ce qu'il a découvert et ce qui l'a guidé. Néanmoins, on sait qu'en littérature les filiations sont le plus souvent multiples et diffuses et, par suite, difficiles à établir avec certitude. Il s'ensuit que d'autres influences tout aussi déterminantes pourraient se découvrir.

A en juger par son éloge de Hölderlin, George a retenu de lui un sens nouveau de la conciliation et de la synthèse. Car, conformément à l'idée de Schelling, Hölderlin a réconcilié les dieux grecs et le dieu chrétien[14]. Il

---

9. Cf. BOEHRINGER Robert, *Mein Bild von Stefan George*, München, Helmut Küpper, 1951, (239 p.), p. 141. « Er waren die Jahre (1910-1913) der Entdeckung Hölderlins, und uns ergriff eine grosse freudige Bewegung… »

10. *Op. cit.*, note 2 (I, 521) : « Durch aufbrechung und zusammenballung ist er der verjünger der sprache und damit der verjünger der seele ».

11. *Ibid.* (I, 520) : « Viel war die rede vom liebenswürdigen schwärmer und klangreichen lautenschläger . nicht aber vom unerschrocknen künder der eine andere volkheit als die gemeindeutliche ins bewusstsein rief . noch vom unbeirrten finder der zum quell der sprache hinabtauchte . ihm nicht bildungs- sondern urstoff . und heraushob zwischen tatsächlicher beschreibung und dem zerlösenden ton das lebengebende Wort ».

12. *Ibid.* : « Dionysos und Orpheus waren noch verschüttet und Er allein war der entdecker (…). Er riss wie ein blitz den himmel auf und zeigte uns erschütternde gegenbilder wie Herakles-Christos: vor seinen weitesten einigungen und ausblicken aber stehen wir noch verhüllten hauptes und verhüllter hände ».

13. *Ibid.* (I, 521) : « mit seiner eindeutig unzerlegbaren wahrsagungen der eckstein der nächsten deutschen zukunft und der rufer des Neuen Gottes ».

14. Cf. SZONDI Peter, *Poésie et poétique de l'idéalisme allemand*, Paris, Les Editions de Minuit, 1975, (344 p.), pp. 202-206.

le fait, par exemple, dans la première version de l'hymne *Friedensfeier* où, après avoir identifié le Christ au maître du temps, c'est-à-dire à Cronos, il écrit : « Einer ist immer für alle / Mir gleich dem Sonnenlichte![15] ». George retient de Hölderlin cet esprit syncrétique qui se manifeste avec encore plus d'évidence dans *Der Einzige* (4e version) où, ayant évoqué le Christ, Héraklès et Bacchus, le poète précise : « So sind jene sich gleich. / Erfreulich. Herrlich grünet / Ein Kleeblatt (…) / Wie Fürsten ist Herkules. Gemeingeist Bacchus. Christus aber ist / Das Ende[16] ». Du point de vue de l'écriture poétique, on note que ces vers illustrent une pratique du jeu combinatoire, celle d'une concentration d'images en un symbole unique qui préfigure effectivement le jeu symbolique de George sur le personnage de l'enfant Maximin.

Mais avant d'examiner de plus près le traitement de ce symbole de la jeunesse dans les poésies et la *Préface* du *Mémorial*, il convient d'approfondir encore un aspect très important de la juvénilité propre du Maître. Il s'agit d'un narcissisme extrême, quasi pathologique, qui le pousse à se confronter sans cesse à des poètes d'autres cultures, contemporains ou non, dans le cadre de travaux de traduction de grande ampleur. On observera que ces traductions, équivalentes en quantité à l'œuvre poétique elle-même, sont conçues comme « transpositions » (« Übertragungen ») (II, 5, 337) ou « recréations » (« Umdichtungen ») (II, 147, 231). De fait, ce sont des essais de mise en forme poétique dont certains trouvent place dans les *Feuilles pour l'art* dans l'intention, paradoxale, de valoriser non pas leur auteur étranger mais George lui-même et ainsi, de servir la gloire du symbolisme allemand en train de naître. On constate qu'il entre beaucoup de narcissisme dans une telle pratique. Ce narcissisme s'exprime en outre par un tempérament dominateur dont témoigne par exemple cette confidence à Sabine Lepsius : « Ich kann mein leben nicht leben es sei denn in der vollkommenen äusseren oberherrlichkeit[17] ». D'autres symptômes de la même pulsion apparaissent en 1889, après que George ait vainement tenté de nouer une relation avec Hofmannsthal puis Ida Coblenz. C'est alors que se manifestent de graves troubles dépressifs, des accès de dissociation du moi résultant de profondes angoisses narcissiques[18]. Ces observations confirment que George puisse se servir d'œuvres étrangères comme autant de miroirs valorisants, par exemple dans ses travaux sur la *Divine Comédie*

---

15. HÖLDERLIN, *Gedichte*. R.U.-B., p. 137.
16. *Ibid.*, pp. 161-162.
17. *Op. cit.*, note 5, p. 30.
18. *Ibid.*, p. 37. S. Breuer note à ce sujet : « Nach den Debakeln mit Hofmannsthal und Ida Coblenz muss er in besonderer Weise gegenüber Regressionsprodukten anfällig gewesen sein, wie sie als Folge einer Störung von Zwillings- oder Spiegelübertragungen auftreten können — allen voran eine vorübergehende Fragmentierung des narzisstisch besetzten, zusammenhängenden (…) Selbst, sowie eine zeitweilige Fixierung der narzisstischen Besetzungen auf isolierte, als abgespalten erlebte Körperteile, geistige Funktionen oder Handlungen ».

de Dante (II, 7-144) et les *Sonnets* de Shakespeare (II, 147-229). De même, dans la préface à sa transposition, presque complète, des *Fleurs du mal* de Baudelaire (II, 235-335), il dévoile en préambule l'individualisme hédoniste et finalement narcissique de son projet : « Diese verdeutschung der FLEURS DU MAL verdankt ihre entstehung nicht dem wunsche einen fremdländischen verfasser einzuführen sondern der ursprünglichen reinen freude am formen » (II, 233). Dans le même ordre d'idées, on note cet aveu encore plus net : « Mit diesem verehrungsbeweis möge weniger eine getreue nachbildung als ein deutsches denkmal geschaffen sein » (II, 233). Cette entreprise singulière dénote un goût prononcé pour le jeu spéculaire. Elle mérite l'attention car elle fait émerger l'influence déterminante de maîtres étrangers dans la constitution de l'écriture symbolique de George. Baudelaire en est un bel exemple, en particulier dans la transposition du *Mort joyeux* (*Der frohe Tote*) (II, 285-286).

Ce travail a été étudié par Nicholas Rand dans son ouvrage intitulé *Le cryptage et la vie des œuvres*[19]. Ce commentateur découvre que la transposition de George se présente comme « une lecture réciproque de deux textes l'un par l'autre[20] ». Le texte de Baudelaire commence par : « Dans une terre grasse et pleine d'escargots / Je veux creuser moi-même une fosse profonde, / Où je puisse à loisir étaler mes vieux os / Et dormir dans l'oubli comme un requin dans l'onde[21] ». A l'examen attentif, le poème se révèle être non pas la confession désespérée d'un sujet réellement suicidaire, mais un jeu esthétique où entre une bonne part de pose romantique. Le narrateur aux pulsions morbides se dévoile bientôt comme un joyeux simulateur. Il feint d'aspirer à la mort. Mais l'image des « escargots » (v. 1) éveille l'impression qu'il souhaite se retirer dans la tombe comme dans une coquille pour attendre des jours meilleurs. Autrement dit, le poète qui parle est un vivant qui prend plaisir à se penser mort. Il se livre à un jeu de langage sur les images de la mort. Le mot « requin » (v. 4) attire l'attention parce qu'il détonne dans le contexte. L'association à l'image du « requin dans l'onde » ne donne un sens cohérent que par référence à la partie cachée de la métaphore qui est l'étymologie du mot, dérivé de requiem. Le mot s'est écrit « requien » puis « requiem », avant de devenir « requin », ce qui signifiait qu'il ne restait plus qu'à chanter le requiem pour le repos de l'âme de celui qu'il avait saisi[22]. La référence à la mort n'apparaît plus dans la forme moderne du mot. Cependant, le poète la connaît et il en joue. De sorte que se révèle ici un procédé d'écriture proprement symbolique, au sens premier du

---

19. RAND Nicholas, *Le cryptage et la vie des œuvres*, Paris, Aubier, 1989, 180 p., pp. 75-93 (chap. IV, « Traduction, symbole et cryptomanie chez Baudelaire et Stefan George »).
20. *Ibid.*, p. 76.
21. *Ibid.*, p. 77.
22. *Ibid.*, pp. 81-82.

terme [23]. L'image fonctionne comme un signe de reconnaissance en deux parties dont l'une est absente mais doit être retrouvée pour donner un sens. Mais le mot requin, signifiant requiem, manifeste aussi une forme d'humour : car celui qui prétend ici aspirer à la mort solitaire et à l'oubli effectue, subrepticement, par ce mot, un retour vers la communauté des vivants, ceux qui entendraient son requiem.

Certes, dans la seconde strophe, le narrateur semble vouloir s'éloigner à jamais de la communauté des hommes. Il dit « haïr les testaments » et « haïr les tombeaux » et « plutôt que d'implorer une larme du monde », il préférerait la compagnie des oiseaux de proie. Il précise : « J'aimerais mieux inviter les corbeaux à saigner tous les bouts de ma carcasse immonde[24] ». Néanmoins, la fin du texte montre que cette velléité est de pure rhétorique. Car, dans les deux derniers vers, ce sont encore les vivants que le « mort joyeux » interpelle : « Et dites-moi s'il est encor quelque torture / Pour ce vieux corps sans âme et mort parmi les morts ?[25] ». En définitive, le mort joyeux ne quitte pas les vivants.

L'intérêt de ce rapprochement est de montrer que George peut s'être inspiré de cette projection ludique, en particulier dans *Algabal* où il esquisse un périple imaginaire dans le royaume des ombres significativement désigné par la première pièce, *Im Unterreich* (I, 45). Ici George, métamorphosé en jeune empereur de légende, en maître de la lumière et des atmosphères (« wo er dem lichte und dem wetter gebeut ») (I, 45), se complaît lui aussi à jouer les morts vivants. Il fait semblant de braver la mort jusque dans la tombe, témoin ce court texte qui évoque l'enfouissement, mais sous une pluie de roses : « Rosen regnen / Purpurne satte / Die liebkosen? / Weisse matte / Euch zu laben? / Malvenrote. / Gelbe tote : / Manen-küsse / euch zu segnen. // Auf die schleusen! / Und aus reusen / Regnen rosen. / Güsse flüsse / Die begraben. » (I, 51).

A l'évidence, ce que George exalte ici, c'est la passion de voir sa propre mort s'accomplir, lentement, comme un spectacle enivrant que l'on savoure. A n'en pas douter, cette aspiration à être enfoui vivant sous une pluie de roses, dans le royaume souterrain d'Algabal, signale la proximité du *Mort joyeux* de Baudelaire. Chez tous deux on rencontre la même intrépidité juvénile à défier les ténébreuses puissances du destin. C'est l'expression paradoxale, mais habituelle chez les jeunes génies, si l'on pense aussi à *Schwager Kronos* de Goethe, d'un excès de vitalité qui ne trouve plus d'autre jouet à sa mesure que la mort. Les titres de ses productions lyriques

---

23. Cf. *Ibid.*, p. 82. N. Rand observe que « pour retrouver l'unité du symbole, il conviendra de le traduire en métaphore, c'est-à-dire de le réunir avec sa partie manquante. La particularité du *Mort joyeux* consiste en ce que 'requin', son unique symbole retrouve en lui-même sa métaphore en apparence manquante (requiem) ».

24. *Ibid.*, p. 77.

25. *Ibid.*

successives suffisent à mettre en évidence son vitalisme : *Pilgerfahrten* (1891), *Das Buch der hängenden Gärten* (1894), *Der Teppich des Lebens und die Lieder von Traum und Tod* (1899). Ces titres définissent un champ d'expérience immense, conforme à des appétits de jeune génie : la vie, le monde onirique, l'univers de la mort.

Mais, parce qu'il est narcissique, donc en quelque sorte enchaîné au reflet, à l'expérience spéculaire, le vitalisme de George peut expliquer fort logiquement son parti-pris pour la vision au détriment de la musique, préférée comme on sait, par le symbolisme français[26]. Le culte de la jeunesse triomphante, celui du jeune héros révèle incontestablement le narcissisme du jeune George : en quête de lui-même dans le dédale du monde, il est conduit à tenter de se représenter dans le miroir de la mort. Cette tentative trouve son accomplissement magique dans l'invention, la rencontre, puis la transfiguration poétique de Maximin. Son évocation de la fleur noire, minérale, d'*Algabal* marque une étape de cette quête de soi, comme en témoigne le poème de 1892 « Mein garten bedarf nicht luft und nicht wärme ». Le vitalisme anti-naturaliste y culmine dans l'interrogation célèbre : « Wie zeug ich dich aber im heiligtume / — So fragt ich wenn ich es sinnend durchmass / In kühnen gespinsten die sorge vergass — / Dunkle grosse schwarze Blume ? » (I, 47). Ici, le jeune George s'est représenté sous les traits d'un Prométhée inversé : ce n'est pas au ciel qu'il prétend dérober le feu, mais à un sanctuaire souterrain où il se sent assez de force pour faire naître, dans l'obscurité, une fleur noire, lumineuse, au mépris de toutes les lois naturelles. Ce Prométhée a même conscience de sa témérité qui lui sert à surmonter l'angoisse (« ... wenn ich... in kühnen gespinsten die sorge vergass ») (I, 47). Il y a là un goût du défi ultime qui rappelle le cynisme railleur des *Fleurs du mal*. On notera que, dans sa préface à sa transposition de ce texte, George rend hommage à Baudelaire. Il vante son « zèle à conquérir, pour la poésie, de nouveaux domaines, ainsi que l'ardente spiritualité dont il réussit à imprégner les matériaux les plus rebelles » (« ... der eifer mit dem er der dichtung neue gebiete eroberte und die glühende geistigkeit mit der er auch die sprödesten stoffe durchdrang ») (II, 233). Rétrospectivement, on se rend compte que c'est lui-même que George encense, en feignant de glorifier un autre maître[27], ce qui conforte l'idée d'une probable filiation.

La probabilité d'une influence s'affermit, dès lors que l'on examine comment George a transposé dans sa version du *Mort joyeux (Der frohe tote)* (II, 285-286), la pratique baudelairienne du cryptage symbolique, celle qui consiste à placer la clé d'un texte en dehors de lui-même, dans un élément

---

26. Cf. POR Peter, « Paradigmenwechsel. Der gemeinsame Anfang von George, Hofmannsthal und Rilke », in *Recherches Germaniques*, 15 (1985), pp. 95-122.
27. Cf. *op. cit.*, note 18, pp. 84-85.

absent. Dans la troisième strophe de son poème, Baudelaire joue sur le double sens du mot « vers ». Il écrit : « O vers ! noirs compagnons sans oreille et sans yeux, / Voyez venir à vous un mort libre et joyeux ; / Philosophes viveurs, fils de la pourriture[28]. » On observe ici que le double sens du mot « vers », de terre et de poésie, n'est pas transposable en allemand. Néanmoins, usant d'une autre image, George réussit à donner un équivalent très ingénieux de cette strophe qu'il transpose ainsi : « Ihr würmer ! augen- ohrenlos gekreuch ! / Ein freier froher toter kommt zu euch ! / Ihr heitre Weise. aufgenährt im kot ». (II, 286). C'est la séquence « Ihr heitre Weise » qui correspond ici à l'apostrophe de l'original « O vers ! ». Pour l'oreille, George y donne en même temps un équivalent approximatif du terme « philosophes » (de « Philosophes viveurs ») traduisible par « Weisen ». Le double sens est donc en partie conservé. Cependant, le traducteur a introduit l'idée de sérénité, absente dans l'original. L'expression « heitre Weise » surcaractérise ainsi l'importance de la mélodie. Elle révèle que pour George, ce qui compte par-dessus tout, c'est bien la poésie, l'exercice de l'art, cette « pure joie originelle de mettre en forme » qu'il valorise dans sa préface : « die ursprüngliche reine freude am formen » (II, 233). On peut le comprendre, dès lors que le plaisir intellectuel de triompher de difficultés de traduction presque insurmontables s'enrichit de celui du secret, du cryptage[29]. Si l'on observe sa version de la quatrième et dernière strophe du sonnet, il ne fait aucun doute que George se complaise à ce jeu de crytage repris de Baudelaire, car il y insère, en filigrane, son propre nom, en guise de signature de son travail de transcripteur. Voici la strophe : « À travers ma ruine allez donc sans remords, / Et dites-moi s'il est encor quelque torture / Pour ce vieux corps sans âme et mort parmi les morts[30] ». La traduction proposée est celle-ci : « Durch meine reste dringet ohne sorgen / Und sagt : blieb mir noch ein qual verborgen / Mir ohne seele unter toten tot ? » (II, 286). La transposition est assez fidèle, un seul détail mis à part : l'adjonction du mot « verborgen » où l'on peut lire une partie du nom de George, annoncé au vers précédent par la syllabe terminale de la forme archaïsante « dringet », dans « dringet ohne sorgen ». On voit resurgir ici, de façon totalement inattendue, la tendance narcissique du travail d'écriture. Il reste à vérifier si une telle orientation vers un cryptage symbolique qui soit en même temps expérience spéculaire, jeu de reflets valorisant, se retrouve dans l'œuvre proprement créatrice. On peut s'y attendre, étant donné le fort penchant du poète au narcissisme.

---

28. *Ibid.*, p. 77.
29. Cf. RAND N., *ibid.*, p. 89 : « Il s'agit d'un procédé 'cryptonymique', au sens où le support d'intelligibilité du mot-caché ('Weise' cachant 'vers') se trouve dans un texte absent.
30. *Ibid.*, p. 77.

Il convient ici d'introduire dans la réflexion un concept important, celui de réflexivité qui concerne non plus la personnalité immature de George, mais son écriture poétique. Il est suggéré par un propos de Paul Gerhard Klussmann qui porte sur le sens du symbole chez George. Il s'agit de savoir si le symbole renvoie chez lui à quelque chose d'extérieur ou, au contraire, seulement à lui-même : « Während Mallarmés Symbole ein Übergang sein wollten, ein Wurf in eine rein geistige Welt der vom Künstler erschauten Ideen, beharren Georges Symbole ganz im Hiesigen. Sie weisen nicht über sich hinaus, sondern in sich zurück[31] ». Comprise dans ce sens, la réflexivité apparaît comme une caractéristique « fin de siècle », celle d'un temps où l'art, faute de pouvoir se rajeunir, tend à devenir simple reflet de lui-même, autrement dit, conscience de soi. Tester le degré de réflexivité du lyrisme de George doit donc permettre de juger dans quelle mesure il est parvenu à accomplir la mission qu'il s'est lui-même assignée après l'avoir reprise de Hölderlin : rajeunir la poésie allemande. Il faut préciser encore que considérer le symbole chez George comme purement réflexif, signifie aussi le ramener un siècle en arrière, vers cette esthétique de la forme achevée, aux éléments consciemment agencés en un tout cohérent, dont Karl Philippe Moritz expose le principe dans sa *Götterlehre* (1791) : « Ein wahres Kunstwerke, eine schöne Dichtung ist etwas in sich Fertiges und Vollendetes, das um sein selbst willen da ist, und dessen Werth in ihm selber, und in dem wohlgeordneten Verhältniss seiner Theile liegt [32] ». Ces remarques sur la réflexivité tendent à suggérer que le symbolisme de George ne serait en somme que jeu spéculaire délibéré destiné à exprimer des obsessions narcissiques. C'est la conception d'un univers clos, celle d'un symbolisme figé dans l'hermétisme d'une poésie pure et influencé, de près ou de loin, par Mallarmé. Cependant, la passion du poète pour le secret, le jeu de la dissimulation, attestée par ses travaux de traduction, pourrait bien avoir égaré la critique. Cette passion pour le cryptage symbolique expliquerait aussi que l'on n'ait pas encore trouvé, à l'extérieur de l'oeuvre, une clé spécifiquement allemande qui donne à ce symbolisme une plus grande profondeur spirituelle et révèle du même coup la signification novatrice à laquelle il prétend.

S'il est un texte qui mérite entre tous un examen attentif, c'est bien *Du schlank und rein wie eine flamme* que George a placé à l'extrême pointe de l'oeuvre, ce poème qui clôt *Das Neue Reich* (1928), le dernier livre (I, 397-469), parce qu'il fait, par sa place, office de conclusion ultime ou, pour employer une métaphore chère à l'auteur, de boucle ou de fermoir.

---

31. KLUSSMANN Paul Gerhard, *Stefan George. Zum Sellstverständnis der Kunst und des Dichters in der Moderne*. Bonn, 1961, p. 56.
32. MORITZ Karl Philipp, « Götterlehre oder mythologische Dichtungen der Alten », Berlin, 1795, p. 3. Cf. Herbert Anton : *op. cit.*, note 7, p. 279.

A ce titre, il renvoie à un texte de même fonction, *Die Spange* (*L'Agrafe*) (I, 40), qui termine les *Pèlerinages* et annonce l'entrée dans les ténèbres d'*Algabal*. Toutefois, on notera que *Du schlank und rein wie eine flamme* est d'une tonalité exactement inverse. Comme son premier vers le suggère, ce poème invite d'emblée son lecteur à entrer dans la lumière du rayonnement de la jeunesse :

> Du schlank und rein wie eine flamme
> Du wie der morgen zart und licht
> Du blühend reis vom edlen stamme
> Du wie ein quell geheim und schlicht
>
> Begleitest mich auf sonnigen matten
> Umschauerst mich im abendrauch
> Erleuchtest meinen weg im schatten
> Du kühler wind du heisser hauch
>
> Du bist mein wunsch und mein gedanke
> Ich atme dich mit jeder luft
> Ich schlürfe dich mit jedem tranke
> Ich küsse dich mit jedem duft
>
> Du blühend reis vom edlen stamme
> Du wie ein quell geheim und schlicht
> Du schlank und rein wie eine flamme
> Du wie der morgen zart und licht. (I, 469)

Par ses caractéristiques formelles les plus apparentes, ce texte rappelle la manière traditionnelle de la chanson : la musicalité de vers à quatre accents aux rimes régulières alternées, dont chacun constitue une unité de sens, la tonalité retenue malgré la ferveur du sentiment, l'aspect naïf résultant de la simplicité des images et enfin la dernière strophe reprenant la première en refrain. De ces premières impressions, on pourrait juger ce texte relativement anodin. Au reste, Claude David ne lui consacre que quelques lignes. Il y perçoit « le portrait délicat d'un jeune garçon 'clair comme le matin', 'secret comme une source', un de ceux dont la présence et l'affection ont éclairé les dernières années du poète[33] ». Mais ce poème est peut-être plus complexe qu'il n'y paraît. Il clarifie en tout cas le rapport de George à la jeunesse.

La dernière strophe, formant refrain, répète la première, mais en inversant l'ordre des deux couples de vers qui la composent. Il en résulte, par-delà la symétrie, l'amorce d'une méditation circulaire puisque la fin (« Toi svelte et pur comme une flamme / Toi tendre et lumineux comme le matin ») renvoie au début du texte. Mais ce renvoi recèle une fonction didactique. Entre le début et la fin, l'aède a accompli sa métamorphose :

---

33. DAVID Claude, *L'œuvre poétique de Stefan George*, Lyon/Paris, 1952, (409 p.), p. 327.

il s'est identifié à celui qui occupe toutes ses pensées, « svelte et pur comme une flamme », « tendre et lumineux comme le matin », « rameau fleuri d'une noble souche » (v. 1-3). C'est donc une méditation sur l'enfance ou la jeunesse qui s'esquisse ainsi. Et la ligne circulaire de cette rêverie est pour le rêveur un gage d'intemporalité. C'est une victoire sur le temps, sur l'instabilité des choses humaines telle que l'évoque la strophe 2 : le chemin de « l'ombre » (v. 7) après celui du « soleil » (v. 5), le « frisson » d'angoisse causé par les « vapeurs du soir » (v. 6). Il semblerait ici qu'une psyché instable en proie à une inquiétude liée aux variations de la lumière trouve enfin, dans le souvenir épuré d'un enfant aimé, stabilité et unité. Jointe aux images concrètes, la symétrie du poème offre à cette psyché instable un ancrage solide dans le réel. En outre, deux vers remarquables occupent le centre de ce tableau esquissé d'un seul trait : « Toi brise fraîche et souffle brûlant / Toi mon désir et ma pensée » (v. 8-9). De part et d'autre, en miroir, se correspondent deux groupes de trois vers. Le premier évoque ce qu'accomplit l'enfant, bien qu'absent, pour le poète : « Tu m'accompagnes sur les prés au soleil/ M'environnes d'un frisson dans les vapeurs du soir / Illumines mon chemin dans l'ombre » (v. 5-7). Le second groupe de trois vers note, en retour, les bienfaits qui en résultent pour le poète : « Je te respire à chaque brise / Je te savoure quand je bois / Quand je baise un parfum, c'est toi » (v. 10-12). Objet et sujet se font face et se répondent en images, dans une étonnante symétrie. Au fond, ce que dévoile ce poème, c'est une prise de conscience, une illumination face à la beauté de la jeunesse. C'est là, assurément, une découverte qui transfigure la vie, une véritable métamorphose. Car au cours de sa méditation, le rêveur a intériorisé les éléments de la nature printanière qui symbolisent ici la jeunesse et sa beauté : l'air qu'il respire, l'eau qu'il boit, les parfums qu'il savoure. Le poème révèle ainsi une conception de l'homme placé en face de la nature. Celui qui parle procède par comparaisons pour exprimer sa perception émerveillée de la jeunesse. Il en détaille les caractères : sveltesse, pureté, douceur, éclat. Chaque comparaison suppose ainsi une relation spéculaire entre l'enfant et la nature puisque les références du narrateur sont la flamme, le matin, l'arbre, la source. Le monde apparaît ainsi dans ses contrastes naturels, dans ses éclairages alternés. C'est de ces contrastes que se nourrit l'hédonisme du rêveur qui respire, hume et savoure. On ne rencontre ici aucune référence à une transcendance, aucun traitement mystique du sentiment. C'est la nature terrestre et elle seule qui est la source du ravissement. Elle fonde le retour à une sérénité qui se projette dans la durée. En somme, considéré en lui-même, ce portrait de la jeunesse représente l'unité retrouvée de l'âme et du monde. Il propose en outre au lecteur une clé du bonheur qui est la vie dans la lumière, une vie de sérénité qui ressemble à cette éternelle jeunesse que le mythe grec a présentée comme l'apanage exclusif des dieux.

Le motif de la flamme, joint au thème de l'amour, invite à une comparaison avec un poème bien connu de Goethe, *Selige Sehnsucht* (1815). On se souvient que ce texte célèbre la mort dans la flamme comme l'accomplissement ultime de l'amour et que l'auteur en tire la devise « Meurs et deviens ! ». Cette référence extérieure, implicite ici, montre combien George se distancie du mysticisme qui inspire Goethe à l'époque du *Divan occidental-oriental*[34]. Il semblerait qu'ici, George ait découvert une solution très différente au problème de la nostalgie amoureuse : il refuse le romantisme d'une fusion dans la mort. Il lui préfère un jeu de reflets, une relation spéculaire stable établie dans la durée, génératrice de plénitude. En somme, il se distancie délibérément de tout mysticisme tragique. C'est une solution originale, un dépassement du romantisme orphique, à l'époque même où Rilke tend à y revenir avec ses *Elégies de Duino* et ses *Sonnets à Orphée*.

Ces remarques tentent de recomposer le dialogue intérieur du poète. Elles mettent en évidence l'héritage qu'il retravaille, et ce contre quoi il construit son portrait de la jeunesse. Au moment où il compose *Du Schlank und rein wie eine flamme*, George a pris conscience que, devant la mort, il n'y a pas d'issue. C'est pourquoi il construit, avec ce poème, une sorte de talisman qui tient éloignée la représentation de la mort. Il y érige une lumière, une flamme, un fanal qui permet au voyageur désorienté qu'il est, trop vite égaré dans le dédale du monde, de retrouver la bonne route, celle de la sérénité, de la plénitude, dans la contemplation de la beauté de la nature terrestre.

Cependant on peut s'aviser que ce texte n'a pas qu'une simple fonction hédoniste. Il répond aussi à une intention symbolique dans la mesure où il renvoie, par bien des éléments, à la figure de Maximin, l'enfant-dieu. Ces correspondances suggèrent un projet d'une tout autre ampleur : faire coïncider la vie et l'art, permettre à l'artiste qui s'est créé une figure de Dieu de s'identifier à elle et, par ce moyen, de devenir lui-même un dieu.

De fait, *Du schlank und rein wie eine flamme* rassemble bien des éléments épars qui, dans *Der Stern des Bundes* (1914), *Der Siebente Ring* (1907) et la *Préface* au *Mémorial* (1906) évoquent Maximin. Témoin ce « Maître du solstice » (« Herr der Wende ») qui préfigure la lumière stable de la chanson finale par sa rayonnante apparition qui fait taire toute nostalgie : « da ward es licht und alles sehnen schwieg » (I, 350). Très significativement, George le nomme un « rejeton » de sa propre « souche » : « Da kamst du, spross aus unserm eignen stamm (…) / Im nackten glanz des gottes uns entgegen » (I, 350). Le poème qui suit contient également des allusions

---

34. GOETHE, *Gedichte. Selige Sehnsucht*, in *Der West-östliche Diwan*, München, Deutscher Taschenbuch Verlag, 1961, (277 p.), p. 15 (« … Das Lebendge will ich preisen, / Das nach Flammentod sich sehnet / … Und so lang du das nicht hast, / Dieses : Stirb und Werde ! / Bist du nur ein trüber Gast / Auf der dunklen Erde. »).

remarquables au texte terminal. Il relate comment Maximin a délivré le Maître du tourment de la dualité en lui présentant un symbole unifié de l'ivresse et de la clarté, synthèse du dionysiaque et de l'apollinien : « Der du uns aus der qual der zweiheit löstest / Uns die verschmelzung fleischgeworden brachtest / Eines zugleich und Andres. Rausch und Helle : » (I, 350). On observera ici que, malgré ces allusions à Dionysos et Apollon, ce n'est pas à Nietzsche que renvoie ce texte, mais à Hölderlin, car la suite évoque, à mots couverts, la mission prométhéenne et sacrée du poète décrite dans *Wie wenn am Feiertag* : saisir le feu céleste, symbole de l'esprit divin. George écrit, s'adressant à Maximin : « Du warst der beter zu den wolkenthronen / Der mit dem geiste rang bis er ihn griff / Und sich zum opfer bot an seinem tage… » (I, 350). Ainsi, Maximin se serait sacrifié pour la mission la plus haute de médiateur du divin, ce qui ne l'empêche pas d'apparaître ensuite comme l'ami, « svelte » et « lumineux », du printemps : « Und warst zugleich der freund der frühlinswelle / Der schlank und blank sich ihrem schmeicheln gab… ». Les correspondances sont frappantes. Il serait facile de multiplier ces exemples qui donnent l'impression d'une œuvre refermée comme un écrin autour du mythe de l'enfant Maximin esquissé dans *Der Siebente Ring* (I, 279-293).

On s'interroge sur le curieux destin poétique du jeune Maximilien Kronberger dont on sait, aujourd'hui, que rien ne le prédestinait à devenir le symbole d'un dieu. C. David note que George le remarque en février ou mars 1902, dans la rue, à Munich, alors qu'il n'est âgé que de quatorze ans à peine. Il le fait photographier puis lui adresse quelques mots. Un an plus tard, en janvier 1903, George revoit le jeune garçon et lui montre la photo faite l'année précédente. Maximin lui remet alors quelques vers qu'il a composés. En échange, le Maître lui offre un poème, *Das Wunder* (I, 280), puis un autre, un peu plus tard, *Die Verkennung* (I, 281). C'est à partir de ce moment que Maximin commence à fréquenter le cercle des disciples et fait quelques promenades en compagnie du Maître. On observe qu'il participe à trois fêtes masquées où il récite quelques vers : le 24 février 1903, puis le 14 février 1904 et le 24 mars 1904. Mais, le 15 avril 1904, le jeune garçon décède brutalement, en quelques jours, des suites d'une méningite foudroyante, le lendemain de son seizième anniversaire[35]. On n'a décelé chez lui aucune précocité particulière. Stefan Breuer constate par exemple : « nichts (deutet) darauf hin, dass George in Maximin etwas anderes gesehen hätte als eine jener formbaren jungen Seelen, wie er sie schon vorher (etwa in Gundolf) gesucht und bisweilen gefunden hat[36] ».

En fait, il apparaît que la transfiguration poétique de Maximin ne s'explique que par une conjonction de circonstances : celle de sa mort jointe

---

35. DAVID C., *op. cit.*, note 33, pp. 233-235.
36. BREUER S., *op. cit.*, note 5, p. 40.

à la nécessité de redonner élan et cohésion au mouvement symboliste allemand, à un moment où, par suite de graves dissensions internes, le sanctuaire menaçait de s'effondrer. C. David relate par exemple que, le 29 avril 1899, le groupe des « Cosmiques » avait organisé une fête romaine aux allures d'orgie païenne, dans le but « d'attaquer l'âme de George pour l'ébranler et en prendre possession », par des pratiques de magie spiritiste[37]. La *Préface* au *Mémorial* évoque à mots couverts les conséquences désastreuses de cette crise et présente l'arrivée de Maximin comme un événement providentiel. George précise : « Ce dont nous avions besoin, c'était de quelqu'un qui fût saisi par ce qu'il y a de simple dans les événements et qui nous montrât les choses telles que les voit le regard des dieux » (« Einer der von den einfachen geschehnissen ergriffen wurde und uns die dinge zeigte wie die augen der götter sie sehen ») (I, 523).

On remarquera que ces préoccupations ramènent loin en arrière, vers les recherches esthétiques du premier romantisme, vers le temps où les poètes et les penseurs, déplorant l'absence d'une mythologie spécifiquement allemande, soulignaient la nécessité de revivifier la vie des arts et des lettres en faisant naître de grandes figures de l'imaginaire propres à relayer les anciens dieux[38]. C'est l'époque où Novalis développe son idéalisme magique dont le but est de percevoir, par-delà le voile des apparences et la diversité du sensible, l'unité secrète de la nature et l'universelle présence du divin. On se souvient que Novalis avait fait de l'enfant le vecteur privilégié de ses recherches, parce qu'il représentait pour lui le symbole vivant de l'âge d'or. Il avait exprimé cela dans les fragments célèbres : « Für Gott gehn wir eigentlich umgehehrt. Vom Alter zur Jugend » et « Das Kind ist die Urwelt, die goldene Zeit am Ende[39] ». Ses théories avaient trouvé un commencement de réalisation dans *Heinrich von Ofterdingen* et *Die Lehrlinge zu Sais*.

Or, c'est dans ce dernier texte, précisément, que Novalis a mis en scène un personnage qui paraît préfigurer de façon frappante celui de Maximin tel que George le décrit dans la *Préface* au *Mémorial*. Il s'agit de l'enfant auquel le maître veut déléguer l'enseignement, juste après son arrivée dans le cercle des disciples. Le narrateur le décrit ainsi : « Eins war ein Kind noch,

---

37. DAVID C., *op. cit.*, note 33, p. 200.
38. Cf. ANTON H., *op. cit.*, note 7, p. 281 : « Es fehlt, behaupte ich, unsrer Poesie an einem Mittelpunkt, wie es die Mythologie für die Alten war, und alles Wesentliche, worin die moderne Dichtkunst der antiken nachsteht, lässt sich in die Worte zusammenfasen : Wir haben keine Mythologie ». D'où l'idée de développer une nouvelle mythologie dans une œuvre d'art qui, devant contenir en germe toutes les autres et devenir ainsi source de poésie, porterait l'artifice à son comble : « ... das künstlichste aller Kunstwerke, denn es soll alle anderen umfassen, ein neues Bette und Gefäss für den alten ewigen Urquell der Poesie und selbst das unendliche Gedicht, welches die Keime aller anderen Gedichte verhüllt ». (SCHLEGEL Fr., *Rede über die Mythologie*, Berlin, Athenäum, 1800, p. 95-96.)
39. Cf. NOVALIS, *Dichtungen*, Rowohlts Klassiker Nr. 980 / 130, p. 240. (*Fragmente* ; V/248).

es war kaum da, so wollte er [der Lehrer] ihm den Unterricht übergeben ». Er hatte grosse dunkle Augen mit himmelblauem Grunde ; wie Lilien glänzte seine Haut, und seine Locken wie lichte Wölkchen, wenn der Abend kommt (…) Die Stimme drang uns allen durch das Herz (…) in seinen Zügen fand ich Verwandtschaft ; auch schien in seiner Nähe mir alles heller innerlich zu werden[40] ». On notera ici l'accumulation des images de la lumière qui, dans le mythe homérique, accompagne la manifestation des dieux. L'analogie avec le portrait de Maximin par George est surprenante : « An der helle die uns überströmte merkten wir dass er gefunden war. Tage um tage folgten wir ihm und blieben im banne seiner ausstrahlung ehe wir mit ihm zu reden wagten (…) Diese [seine] stimme war besonders rührend - am mächtigsten wenn er… uns aus den dichtern las und uns überraschte mit einem neuen zauber des tönenden. Dann bezog sich die leichte bräunung seiner haut mit purpur und seine blicke leuchteten so dass die unseren sich niedersenkten » (I, 523-524). La mise en parallèle de ces deux figures d'enfant se justifie, non seulement par leur éclat empourpré qui veut signifier l'apparition du divin, mais aussi par leur fonction à l'intérieur d'un cercle de disciples : reprendre l'enseignement du maître et partant devenir le centre spirituel d'une communauté.

En conclusion, on peut s'aviser que l'extrait cité des *Disciples à Saïs* met clairement en évidence l'affinité de George et de Novalis. Il conforte également la parenté déjà constatée avec Hölderlin. Il fonctionne comme la partie absente d'un signe de reconnaissance qui pourrait avoir été volontairement occulté par le poète. Il approfondit en tout cas la compréhension du jeu symbolique chez George. Il montre que celui-ci n'est pas pure réflexivité comme le pense Klussmann, mais renvoie à des recherches esthétiques anciennes, celles d'une synthèse de la nature et de l'esprit, de l'art et de la vie, de la poésie et de la jeunesse.

En ce sens, George apparaît comme le continuateur tardif, non seulement de Hölderlin[41], mais aussi de Novalis dont il reprend les ambitions novatrices. Certes, il reconduit, avec un siècle de décalage, l'utopie unitariste du premier romantisme, comme en témoignent les titres de ses trois derniers livres où « l'Anneau », « l'Alliance » et « le Nouveau Règne »

---

40. *Ibid.*, pp. 10-11 (*Die Lehrlinge zu Sais*).
41. Cf. HILDEBRANDT Kurt, *Das Werk Stefan Georges*, Hamburg, Ernst Hauswedell & Co., 1960, (475 p.), p. 260. K. Hildebrandt confirme l'importance de la synthèse proposée par Hölderlin, une synthèse réellement 'vécue', semblable à 'l'unité du temps des origines' : « In den letzten Jahren war sein Leitwort : 'Synthese' von Hellenentum und Christentum im Sinne Hölderlins (…) Aber das war keine rückblickende 'Synthese', sondern die erlebte ursprunghafte Einheit. Schon aus der Zeit des *Siebenten Ringes* berichtet Sabine Lepsius : 'Eines jener Wege erinnere ich mich, auf dem er mir seine Bedenken gegen den Protestantismus und gegen Luther offenbarte. Das Urchristentum, solange es noch heidnische Elemente barg, war ihm nahe' ». On notera que cette synthèse renvoie au projet de Schelling (cf. notes 8 et 38) qui lui-même éclaire la tentative de Novalis rendue explicite par les remarques de Fr. Schlegel sur la mythologie.

soulignent le désir de créer une nouvelle société communautaire d'inspiration religieuse. Mais, en même temps on peut dire qu'il dépasse ses modèles. Le mythe qu'il crée, celui de l'enfant-dieu, est d'un genre nouveau, en ce sens qu'il n'est pas une production collective, mais une invention personnelle. En outre, il s'agit d'un symbole élaboré à partir d'une figure du quotidien. Enfin, délaissant le mysticisme, il rejoint l'intention du mythe antique qui est de valoriser l'unité essentielle de la vie, tout en affirmant la victoire de la jeunesse sur la mort. Dans *Du schlank und rein wie eine flamme*, il semblerait qu'il y ait réussi.

« Man ist einmal da, wie die Kinder da sind. » Hugo von Hofmannsthals anthropoietisches Moderne-Projekt

Emanuela Veronica FANELLI
Saarbrücken

> Wie im Märchen die Frösche zu den Königen
> reden, dürfen wir auch zu allen reden, alle Elemente
> sind uns offen, und wir sind Tod und Leben, sind
> Ahnen und Kinder, sind unsere Ahnen und unsere
> Kinder im eigentlichsten Sinn, ein Fleisch und Blut
> mit ihnen. So kann nichts kommen, nichts gewesen
> sein, was nicht in uns wäre.[1]

« Man ist einmal da, wie die Kinder da sind[2]. » So schreibt der 22 jährige Hofmannsthal, als er 1896 lobend den Band *Wie ich es sehe* vom Wiener Erzähler Peter Altenberg[3] besprach. Der Rezensent stellt weiter fest :

> Ja, es ist eine sehnsüchtige Anbetung der kleinen Kinder über diese
> Kultur ausgegossen : es ist, als ob es die Vornehmen immer mehr und mehr
> nach Kindlichkeit verlangte. Und es ist auch niemand vornehmer, niemand
> anmutiger als die, die noch kein Gedächtnis haben und ganz von der

---

1. HOFMANNSTHAL Hugo (von), *Briefe* (Bd. I : 1890-1901). Berlin 1935, S. 156.
2. HOFMANNSTHAL Hugo (von), *Ein neues Wiener Buch*, in : ders., *Gesammelte Werke in zehn Einzelbänden*. Hrsg. von Bernd Scholler in Beratung mit Rudolf Hirsch. Frankfurt a. M. 1979, Bd. VIII (Reden und Aufsätze I), S. 228. Die einzelnen Bände der genannten Ausgabe werden mit den folgenden Abkürzungen zitiert :
   GD I-VI   (Bd. I-VI : Gedichte, Dramen und Lustspiele)
   EGB   (Bd. VII : Erzählungen, Erfundene Gespräche und Briefe)
   RuA I-III   (Bd. VIII-X : Reden, Aufsätze, Aufzeichnungen)
3. Altenberg wird hier von Hofmannsthal als Mitglied einer Gruppe von Künstlern angegeben, die sich gegen den Strom der ästhetizistischen Kunstauffassung bewege und die Kunst « ausschließlich vom Standpunkt des Lebens » (Ebenda, S. 227) betrachten wolle. Es handle sich um Künstler, « die sich der in der Zeit liegenden » barbarischen Avantagen « nicht bedienen will, um das Schöne und Interessante hervorzubringen. Vielmehr : man will mit dem Gegebenen, gegenwärtigen, als mit dem Natürlichen, Menschlichen, rechnen. Nichts wird geschichtlich erfaßt und kein starres Wort ist am Platz. Jedes vorgefaßte Urteil über die Gegenwart wird abgewiesen. » (Ebenda, S. 227-228)

> Wahrheit bewegt werden. In künstlichen, an Erinnerung reichen Zeiten sammeln sich die Lebendigen an den Altären der kindlichen Götter. Sich als Kinder zu fühlen, als Kinder zu betragen, ist die rührende Kunst reifer Menschen. [...] Man wird an Wesen ohne bestimmtes Alter gemahnt werden, die aber am meisten an die unendlich vielsagende Gebärden der Kinder erinnern, an ihre komplizierte Naivetät : an ihre nachdenkliche, vornehme Art, aufeinander zuzugehen, wenn sie fremd sind, an ihre wundervolle Weise, mit Anmut hochmütig, mit Anmut hart zu sein, an ihre Zutraulichkeit, ihre königliche Art, sich hinzugeben und doch völlig zu bewahren, an ihre wundervolle Unbestechlichkeit[4].

Diese kurze Passage enthält *in nuce* alle begrifflichen Elemente, aus denen sich Hofmannsthals Diskurs um das Kind zusammensetzt. Unverkennbar wirkt hier der scharfe diagnostische Blick des Zeitkritikers, der Funktion und Amt des symbolischen Gefüges « Kind » in seiner Epoche ins Auge fasst und zugleich entblößt. Richtungsweisend lautet in diesen Zeilen Hofmannsthals kritischer Hinweis auf die « Anbetung der kleinen Kinder » seitens einer an Erinnerungen überladenen, reiferen Generation von Zeitgenossen, welche — im Gegensatz zu gedächtnislosen Epochen — den kindlichen Göttern « Altäre » errichten. Diese stumme Geste spricht den Wortlaut einer Spätzeit aus, die mit Sehnsucht rückwärts auf schwindende ganzheitliche Kulturepochen schaut.

> Nach rückwärts zieht die Verführung, die nervenbezwingende Nostalgie, die Sehnsucht nach der Heimat : sie ist [...] die Heilsarmee und neues Christentum, sie ringt in Tönen nach dem Gral, zu dem keiner zurückfindet [...]. Zurück zur Kindheit, zum Vaterland, zum Glaubenkönnen, zum Liebenkönnen, zur verlorenen Naivetät : Rückkehr zum Unwieder bringlichen[5].

Obwohl für Hofmannsthal der Drang zum odysseischen *vostos* zurück in die vertraute Heimat des Vergangenen als eine ausgeprägte Tendenz der Donau-Kunst gilt[6], erstreckt sich dieses epochale Geistesphänomen für ihn auf die gesamte europäische Jahrhundertwende. Die *via dolorosa* der ausbrechenden Moderne, die Leiden und Wehen einer Übergangsepoche bestimmen das ängstliche und desorientierte Selbstverständnis, die misstrauische und hilflose Attitüde der europäischen Intelligenz, die von Fortschritts- und Zivilisationsängsten heimgesucht wird. « Rückwärts! » scheint die Parole der Epoche zu sein : zurück zu tradierten Kulturepochen, zurück zu organischen Gemeinschaftsformen, zurück zum goldenen Zeitalter, zurück zur Natur.

Vor diesem geistesgeschichtlichen Hintergrund erleben das Kind und seine Lebenssphäre eine regelrechte symbolische Renaissance. Im Kind

---

4. Ebenda, S. 228.
5. *Das Tagebuch eines Willenskranken*. Henri Frédéric Amiel, « *Fragments d'un journal intime* », in : RuA I, S, 106.
6. Hierzu vgl. *Ferdinand von Saar*, « *Schloss Kosternitz* », in : RuA I, S. 139ff.

und im insistierten Einsatz der Kindermetaphorik verdichtet sich das Verlangen nach Selbstbewahrung, nach holistischen Ich- und Weltbildern, nach einer beziehungsreichen Daseinswahrnehmung, welche ins Vergangene verlagert werden und erlösende Rückkehrvorstellungen auslösen. « Vom Kind aus! » lautet das Merkwort der zeitgenössischen Reformpedagogik, deren Vertreterin Ellen Key das 20. als das « Jahrhundert des Kindes » erklärte.[7] Die darin enthaltene Kritik an dem ebenso als nivellierend wie kastrierend empfundenen Schul- und Bildungssystem des zeitgenössischen Abendlandes kündet von einer tiefgreifenden Gesellschaftskritik. Die Generation der Jungen steht stolz und kämpferisch der der Alten entgegen, deren leichtsinnig zuversichtliche Fortschrittsauffassung Mechanisierung, Technisierung, Rationalisierung und Deshumanisierung der Lebensverhältnisse zur Folge hatte[8].

Als reaktiv-oppositionelle Denkfigur dienen das Kind und seine kreatürliche Beschaffenheit dem Ausdruck eines ödipalen Generationskonflikts : Das Kindliche bildet den Gegenpol der Erwachsenenwelt und ist zugleich Verkörperung und Projektion derer Erlösungs- und Verjüngungswünsche[9]. Im Namen des Kindes und durch das Kind wird eine symbolische Instanz wachgerufen, die sowohl der Kritik an den dürftigen Zeitumständen als auch der Veränderung und Erlösung von denselben dienen sollte.

Der Einsatz von Bildern der Infantia trägt nicht nur die Konflikte Kind versus Erwachsenen, Natur versus Kultur, Ursprung versus Zivilisation, Zyklizität versus Linearität, Individualität versus Integration aus. Die Kindergestalten in den dichterischen Werken der anbrechenden Moderne zeugen darüber hinaus von dem besorgten Bemühen um das Selbstverständnis des Dichters.

Hofmannsthals Werk weist ähnliche Denk- und Darstellungskoordinaten auf, die sich besonders in den zahlreichen Kindergeschöpfen der frühen lyrischen und lyrisch-dramatischen Produktion verdichten. Ziel der folgenden Reflexionen ist es zu erforschen, welches Bedeutungsfeld

---

7. KEY Ellen, *Das Jahrhundert des Kindes. Studie von Ellen Key.* Berlin 1902.

8. Das Kind bietet sich diesem Zwecke idealerweise dar, denn es entzieht sich dank seiner Ursprungsbezogenheit und Naturnähe dem Nutzdenken der rationalistisch-wissenschaftlichen, frühkapitalistischen Kulturgemeinschaften, welche die Natur als verfügbar, als Besitzobjekt, als zu bändigendes Chaos deuten. Funktional werden für das Kind die Merkmale der Ewigkeit postuliert, das gegen unverständlich und zusammenhanglos gewordene historische Abläufe ausgespielt wird ; es trägt Lebensmächte in sich, die jenseits dem beschränkten Individuum und dessen Wahrnehmungs- und Erkenntniskoordinaten agieren ; es strahlt Ganzheit aus, psycho-physische Einheit des Individuums mit sich und mit dem ebenso ganzheitlichen Dasein, denn dank seiner tiefen Anteilnahme an den zyklischen Naturvorgängen gliedert sich das Kind homogen und symbiotisch dem kosmischen Lebensflusses an. Hierzu vgl. Li, Wenschao : *Das Motiv der Kindheit und die Gestalt des Kindes in der deutschen Literatur der Jahrhundertwende.* Berlin 1989, S. 34ff.

9. « Wo Kinder sind, da ist ein goldenes Zeitalter. » NOVALIS : *Schriften*. 3. Nach den Handschriften ergänzte, erweiterte, verbesserte Ausgabe in 4 Bänden, hrsg. von P. Kluckhohn und R. Samuel. Darmstadt 1977, Bd. 2, S. 456.

der Kind-Bezug in Hofmannsthals Werk besetzt und inwieweit sich dieses mit den epochalen Projektions- und Funktionsbildern deckt. Hintergrund dieser Fragestellung bildet das Zusammenfallen von ethischen und ästhetischen Ansätzen, was sich in dem poetischen Diskurs des Dichters als grundlegend erweist. Indem Hofmannsthal auf das Etymon vom Wort « Poesie », dem altgriechischen « poiein », « schaffen[10] » zurückgreift, zielt er darauf ab, dem Dichterischen und den von diesem vermittelten Wahrnehmungs- und Erkenntnismodi eine hohe ethische Gestaltungskraft zuzuschreiben. Hofmannsthals « anthropoietischer » (menschen-gestaltendes) Entwurf, der — im Laufe der Jahre — in der dichterischen und kritisch-essayistischen Produktion definiertere Konturen gewinnt, erweist sich somit unverkennbar als mit seinem kunstästhetischen und poetologischen Konzept der Moderne eng verbunden.

Dieselben antimodernistischen Gedanken der Jungen mitdenkend, räumt Hofmannsthal dem Kind weniger im biologischen als im symbolischen Sinne ein eminentes imaginäres Bedeutungspotential ein. Das Kindliche gilt als symbolischer Träger und Botschafter einer höheren Ordnung, einem ideal-typologischen Urzustand des Menschenseins, dem ein holistisch-harmonisches Welt- und Ich-Bild sowie ein sinnreicher Daseinsbezug entspricht. Obwohl das Kind fortwährend sein Attribut von *imago*, reiner Denkfigur mit metaphysisch-transzendentem Stellenwert beibehält, lässt sich Hofmannsthals Diskurs um das Kindliche allmählich in den verschiedenen Schaffensperioden differenzieren.

Während im Frühwerk die Einbeziehung von Kindermotivik in erster Linie das Bemühen um das Selbstverständnis des Individuums und das Verständnis von Leben und Dasein fokussiert, treten später Sozialisationsfragen stärker in den Vordergrund. Hofmannsthal verlegt den Schwerpunkt seiner ethischen Reflexionen auf die Erarbeitung neuer und anderer Menschenbilder, welche wiederum schöpferisch und mitgestaltend der Herausbildung eines harmonischen sozialen Gefüges beitragen sollen.

Obwohl alle Merkmale der zeittypischen Neusematisierug des Kind-Gebildes in Hofmannsthals Werk wiederkehren, setzt sein anhropoietisches Projekt die ideale, prototypische Gestalt des Kindes keineswegs mit dem ethischen Entwurf eines utopisch-visionären Menschenseins gleich. Sehr früh ist sich Hofmannsthal durchaus des Verhängnisses bewusst, das hinter jeglicher regressiven Verherrlichung der Infantia und jeglicher exkapistischen Sentimentalisierung steckt. Ausdrücklich und wiederholt warnt er vor den beruhigenden Verlockungen der historizistischen, musealisierenden Attitüde der Epoche.

Denn das verlautbarte Prinzip « Vom Kind aus » lässt sich leicht als ein « Zurück zum Kind » erkennen und die konservative Tendenz der Epoche

---

10. HOFMANNSTHAL Hugo (von), *Das Tagebuch eines Willenskranken*, a.a.O., S. 114.

als eine desolat regressive demaskieren. Dementsprechend findet allmählich
— in der mittleren Schaffensperiode des Dichters noch deutlicher — eine
zunehmende Problematisierung der epochalen Projektionsbilder statt, die
parallel zu einer Distanzierung von deren defätistisch-eskapistischen Rück-
gewandtheit verläuft. Nichtsdestoweniger bleibt das Kindliche ein wesentlicher Bestandteil von Hofmannsthals ethischem Moderne-Projekt.

Hofmannsthal, der bewußt jede Art von kunstprogrammatischer
Thematisierung seiner Ansätze mied, belebte das dichterische und kunst-
essaysistische Werk mit zahlreichen Kindergestalten. Dem heutigen Leser
stehen darüber hinaus die Aufzeichnungen und werkbiographischen
Notizen aus dem Nachlass zur Verfügung, in denen Aussagen und Stellungnahmen um das Kind ästhetisch-poetologischen und weltanschaulichen
Zusammenhang erfahren.

Es sind die Seiten von *Ad me ipsum*, dessen frühere Fassung hieß :
H.v.H. Eine Interpretation[11]. Die schon in der Überschrift plakativ aufge-
tragene Autoreferentialität der Notizen zeugt von dem eigentlichen Grund
ihrer Entstehung : Selbstklärung und Selbstbetrachtung, welche in Form
eines ebenso werk- wie weltanschauungsbezogenen Überblicks über das
eigene Schaffen in dessen Entwicklungslinien erfolgen. Darin rekurrieren
zwei Termini, die dem Leser einen hermeneutischen Einstieg in Hofmannsthals Bildlichkeit ermöglichen : « Praexistenz » und « Existenz[12] » sind
die Pole, die grundlegenden Denkkoordinaten, um die Hofmannsthals
poetischer Diskurs kreist und sich entwickelt

Mit dem Begriff « Praeexistenz » wird auf ein Urstadium des Menschseins
hingewiesen, auf einen « glorreiche[n] Zustand » des Individuums, das
dort nur « Totalitäten » zu erfahren vermag[13]. Das Ich erblickt dort
« die Welt von oben » und bewegt sich « über die Zeit erhaben[14] ». Im
kosmisch-holistischen Zustand der Praeexistenz verlieren Zeit, Raum
und Kausalitätsgesetze jegliche Bestimmungkraft über das Ich : Jenseits
des *principiuum individuationis* — die Lektüre Schopenhauers ist unverkennbar im Frühwerk Hofmannsthals — bewegen sich die Menschen
der Paeexistenz als schwebende, zur Existenz ungeborene Wesen. Ihre
« Qualitäten » sind : « frühe Weisheit », « Auserlesenheit », « [g]eistige
Souveränität[15] ». Offen ist ihr Dasein : Ihre einzige Bestimmung ist
« Schicksallosigkeit[16] », ihre einzige Grenze ist eine grenzenlose Bestimm-
barkeit, denn sie sind nicht dem linear-geschichtlichen, diachronen

---

11. *Ad me ipsum*, in : RuA III, S. 599ff.
12. Ebenda, S. 599f.
13. Ebenda.
14. Ebenda, S. 605 und 604.
15. Ebenda, S. 599.
16. Ebenda, S. 602.

Entwicklungsgeschehen unterworfen. Als homogenes und homologes Glied des kosmischen Ganzen ist ihr Ich gleich einem « Universum », ein « Über-Ich [17] » : die eigene Individualität löst sich als organisches Symbiont des Kosmos auf. Das Ich besitzt die Gabe, « sich zu vervielfältigen » : « Es emanieren gleiche Wesen aus ihnen[18] ». Paradoxerweise gewinnt ihr Ich durch den Desubstantialisierungs- und Anonymisierungsprozess, dem es unterzogen ist, Substanz und Vielfalt. Welt und Ich fallen hier ontologisch deswegen zusammen, weil sie ontogenetisch zusammenfallen.

Als Botschafter des praeexistentiellen Zustandes gibt Hofmannsthal einige Menschentypen an, welche — einzige in seinem Werk — als die « Glücklichen[19] » bezeichnet werden : der « Kaiser », der « Abenteurer », der « Zauberer », der « Weise », der « Wahnsinnige », der « Dichter » und das « Kind[20] ». Alle diese, die auf gestaltentypologischer Ebene besonders im Frühwerk vertreten sind, versteht Hofmannsthal psychoanthropologisch als verschiedene Facetten des praeexsistentiellen Menschenseins.

Richtungsweisend erweist sich im Rahmen dieser Reflexionen die aufgestellte Parallele Kind-Dichter, welche die Hypothese eines Ineinanderfließens ethischer und ästhetischer Ansätze bei der Erarbeitung eines anthropologischen Entwurfes stützt.

Hofmannsthals Kinder sind einsame, sensible, überrationaler Erfahrungen fähige Auserlesene. Da für sie keine Differenzierung zwischen Subjekt und Objekt, Innen und Außen besteht, erleben sie das Dasein als ein beziehungsreiches Gewebe innigster Korrespondenzen ; sie erleben die « Alleinheit der Erscheinungen[21] ». Begebenheiten und Dinge stehen miteinander in Berührung und teilen so die analogen Prozesse leibhaftig einander mit[22]. Alles geht in einer erstaunlichen Abfolge sinnvoller, plastischer Kontinuität auf : Gedanken, Vorstellungen, Wünsche gehen in Wirklichkeit so über, als ob diese Dimension den Gesetzen eines telekinetischen, medialen Kontakts gehorchen würde. Es gibt eine tiefe, magische Beziehung zwischen der Kraft der Wünsche der Kinder und den Gegenständen der Erfüllung, zwischen ihrem Wesen und den Naturkräften[23].

Da das kindliche Wesen in A-Temporalität lebt, sind ihm die mnemonischen Vorgänge des Vergessens und Erinnerns fremd. Für diese Geschöpfe,

---

17. Ebenda, S. 599.
18. Ebenda.
19. Ebenda, S. 600.
20. Ebenda, S. 599.
21. *Aufzeichnungen aus dem Nachlass (1889-1929)*, in : RuA III, 324.
22. « Den Gedanken scharf fassen : wir sind eins mit allem, was ist und was je war, kein Nebending, von *nichts* ausgeschlossen » (Ebenda, S. 376).
23. Hierzu vgl. die detaillierte Analyse der dritten Terzine « Wir sind aus solchem Zeug wie das zu Träumen… » (GD I, S. 22), die in Manfred Kochs Studie über die poetische Funktion mnemonischer Prozesse in Romantik und Symbolismus enthalten ist. KOCH Manfred, *Memotechnik des Schönen. Studien zur poetischen Erinnerung in Romantik und Symbolismus*. Tübingen 1988, S. 195ff.

die kein Gedächtnis haben, fließen nicht nur Gegenwart und Vergangenheit eidetisch ineinander und schöpfen erlebte semantische Gleichzeitigkeit : « Alle toten und lebendigen Dinge sind und bedeuten[24] ». Sie bilden zugleich ein bedeutungsreiches Ganzes. Denn : « Alles, was ist, ist, Sein und Bedeutung ist eins[25] ».

Die infantile Wahrnehmung des Seienden erfolge unter den Auspizien einer beglückenden Sinnerfahrung. Die Augen der Kinder Augen schauen « schöpferisch wie die Augen des Träumenden, der nichts erblickt, was ohne Bedeutung wäre[26]. » Durch den wiederkehrenden Rückgriff auf optisch-visuelle, metaphorische Bilder setzt Hofmannsthal den Akzent auf sinnliche Wahrnehmungsvorgänge, wobei der Erfahrungsschwerpunkt auf eine holistische Herangehensweise verlegt wird. Diese bietet sich wiederum als Alternative zu einer rational-analytischen, spekulativen Modalität, welche die Natur empirisch als fremdes, amorphes Gegenüber, somit als Eroberungsobjekt ins Auge fasst.

In Anlehnung an die Lehre Schopenhauers ist bei Hofmannsthal die allererste Kontaktaufnahme mit dem Dasein weniger eine sinnlich-taktile als eine sinnlich-optische[27]. Denn das Kind greift nicht ins Dasein ein ; es nimmt das Dasein entgegen. Es begegnet dem Seienden nicht begehrend, sondern vielmehr kontemplativ-erkennend, schöpferisch, imaginativ, naiv[28]. Sein Wahrnehmen ebenso wie sein Erkennen ist eine mystische Kommunion, ein religiöses Empfangen des Wesentlichen, der wahren, reinen Substanz des Seienden : « Für Kinderaugen und die entbundenen ins Wesen schauenden Augen », « für ein ganz unbefangenes, nicht, wie unsere Augen, blitzschnell unbewußt kombinierendes und interpretierendes Auge[29] », entkleidet sich das Wahrgenommene jeglicher kulturell vorgefertigten Bedeutungsschiene. Über die konventionellen Begriffe hinaus

---

24. HOFMANNSTHAL Hugo (von) & BEBENBURG Edgar Karg (von), *Briefwechsel*. Hrsg. von Mary E. Gilbert. Frankfurt a. M. 1966, S. 58.
25. *Aufzeichnungen aus dem Nachlass*, a.a.O., S. 391.
26. *Die Bühne als Traumbild*, in : RuA I, S. 490.
27. Nicht nur in diesem Zusammenhang erweist sich Hofmannsthal als Kenner der Werke Arthur Schopenhauers, dessen Spuren besonders im Frühwerk deutlich zu erkennen sind. In dem Werk *Die Welt als Wille und Vorstellung* wird der kindlichen Weltaneignung ein gewichtiger Wert zugewiesen, da die Kindheit eine von der Einfluss vom Willen noch freie Dimension darstellt. « Alle Dinge sind herrlich zu sehen, aber schrecklich zu seyn. [Sie] sind, in der Kindheit, [...] uns viel mehr von der Seite des Sehens, also der Vorstellung, der Objektivität, als von der Seite des Seyns, welche die des Willens ist » zugänglich. (Arthur Schopenhauer, *Die Welt als Wille und Vorstellung*, in : *Werke in 10 Bänden*, hrsg. von A. Hübscher. Zürcher Ausgabe Bd. 8. Wiesbaden 1972, Ebenda, S. 521.
28. LI Wenschao, a.a.O., S. 23ff.
29. *Franz Stuck*, in : RuA I, 530. Nur Kinderaugen sind imstande, « nicht gerade brutal die Objekte, die rund herum sind, » zu sehen, sondern « sie sehen weit mehr. Denn sie wissen, daß es mit dem, was man sehen [...] kann, doch nicht ganz getan ist, daß es doch wohl dahinter auch noch etwas gibt. » Diese Augen besitzen die Gabe, « ohne Affektation über etwas hinwegsehen zu können. (*Theodor von Hörmann*, in : ebenda, S. 561.)

erblicken diese Augen nichts als « bloße Form », als « Form an sich[30] ». Über das Karussell der Erscheinungen hinaus und durch jene hindurch sind Kinderaugen imstande, höhere, innigste Korrespondenzen und die architektonische Ordnung des Ganzen zu erblicken, von denen die Kinderwesen sinnvoll getragen und bewogen werden. Sie erfahren die Immanenz als zufälligen Erscheinungsort, als irdisch-vergänglichen Widerschein der ewigen Transzendenz.

Das Kindesleben — schreibt Schopenhauer — « ist eine fortwährende Poesie », denn « das Wesen der Poesie, wie aller Kunst, besteht im Auffassen der Platonischen Idee, d.h. des Wesentlichen[31] ». Kinder vermögen, das Leben « in seiner ganzen Bedeutsamkeit » zu erblicken, indem sie « ohne deutliche Absicht [...] an den einzelnen Szenen und Vorgängen, das Wesen des Lebens selbst, die Grundlagen seiner Gestalten und Darstellungen » auf-fassen. Sie sehen « alle Dinge und Personen [...] *sub specie aeternitatis*[32]. »

Hofmannsthal folgt Schopenhauers Hinweis auf die platonische Er-kenntnislehre sowie dem Zusammenhang Kindheit-Poesie und baut das infantile sowie das poetische Erkennen auf neuplatonischen Koordinaten auf[33]. Nur « kindliche Kunstepochen », unter denen er vor allem das ita-lienische Quattrocento und Trecento, Dantes *Divina Commedia* und *Vita nuova* und Giottos Malerei versteht, haben dieser « primitiven Anschauung des Daseins » Ausdruck verliehen, in der die mystische *admiratio*, das « Staunen das erste und größte Element[34] » sei. Kinder staunen und bewun-dern das Spiel der kosmischen Harmonien, sind jedoch niemals überrascht, denn alles ist für sie da, « als wäre es schon immer da gewesen, und alles ist auch da, alles ist zugleich da[35] ». Das, was Kinder sehen, erkennen sie nicht, sie erkennen es *wieder*. Erkennen ist in der Praexistenz ein Wiedererkennen, die platonische *anagnorisis*[36].

---

30. *Franz Stuck*, a.a.O., S. 530.
31. [m. H.] SCHOPENHAUER Arthur, *Die Welt als Wille und Vorstellung*, a.a.O., S. 520.
32. Ebenda.
33. Richtungsweisend erweist sich das Zitat, das *ad incipit* der werkbiographischen Notizen *Ad me ipsum* steht und aus den Schriften vom Neuplatoniker aus dem 4. Jahrhundert, Gregor von Nyssa, stammt. « Er, der Liebhaber der höchsten Schönheit, hielt was er schon gesehen hatte nur für ein Abbild dessen, was er noch nicht gesehen hatte und begehrte dieses selbst, das Urbild, zu genießen. » (*Ad me ipsum*, a.a.O., S. 600) Unter dem ausgesprochenen Einluss der neuplatonischen Lehre verfasste Hofmannsthal 1897 den Kurzaufsatz *Bildlicher Ausdruck* (in : RuA I, S. 234) und rezen-sierte 1894 *Die Philosophie des Methaphorischen* von BIESE Alfred (in : ebenda, S. 190ff.) Zu den neuplatonischen Spuren in Hofmannsthals Werk vgl. die Standardwerke KUHN Ortwin, *Mythos – Neuplatonismus-Mystik. Studien zur Gestaltung des Alkesisstoffes bei Hugo von Hofmannsthal, T.S. Eliot und Thornton Wilder*, München, 1971 ; BRUEGELMANS René, « Hofmannsthal im Platonismus der Jahrhundertwende », in : *Hofmannsthal-Forschungen I*, Referate der zweiten Tagung der Hofmannsthal-Gesellschaft, Wien 10-13 Juni 1971, Basel, 1971.
34. *Über moderne englische Malerei*, in : RuA I, S. 546ff.
35. *Der Dichter und diese Zeit. Ein Vortrag*, in : ebenda, S. 69.
36. Zur möglichen Herleitung der Begriffe Praexistenz und Existenz nicht von der neuplatonischen, sondern von der platonischer Lehre und insbesondere vo Platons *Phaidron*. vgl. Ottwin Kuhn, a.a.O., S. 13ff.

Diese entspringt aus der innigen Koinzidenz von Wesensart des Daseins, Wesensart des Ich und Wesensart des Kosmos. Demzufolge wirkt sich auch in dem Prozess der ersten Selbsterfahrung die Ausstrahlung dieser transzendenten Ordnung aus : Die psycho-physische Einheit, die dem kindlichen Wesen eigen ist, resultiert spontan aus der höheren Notwendigkeit, aus Schönheit und Güte des kosmischen Geschehens[37].

Wie das Erkennen dieser kreatürlichen Wesen ein Wiedererkennen der Alleinheit ist, so ergibt sich ihre « glückliche Unwissenheit[38] » aus einem tieferen Wissen, aus ihrer « Allwissenheit[39] ». Während die Unwissenheit die Sphäre des Erlernten und Tradierten, das Erkenntniserwerb im historisch-generationalen Sinne betrifft, wächst dagegen die praeexistentielle Allwissenheit als *generatio spontanea* aus dem Hineinverwoben-Sein in der Alleinheit heraus, was nicht bewußtes Erkennen sondern homogenetisches Wissen ergibt. Es ist « ein Wissen in allen Gliedern, ein inneres Wissen, und wie jedes tiefe Wissen um sich selbst, den Worten und Begriffen völlig, völlig entzogen[40]. »

Ihr Wissen entzieht sich dem alltäglichen Sprachkonsum, ist nicht Produkt absichtlicher, analytisch-rationaler Vorgänge, die sich auf den Gesetzen der Kausalität aufbauen lassen ; ihr Wissen ist nicht zweckgebunden, sezierend und antinomisch strukturiert, sondern wahllos, zwecklos und holistisch. Es umfasst sowohl die Harmonien des Ganzen, der ewige Wiederkehr des kosmischen Geschehens als auch das Vergehen, das gleitende Werden, aus dem der Lebensfluss entspringt. In diesem Wissen werden alle Antithesen aufgehoben : Vergängliches und Beständiges werden nicht als Gegensätze aufgefasst. Sogar den Tod — wie es im elegischen Ton der *Terzine II* lautet — erblickt man von der Praeexistenz aus

> So leicht und feierlich und ohne Grauen, // Wie kleine Mädchen, die sehr blaß aussehen, / Mit großen Augen, und die immer frieren, / An einem Abend stumm vor sich hinsehen // Und wissen, daß das Leben jetzt aus ihren / Schlaftrunknen Gliedern still hinüberfließt / In Bäum und Gras, und sich matt lächelnd zieren // Wie eine Heilige, die ihr Blut vergießt[41].

Diesem biologisierten Lebensbegriff, der teleologisch verstanden aus sich selbst reproduzierenden Zyklen besteht, wohnt keineswegs die Vorstellung des Verlustes inne. Alles löst sich hier in einen ewigen, sinnvollen und beziehungsreichen Energiewandel auf.

---

37. Dantes Geschöpfe der *Divina Commedia* und der *Vita nuova.* besitzen diese « von innen heraus notwendige Schönheit, gleichsam eine vollendete Durchseelung des Leiblichen, daß sie wie eine Verleiblichung des Seelischen berührt. […] Was sie reden, winken und blicken, ist anmutig und erhaben, weil es notwendig ist. » (*Über moderne englische Malerei*, a.a.O., S. 551f.)
38. Besonders bei Rousseau dient der Begriff der « glücklichen Unwissenheit » des Kindes, die Gegenbildlichkeit von Kultur und Natur, Fortschritt und Regression zugunsten einer Korrektur der Einseitigkeit der Vernunft- und Wissensgläubigkeit zu artikulieren (vgl. Wenchao Li, a.a.O., S. 7ff).
39. *Englischer Stil. Eine Studie*, in : RuA I, S. 570.
40. *Eine Monographie. » Friedrich Mitterwurzer « von Eugen Guglia*, in : ebenda, S. 481.
41. *Terzinen*, in : GDI, S. 21.

Dennoch wird dieses Wissen später problematisch, wenn die Kinder Jugendliche und dann Erwachsene werden. Denn Hofmannsthals Kinder — im Gegensatz zu vielen der Kindergestalten der Jahrhundertwende-Literatur — sterben nicht vor dem Erwachsenwerden[42]. Im Gegenteil : es besteht ein biologischer Drang, eine Notwendigkeit in der Natur des Menschen, von dem glücklichen Kindheitszustand in den der Existenz überzugehen. Mit « Bangen » und « Sehnsucht[43] » fluktuieren sie in die Existenz, die Hofmannsthals weltanschaulichen Koordinaten zufolge den Gegenpol zur Praeexistenz bildet.

Das gewaltige « Durchdringen aus der Praeexistenz zur Existenz » bedeute soviel wie « Verknüpfung mit dem Leben » und zwangsläufige Absage zum « Über-Ich », zur raum- und zeitlosen Sphäre des « Ich als Sein[44] ». Durch den Übergang in die Existenz zolle das Ich « im Individuum dem Werden seinen Tribut », es mache « sich der Zeit untertan[45] ».

Das Kind betritt die Schwelle zur Existenz. Die Kindheit geht in Jugend über. Gerade die Jugend, die Hofmannsthal als « ambivalente[n] Zustand[46] » bezeichnet, weist die ersten Spuren einer allmählichen Problematisierung dessen auf, was der epochale Spätkult um das Kind ausmacht.

Parallel zur Historisierung des Kind-Diskurses — der Übergang wird als « Generationskette[47] » gerechtfertigt — treten soziale Komponenten deutlich in den Vordergrund. Mit der Einbeziehung historischer Kategorien versucht Hofmannsthal einerseits dem geschichtlichen Geschehen Rechnung zu tragen und andererseits eine Kontinuitätsbrücke innerhalb des von der ödipalen Rebellion der Jungen gebrochenen Generationswechsels zu schlagen.

Der Zustand der kindlichen Praeexistenz werde nämlich « durch ein Etwas von außen her » bedroht, durch « Eros » und « Welt », wobei die « Verknüpfung mit der Welt durch die Verknüpfung zweier Individuen » eingeleitet wird[48]. Hofmannsthals Jugendgestalten befinden sich also auf dem Wege zu Leben-Existenz, der durch die Entdeckung des Du, durch den empathisch-erotischen Bindungsdrang zum Anderen eingeschlagen wird. Es ist der « Weg zum Sozialen[49] ».

---

42. « Und Kinder wachsen auf mit tiefen Augen, / Die von nichts wissen, wachsen auf und sterben, / Und alle Menschen gehen ihre Wege » (*Ballade des äußeren Lebens*, in GDI, 23.) Hofmannsthal bewegt sich hier gegen die gängige zeitgenössische literarische Gestaltung todessüchtiger Kinder. Diese stellt eine Radikalisierung der « Rückkehr in die Kindheit » dar, was einer Verweigerung der Entwicklung in der Erwachsenengesellschaft und der Rückkehr zum Ursprung des Lebens gleicht (Wenchao Li, a.a.O., S. 35).
43. *Ad me ipsum*, a.a.O., S. 600.
44. Ebenda, S. 600 und 602.
45. Ebenda, S. 604.
46. Ebenda, S. 601.
47. Ebenda, S. 604.
48. Ebenda, S. 606 und 607.

Das Spannungsverhältnis zwischen Kindheit und Jugend, Praeexistenz und Existenz baut sich hier als Konflikt zwischen Ichbezogenheit und Integration, Individuum und Gesellschaft auf. Hofmannsthals junge Männer und Frauen begeben sich — einmal schicksallos — auf die Suche nach dem eigenen Schicksal und stehen symbolisch für den Prozess vom « Zu-sich-selber-Kommen[50] » des Menschen.

Die Ambivalenz dieses Zustandes gilt bei Hofmannsthal als Gegengewicht zur Selbstverständlichkeit der biologischen Generationsab-folge. Denn Schicksalssuche heißt in der Moderne soviel wie Sinnsuche : Das gezollte Tribut zum Leben bringt das Untertauchen des Individuums in den unaufhaltsamen Lebensfluss mit sich, in die Dimension des « Ich als Werden[51] ».

Fügten die Kinder die Wahrnehmung des Werdens produktiv in den gestaltenden Werdegang des Ganzen ein, so wird die Erfahrung des Vergehens für Menschen, die nicht mehr dieser sinnträchtigen Wahrnehmung fähig sind, problematisch. Denn in der Praeexistenz überdeckte die Alleinheit Trennungen und Gegensätze, da das Ganze die Differenz in sich birgt. Später wird diese durch die Reflexion, welche die Distanz herbeiführt, bewusst und als Verlust der Ganzheit erfahren. Hofmannsthals junge Lebensdilettanten sind schon in die Welt der Reflexion verstoßen und haben die kindliche Ursprünglichkeit der reinen Subjektivität, das Gefühl der Ganzheit eingebüßt. Durch ihre reflextierende Attitüde versuchen sie mittelbar das zu erreichen, was einmal unmittelbar gegeben war. Das Menschlich-Gemachte, das Absichtliche, das durch Reflexion Anempfundene, der künstliche Arte-fakt treten in Form von Surrogat dem verlorenen Natur-Gewordenen, dem unmittelbar Empfundenen und Erlebten, dem Wahllos-Spontanen entgegen.

Hofmannsthals Adoleszenten leben diesen Zwischenzustand am intensivsten aus, weil bei ihnen Bewußtsein des Verlustes und Gefühl des Ganzen zu nah aneinander sind. Zu wach ist die Erinnerung an das Glücksversprechen, das die unbeschwerte Kindheit hinterlassen hat, zu groß und glühend sind die Erwartungen, die sie einmal gebrütet haben. « Die Art, wie [Kinder] ein Zimmer betreten. Es liegt die Erwartung unbegrenzter Möglichkeiten darin[52]. » Immer wieder versuchen die ins Leben Entlassenen « die magische Herrschaft über das Wort das Bild das Zeichen [...] aus der Prae-existenz in die Existenz[53] » hinüberzunehmen,

---

49. Ebenda, S. 603.
50. Ebenda, S. 601.
51. Ebenda, S. 602.
52. *Aufzeichnungen aus dem Nachlass*, a.a.O., S. 475.
53. *Ad me ipsum*, a.a.O., S. 601.

und immer wieder hält die Wirklichkeit, das faktische Leben den Vergleich nicht aus. Es kommt die große Enttäuschung[54].

Die Ernüchterung entsteht aus der Spannung zwischen Vergangenheit und Gegenwart, zwischen Gegenwart und dem Bild, das die Vergangenheit sich von ihr als ihrer Zukunft gemacht hat und das als Erinnerung überlebt[55]. So klagt der junge Claudio, der exemplarisch für den Mensch der Reflexion steht, im Dramolett *Der Tor und der Tod* von 1893.

> Warum bemächtigt sich des Kindersinns / So hohe Ahnung von den Lebensdingen, / Daß dann die Dinge, wenn sie wirklich sind, / Nur schale Schauer des Erinnerns bringen[56] ?

Der am Anfang dieses Aufsatzes zitierte Hinweis auf kindliche Kulturepochen als die gedächtnislosen und naiven, denen gegenüber die aktuelle als eine des « sentimentale[n] Gedächtnis[ses][57] » steht, ruft die naheliegende Verknüpfung mit Schillers Kategorien des Naiven und Sentimentalischen hervor[58]. Wie bei Schiller die Ursache der sentimentalischen Erfahrung in dem herangereiften Bewußtsein der verlorenen naiven Ganzheit liegt, so liegt diese bei Hofmannsthal in der Einschaltung der Reflexion.

> [Die] Reflexion vernichtet, Naivität erhält, selbst Naivität des Lasters ; Naivität, ingénuité, simplicitas, die Einfachheit, die Einheit der Seele im Gegensatz zur Zweiseelenkrankheit, also Selbsterziehung zu ganzen Menschen, zum Individuum Nietzsches[59].

Im Gegensatz zur Praeexistenz, wo die Entgegensetzung von Subjekt und Objekt nicht unmittelbares Bewußtsein ist, bringt später die Reflexion das Wissen um die Trennung, installiert also in der einheitlichen Differenzierung des Ganzen eine Spaltung[60]. In der Terzine *Über Vergänglichkeit* liest man :

> Dies ist ein Ding, das keiner voll aussinnt, / Und viel zu grauenvoll, als daß man klage : / Daß alles gleitet und vorüberrinnt // Und daß mein eignes

---

54. Auch Schopenhauer stellt einen Drang des Kindes zum Erwachsenwerden fest, welcher auf einer Täuschvorstellung basiert, nach der die Welt, die so schön zu sehen ist, noch schöner zu erleben sein müsse. Diese Durst nach dem wirklichen Leben, der Drang zu Taten verlocke aber hinterlistig den unreifen Menschen in das Reich des Werdens. So spricht hier Schopenhauer von der « groß[en] Enttäuschung ». (*Die Welt als Wille und Vorstellung*, a.a.O., S. 522.)

55. KOCH Manfred, a.a.O., S. 160.

56. *Der Tor und der Tod*, in : GDI, S. 297.

57. *Gabriele d'Annunzio* (1893), in RuA I, S. 174.

58. Eine ausgesprochene Analogie besteht in der Tat zwischen Hofmannsthals Praeexistenz und dem Zustand des Naiven, in dem die Idee des « Dasein[s] nach eigenen Gesetzen », der « ewige[n] Einheit mit sich » dominant ist. Friedrich Schiller, *Über naive und sentimentalische Dichtung*, in : *Werke*. Nationalausgabe. Weimar 1943ff, Bd. 20, S. 414.

59. *Zur Physiologie der modernen Liebe.* « *Physiologie de l'amour moderne. Fragments posthumes d'un ouvrage de Claude Larcher, recueillis et publiés par Paul Bourget, son exécuteur testamentaire* », in : RuA I, 97.

60. KOCH Manfred, *Memotechnik des Schönen*, a.a.O., S. 160.

Ich, durch nichts gehemmt, / Herüberglitt aus einem kleinen Kind / Mir wie ein Hund unheimlich stumm und fremd[61].

Unheimlich ist hier nicht nur das Bewußtsein der *vanitas mundi*, sondern die Begegnung mit sich selbst als Objekt der Reflexion, das Gefühl der verfremdenden Spaltung. Der junge Mensch der Moderne gleicht dem *homo melancholicus* der Renaissance. Ein zweiter Lorenzo il Magnifico, « il Pensieroso » genannt, der nachdenklich seinen Kopf in die Hand stützt, wie ihn Michelangelos Standbild verewigt hat[62]. Er ist der prototypische Melancholiker, der über den Verlust des Naiven-Ganzen, des Zugehörigkeitsgefühls an einer harmonischen Ordnung trauert und von einer unendlichen Sehnsucht nach Vergangenem und Ganzem und Ewigem zerrissen ist[63]. Das einmal kindliche, zuversichtliche Individuum versinkt in sich selbst und implodiert.

Durch trauernde Reflexion versuchen Hofmannsthals Jugendliche zaghaft das eigene Auf-der-Welt-Sein und das sinnentleerte Dasein zu verstehen, « Wissen um die Zeichen des Lebens[64] » zu sammeln, mit dem Ziel, Sinn und Form hineinzulegen. Keine Kinder mehr, besitzen diese Menschen « die überwachen, vom Leben zerarbeiteten Gesichter […], die viel zu viel wissen und viel zu viel wollen[65] ». Ihre Augen empfangen nicht mehr die magisch verdeckten Sinnesgestalten im Dasein ; sie haben den medusenhaften Blick von « allzuweit aufgerissene[n], allzuwissende[n] Augen[66] ».

Auf dies « seelentötende Verstehenwollen[67] », auf den « Experimentiertrieb », den « Trieb nach Verstehen » als auf Symptome einer verbreiteten « historischen Krankheit » deutete der Epochenkritiker Nietzsche in seinen *Unzeitgemäßen Betrachtungen* hin, die Hofmannsthal aufmerksam gelesen hatte[68]. Hofmannsthal greift auf Nietzsches Polemik gegen den Historismus

---

61. *Terzinen. Über Vergänglichkeit*, in GDI, S. 21.

62. Vgl. WUNBERG Gotthard, *Wiedererkennen. Literatur und ästhetische Wahrnehmung in der Moderne*, Tübingen 1983, S. 151ff.

63. « Das Kind ist uns daher eine Vergegenwärtigung des Ideals, nicht zwar des erfüllten, sondern des aufgegebenen, und es ist also keineswegs die Vorstellung seiner Bedürftigkeit und Schranken, es ist ganz im Gegenteil die Vorstellung seiner reinen und freien Kraft, seiner Integrität, seiner Unendlichkeit, was uns rührt. » MOG Paul, *Kindheit und Jugend in der deutschen Literatur der Jahrhundertwende*, Tübingen 1982/1983, S. 289.

64. *Der neue Roman von d'Annunzio*, in : RuA I, S. 206-207.

65. *Englischer Stil*, a.a.O., S. 568.

66. *Der neue Roman von d'Annunzio*, a.a.O., S. 207. Der lebensfremde, starre Blick auf das Leben erkennt nur Totes, wirkt destruktiv, analytisch, sezierend. Auf die visuelle Bildlichkeit zurückgreifend schreibt Hofmannsthal : « Schau nicht zu starr auf das bunte Gewebe des Lebens, sonst siehst du die sich kreuzenden Fäden und nicht das Bild, sondern bedenke, wie diese Figuren doch zugleich mit dir erregt werden. » *Aufzeichnungen aus dem Nachlaß*, a.a.O., S.391.

67. *Ascanio und Gioconda. Trauerspiel*, in : GDII, 42

68. « Niemand wird zweifeln : das Leben ist die höhere, die herrschende Gewalt, denn ein Erkennen, welches das Leben vernichtet, würde sich selbst mit vernichtet haben. Das Erkennen setzt das Leben voraus [...] : das Unhistorische und das Überhistorische sind die natürlichen Gegenmittel » gegen die Überwucherung des Lebens durch das Historische, gegen die historische Krankheit. » NIETZSCHE Friedrich, *Unzeitgemäße Betrachtungen*, in *Werke in drei Bänden*. Herausgegeben von Karl Schlechta, München 1954, Bd. 1, S. 282.

zurück und bezieht diese in seinen ethischen Diskurs ein. Der Historismus, der Drang zur Bewahrung des Ererbten ist für Hofmannsthal die prototypische Einstellung seiner Epoche gegenüber der Objektwelt, insofern sie auf Besitz und Nutzen hinausläuft und eine Musealisierung, einen Spätkult tradierter Wertvorstellungen, eine allmähliche Erstarrung von Lebensbildern herbeiführt.

Die anthropologische Resultante dieser wissensgierigen Attitüde ist der *homo historicus,* der zu viel wissende Mensch, der von der Angst heimgesucht wird, das Erlernte, das angesammelte Wissen zu vergessen. Hofmannsthals Jugendliche, die sich im « Weisheitszustand des Alters[69] » befinden, tragen wie der Riese Atlas die Last eines molochartigen Wissens, das sie nicht mehr zu meistern imstande sind[70]. Da aber im Individuum das Kindliche als Erinnerung an die eigene Kindheit überdauert, gleicht der junge Mensch der Moderne einem Zwittergeschöpf, einem *puer senex,* in dem sich ein dem Alter inadäquates, umfangreiches Wissen unheimlich zu einer kindlichen Wesensart gesellt[71].

Der epochalen Attitüde historizistischer Weltaneignung stellt Hofmannsthal eine andere entgegen, die den umgekehrten Weg geht, den offenen, zukunftsträchtigen Weg zum Handeln, zum Leben und zum Glück, welcher einem « Trieb nach Vergessen » — « den Tod des Wissens[72] » nennt Nietzsche das Vergessen — dem « Schönheitstrieb » gehorcht[73]. Ein Kunsttrieb also, der den Versuch darstellt, das Künstlich-Gemachte des Menschen durch Schönheit und Vergessen an das göttliche Naturgewordenen nahe zu rücken.

Hofmannsthals Diskurs des Ethisch-Ästhetischen versteht sich als Plädoyer für Leben und Glück, die in der Moderne nur durch die Instanz der Kunst, durch eine ästhetisch vermittelte und bedingte Wahrnehmungs- und Erkenntnismodalität erreicht werden kann. Die Typen des *puer senex,*

---

69. *Ad me ipsum*, a.a.O., S. 609.
70. Hierzu vgl. WUNBERG, a.a.O., S. 77ff.
71. Das « alte Kind » — so Mog (a.a.O., S. 2) — steht metaphorisch für das Überdauern der Kindheit in der Welt des untröstlichen Erwachsenseins.
72. NIETZSCHE Friedrich, *Unzeitgemäße Betrachtungen,* a.a.O., S. 282.
73. *Gabriele d'Annunzio,* a.a.O., S. 176. Mehrere dieser Ansätze findet man in Nietzsches Werk wieder. « Zu allem Handeln gehört Vergessen : wie zum Leben alles Organischen nicht nur Licht, sondern auch Dunkel gehört », schreibt Nietzsche in den *Unzeitgemäßen Betrachtungen* (a.a.O., S. 213). Auch bei Nietzsche verkörpert das Kind die reine Naturbezogenheit, das nietzscheanische « Ja-Sagen zum Leben » (« Unschuld ist das Kind und Vergessen, ein Neubeginnen, ein Spiel, ein aus sich rollendes Rad, eine erste Bewegung, ein heiliges Ja-sagen. » *Also sprach Zarathustra*, in : a.a.O., Bd. 2, S. 294) Die Fähigkeit des Kindes zum Vergessen rückt ihn in : die Nähe des Künstlers, (« Wir wissen einiges jetzt zu gut, wir Wissenden : oh wie wir nunmehr lernen, gut zu vergessen, gut nicht-zu-wissen, als Künstler ! », *Die fröhliche Wissenschaft*, in : a.a.O., Bd. 2, S. 14.) und beide finden somit den Weg zum Glück (« Bei dem kleinsten aber und bei dem größten Glücke ist es immer eins, wodurch Glück zum Glücke wird : das Vergessenkönnen oder, gelehrter ausgedrückt, das Vermögen, während seiner Dauer unhistorisch zu empfinden. », *Unzeitgemäße Betrachtungen*, a.a.O., S. 212).

homo melancholicus, homo historicus gipfeln in dem Typus des *homo aestheticus*; sie sind die unreifen anthropomorphen Umwandlungen, die Anfangsstadien des heranwachsenden Dichterischen.

Parallel zur Kritik an dem alexandrinischen Kulturkonzept der Zeit[74] verläuft Hofmannsthals ethischer Diskurs, welcher in der mittleren Schaffensperiode stärkere ästhetisch-poetologische Implikationen aufweist. Die aufgestellte Parallele Kind-Dichter gewinnt in der fiktiven Gestalt vom kindlichen Dichter, vom *puer poeta* — dem Antagonisten zum *puer senex* — an poetologische Prägnanz.

Werkimmanent hinterlässt diese Akzentsetzung deutliche Spuren. Während im Frühwerk dem idealtypologischen, infantilen Welt- und Ich-Gefüge einen zentralen Wert zugeteilt wird, tritt dies später nur am Rande auf. Umgekehrt proportional wächst aber der Verweis- und Bezugswert des Kindlichen im Idealsinne. Im konkreten, faktischen Sinne wird aber dem Erwachsenen überlassen, die idealen Vorstellungen des Kindlichen in Wirklichkeit umzusetzen. Aus diesem Ansatz entspringt die Funktion des Dichterischen : die Aktivierung der kindlichen Überreste im Erwachsenen.

Nach C. G. Jungs Ansatz[75] gehört das Kindliche archetypisch den Strukturelementen der erwachsenen Psyche an und bildet dort inneres Widerstandspotential zur Wirklichkeit. Die Gestalt des *puer poeta* stellt für Hofmannsthal den geometrischen Ort dar, an dem dieses Potential nicht nur volle Entfaltung, sondern auch standhafte Gegenwartsnähe erfährt.

> Nur Künstler und Kinder sehen das Leben, wie es ist. Sie wissen, was an den Dingen ist. Sie spüren im Fisch die Fischheit, im Gold das Wesen des Goldes, in den Reden die Wahrheit und die Lüge. Sie wissen den Rang des Lächelns, den Rang der unbewußten Bewegung, den Wert des Schweigens und die Unterschiede des Schweigens. Sie sind die einzigen, die das Leben als Ganzes zu fassen vermögen. Sie sind die einzigen, die über Tod, den Preis des Lebens, etwas sagen dürfen. Sie geben den Dingen ihren Namen und den Worten ihren Inhalt[76].

In der Schrift *Der Dichter und diese Zeit* von 1906 kehren mit aller Prägnanz die metaphorischen Bilder zurück, die das Kindliche und dessen ontologische und gnoseologische Kennzeichen im Frühwerk

---

74. Hierzu vgl. WUCHERPFENNIG Wolf (*Kindheitskult und Irrationalismus in der Literatur um 1900. Friedrich Hauch und seine Zeit.* München 1980) sowie LANGBEHN August Julius (*Rembrandt als Erzieher. Von einem Deutschen.* Leipzig 1893).

75. In dem Karl Kerénys Studie *Das göttliche Kind* (1933-1940) begleitenden Aufsatz von C.G. Jung *Zur Psychologie des Kind-Archetypus* deutet der Autor darauf hin, dass das göttliche Kind keinen geformten Mythos, sondern Mythenbestandteil, Motiv, Urbild, Typus und Archetypus ist. Dementsprechend gehört das Kindliche den Strukturmerkmalen der Psyche an und stellt im Erwachsenen ein bleibendes Element mit Kompensationscharakter dar. Vgl. Wenchao Li, a.a.O., S. 33ff.

76. *Ein neues Wiener Buch*, a.a.O., S. 228f.

umschrieben. Wie das Kind im Reich der Praeexistenz seine Gabe, sich zu vervielfältigen, sich im Kosmischen aufzulösen als Weg zur Ich-Sicherung nutzt, so gleiche der Dichter einem « Seismographen[77] ». Er passt sich an das werdende Dasein an ; er ist das Chamäleon, der Vielbeseelte, der « poeta multanime » dannunzianischer Prägung, der « multas vitas pro singulis sibi fingentes[78] » lebt. Er besitze die zweite « Poetengabe », die « Proteusgabe[79] » » : « Er ist da und wechselt lautlos seine Stelle und ist nichts als Auge und Ohr und nimmt seine Farbe von den Dingen, auf denen er ruht » ; er « empfindet sich hinein in die Seelen der Dinge[80] ». Dieser Dichter, der auf Identität und Substanzialität verzichtet, ist Hofmannsthals anthropologische Antwort auf den Verlust der Idee vom einheitlichen Vernunftssubjekt.

« Für einen bezauberten Augenblick » — liest man in der Rede *Der Dichter und diese Zeit* — ist dem Dichter

> alles gleich nach, alles gleich fern : denn er fühlt zu allem einen Bezug. Er hat nichts an die Vergangenheit verloren, nichts hat ihm die Zukunft zu bringen. Er ist […] der Überwinder der Zeit. Wo er ist, ist alles bei ihm und alles von jedem Zwiespalt erlöst […]: denn er sieht es symbolhaft […] und er ist glücklich ohne den Stachel der Hoffnung. Er vergißt sich nicht, er hat sich ganz, diesen einzigen Augenblick : er ist sich selbst gleich[81].

Die Beglückung des Menschen — wie einmal die des Kindes — realisiert sich in einem Akt der Individuation, die eine Ich-Setzung und zugleich eine Ich-Auflösung im Kosmischen darstellt. Eine solche Ich-Auffassung, der die « Erfassung der Individualität bis zur Hinstellung des anonymen Typus[82] » entspricht, nennt Hofmannsthal eine « symbolhafte », und nur Kinder und Dichter sind dazu fähig. Denn — so im fiktiven *Gespräch über Gedichte* — wie dem Kind « alles ein Symbol » ist, so vermag auch der Dichter « nichts anderes zu erblicken[83] ». Indem Hofmannsthal hier auf das Etymon des Wortes Symbol zurückgreift, auf das Altgriechische *symballein*, « zusammenfügen », stellt er dem rationalen, sich in Antinomyen aufbauenden Wahrnehmungs- und Erkenntnismodus einen holistisch-umfassenden, Vernunft und Gefühl zugleich gerechten entgegen.

Der Dichter « sieht und fühlt ; sein Erkennen hat die Betonung des Fühlens, sein Fühlen die Scharfsichtigkeit des Erkennens[84]. » Vermöge der « tiefen Leidenschaft, die [die Dichter] treibt, jedes neue Ding dem

---

77. *Der Dichter und diese Zeit*, a.a.O., S. 72.
78. *Aufzeichnungen aus dem Nachlass*, a.a.O., S. 405.
79. *Das Tagebuch eines Willenskranken*. Henri-Frédéric Amiel, » *Fragments d'un journal intime* «, in : RuA I, S. 113.
80. *Der Dichter und diese Zeit*, a.a.O., S. 67. *Das Tagebuch eines Willenskranken*, a.a.O., S. 114.
81. *Der Dichter und diese Zeit*, a.a.O., S. 79f.
82. *Internationale Kunstausstellung*, in : RuA I, S. 535.
83. *Gespräch über Gedichte* in : EGB, S. 501f.
84. *Der Dichter und diese Zeit*, a.a.O., S. 67f.

Ganzen, das sie in sich tragen, einzuordnen, […] alles was das ist in ein Verhältnis zu bringen », vermöge dieser holistischen Gabe entsteht vor ihren Augen « die Welt der Bezüge[85] ». Darin leuchtet urplötzlich in seltenen, glücklichen Augenblicken die Welt der kindlichen Alleinheit durch, der Widerschein der kosmischen Harmonie. Somit erhält das Seiende einen an inneren Affinitäten reichen Charakter, an dem der Mensch den eigenen Anteil in Form einer isogenen Komplexion wiedererkennt[86].

Bekundet das Bewußtsein des Werdens für den in Zeit und Raum-Kategorien denkenden Menschen bloß Dispersion und Desintegration der Daseinsmaterie, so gleicht dieses für den symbolhaft wahrnehmenden Menschen einem offenen Energiewandel, der den Gesetzen einer gestaltenden, höheren Kombinatorik gehorcht. « Ich möchte das Sein aller Dinge stark spüren » — schreibt Hofmannsthal dem Jugendfreund Edgar Karg von Bebenburg — « und in das Sein getaucht, das tiefe wirkliche Bedeuten. Denn das ganze Universum ist ja voll Bedeutung, ist gestalt-gewordener Sinn[87]. » Im Gegensatz zum naturwissenschaftlich geprägten Daseinsbild als amorphes Chaos, dessen vermeintlicher Widerpart eine illusionäre, fiktive Einheitlichkeit des Subjekts sein sollte, postuliert Hofmannsthal für das Seiende Inhärenz von Sinn und Form und für den Werdegang jeder Lebensform Gestaltungskraft.

« Aus einem Kunstwerke höherer Ordnung, ebenso wie beim organischen Gebilde, ist nicht die einzelne Form das Wunderbarste, sondern das Hervortreten einer Form aus der anderen[88]. » Da Menschlich-Gemachtes und Natur-Gewordenes hier dank ihrer gemeinsamen Gestaltungskraft aneinander nahe rücken, handelt es sich darum, eine Vermittlungsinstanz zu orten, die zwischen beiden, zwischen Ich und Dasein, Individuum und Leben eine Brücke schlägt.

In den Aufzeichnungen liest man : « Der Weg zum Leben (und zum Sozialen) durch das Werk und das Kind[89] ». Das Kind, das Zeichen der gegenwartsverachtenden Kompromisslosigkeit einer Generation gewesen ist, wird hier zum Zeichen und zugleich Wegweiser einer notwendigen Kompromissschließung mit Gegenwart, mit geschichtlichen Vorgängen, mit dem Leben, mit der menschlichen Gemeinschaft. Die Kinder des späten Hofmannsthals sind Gestalten einer symbolischen und faktischen Verknüpfung mit dem Leben, Bindungsträger und Verbindungsglieder der

---

85. Ebenda, S. 70 und 68. « Wie der innersten Sinn aller Menschen Zeit und Raum und die Welt der Dinge um sie her schafft, so schafft [der Dichter] aus Vergangenheit und Gegenwart, aus Tier und Mensch und Traum und Ding, aus Groß und Klein, aus Erhabenem und Nichtigem die Welt der Bezüge. » (eb.)
86. Das Individuum wird in diesen Augenblicken « bewußt, die Zeit in sich zu tragen, einer zu sein wie alle, einer für alle, ein Mensch, ein einzelner und ein Symbol zugleich. » (Ebenda, S. 80).
87. HOFMANNSTHAL Hugo (von) & BEBENBURG Edgar Karg (von), *Briefwechsel*, a.a.O., S. 81.
88. *Buch der Freunde*, in : RuA III, S. 299.
89. *Ad me ipsum*, a.a.O., S. 603.

Generationskette. Das Kind erscheint hier nicht nur als Mediator zwischen Vergangenem und Gegenwärtigem, sondern auch als Garant von Zukunft. Da das Kindliche die kosmische Schöpfungskraft verkörpert, zeugt es von der zyklischen Wiedergeburt des Seienden ; im Kind, dem *renatum in novam infantiam*, verbergen sich die Mächte der Erneuerung und der architektonischen Ordnung des Universums, die sich durch das Kind in Leben verwandeln.

Diesen Schöpfungsmythos verbindet Hofmannsthal mit der postulierten Gestaltungskraft des Dichterischen. Durch die Hervorbringung des Werkes erweist sich der Dichter als authentischer Interpret vom archetypischen Ich- und Welt-Bild, dessen Keime im Kinde enthalten sind. Davon ausgehend ist Hofmannsthals Dichter imstande, zukunftsträchtige Ich- und Welt-Möglichkeiten bewusst zu entwerfen.

Da aber Hofmannsthal die « symbolhafte » Zusammenfügung gebrochener Welt- und Ich-Zustände lediglich als eine « Vorstufe des Schöpferischen[90] » auffasst, ist die Herstellung neuer Sinnzusammenhänge, die hermeneutische Aufgabe nur Grundlage, nicht Endziel des Dichterischen. Somit wird auf den ausschlaggebenden Wendepunkt hingewiesen, welcher den Unterschied zwischen Künstler und Dichter, zwischen dem kindlichen und dem erwachsenen, dem Leben nahen Gemüt ausmacht : die Fähigkeit, aus dem Erlebten neue Sinngestalten zu schöpfen : Sinngestaltung.

In der großen « Gabe des Erlebens », in der « feine[n] und starke[n] Resonanz für äußere Reize[91] » begegnen sich Kinder und Künstler. Der « Überreichtum » der gewonnenen Eindrücke, das « Alleswollen » im Erleben, drohen aber entropisch in « Mangel », in « hilflose Unfähigkeit » umzuschlagen, wenn sie nicht von der Fähigkeit zur Beschränkung gestützt werden[92].

> [F]ormloses Fluidum, der Gestaltung unfähig, dünkt sich eben darum aller Formen, der unendlichen Mannigfaltigkeit des Möglichen, voll und verachtet den gestalteten Marmor, weil jeder Meißelstoß ein Verzichtleisten, ein Einengen der Möglichkeiten, ein Unfreiwerden ist[93].

Nur die sehr « naiven und sehr freien » Geister nähren sich vom wahren Dichterischen, der Poesie, deren allerhöchstes Amt Sinngestaltung ist. Denn Poesie kommt schließlich von poiein, « schaffen[94] ». Als der unerfahrene Clemens im fiktiven *Gespräch über Gedichte* behauptet, Dichtung setze « eine Sache für die andere », antwortet Gabriel : « Welch ein häßlicher Gedanke ! [...] Niemals setzt die Poesie eine Sache für eine andere, denn es ist gerade die Poesie, welche fieberhaft bestrebt ist, die Sache selbst zu

---

90. *Buch der Freunde*, a.a.O., S. 267.
91. *Das Tagebuch eines jungen Mädchens.* »*Journal de Marie Bashkirtseff* «, in : RuA I, S. 164.
92. *Das Tagebuch eines Willenskranken*, a.a.O., S. S. 114.
93. Ebenda.
94. Ebenda.

setzen[95]. » Dichtung ist also nicht nur Welt- und Ich-Erkenntnis, sondern *in primis* Welt- und Ich-Setzung.

Im Bild des *puer poeta* gipfelt Hofmannsthals anthropoietisches Projekt der Moderne. Wie das Kind ist auch der Dichter eine Fiktion, eine anthropologische Simulation, eine Denkfigur, Ausgangspunkt zum *homo possibilis*, zur Erfindung des Menschen von Morgen. Sein Entwurf einer Anthropologie des Dichterischen wächst aus dem symbolischen Bild des Kindlich-Praeexistentiellen heraus, das dessen wesentlicher Bestandteil darstellt. Dennoch bleibt Hofmannsthal keineswegs in gegenwartsfremden und anachronistischen Vorstellungen haften und sein Interesse am Kindlichen zeugt in keiner Weise vom « zeittypischen irrationalen Eskapismus[96] ». Die Praeexistenz ist ja ein « glorreicher », aber doch auch ein « gefährlicher Zustand[97] », an dessen Festhalten der Mensch in der Realität scheitert.

Die Typologie des dichterischen Menschen, der sich nicht bloß auf den dichterisch Tätigen einschränkt, sondern den dichterisch Denkenden und dichterisch Wahrnehmenden miteinbezieht, bildet einen der Schnittpunkte in Hofmannsthal ethisch-ästhetischem Konzept. Darin dient das Archetypisch-Kindliche dem Phänotyp des symbolhaft wahrnehmenden und schöpferisch erkennenden Dichters als Bezugspunkt zur Setzung des Prototyps des künftigen Menschen. Indem der *puer poeta* nicht nur als Kind seiner Zeit, sondern auch als geistiger Mitgestalter des Kommenden agiert, ist er Wegweiser und Protagonist einer ideal-typologischen, visionären Anthropogenese.

---

95. *Gespräch über Gedichte*, a.a.O., S. 498f.
96. WENCHAO, a.a.O., S. 11.
97. *Ad me ipsum*, a.a.O., S. 599.

Das Kind als anthropologische Utopie bei Hermann Hesse

Barbara KOEHN
Université Rennes 2

Wie kein anderer deutscher Schriftsteller hat Hesse es verstanden, das Wesen des Kindes und seine Welt zu erfassen, nicht von der Sicht des Erwachsenen, sondern von der Sicht des Kindes selber her. Das ist zweifellos eine besondere Gabe. Diese Gabe stellte Hesse in den Dienst seiner anthropologisch-metaphysischen Absichten, jener Aufforderung zu innerer Entwicklung und Reifung, welche ihm über alle intellektuellen Moden hinweg ein zahlreiches Lesepublikum gewinnt und erhält. So bleibt Hesse selber das ewig junge Kind der deutschen Literatur. Überall in seinem Werk tritt dem Leser das rührende Bild des Kindes entgegen, es erinnert an die eigene Kinderzeit und ruft wieder ins Gedächtnis, was der Erwachsene an Frische des Empfindens, an Stärke des Gefühls, an Fähigkeit, sich ganz dem Augenblicke hinzugeben, verloren, aber dennoch nicht vergessen hat.

Oftmals hat Hesse das Thema der inneren Entwicklung gestaltet, ja sein ganzes Werk ist im Gunde eine einzige grosse Konfession, die den Weg zu sich selber, nicht in psychoanalitisch-wissenschaftlichem, sondern in geistig-metaphysischem Sinne beschreibt. Dem Kinde kommt dabei eine besondere Bedeutung zu. Ihr wollen wir hier nachgehen. Wir legen unserer Untersuchung das Märchen « Iris » (1918), den Roman « Demian » (1919) und einen philosophischen Text, betitelt « Ein Stückchen Theologie » (1932) zugrunde.

Das Märchen « Iris » erzählt einen inneren Werdegang. An seinem Anfang und Ende steht das Kind als eine besondere anthropologische Figur. Was verleiht nun dem Kinde Anselm eine so besondere anthropologische Bedeutung? Es ist seine Fähigkeit, sympathetisch mit allen Geschöpfen zu leben. Diese geistige Auszeichnung öffnet Anselm den Weg zum grossen Lebensgeheimnis. « In den Frühlingen seiner Kindheit » ist jedoch das Wissen um das Lebensgeheimnis erst ein **unbewusstes Erahnen,** ist erst eine **unbewusste Antwort** in Traumbildern darauf.

Im Garten der Mutter steht eine Blume, die es Anselm ganz besonders
angetan hat. Sie zieht ihn an, als wolle sie ihm etwas Wesentliches
mitteilen. So wird sie Anselms geistige Führerin, die ihm stumm den
metaphysischen Sinn des Lebens enthüllt, nämlich in die eigene Tiefe
hinabzusteigen, dorthin zu gelangen, wo das grosse geistige Geheimnis
des Lebens ruht. Im wortlosen Zwiegespräch mit der Schwertlilie ent-
faltet und kräftigt sich Anselms Fähigkeit liebender Welterfassung, die ein
noch unbewustes Wissen um unsere geistige Her = und Hinkunft in dem
Kinde weckt.

> Eine Blume unter den Blumen der Mutter hiess Schwertlilie, die war
> ihm besonders lieb. Er hielt seine Wange an ihre hohen, hellgrünen Blätter,
> drückte tastend seine Finger an ihre scharfen Spitzen, roch atmend an der
> grossen, wunderbaren Blüte und sah lange hinein. Da standen lange Reihen
> von gelben Fingern aus dem bleichbläulichen Blumenboden empor, zwi-
> schen ihnen lief ein lichter Weg hinweg und hinabwärts in den Kelch und
> in das ferne, blaue Geheimnis der Blüte hinein. (…) Ungeheuer dehnte die
> Wölbung sich auf, nach rückwärts verlor der Pfad zwischen den goldenen
> Bäumen sich unendlich tief in unausdenkliche Schlünde, über ihm bog
> sich die violette Wölbung königlich und legte zauberische dünne Schatten
> über das wartende Wunder (Hesse Werke, Suhrkamp, 6, S.110).

Poetisch, symbolisch stellt der Text dar, wie der Knabe, ihm selber
unbewusst, die stumme Botschaft der Lilie, zum Seelengrunde hinabzusteigen, in sich aufnimmt. Und ebenso unbewusst weiss er auch, dass alle
Geschöpfe Gleichnisbilder des einen ewigen, geistigen Lebensprinzips
und ihm verwandt und nahe sind :

> Jede Erscheinung auf Erden ist ein Gleichnis, und jedes Gleichnis ist
> ein offenes Tor, durch welches die Seele, wenn sie bereit ist, in das Innere
> der Welt zu gehen vermag, wo du und ich und Tag und Nacht alle eins
> sind (S.113).

Das unbewusste Wissen Anselms äussert sich zunächst nur in seinen
Träumen. Im Traumgeschehen antwortet er auf die Botschaft der Blume :

> Er träumte auch bei Nacht zuweilen von diesem Blumenkelch ( ) ritt auf
> Pferden, flog auf Schwänen hinein und mit ihm flog und ritt und glitt die
> ganze Welt leise, von Magie gezogen, in den holden Schlund hinein (S. 113).

Die häufige Verwendung von Ausdrücken wie **ahnen** und **fühlen**
unterstreicht in diesem ersten Teil des Textes den Zustand unbewussten
Wissens und unbewussten Reagierens, in welchem sich das Kind Anselm
befindet. So ist sein Kinderdasein noch kein Ideal der Erfüllung, sondern
verspricht erst die Erfüllung. Darauf deutet auch hin, dass er einer Führerin
bedurfte, die ihm stumm jenen Weg wies, der nach Hesses religiösem
Neuplatonismus allen Geschöpfen eingezeichnet ist, nämlich aus der
Vereinzelung zum einen geistigen Ursprung zurückzufinden.

Doch nicht allein in ehrfürchtiger Kontemplation, auch vermöge schöpferischer Gaben nimmt das Kind tätig am Sein des Geistes in Bildern und Träumen teil. Ohne sie kann es in der Tat keine individuelle Anverwandlung des universellen Geistprinzips geben. « Alle Kinder fühlen so », sagt Hesse und erhebt damit das Kind zur archetypischen Figur eines anthopologischen Versprechens, dessen Erfüllung erst das Leben bringen kann.

Ist damit aber die Bedeutung des Kindes schon ganz erfasst? Die Fortsetzung des Märchens gibt hierauf eine Antwort. Wie bereits gesagt, steht auch an seinem Ende das Kind. Aber **wie** es dort am Ende steht, davon hängt nun alles ab.

Bevor es zu diesem Ende kommt, muss Anselm sich verändern, muss das Kinderparadies verlassen und vernünftig werden. Aber das Vernünftigsein ist mit Gefahren verbunden, es kann dem Abfall des Menschen von Gott gleichen. In der Tat scheint Anselm den anthropozentrischen Verlockungen seiner Vernunft zu verfallen. An die Stelle der Alliebe tritt jetzt sein Drang, über die Mitgeschöpfe zu herrschen, sich ihrer durch Verdinglichung zu versichern und seine Macht über sie auszuüben. Dennoch kann das geistgebundene Geschöpf seinem geistigen Ursprung nicht gänzlich untreu werden. Eine Unruhe, ein geheimer Schmerz, die Anzeichen des Mangels, bemächtigen sich Anselms, sie mahnen an ein köstliches verlorenes und vergessenes Gut, dessen sich Anselm zwar nicht mehr erinnern kann, das er aber wiederentdecken und wiedergewinnen will. Unruhe, Unbefriedigung, Leere und Mangel, kurz seelischer Schmerz, sind die entscheidende Voraussetzung für die Wiedererlangung der verlorenen Kinderfreude und = unschuld, für die Rück = und Einkehr in die Heimstätte des Geistes. Alles Gesuchte wird Anselm am Ende des Märchens zuteil, aber seine neue Kindheit steht unter gewandelten Sternen. Alles Frühere scheint sich zu wiederholen und ist doch ganz anders. Wieder findet sich eine Führerin ein, diesmal ist es die Iris, die geliebte Frau. Sie fordert Anselm auf, das verlorene Gut zu suchen und dieser Suche sein Leben zu weihen. Doch ist jetzt die Aufforderung kein stummer, duftender Anhauch aus dem Kelch einer Blüte mehr, sie wird von einem Menschen ausgesprochen. Aus dem stummen Unbewussten tritt die Botschaft in Anselms sprechendes Bewusstsein ein.

> Suche weiter, gehe diesen Weg, bis du am Ziele bist. Du meintest ihn meinetwegen zu gehen, aber du gehst ihn deinetwegen, weisst du das? — Ich ahnte es, sagte Anselm und nun weiss ich es (S.125).

Nach dem Tode der Iris wächst Anselm immer stärker über das Vernunftalter hinaus. Er kehrt zur Kindheit, zur Schwertlilie zurück. Je mehr der Alternde ein wissendes Kind wird, desto klarer tritt ihm auch aus den Dingen der Welt ihr Gleichnischarakter entgegen. Sogar die geliebte Schwertlilie findet er wieder. Diesmal blüht sie mitten aus Eis und Schnee empor zum Zeichen, dass sein Weg zu sich selbst und zu seinem geistigen Überselbst bald beendet sei.

> und er bückte sich zu ihr und lächelte, denn nun **erkannte** er das, woran ihn die Iris immer und immer gemahnt hatte. Er **erkannte** seinen Kindestraum wieder, und sah zwischen goldenen Stäben die lichtblaue Bahn hellgeädert in das Geheimnis und Herz der Blume führen und **wusste**, dort war das, was er suchte, dort war **das Wesen, das kein Bild mehr ist** (S.127). (Hervorhebung von mir).

Die vielen Verweisungen aufs Erkennen und Wissen bestätigen an dieser Stelle des Textes, dass Anselm auf eine höhere Stufe gelangt ist, dass er jetzt wissend erkennt, was er einst fühlend erahnte. Dennoch bleibt Anselm ein Kind. Als er die Geisterpforte durchschreitet und ins Innere des Berges tritt, das wunderbarerweise dem Kelch der Schwertlilie gleicht, da ist auch seine Gestalt wieder die eines Kindes geworden.

> er fühlte seine Hand, sie war klein und weich, Stimmen der Liebe klangen nah und vertraut an sein Ohr, und sie klangen so und die goldenen Säulen glänzten so, wie damals in den Frühlingen der Kindheit ihm alles getönt und geleuchtet hatte (S.128).

Auch der Kindertraum ist wieder da, der Anselm zum Eintauchen ins Innerste der Lilie verlockte, und sein Sinn ist ihm endlich offenbar geworden. Was einst nur ein Wissen im Traumgeschehen gewesen, wird nun zur bewusst gewollten und gelebten Wirklichkeit :

> Anselm fing leise an zu singen, und sein Pfad sank leise abwärts in die Heimat (S.129).

Aus dem noch nicht zu sich selbst erwachten weisen Kinde ist ein erwachter und handelnder kindlicher Weiser geworden. Und sein Wissen weiss sich auf immer mit dem grossen geistigen Lebenszentrum verbunden.

Wir kommen zu einem ersten Fazit. Im Märchen « Iris » steht die Figur des Kindes im Mittelpunkt von Hesses Anthropologie geistiger Entwicklung und Steigerung. Die Konzeption dieser Figur ist paradox und dynamisch, da sie zugleich Anfang und Ende der Entwicklung symbolisiert. So verschmilzt am Schluss des Märchens das um seine hohe geistige Abkunft wissende alte Kind schliesslich auch mit seiner Führerin, der Iris. Selbst die Iris wandelt und steigert sich von der unbewussten Pflanze am Anfange zum sprechenden Menschen am Anfang des Endes. Auch diese parallel zu Anselms Geschick verlaufende Wandlung weist bedeutungsvoll auf die Figur des Kindes und ihre besondere Rolle in Hesses Anthropologie hin, nämlich den Prozess vom unbewussten Wissen zum bewussten Wissen zu versinnbildlichen. Das alles, wird man sagen, hat stark romantische Züge und steht Novalis' Bild des « göttlichen Kindes » recht nahe. Wie der romantische Dichter und Philosoph unterscheidet

Hesse drei Stufen der inneren Entwicklung, und man ist geneigt, sie mit den Hardenberg'schen Begriffen « thetisch, antithetisch und synthetisch » zu bezeichnen (« Das allgemeine Brouillon », Werke II, n° 480). Dennoch fehlt bei Novalis die Doppelnatur, die das Kind bei Hesse besitzt, nämlich sowohl thetisch wie synthetisch, d.i. Ausgangs = und Höhepunkt des geistigen Prozesses zu sein. Nicht das Alter, wie Novalis es sah (« Das allgemeine Brouillon », II, Nr 685), sondern das Kind ist für Hesse die Chiffre des erfüllten Lebens.

Ein Weiteres kommt hinzu : das bewusste Wissen, zu dem Anselm gelangt, ist ein in die Helle des Bewusstseins gehobenes Unbewusstes. Die metaphysische Erhöhung der seelischen Tiefenzone in Hesses Märchen findet im Symbol des sich wandelnden und sich doch gleichbleibenden Kindes seine genuine poetische Gestaltung. Sie trägt die Züge der Moderne und entspricht dem psychoanalytischen Interesse des Dichters. Dennoch ist dieser bemüht, die Geheimnisse der Seele einer Rationalisierung durch die Wissenschaft zu entziehen, indem er sie mit der Aura einer metarationalen Geistigkeit umgibt. Auch in dieser Hinsicht unterscheidet sich Hesse von seinen romantischen Vorbildern, selbst wenn sein anthropologisches Ideal so betont kindhafte Züge trägt. Mit seiner Sakralisierung des Unbewussten nimmt Hesse an den Bemühungen der Generation um 1900 teil, eine neue, über Nietzsches metaphysische Innerweltlichkeit hinausgehende panentheistische Metaphysik zu begründen. Insofern ist die besondere Rolle des Kindes bei Hesse kein Epigonentum, sondern ein echter Beitrag zur Überwindung der Probleme, welche der philosophischen Anthropologie aus den modernen Humanwissenschaften erwuchsen.

Wir wenden uns nun dem Roman « Demian » zu. Den Helden, Emil Sinclair, finden wir zu Beginn nicht in einem Blütengarten, sondern mitten in der bürgerlichen Welt der Familie, Schule, Nachbarschaft. Aber wie für den Knaben Anselm im Märchen « Iris » lassen sich auch für den Knaben Sinclair im Roman « Demian » drei wichtige Etappen der geistigen Entwicklung unterscheiden. Ein ahnendes Wissen und ein ahnendes Erkennen kennzeichnet die erste Etappe, eine Abkehr davon die zweite, die bewusste Erkenntnis und das Handeln in getreuer Befolgung des erkannten inneren Gesetzes kennzeichnet die dritte Etappe. Wie Anselm durch die Gabe der Alliebe geadelt wurde, so trägt auch Sinclair das Zeichen eines innerlichen Adels auf der Stirn. Denn wiederum bekundet sich eine Besonderheit an diesem Kinde, nämlich eine Kraft der Empfindung und Beobachtung, die Sinclair ein ihm eigenes Weltbild vermitteln. Es unterscheidet sich von demjenigen der Eltern durch seine dialektische Komplexität :

> Zwei Welten liefen dort durcheinander, von zwei Polen her kamen Tag und Nacht (5, S.9).

Die erste, helle Welt war bei Vater und Mutter zuhause, sie hiess « Liebe und Strenge, Vorbild und Schule. Zu dieser Welt musste man sich halten, damit das Leben klar und reinlich, schön und geordnet sei » (ibid). Diese Welt richtet an den Knaben strenge moralische Forderungen, verstellt ihm aber damit den Weg zu seiner Welt = und Selbsterkenntnis. Wie der goldschuppige Drache des « Du sollst » in Nietzsches Text « von den drei Verwandlungen des Geistes » (Zarathustra) hindern sie den Knaben, Herr seines Willens zu sein. Von Beginn an weht in « Demian » ein rebellischer, Nietzsches einsamem Kämpfertum verwandter Geist. Er stellt neue Fragen und versucht neue Antworten auf eine tiefe Zivilisations = und Generationskrise zu geben.

Die zweite Welt, die neben der hellen daherlebte oder auch mitten durch sie lief, war ganz anders beschaffen : hier herrschten keine geraden Linien, saubere Hände, Regeln und Tabus, sondern Anarchie, Angst, Gewalt, Geschlechtlichkeit, lautes Gebaren, Mordschlag und Tod.

Der Knabe Sinclair fand das Nebeneinanderleben der beiden Welten wunderbar, ohne doch schon die Aufforderung, sie beide zu leben, für sich selber anzunehmen. Freilich fühlte er sich stärker zur zweiten, dunklen Welt hingezogen, sie schien ihm echter, wahrer, stärker zu sein. In ihr offenbarten sich triebhaft-elementare Kräfte in ihrer Schrecklichkeit, aber auch in ihrer Schönheit. Gerade in der dunklen, rebellischen Welt ruhen die Keime einer freien, eigenständigen Entfaltung eines Selbst, das an äusserlichen Konventionen und Gesellschaftsformen kein Genüge findet. « Wenn man es hätte sagen und gestehen dürfen, war es eigentlich manchmal geradezu schade, dass der Verlorene Busse tat (…). Aber das sagte man nicht und dachte es auch nicht. Es war nur irgendwie vorhanden, als eine Ahnung und Möglichkeit, ganz unten im Gefühl » (S.11).

Was das Kind hier ahnt und fühlt, ist die Paradoxie von Gut und Böse. Sie enthebt die Moral jeder starren Fixierung und macht sie frei für die persönliche Bewältigung ethischer Fragen und Entscheidungen. Dennoch bleibt die erste, die helle Welt zunächst für Sinclair eine moralische Versicherung und erlaubt ihm die beruhigende Rückkehr in die bürgerliche Konformität. Sie schützt den Knaben vor den zerstörerischen Kräften in und um ihn, hindert ihn aber auch, ihren besänftigenden und beschönigenden Bann zu durchbrechen. Sinclair benötigt einen Führer und findet ihn in Demian.

Anders als im Märchen « Iris » stellt Hesse im Roman « Demian » das existentielle Problem nicht nur als Weg zu sich selbst und zur geistigen Alleinheit dar, er fordert ausserdem rebellisch unser Anrecht auf die Macht des Triebhaften, nicht, um sich ihm sklavisch hinzugeben, sondern um es schöpferisch zu bewältigen und zu vergeistigen. Damit erweitert Hesse das Thema der Selbsterkenntnis um die Bejahung aller dunklen Seelenenergien. Auch das Göttliche in, um und über uns stellt Hesse jetzt dialektisch-paradox als Vereinigung von Gut und Böse, Gott und Teufel dar.

Dennoch ist die Funktion des Kindes, ist die Bedeutung, die ein Führer für seinen Werdegang besitzt, dieselbe geblieben. Vom ahnenden Kinde geht der Weg zum wissenden und wissend handelnden Kinde. Sinclair folgt seinem Führer, seinem Daimon, der gereift bereits dort angelangt ist, wohin auch Sinclair trotz aller inneren und äusseren Widerstände, trotz aller Verlockungen zum Konformismus strebt.

Eine entscheidende Unterredung zwischen Sinclair und Demian findet am Ende ihrer beider Knabenjahre statt. Für alles Weitere wird sie eine besondere Bedeutung haben. Zum erstenmal spricht Demian mit Sinclair über sein Gottesbild. In ihm sind Gott und Teufel, Licht und Dunkelheit zur untrennbaren Einheit verschmolzen. Demian lehnt einen Gott ab, der nur Licht sei. Auch das Dunkle gehört zum Leben, das in Gott seinen Ursprung hat, auch in Gott wohnen dunkle, zerstörerische Kräfte, auch das Zerstörerische ist eine hohe, aus Gott geflossene geistige Macht und deshalb göttlich wie das Licht. Daraus folgt, dass nur was in Gott seinen Grund hat, von Gott überwunden werden kann, *nemo contra deum, nisi deus ipse.* Auch Hesse bekennt sich zu dieser kühnen Formel Goethes, die ganz bestimmten esoterischen Traditionen zuzuordnen ist. Diese erscheinen oft in Zeiten geistiger Krisen, wenn die offiziellen Glaubenslehren wegen ihrer Verflachung oder ihres intoleranten Exklusivitätsanspruchs von den geistigen Eliten verschmäht werden. Einer solchen Elite wusste sich Hesse-Demian zugehörig.

Sinclair antwortet mit grosser innerer Bewegung auf die Worte des Freundes, denn dieses Gottesbild entspricht völlig seiner eigenen dualen Weltanschauung. Dennoch ist seine Erkenntnis noch nicht Tat geworden. Erst des Freundes Worte machen ihm diesen Mangel an Konsequenz bewusst. « Nur das Denken, das wir leben, hat einen Wert ( ). Aber du bist noch nicht dort, wo man einsehen kann, was 'erlaubt' und 'verboten' eigentlich heisst » (S.64).

Wie das Kind Anselm hat das Kind Sinclair den an ihn gerichteten Ruf vernommen, aber das Vernommene noch nicht gleich in Wissen und Tun umgesetzt. Das wirkliche Wissen besteht ja darin, für sich selber zu erkennen, was gut, was böse ist und sein Handeln allein nach dieser Erkenntnis zu richten. Es besteht darin, schöpferisch frei der eigenen ethischen Eingebung zu folgen, im Vergessen aller äusserlichen Normenzwänge nur dem schöpferischen Augenblicke sich zu überlassen, es dem in sich selbst versunkenen Kinde gleichzutun, in welchem Nietzsche die letzte und höchste Stufe des Geistes versinnbildlicht hat. Demian ist bereits solcher Versenkung im mystischen « Nu », ausser Zeit und Raum fähig. Dem halbkindlichen Sinclair schenkt er dieses Erlebnis, das mehr als Worte auszudrücken vermag, nämlich Zeuge seiner Berührung mit übermenschlichen Sphären geworden zu sein.

Die letzte wichtige Etappe von Sinclairs geistiger Entwicklung heisst, sagten wir, Handeln aus bewusster Erkenntnis und aus Treue gegenüber dem eigenen Gesetz. Sie erreicht er nur über den Abschied von seiner Kindheit. Der Abschied war schwer und schmerzlich. Ihn begleitete eine grosse Ernüchterung und die blasierte Pose der Anklage gegen die andern, die Spiessbürger, die Philister. Nichts konnte Sinclair mehr rühren, nichts ihn mehr erfreuen. Es waren schwere Jahre der Irrungen und der Schmerzen. Doch Demian wartete auf ihn und mit ihm wartete Frau Eva, seine Mutter, der Archetyp der Geliebten. Der Weg zu ihr führt über ein wachsendes Wissens um sein Selbst, über ein Handeln nach dem Gesetz seines Selbst, aber vorallem führt er über eine wachsende Liebesfähigkeit, die sowohl Lichtes wie Dunkles bejaht. Gerade dank dieser paradoxen Hingabe an Lichtes und Dunkles gelangt Sinclair zur wahren, vergeistigten Alliebe, einer Liebe, die nichts mehr für sich begehrt, sondern nur noch anbeten will :

> Auch hatte ich Träume, in denen meine Vereinigung mit ihr sich auf neue, gleichnishafte Art vollzog. Sie war ein Meer, in das ich strömend mündete, sie war ein Stern und ich selbst war als Stern zu ihr unterwegs, und wir trafen uns und fühlten uns zu einander gezogen, blieben beisammen und drehten uns selig für alle Zeiten in nahen tönenden Kreisen umeinander (S.149).

In dem Augenblick, da Sinclair zum erstenmal der erahnten, erträumten Geliebten leibhaftig gegenüberstand, fand er wie durch Zauberkraft wieder in die Kindheit zurück, aber er wusste mehr als damals, nämlich dass Lichtes und Dunkles nicht mehr getrennt, sondern in sein Fatum verschlungen sind und er beide begrüsst und beide annimmt.

> Ergriffen blieb ich stehen, — mir war so froh und weh ums Herz, als kehre in diesem Augenblick alles, was ich je getan und erlebt, zu mir zurück als Antwort und Erfüllung (…) und alles, und alles bis zu diesem Augenblick klang in mir wider, wurde von mir bejaht, beantwortet, gut geheissen (S.137 f).

Und seltsam, auch Sinclair wird am Ende des Textes wieder ein Kind, nicht kindlich oder kindisch, sondern souverän, wie es die höchste Verwandlungsstufe des Geistes verlangt. Dreimal weist der Text auf jene geistige Akme hin, die Hesse nach Nietzsche im Bilde des Kindes gestaltet hat. Schwerverwundet von der Kriegsfront in ein Lazarett überführt, liegen beide Freunde nebeneinander und erkennen sich. Wie einst in fernen Kindertagen spricht Demian zuerst den todwunden Sinclair an. « Kleiner Junge » nennt er ihn, als spräche er zu einem Kinde. Und in der Tat ruft er gleich danach die Zeiten ihrer ersten Bekanntschaft wach. Demian erinnert Sinclair an die dunkle Episode mit dem Strolch Krohmer, als das Kind zum erstenmal mit dem Bösen zusammenstiess, ihm aber nicht standhalten konnte. Und die letzten Worte Demians richten sich wieder an ein Kind; « kleiner Sinclair pass auf », sagt er abschiednehmend zu ihm. So rundet sich der Lebenskreis, beugt sich scheinbar ins kindliche Dasein zurück. Zugleich beugt er sich aber auch nach vorn und öffnet sich höherem Versprechen. Der Führer verschmilzt mit dem Zögling, senkt sich in ihn hinein. Ein solches Verschmelzen von Führer und Geführtem ist uns schon vom Märchen « Iris » her bekannt. Hier drückt es aus, dass Sinclair wie sein Freund die Fähigkeit erworben hat, sich selbst und sein Schicksal im Innersten seines Innern bejahend zu erkennen, dorthin schöpferisch hinabzusteigen, wo Gut und Böse beisammenliegen und in ihrer Einheit sich die göttliche Lebensmacht bekundet.

> Aber wenn ich manchmal den Schlüssel finde und ganz in mich selbst hinuntersteige, da, wo im dunklen Spiegel die Schicksalsbilder schlummern, dann brauche ich mich nur über den schwarzen Spiegel zu neigen und sehe mein eigenes Bild, das nun ganz Ihm gleicht, Ihm meinem Freund und Führer (S.163).

Dennoch schliesst das Buch nicht mit diesem Höhepunkt ab. Das Vorwort teilt dem Leser mit, dass Sinclair sich immer noch einen Suchenden nennt, der zu jedem Neuaufbruch, zu jedem Neubeginnen entschlossen ist. « Ich war ein Suchender und bin es noch » (S.8). Zugleich drückt er damit auch aus, dass er ein Kind geblieben ist, das in immer neue Lebenssphären hineinwächst. So endet der Roman über den Höhepunkt am Schluss hinaus mit einer Verlängerung ins Zukünftige, die jedoch nur angedeutet, aber nicht dargestellt wird.

In « Demian » erhält die Symbolfigur des Kindes dadurch eine neue, über das Märchen « Iris » hinausgehende Bedeutung. Nicht nur versinnbildlicht das Kind komplex und dynamisch die allmähliche Bewusstwerdung dessen, was die wahre menschliche Bestimmung sei, es wird jetzt zum Künder einer anthropologischen Utopie. Wie die Chrysalide den künftigen Schmetterling birgt es in sich einen neuen, höheren Menschentyp, einen geistigen Übermenschen, der bislang noch nie und nirgends Wirklichkeit geworden ist. In der Tat stellt der Roman « Demian » den Weg zur Vollendung, nicht aber die Vollendung selber dar. Als Utopie steht das Kind am Anfang eines Endes, das sich ins Ewige und Absolute verliert. Es unterstreicht damit auch den dynamischen Charakter dieser Utopie, denn es handelt sich ja bei Hesse um keine bereits erbaute, sondern, ganz im Sinne der Moderne, um eine werdende Utopie, die zugleich Weg und Ziel darstellt. Abschluss und Neubeginn, — es gibt für Hesses anthropologische Utopie kein Ende, keinen Stillstand, es gibt nur Neu = und Wiedergeburten. Sie aber vermag wie keine andere die Symbolfigur des Kindes zu verkörpern.

Hesse hat sich indes nicht nur mit sinnbildlich-poetischen Gestaltungen seines anthropologischen Projektes begnügt, in dem Text von 1932, « Ein Stückchen Theologie » überschrieben, kommt er philosophisch-diskursiv darauf zurück. Er stellt hier noch einmal sein Entwicklungsschema von der besessenen, verlorenen und wiedererlangten Kinderunschuld dar und nennt sie sogar seine schlechthinnige « Lieblingsvorstellung ». Sie ist ihm, wie er schreibt, « wichtig, ja heilig » und er hält sie « für Wahrheit schlechthin » (10, S.74). Diese Vorstellung lag ja auch den beiden untersuchten poetischen Texten zugrunde. Beide wiedergeborenen Kinder Anselm und Sinclair zeugen jeder auf seine Art davon. Auch die utopische Verlängerung des anthropologischen Ideals bringt der philosophische Text zum Ausdruck. Hesse spricht von « weiteren, höheren Stufen der Entwicklung : zum Mahatma, zum Gott, zum reinen Sein des Geistes, dem nichts mehr von Materie und nichts von Werdequal anhängt » (S.77). Diese Vergöttlichung des Menschen - eine Variation des Übermenschen — hat Hesse als Möglichkeit und Ziel einer werdenden anthropologischen Utopie durchaus anerkannt. Soweit konkordiert der philosophische Text mit allem, was auch « Iris » und « Demian » gleichnishaft ausdrückten und darstellten.

Der philosophische Text bringt jedoch mit der Typologie des Frommen und des Vernünftigen etwas Neues. Die Typologie fügt der anthropologischen Figur des Kindes neue, bislang nur unterschwellig vorhandene kulturkritische Akzente hinzu.

Es fällt nicht schwer, den Frommen, so wie Hesse ihn in seiner Typologie beschreibt, mit dem unbewusst wissenden Kinde gleichzusetzen. Der Fromme verharrt in anbetender Kontemplation, in ehrfürchtiger oder passiver Hinnahme des Bestehenden. Der Beherrschungsanspruch einer anthropozentrischen Vernünftgkeit, ihr wollender Machtanspruch sind ihm fremd. Wer erkennte in dieser Charakterisierung nicht das Kind Anselm oder Sinclair wieder ?

Der Vernünftige hingegen glaubt an die menschliche Vernunft und nur an sie, er glaubt an die Macht, die sie ihm zu verleihen scheint und deshalb glaubt er auch an den von ihm geschaffenen materiellen und technischen Fortschritt. Durch Rationalisierung meint er die Welt unter seine Herrschaft bringen zu können. Der Übergang vom Kindesalter und von unbewusster spontaner Frömmigkeit zum vernünftigen Erwachsenendasein kennzeichnete den Entwicklungsweg von Anselm und Sinclair. Doch bewies er auch seine paradoxe Funktion, die uns zur Paradoxie von Gut und Böse zurückführt. Denn der Eintritt ins Vernunftalter war in beiden Texten zugleich ein Abfall, ein Verlust und das entscheidende Movens, zur Kindheit neu und anders zurückzufinden. Das Vernünftigwerden mit seiner Versuchung menschlicher Überhebung — eigentlicher sollte man sie wohl satanisch nennen — war die entscheidende Voraussetzung für die Wiedererlangung einer höheren, gereiften Kinderunschuld. Der Held musste fallen, um sich mit gedoppelter Seelenkraft wieder zu erheben. Das Vernunftalter ist demnach nicht nur ein Abfall, sondern es ist zugleich der höchst bedeutsame Ausgangspunkt einer geistigen, metarationalen Erhebung. In Hesses Entwicklungsschema hängt demnach alles von der zweiten, eigentlich geschichtlich-dynamischen Stufe ab. Erst sie führt aus einem Zustand des reinen Seins in jenen des Werdens hinüber. Ohne die Versuchung durch die Vernunft, die zugleich auch eine Erprobung, eine Prüfung darstellt, gäbe es für den geistbestimmten Menschen weder ein utopisches Versprechen noch eine utopische Erfüllung. Soweit die paradoxe Rolle der zweiten Entwicklungsstufe. Ihr Positives besteht darin, den Wunsch nach Überwindung der Negativität hervorzurufen und zu stärken.

Dieser Wunsch verbindet sich in Hesses Text mit dem Bemühen, die moderne Kultur = und Zivilisationskrise zu beheben. Stark treten in der Charakterisierung des nur Vernünftigen zivilisations = und rationalitäts-kritische Aspekte hervor. Die Überwindung der modernen Rationalitäts-krise, jener entzauberten Welt, wie Max Weber die modere Welt nannte, kann für Hesse nur durch die Vereinigung von Fromm und Vernünftig gelingen. Sie wurde von den neugeborenen Kindern Anselm und Sinclair am Schlusse der Erzählungen symbol = und beispielhaft verwirklicht. Darüber hinaus eröffneten Demian und Sinclair den Ausblick auf eine menschliche Utopie, deren Erscheinung, wie Hesse in « Ein Stückchen Theologie » schreibt, « bisher von Menschenaugen noch nicht erblickt ist » (S.88). Somit bezieht sich die Figur des Kindes auch auf die Krise der Moderne und verspricht beispielgebend ihre Überwindung.

Wir sind am Ende unserer Ausführungen. Die Figur des Kindes erschien uns in mehrfacher Hinsicht einen zentralen Platz in Hesses Gedankenwelt einzunehmen. Es ist das Herzstück seiner Anthropologie, ist jene Achse, um die sich die Spirale wahrer Menschwerdung kreisend aufwärts schwingt. Auf vielfältige und komplexe Weise veranschaulicht das Kind **eine Metaphysik des Unbewussten, eine werdende Utopie** und gibt mit der *ordo cordis* einer durch Glauben erleuchteten Vernunft Antwort auf **die moderne Zivilisations = und Rationaliätskrise**. Das Vernunftexamen, zu welchem das Kind bei Hesse einlädt, hat an der Schwelle eines neuen, eben geborenen Jahrhunderts nichts von seiner Gültigkeit verloren.

Bibliographische Hinweise :

Es gibt bislang noch keine Studie, die die **philosophisch-anthropo-logische Bedeutung** des Kindes in Hesses Schrifttum untersucht hätte. Insofern innovieren die vorangehenden Ausführungen. Die Rolle des

Kindes in Hesses Schrifttum wurde von der Forschung nur in psycholo-gischem oder pädagogischem Zusammenhange behandelt. Die Arbeit von Angela Winkler, « Das romantische Kind » betitelt, steht als einzige mit ihrer Untersuchung des « poetischen Typus von Goethe bis Thomas Mann » unseren Absichten nahe, lässt aber Hesses « Typus des Kindes » seltsamer-weise unerwähnt.

Angela WINKLER : « Das romantische Kind, Ein poetischer Typus von Goethe bis Thomas Mann », Frankfurt a.M., Berlin, Bern, Bruxelles, New York, Oxford, Wien, Peter Lang, 2000.

Der Schein der schönen Jugend
Zu Gertrud Prellwitz' erzählerischem Werk

Peter MORRIS-KEITEL

Université de Bucknell (Pennsylvanie)

I

Die zweite Hälfte des 19. Jahrhunderts in Deutschland steht weitgehend im Zeichen einer ökonomischen und industriellen Entwicklung, die von den bürgerlichen Schichten im Zusammenhang des Ausbaus ihrer Einflußzonen durch das im Spiegelsaal zu Versailles 1871 ausgerufene zweite Kaiserreich mit Vehemenz vorangetrieben wurde. Begünstigt wurde diese imperialistische Aufbruchsstimmung durch die Schutzzollgesetzgebung von 1878 und die Sozialistengesetz (1878-1890) sowie durch die Konsolidierung der Mächte des alten Landadels und des neuen Industrieadels. In der Folge dieser Vorgehensweise kam es um 1895 zu einem anhaltenden Wirtschaftsboom, den viele Vertreter dieser Schichten als endgültige Befreiung in den Kapitalismus begrüßten.

Die politischen und ökonomischen Veränderungen, die mit der Abwendung von der Agrarwirtschaft und dem massiven Aufbau der Industrie in diesem Zeitraum einhergingen, führten gleichzeitig zu einer enormen Verschärfung gesellschaftlicher Gegensätze, auf welche die verschiedenen Schichten auf höchst unterschiedliche Weise reagierten[1]. Das Bildungsbürgertum, das zusammen mit dem Adel von der wirtschaftlich-technologischen Entwicklung am meisten profitierte, zog sich zusehends in den Bereich der « machtgeschützten Innerlichkeit » (Thomas Mann) zurück und berief sich dabei nicht selten auf die kulturellen, humanistischen und moralischen Ideale des 18. Jahrhunderts. Demgegenüber organisierten sich die Arbeiter in den größeren Städten bereits in den sechziger und siebziger Jahren in sozialdemokratischen und sozialistischen Parteien, und setzten

---

1. Vgl. WEHLER Hans-Ulrich, *Das Deutsche Kaiserreich 1871-1918*, Göttingen, Vandenhoeck & Ruprecht, 1973, S. 19ff.

— im Sinne der von Marx und Engels entwickelten Theorien — auf eine proletarische Revolution, die sie endgültig von der Ausbeutung und Unterdrückung durch die Industriekapitäne befreien sollte.

Wesentlich anders reagierten die kleinbürgerlichen Schichten, da sie sich durch die wissenschaftlich-technologischen Fortschrittsbestrebungen immer häufiger ihrer ökonomischen Grundlagen als Kleinbauern, Händler und Handwerker beraubt sahen und sich auch politisch und sozial immer mehr als Benachteiligte verstanden. Ausgehend von höchst einflußreichen Schriften wie Wilhelm Heinrich Riehls vierbändiger *Naturgeschichte des deutschen Volkes als Grundlage einer deutschen Sozialpolitik* (1851-1869), Paul de Lagardes *Deutsche Schriften* (1878) und Julius Langbehns *Rembrandt als Erzieher* (1890) bildete sich bei diesen Schichten eine völkische Ideologie heraus, die nicht nur von romantischem Bauernkult, religiöser Germanenschwärmerei und theosophischem Mystizismus, sondern auch von rassischem Antisemitismus und krasser Frankreichfeindlichkeit geprägt war[2]. Diese Ideologie hatte sich bereits in den frühen siebziger Jahren verfestigt, kam jedoch erst nach 1895 im Zuge der forcierten wirtschaftlichen und industriellen Produktion voll zum Durchbruch. Der immer mehr ins Volkhaft-Mittelständische drängende Führungsanspruch dieser Schichten auf allen gesellschaftlichen Gebieten manifestierte sich um 1900 im gleichermaßen antikapitalistisch wie antisozialistisch ausgerichteten Gedankenkreis der « fortschrittlichen Reaktion », ohne jedoch in Gegnerschaft zu den imperialistischen Zielen der wilhelminischen Politik zu geraten[3]. Wohl den konkretesten Ausdruck fand diese antibürgerlich-bürgerliche Gesinnung in der Herausbildung zahlreicher lebens- und sozialreformerischer Bewegungen sowie in der Gründung verschiedener literarisch und kulturell engagierter Organisationen und Bünde[4].

Was fast alle diese Bünde, Organisationen und Bewegungen — trotz ihrer zum Teil höchst widersprüchlichen Ausrichtungen — miteinander verband, war sowohl ihre Haltung gegen den « Materialismus » der Arbeiterbewegung als auch ihre Kritik an der Verstädterung und Industrialisierung Deutschlands und der damit Hand in Hand gehenden Naturzerstörung[5]. Statt dessen forderten diese Gruppen immer wieder eine Rückbesinnung

---

2. Vgl. MOSSE George L., *Die völkische Revolution. Über die geistigen Wurzeln des Nationalsozialismus*, Frankfurt, Main, Anton Hain, 1991, S. 40-61. [1964]

3. Vgl. HAMANN Richard & HERMAND Jost, *Stilkunst um 1900*, Berlin, Akademie, 1967, S. 24-202.

4. Vgl. hierzu KRABBE Wolfgang R., *Gesellschaftsveränderung durch Lebensreform*, Göttingen, Vandenhoeck & Ruprecht, 1974 ; HERMAND Jost, *Die deutschen Dichterbünde. Von den Meistersingern bis zum PEN-Club*, Köln, Böhlau, 1998, S. 144-184.

5. Vgl. MORRIS-KEITEL Peter, *Literatur der deutschen Jugendbewegung. Bürgerliche Ökologiekonzepte zwischen 1900 und 1918*, Frankfurt, Main, Peter Lang, 1994 ; ROLLINS William, *A Greener Vision of Home. Cultural Politics and Environmental Reform in the German « Heimatschutz » Movement, 1904-1918*, Ann Arbor, University of Michigan Press, 1997 ; KNAUT Andreas, *Zurück zur Natur! Die Wurzeln der Ökologiebewegung*, Greven, Kilda, 1993.

des deutschen Volks auf Werte wie Innerlichkeit und Künstlertum, wodurch ein wahres « Deutschland der Seele » oder ein « Weltreich des deutschen Geistes » errichtet werden sollte. Zur Verwirklichung dieser idealistischen Ziele wandten sich die reformerischen Repräsentanten verstärkt an die Jugend, die sie in ihrem Sinne politisch zu beeinflussen suchten[6]. Erleichtert wurde diese Aufgabe durch die Verkultung der Jugend, die seit der Reichsgründung mit zu den wesentlichen ideologischen Merkmalen der bismarckschen und wilhelminischen Macht- und Nationalstaatlichkeit zählten. So wandte sich das *Repertorium der Pädagogik*, eines der bekanntesten Blätter im Deutschen Reich, bereits 1871 mit einem Aufruf zum « echten deutschen Nationalsinn » direkt an die Jugend[7] :

> Schwarz, weiß, roth. Roth ist die Farbe des Blutes... Sollte einst wieder der Feind sich heranwagen und den Fuß auf deutschen Boden setzen wollen, ... soll es für Euch nur einen Gedanken, nur einen Willen, nur eine That geben, die in dem Losungsworte sich vereinen : 'Mit Gott für's Vaterland'. Und ihr Mädchen habt gleichfalls patriotische Pflichten zu erfüllen... [Wählt] weiß als Farbe der Unschuld, des lauteren Wandels... Ihr sollt pflegen deutsche Treue, deutsche Ehrlichkeit, Ihr sollt üben Dienstgefälligkeit und Gastfreundschaft... Ihr sollt jederzeit die Familie, diese friedliche Stätte Eurer Jugendträume und Jugendfreuden, diesen Hort der Freiheit und des Volkswohles, in Ehren halten und in ihr die Grundlagen alles sittlichen und geistigen Fortschrittes im Staatsleben, all die Kraft des Volkes erkennen... Was soll Euch nun schwarz sagen?... Dieses Schwarz soll Euch vor schlechten Thaten warnen. Ihr sollt vor allen Handlungen zurückschrecken, die das Licht zu scheuen haben...

Gegenüber dieser unverhohlenen Kriegsverherrlichung, dem Frankreichhaß und dem Nationalismus machten sich positive Aspekte der Reformpädagogik besonders zu dem Zeitpunkt bemerkbar, als die humanistischen Bildungsideale nach 1895 in einen eklatanten Widerspruch zu den ökonomischen, technologischen und industriellen Ansprüchen des imperialistischen Machtstrebens gerieten. Vor allem die Landerziehungsheimbewegung versuchte mit ihren Konzepten, wie sie von Hermann Lietz, Paul Geheeb, Martin Luserke und Gustav Wyneken entworfen worden waren, in einem bildungsbürgerlich-kritischen Sinn auf die frühe bürgerliche Jugendbewegung einzuwirken[8]. Wie bei allen lebensreformerischen, sozialpolitischen und reformpädagogischen Gruppierungen und Bewegungen um 1900, empfiehlt es sich angesichts der « social engineering » — Taktiken des

---

6. MOSSE (wie Anm. 2), S. 163-184.
7. Zitiert in ROTH Lutz, *Die Erfindung des Jugendlichen*, München, Juventa, 1983, S. 75f.
8. Vgl. NAUMANN Michael, « Bildung und Gehorsam. Zur ästhetischen Ideologie des Bildungsbürgertums », VONDUNG Klaus (Hrsg.), *Das wilhelminische Bildungsbürgertum. Zur Sozialgeschichte seiner Ideen*, Göttingen, Vandenhoeck & Ruprecht, 1976, S. 34-52 ; FISHMAN Sterling, *The Struggle for German Youth. The Search for Educational Reform in Imperial Germany*, New York, Revisionist Press, 1976.

herrschenden Wirtschaftssystems heutzutage stets genaueste Unterscheidungen zu treffen, um derartige Bestrebungen in Erweiterung der Thesen zur Entstehung des deutschen Faschismus, wie sie Georg Lukács in seinem Buch *Die Zerstörung der Vernunft. Der Weg des Irrationalismus von Schelling zu Hitler* (1955) aufgestellt hat, nicht einfach über einen undialektischen und damit vereinfachenden Kamm zu scheren. Dabei sollte von der Frage ausgegangen werden, inwieweit solche insbesondere auf die Jugend abgestellten Konzepte auf überpersönlichen und aufklärerischen Zielsetzungen, das heißt gemeinschaftlichen Verantwortungsgefühlen und dem Verzicht auf egoistische Selbstentfaltung beruhten, also auf Werten, die sich den vordergründigen Verbrauchsstrategien des Wirtschaftsliberalismus entgegenstellten, oder ob diese Bemühungen — wie in Houston Stewart Chamberlains Buch *Die Grundlagen des 19. Jahrhunderts* (1899) — von Anfang an von einer antisemitischen Ideologie bestimmt waren, die im Zusammenhang der historischen, politischen und ökonomischen Kontinuität im nationalsozialistischen Deutschland nach 1933 ihre wirkliche Bestimmung entfalteten[9]. Schließlich kam es um 1900 nicht nur im Deutschen Reich, sondern auch in Frankreich und Italien — wenn auch unter anderen Voraussetzungen und mit unterschiedlichen Zielsetzungen — zu einem Aufbruch der Jugend bei den bürgerlichen Schichten, der sich ebenfalls nicht ausschließlich nationalistischen oder faschistischen Gesichtspunkten unterordnen läßt[10].

II

Wie viele Schriftstellerinnen und Schriftsteller der Jahrhundertwende sympathisierte auch die 1869 in Tilsit (heute : Sovetsk) als Tochter eines Zimmermanns geborene Gertrud Prellwitz mit vielen lebensreformerischen und jugendbewegten Bünden und Organisationen. Zwischen 1880 und 1885 besuchte sie zunächst die höhere Töchterschule ihrer Tante Laura Prellwitz in Königsberg (heute : Kaliningrad) und anschließend die Erziehungsanstalt Droyßig bei Zeitz, die sie 1888 nach dem Oberlehrerinnenexamen verließ. Nach mehrjähriger Tätigkeit als Lehrerin in Königsberg hängte Prellwitz — wohl auch aufgrund ihrer lesbischen Neigungen — 1895 ihren Beruf kurzerhand an den Nagel und siedelte nach Berlin über. In den folgenden Jahren besuchte sie am dortigen Viktoria-Lyzeum

---

9. Vgl. HARTUNG Günter, « Völkische Ideologie », *Weimarer Beiträge* 33 (1987), S. 1174-1185; EMMERICH Wolfgang, *Zur Kritik der Volkstumsideologie*, Frankfurt, Main, Suhrkamp, 1971.
10. Vgl. LAQUEUR Walter, *Die deutsche Jugendbewegung*, Köln, Wissenschaft und Politik, 1983, S. 14 [1962]; Frank Trommler, « Mission ohne Ziel. Über den Kult der Jugend im modernen Deutschland », KOEBNER Thomas, JANZ Rolf-Peter & TROMMLER Frank (Hrsg.), « *Mit uns zieht die neue Zeit ». Der Mythos Jugend*, Frankfurt, Main, Suhrkamp, 1985, S. 14-49.

und an der Berliner Universität Vorlesungen über Theologie und Literatur-
geschichte und vertiefte sich ferner in die Werke Kleists, Nietzsches und
Richard Wagners[11]. Von ungleich größerer Bedeutung für ihre Wendung
zur Jugendschriftstellerin, deren Werke eine Gesamtauflage von etwa
400 000 Exemplaren erreichen sollten, waren jedoch zwei Männer aus
dem Umfeld der « fortschrittlichen Reaktion », die in Berlin kurz vor der
Jahrhundertwende für einiges Aufsehen sorgten. Das war zum einen die
Bekanntschaft mit dem seinerzeit vielgefeierten Maler und Illustrator
Fidus (Hugo Höppener, 1868 - 1948) und zum anderen die christlichethi-
schen Erziehungsideale Christoph Moritz von Egidys (1847 - 1898), in deren
Bann Gertrud Prellwitz geriet. Fidus hatte sich zunächst als Schüler des
Malers Karl Wilhelm Diefenbach (1851-1913) mit der Propagierung von
vegetarischen, lichtgläubigen, lebensreformerischen und nacktkultischen
Idealen einen Namen gemacht, war im Herbst 1892 nach Steglitz gezogen,
um für die von Wilhelm Hübbe-Schleiden herausgegebene, theosophisch
ausgerichtete Monatsschrift *Sphinx* Illustrationen anzufertigen, und be-
wohnte seit dem Winter 1894/95 ein eigenes Atelier an der Kurfürsten-
straße am Zoo. Im Sommer 1900 ließ er sich mit seiner Frau Elsa Knorr
in Friedrichshagen nieder, wo er in mehr oder weniger engem Kontakt
mit dem Friedrichshagener Dichterkreis sein eigenes « meisterliches »
Kunstkonzept enwickeln wollte. In direkter Wendung gegen die materialistischen Tendenzen des Naturalismus vertrat er eine lebensreformerisch-
theosophische Ausrichtung, die von einer « neuen Innerlichkeit », einer
« neuen Ganzheitlichkeit » und einer « neuen Religiosität » bestimmt war
und die im Gegensatz zur graubürgerlichen Alltäglichkeit bewußt ins
« Schöne, Erhabene und Verinnerlichte » zielen sollte[12].

Ebenso volksnah und reformbetont gab sich Moritz von Egidy, der seit
der Aufgabe seiner Offizierslaufbahn in Moabit wohnte und mit zahlreichen öffentlichen Reden zwischen 1891 und 1897 vor allem in Berlin, aber
auch in anderen deutschen, schweizerischen und österreichischen Städten,
breite Bevölkerungsschichten von seinen pazifistischen, frauenrechtlerischen,
pädagogischen und sozialreformerischen Ideen überzeugen wollte[13]. Was
Gertrud Prellwitz hieran sicher am meisten beeindruckt hat, waren vor
allem folgende Gesichtspunkte. Zum einen trat Egidy — unter dem
Einfluß bürgerlicher Frauenrechtlerinnen wie Bertha von Suttner —
nachdrücklich für die Selbständigkeit der Frau ein, wozu er auch das

---

11. PRELLWITZ Gertrud, *Lebensanfänge. Erinnerungen an Kindheit und Jugend*, Oberhof, Maien, 1929,
S. 47-78; FRECOT Janos, « Gertrud Prellwitz », Hinrich Jantzen (Hrsg.), *Namen und Werke. Biographien
und Beiträge zur Soziologie der Jugendbewegung*, Bd. 4, Frankfurt, Main, dipa, 1977, S. 229-234.
12. HERMAND Jost, *Der Schein des schönen Lebens. Studien zur Jahrhundertwende*, Frankfurt, Main,
Athenäum, 1972, S. 76.
13. Vgl. DRIESMANS Heinrich (Hrsg.), *M. von Egidy. Sein Leben und Wirken. II. Band*, Dresden,
Pierson's Verlag, 1900.

Recht auf ein « freies Sich-Ausleben » in jeder Hinsicht zählte, und zum anderen seine scharfe Kritik an der staatlichen Kirche als einer « überflüssigen Organisation ». Wie andere privat-religiös und antisozialistisch ausgerichtete Vertreter forderte Egidy als Pazifist « statt Konfession Religion, statt Parteipolitik Volkswohlfahrt », wodurch seiner Meinung nach ein « Völkerfriede » zu erreichen sei, während das Verharren im gängigen « Konfessions- und Parteienwesen » zu weiteren Kriegen führen werde. Der « Friedensmensch » der Zukunft, behauptete er, müsse ein « Kraftmensch » sein, der den Krieg « aus Freude an dem Höheren », durch « Disziplinierung des Willens » sowie durch « Selbstbeherrschung » und « Leibesübungen » überwinden müsse[14]. Das wichtigste Mittel zur Überwindung des « Philisterhaften von heute » und den « Spießbürgerlichkeiten von jetzt », schrieb er in seinem Buch *Über Erziehung* (1896), sei das « Individualisieren » der « heranwachsenden Jugend » zu « Frohsinn, zur Freudigkeit, ja zur Liebenswürdigkeit ». Dies könne aber nur geschehen, wenn die Schule den « Jüngling und die Jungfrau » auf « das Leben » vorbereite, indem sie das « Erwecken der Pflichten » und das « Beleben der idealen Begriffe der Jugendzeit » — dazu zählte er Charakterfestigkeit, Wahrhaftigkeit, Liebe und Treue — in einem Maß fördere, daß es der Jugend später ermögliche, ihr Leben in einem völkischen « Zusammengehörigkeitsbewußtsein » zu gestalten. Andernfalls — meinte er — drohe ein « socialdemokratischer Zukunftsstaat », der als « großes Zwangsgenossenschaftssystem » jegliche « erzieherische Notwendigkeit » zunichte machen werde[15].

Nachdem Prellwitz solchermaßen ihren « Weihefrühling in Berlin » — wie sie es nannte — erlebt hatte, « rettete » sie sich « im Jahre 1896 » in lebensreformerisch-idealistische, individual-religiöse und wahrheitssuchende Verinnerlichungsvorstellungen. Fortan stellte sie ihre gesamte schriftstellerische und essayistische Tätigkeit auf das Einwirken auf die Jugend und überhaupt alle « Wesensverwandten » ab, wobei sie mit ihrem Erlösungsprogramm die « Atmosphäre der Zeit verändern » und mit den « neuen Menschen die Verhältnisse draußen umgestalten » wollte. « Dann », schrieb sie emphatisch, « wächst nach außen hin von innen her eine neue, reinere Welt. Dann kommt eine neue Zeit[16] ».

In den nächsten Jahren vertiefte sie ihre Beziehung zu Fidus, verstand sich — wie dieser — immer mehr als künstlerischer Mensch und veröffentlichte eine Reihe anspruchsvoller Bühnenweihspiele und Dramen, wie *Oedipus* (1898), *Zwischen zwei Welten* (1900), *Michel Kohlhas* (1904) oder *Der Kaisertraum* (1912), und religiöse Aufsätze und Gedichtbände,

---

14. Ebda., S. 102-104, 117, 120.
15. EGIDY Moritz (von) : *Über Erziehung*, Bern, Siebert, 1896, S. 25, 32, 36, 44, 57.
16. PRELLWITZ (wie Anm. 11), S. 67, 71.

wie *Weltfrömmigkeit und Christentum* (1898), *Gottesstimmen* (1899) oder *Der religiöse Mensch und die moderne Geistesentwicklung* (1905). Wie innig die Freundschaft zu Fidus und Elsa sowie ihren Kindern Drude und Holger in diesen Jahren geworden war, läßt sich am deutlichsten daran ablesen, daß sie im Frühjahr 1904 mit diesen kurzerhand an den schweizerischen Walensee aufbrach, wo Fidus auf Einladung des Spiritisten Josua Klein seine theosophischen Tempelphantasien in konkrete Bauten umsetzen sollte. Statt dessen kam es aufgrund der komplizierten Beziehungsverhältnisse bereits im Sommer 1905 zum Eklat, woraufhin sich Gertrud und Elsa mit den Kindern zuerst nach Zürich und anschließend nach Schreiberhau im Riesengebirge zurückzogen[17]. Hier entwarf Prellwitz zwei Werke, in denen sie sich direkt mit dieser Situation auseinandersetzte, und zwar die Schrift *Vom Wunder des Lebens* (1909) und die erst 1922 veröffentlichte Novelle *Schaffende*[18].

Genau gesehen, handelt es sich bei beiden Werken um Fidus geweihte Huldigungen, denen allerdings unterschiedliche Absichten zugrunde liegen. So erweckt die Schrift *Vom Wunder des Lebens*, die Prellwitz « Elsa und ihren Kindern » widmete, durchweg den Eindruck, als habe man in Worte gesetzte Beschreibungen von bekannten Fidus-Werken — wie « Die ewige Braut » (1905), « Mutter Nacht » oder « Sonnenanbeter » (beide 1908) — vor sich, wobei — wie bei diesen — alles Erotische weitgehend ins Naturreligiöse entschärft wird. In diesem Sinne richtete die Verfasserin die Aufforderung an ihre jungen Leserinnen, zu priesterlich-lichtvollem Menschentum, zu ewigkeitsklarer « Liebe », ja zu adliger « Jungfräulichkeit » aufzusteigen, wohingegen junge Leser — nach dem Vorbild von Fidus' « Schwertwache » (1895) — im heldenhaften Kampf für die « Reinheit der Welt » alle materialistischen Lindwürmer und Drachen zu erschlagen hätten[19]. Und gerade diese idealistischen Perspektiven, welche schon die Zeitgenossen an Fidus' Kunstwerken bewunderten[20], müssen den ungeheuren Erfolg dieser Schrift — der Diederichs Verlag konnte davon über 100 000 Exemplare absetzen — bei der bürgerlichen Jugendbewegung bewirkt haben. Selbstverständlich steht auch in der Novelle *Schaffende* das Künstlertum im Vordergrund, wobei Prellwitz — gemäß Egidys Auslebe- und Unabhängigkeitsvorstellungen — das Recht bürgerlicher Frauen auf eine gleichberechtigte « geniale Schaffenskraft » einforderte. In peinlicher Analogie zur realen Situation von Fidus und Elsa verläßt daher die Künstlerin Hildegard am Ende der Erzählung Schreiberhau und ihren

---

17. HERMAND (wie Anm. 12), S. 94-97.
18. Prellwitz behauptete bei der Veröffentlichung der Novelle, daß diese bereits 1901 « enstanden » sei. Tatsächlich geht es um die Situation in « Schreiberhau », von der sie 1901 noch nichts gewußt haben konnte. Vgl. PRELLWITZ, *Schaffende*, Oberhof, Maien, 1922, S. 1.
19. PRELLWITZ : *Vom Wunder des Lebens*, Jena, Diederichs, 1909, S. 25, 40.
20. HERMAND (wie Anm. 12), S. 72.

geliebten Mann, einen selbstsüchtigen Künstler, der lichtsuchendes « Schaffen » nicht für « des Weibes Art » und daher für « Unnatur » hält, um ihr schöpferisches « Talent » und zugleich seine notwendig « harte Wandlungsarbeit » zu befördern[21].

Von diesen künstlerischen Bemühungen Gertruds war Fidus bei seinem Besuch im November 1908 in Schreiberhau sicherlich ebenso gerührt wie von der Scheidungsunwilligkeit Elsas. Jedenfalls kam es zu einer Einigung und alle ließen sich kurz darauf im geräumigen Fidus-Haus in Woltersdorf bei Erkner nieder, wo Fidus und Prellwitz eine Reihe von gemeinsamen Aktivitäten planten. Prellwitz wurde zunächst Mitglied im Alt-Wandervogel und 1911 in der von Rudolf Steiner gegründeten Anthroposophischen Gesellschaft[22]. Beide wurden im Februar 1912 zu Ehrenräten des « Deutschen Schafferbundes » ernannt und gründeten kurz darauf — zusammen mit Wilhelm Spohr, Jakob Feldner, Adalbert Luntowski, Franz Bernoully und einigen anderen — den theosophisch ausgerichteten St.-Georgs-Bund, um der « kapitalistischen Weltordnung » die « adlige Natur der wahren Kunst » entgegenzustellen, wie sich in der Einladung zum Mitgliedsbeitritt nachlesen läß[23]. Als erstes Buch des Verlags erschien 1913 Prellwitz' *Legende vom Drachenkämpfer*, zu dem Fidus die Zeichnung « Drachenforscher » beisteuerte. Gleichzeitig bemühten sich beide um die Stärkung der bürgerlichen Jugendbewegung, die zum 11. und 12. Oktober 1913 auf dem Hohen Meißner bei Kassel einen « Ersten Freideutschen Jugendtag » einberufen hatte. Bei dieser Jahrhundertfeier der sogenannten Befreiungskriege ließ Fidus sein Bild « Hohe Wacht » verteilen, das in der kurz danach erschienenen Festschrift ebenso abgedruckt war wie die Aufsätze « Was ist Vaterlandsliebe ? » und « Die Ehe und die neue Zeit » von Prellwitz.

Diese Verstaltung brachte mehrere tausend Vertreter aus den Bewegungen von Lebensreform, Heimatschutz, Landschulheim, Reformpädagogik und vor allem der bürgerlichen Jugend in einer solidarischen, antibürgerlich-bürgerlichen Haltung zusammen. Mit der Zurückweisung des wilhelminischen Chauvinismus und Imperialismus, die durch das Aufrücken des Deutschen Reichs zur zweitstärksten Industriemacht nach den USA im gleichen Jahr noch stärker gefördert wurden, verstanden sie sich als gesamtgesellschaftliche Gegenbewegung und verbanden mit dem Umsetzen eines jugendgemäßen, friedfertigen und frühökologischen Lebensstils weitreichende Veränderungshoffnungen[24].

---

21. PRELLWITZ (wie Anm. 18), S. 25, 32, 46, 63.
22. Vgl. FRECOT Janos, GEIST Johann Friedrich, KERBS Diethart, *Fidus 1868-1948. Zur ästhetischen Praxis bürgerlicher Fluchtbewegungen*, München, Rogner & Bernhard, 1972, S. 133-139.
23. Zitiert in HERMAND (wie Anm. 12), S. 100.
24. Vgl. MORRIS-KEITEL (wie Anm. 5), S. 91-107.

Zu diesen Bestrebungen wollte auch Gertrud Prellwitz einen Beitrag leisten, indem sie — unter Bezugnahme auf die « Freiheitskämpfer » vor 100 Jahren — die « deutsche Jugend » dazu aufrief, « Vaterlandsliebe » nicht mit « prahlerischem Selbstruhm » oder « Gehässigkeit gegen das Fremde » zu verwechseln, sondern — im Sinne Egidys — eine « reiche », « harmonische », « lichtvolle », « sittliche » und religiöse « Volksindividualität » auf den « Tugenden deutscher Art » — sie nannte « ernste Innerlichkeit, lachende Genügsamkeit, innige Herzenswärme und ein sonnenhaftes Leuchten im Blut, voll Wahrhaftigkeit und Treue » — zu « entfalten » und damit « das Neue » einer « neuen Zeit » « mitheraufzuführen ». Allerdings müsse sich die Jugend, schrieb sie, von jenen « Fehlern » fernhalten, die der « deutschen Art » « wesensfremd » seien, nämlich der « Bewunderung » der aufklärerischen Konzepte des 18. Jahrhunderts, die Deutschland « in jene schwere Schmach gestürzt » hätten, durch die der « Geist des Materialismus », der als « wissenschaftliches Dogma », als äußerliche « Genußsucht oder Oberflächlichkeit » den Menschen von allen inneren « Quellen des Lebens » abschneide, überhand genommen habe. Gleichermaßen antisozialistisch äußerte sie sich auch in Bezug auf die in der bürgerlichen Jugendbewegung viel diskutierten Ehereformideale, indem sie sich mit kaum verhüllter Offenheit gegen August Bebels Analyse der bürgerlich-kapitalistischen Ehe wandte, die dieser in seinem Buch *Die Frau und der Sozialismus* (1879, 50. Aufl. 1909) dargestellt hatte[25]. Vielmehr schien sie mit ihren Aufrufen zu « innerlichster Innerlichkeit », « zartester Wahrhaftigkeit » und zum ernsten « Verantwortungsgefühl gegenüber dem wichtigen, heiligen Lebensgute, das die Natur der Menschheit anvertraute, dem Liebesvorgange », die lesbischen und homosexuellen Neigungen bei den Jugend- und Reformbegeisterten unterstützen zu wollen[26].

Läßt sich Prellwitz' Haltung im Zusammenhang des bürgerlichen Reformwillens, wie er beim Meißnertreffen durch die Kritik an der wilhelminischen Machtstaatlichkeit und den Aufruf zu Solidarität und Tataktivismus zum Ausdruck kam, noch als ein « gerechtfertigter Nationalismus » begreifen[27], so schwenkte sie im August 1914 mit dem

25. PRELLWITZ, « Was ist Vaterlandsliebe », « Die Ehe und die neue Zeit », MOGGE Winfried u. REULECKE Jürgen (Hrsg.), *Hoher Meißner 1913. Der Erste Freideutsche Jugendtag in Dokumenten, Deutungen und Bildern*, Köln, Wissenschaft und Politik, 1988, S. 232-238.
26. Vgl. E.P. DE RAS Marion, *Körper, Eros und weibliche Kultur. Mädchen im Wandervogel und in der Bündischen Jugend 1900-1933*, Pfaffenweiler, Centaurus, 1988 ; MUSALL Friedhelm F., *Jugendbewegung, Sexualität und adoleszente Politisierung. Pädagogisch-sozialpsychologische Untersuchungen zu Entstehung und Verlauf der deutschen Jugendbewegung bis 1920*, Frankfurt, Main, dipa, 1987.
27. Vgl. MOSSE George L., « Ist der Nationalismus noch zu retten? Über gerechtfertigten und ungerechtfertigten Nationalismus », BERGHAHN Klaus, HOLUB Robert C. u. SCHERPE Klaus R. (Hrsg.), *Responsibility and Commitment. Ethische Postulate der Kulturvermittlung. Festschrift für Jost Hermand*, Frankfurt, Main, Peter Lang, 1996, S. 37-48.

Beginn des Ersten Weltkriegs im Sinne der Parole Kaiser Wilhelm II.
« Ich kenne keine Parteien mehr, ich kenne nur noch Deutsche » völlig
auf die deutsch-kulturmissionarischen « Ideen von 1914 » um[28]. Wie viele
andere setzte sie auf ein « einheitliches Volksbewußtsein », um durch
einen Sieg über Liberalismus und Materialismus im Sinne der Französischen Revolution von 1789 den Weg frei zu machen für Werte wie
« Gemeinschaftlichkeit, Opferbereitschaft, Kulturbewußtsein, Streben
nach Höherem usw. » Wie in zahllosen anderen Publikationen appellier-
te auch Prellwitz mit ihren Flugblättern « Was gilt es in diesem Krieg? »
(August/September 1914) und in ihrer Schrift *Durch welche Kräfte wird
Deutschland siegen?* (1915) an das « ganze deutsche Volk », dessen « Kaiser-
wille und Volkswille » ebenso « eins » sei, wie der « Wille von Mann und
Weib, von Hoch und Niedrig, von Ost und West, von Rechts und Links
der Parteiung. » Während sie Frankreich und England sowohl wegen der
« Macht des Geldes » und des « Geschäftsgeistes » als auch wegen der
« Decadence » und der « Perversität in der Kunst » sowie der « frechen und
dirnenhaften » Pariser Mode zu den Staaten der « materialistischen Zivilisation » zählte, habe sich in Deutschland durch die lebensreformerisch
eingestellte Jugendbewegung der verjüngende « Geist der Innerlichkeit
und Wahrhaftigkeit » erhalten. Mit dem « Sieg des Geistes über die
Materie » werde das deutsche Volk die äußeren und inneren Feinde sowie
den « fremden, kalten, erstarrenden Geist der Veräußerlichung in jeder
Gestalt » überwinden, so schloß sie, weil es die « stärkeren sittlichen
Kräfte hat![29] »

Mit diesem Ruf nach « Höherem », wodurch Deutschland zu « Welt-
frieden und Völkerglück » beitragen werde, geriet Prellwitz zwangsläufig
mit vielen anderen Vertretern der « fortschrittlichen Reaktion » in die
Nähe der wilhelminischen Kriegszielpolitik, die der preußische General
Helmuth von Moltke kurz nach Kriegsbeginn vor der Deutschen
Gesellschaft folgendermaßen rechtfertigte[30] :

> Die romanischen Völker haben den Höhepunkt ihrer Entwicklung schon
> überschritten, sie können keine neuen befruchtenden Elemente in die
> Gesamtentwicklung hineintragen. — Die slawischen Völker, in erster Linie
> Rußland, sind noch zu weit hinter der Kultur zurück, um die Führung der
> Menschheit übernehmen zu können. Unter der Herrschaft der Knute würde
> Europa in den Zustand geistiger Barbarei zurückgeführt werden. — England

28. Zum folgenden vgl. HERMAND Jost, *Der alte Traum vom neuen Reich. Völkische Utopien und Nationalsozialismus*, Frankfurt, Main, Athenäum, 1988, S. 92-98 ; SEE Klaus (von), *Die Ideen von 1789 und die Ideen von 1914. Völkisches Denken in Deutschland zwischen Französischer Revolution und Erstem Weltkrieg*, Frankfurt, Main, Athenaion, 1975.

29. PRELLWITZ, *Durch welche Kräfte wird Deutschland siegen?* Jena, Diederichs, 1915, S. II-VII, 17-27, 55, 62.

30. Zitiert in FISCHER Fritz, *Krieg der Illusionen. Die deutsche Politik von 1911 bis 1914*, Düsseldorf, Droste, 1987, S. 783. [1969]

verfolgt nur materielle Ziele. Eine günstige Weiterentwicklung der Menschheit ist nur durch Deutschland möglich. Deshalb wird Deutschland in diesem Krieg nicht unterliegen, es ist das einzige Volk, das zur Zeit die Führung der Menschheit zu höheren Zielen übernehmen kann... Dieser Krieg wird eine neue Entwicklung des Geschichte zur Folge haben, und sein Ergebnis wird der gesamten Welt die Bahn vorschreiben, auf der sie in den nächsten Jahrhunderten voranzuschreiten haben wird.

Ob Gertrud Prellwitz zu jenen zählte, welche die wahren Ziele dieses imperialistischen Beutekriegs erkannten, läßt sich zurecht bezweifeln. Denn in ihren nachfolgenden Publikationen, mit denen sie besonders bei der bürgerlichen Jugendbewegung in der Weimarer Republik ihre größten Erfolge feierte, hielt sie weitgehend unverändert an ihren reformbetonten Vorkriegsidealen fest.

III

Nach dem Tod von Elsa Knorr im April 1915 verließ Prellwitz Woltersdorf und reiste für mehrere Monate nach New York und in andere Städte an der US-amerikanischen Ostküste, um im Rahmen von religiösen Vorträgen — wie sie sie auch in ihrem Buch *Durch welche Kräfte wird Deutschland siegen?* vertrat — für ein geistidealistisches Deutschlandbild zu werben. Als im Juli 1918 auch die ihr ebenfalls sehr nahestehende Fidustochter Drude starb, entschloß sich Prellwitz, deren Leben — so wie sie es sah — in einem dreibändigen *Drude*-Roman zu gestalten. Hiermit — wie in den meisten nachfolgenden Schriften — wandte sie sich gezielt an die nach dem Krieg desillusionierte bürgerliche « neue Jugend », wie die Widmung des ersten *Drude*-Bands lautete. Daß sie die Stimmung in diesen Kreisen richtig eingeschätzt hatte, zeigte sich, als das 1920 im Verlag des St.-Georgs-Bunds erschienene Buch innerhalb kürzester Zeit zu einem regelrechten Bestseller wurde. Aufgrund des finanziellen Erfolgs — wozu die ins Legendäre verklärte Fidus-Gestalt des Romans wesentlich beitrug — reifte bei ihr der Entschluß zu einer räumlichen, aber nicht geistigen Trennung von Fidus und sie gründete kurz darauf in Oberhof im Thüringer Wald ihren eigenen Maien-Bund und Maien-Verlag[31]. Um diesem Verlag das nötige Ansehen zu geben, brachte sie innnerhalb kürzester Zeit eine große Anzahl teilweise bereits wesentlich früher geschriebener Gedichte, Weihespiele, Aufsätze, Legenden, Erzählungen und Romane heraus, wobei Werke wie *Ruth. Ein Buch von Deutschlands Not und Deutschlands Jugend*, *Das Osterfeuer. Eine Erzählung aus der Welt des Armanentums*, *Unsere neue Weltanschauung* (alle 1921), *Schaffende* (1922),

---

31. Vgl. HERMAND (wie Anm. 12), S. 107f; FRECOT et al. (wie Anm. 23), S. 116, 180f.

Sonne über Deutschland! (1926) sowie die weiteren *Drude*-Bände (1923-1926) zu den begehrtesten bei der Jugend zählten.

Ganz im Sinne ihres Abzielens auf diese Leserschaft, knüpfte Prellwitz gezielt bei den Erfahrungen und Zielen der bürgerlichen Jugendbewegung aus den Jahren vor dem Weltkrieg an. So setzte sie unvermindert auf die Beliebtheit Fidusscher Kunstwerke und orientierte sich auch in ihren erzieherischen, religiösen und ehereformerischen Idealen weitgehend an Egidys Vorschlägen, wobei sie andere lebensreformerische Konzepte miteinbrachte, die ebenfalls vor oder um 1900 entwickelt worden waren. Das einzige, das Prellwitz in einigen ihrer Romane und Erzählungen zusätzlich aufgriff, waren die Themen Judentum und Antisemitismus, die spätestens seit 1912 eine zentrale Rolle in der Diskussion der bürgerlichen Jugendbewegung spielten[32]. Diese Themen belegen gerade in der fehlenden Auseinandersetzung mit der politischen und ökonomischen Realität der Weimarer Republik in aller Deutlichkeit, daß ihr in erster Linie daran lag, ihre jugendliche Leserschaft von Alltagsproblemen, wie Arbeitslosigkeit, Inflation, Putschversuche usw., fernzuhalten. Darüber hinaus beweist dieses Vorgehen, daß ihren Schriften — trotz der in ihnen vertretenen lebensreformerischen Ansprüche — eine zutiefst antidemokratische und antisozialistische Haltung zugrunde lag.

Die romantisierende Perspektive, die sich beim Ignorieren der gesellschaftspolitischen Wirklichkeit stets einstellt, zeigte sich am deutlichsten in den *Drude*-Romanen, die seinerzeit von jungen Wandervögeln mit größter Begeisterung gelesen wurden. Hier gilt Deutschland als das Land der « Seelenkräfte », der « Märchen », der « Volkslieder », des Nibelungenlieds, der « mittelalterlichen Volkstänze » und der Kleidungsreform, worin sich eine « große Liebe zum Echten, zum Wahren, zum Freien, zum Schaffenden » ausdrücke und daher auch der « frische Überschwang der Jugend » und der Wille zu einer « neuen, frischen, reinen » Welt herrsche[33]. Vorbild für diese innere « Wahrhaftigkeit und Liebe » bleibt weiterhin « Meister » Fidus, so lesen wir, da er sich nicht wie die Maler der naturalistischen und expressionistischen « Moderne » jedem äußerlich-materialistischen « Richtungstaumel » hingebe, sondern Bilder schaffe, die all seinen jugendlichen Bewunderern durch ihre « selige Lichtberührung » und ihre « unsichtbaren kosmischen Wirklichkeiten » wundersame « Offenbarung » und « höchstes Glück » verheiße[34]. Durch diese spirituelle Verinnerlichung werde die deutsche Jugend und das friedliebende Deutschland, das durch die einschnürenden « Lügengedanken » und die gifthauchenden « Haßgefühle » Frankreichs und Englands in den Krieg hineingezogen worden

---

32. Vgl. LAQUEUR (wie Anm. 10), S. 89-99.
33. PRELLWITZ, *Drude. Ein Buch des Vorfrühlings*, Woltersdorf, St. Georgs Bund, 1920, S. 10, 34, 69, 140.
34. Ebda., S. 22, 104, 108f. ; PRELLWITZ, *Drude. Roman einer neuen Jugend. Zweiter Band : Neue Zeit*, Oberhof, Maien, 3. Aufl. 1926, S. 75, 106, 110f [1923].

sei, nicht nur die « dumme, platte, engherzige » und materialistische Gesinnung der Vorkriegsjahre überwinden, sondern auch mit « Flammen-kraft » das « neue Deutschland » errichten. Da Deutschland — wie Prellwitz noch im 1926 veröffentlichten dritten *Drude*-Band schrieb — an dem « Raubkrieg » von 1914 bis 1918 völlig « unschuldig » sei, könne es auch keinen Zweifel an einem « deutschen Sieg » geben. Zusammen mit Steiners Anthroposophie und Egidys religiöser « Wahrheit » werde der Krieg « alle auf individuelle Weise zu dem einen Ziel führen » : zu einer « Einheit mit der göttlichen Harmonie ». Besonders die « deutschen Jünglinge » seien zur « Revolution » mit dem Ziel « Nicht die Verhältnisse ändern! Das Denken der Menschen ändern! » aufgerufen, um auf dieser Grundlage ein « Vaterland Europa » aufzubauen, in dem « jedes Volk seine eigene Volksart schön » entfalten könne[35].

Nachdem alle jungen Menschen solchermaßen ihre « innere Lebendig-keit » verwirklicht hätten, behauptete Prellwitz, gäbe es selbstverständlich auch keinen Antisemitismus mehr. Durch das innere Kennenlernen « edler Juden » werde besonders die Jugend diese nicht mehr aufgrund von äußerlichen Merkmalen verurteilen, sondern im Gegenteil von ihrer « deutschen Blutsverwandschaft » überzeugt sein. Die « edlen Juden werden uns dabei helfen », schrieb sie im Tonfall tiefster Überzeugung, « Materialismus » und « Geldsinn » ein für allemal aus dem « deutschen Volkswesen » zu entfernen, denn das « Ewige » sei schließlich das « gemein-sam Edel-Menschliche » und nicht die « Rassenunterschiede[36] ».

Diese Haltung, die Gertrud Prellwitz unter anderem auch in ihren Schriften *Durch welche Kräfte wird Deutschland siegen?* (1915) und *Das Osterfeuer* (1921) vertrat, konkretisierte sie noch weiter in der Kurzge-schichte *Ruth* (1921), in der sie die von Heinrich Pudor, Theodor Fritsch und Bruno Tanzmann entworfenen Ideen der Gartenstadt Hellerau für ihre jungen Leserinnen und Leser erzählerisch verarbeitete. Im Mittelpunkt steht hier die Familie Herbert von Retzows, hinter dem sich unschwer Ernst von Reventlow, einem der ersten Nazi-Anhänger und Geldgeber der Siedlungsgemeinschaft, ausmachen läßt[37]. Dessen jüdische Frau Hannah und ihre Tochter Ruth haben im Krieg zu einer liebenden « vaterlands-losen Religion » gefunden, während sich der Vater in einen hassenden « Herrenmenschen » verwandelt hat. Diese Differenzen lassen sich jedoch

---

35. PRELLWITZ, *Drude. Roman einer neuen Jugend*. Dritter Band, *Flammenzeichen*, Oberhof, Maien, 1926, S. 14, 18, 86, 120-126.
36. PRELLWITZ, *Drude*, 2. Band, S. 14, 33, 105 ; 3. Band, S. 151.
37. Vgl. MOSSE (wie Anm. 2), S. 151 ; zur keineswegs ausschließlich rassistischen Geschichte der Gartenstadt vgl. auch Kristiana Hartmann, « Gartenstadtbewegung », KERBS Diethart u. REULECKE (Jürgen) (Hrsg.), *Handbuch der deutschen Reformbewegungen 1880-1933*, Wuppertal, Peter Hammer, 1998, S. 289-300 ; ROLLINS William, « 'Mere Surroundings?' The Garden City and Its Naturalist Challenge to Humanist Literary Criticism », MORRIS-KEITEL Peter u. NIEDER-MEIER Michael (Hrsg.), *Ökologie und Literatur*, Frankfurt, Main, Peter Lang, 2000, S. 99-116.

im Thüringer Wald in der Gesellschaft von Wandervögeln und mit der Bekennung zu einem Hakenkreuz tragenden Gott relativ schnell über- winden, woraufhin sich die Familie in Hellerau niederläßt, da es dort — so Prellwitz — auch den Juden gelänge, sich in ein « freies, schönes Menschentum » hinaufzuarbeiten[38].

Wiederum folgte Prellwitz eindeutig Egidys Vorstellungen, der um 1895 von der « Schmach » gesprochen hatte, « wenn wir 50 Millionen Deutsche nicht mit den paar tausend Juden fertig werden sollten. » Daher hatte er im Sinne völkischer Erziehungsideale für die Jugend auf der Überwindung des Judentums in « vornehmer Gesinnung » bestanden, in deren Folge sich die « edleren, entwicklungsfähigeren Elemente unter den Juden zweifellos mit dem Deutschtum versöhnen und mit ihm ver- schmelzen » würden[39]. Wie überzeugend derartige Vorstellungen für Teile der bürgerlichen Jugendbewegung in den zwanziger Jahren gewesen sein müssen, läßt sich nirgendwo deutlicher ablesen als bei den Apologeten der Volkstumsideologie, bei denen Gertrud Prellwitz bis heute als « ausge- sprochene Philosemitin » gilt[40]. Dagegen beweist allein schon die Geschichte des völkisch-rassistischen Gedankenguts, daß der Versuch einer Assimilation von einzelnen Juden — bei gleichzeitiger Forderung nach der Beseitigung von Juden als Gruppe — nichts anderes war, als das Projizieren der « eige- nen Intoleranz auf das jüdische Stereotyp[41] ». Dieser Antisemitismus nahm nach 1918 im Zusammenhang der als « Schmach von Versailles » aufge- faßten Kriegsniederlage — wie beispielsweise in den Schriften von Theodor Fritsch, Hermann Ahlwardt oder Arthur Dinter — höchst aggressive Aus- maße an. Zwar war Prellwitz' Antisemitismus nicht von dieser Brutalität geprägt, trug aber in seiner literarisch verfeinerten Form ebenso wie diese zur Vertiefung anti-jüdischer Einstellungen bei der Jugend bei[42].

Bei einer derart ideologiekritischen Lesart der *Drude*-Romane bleibt es nicht aus, daß die Bildungsideale von « Goethe, Schiller, Herder, Humboldt und Fichte » in der 1910 von Paul und Edith Geheeb gegründeten Odenwaldschule, auf denen die Werke angeblich basieren, ebenso in den Hintergrund treten wie Drudes pubertäre Sorgen um ihre « Jungfräulich- keit » und die Andeutungen über weibliche Homoerotik[43]. Daß Prellwitz dennoch mitten in der jugendbewegten Auseinandersetzung um Ehe- und

38. PRELLWITZ, *Ruth. Ein Buch von Deutschlands Not und Deutschlands Jugend*, Oberhof, Maien, 1921, S. 10f, 39.
39. DRIESMANS (wie Anm. 13), S. 103f.
40. MOHLER Armin, *Die Konservative Revolution in Deutschland 1918-1932. Ein Handbuch*, Darmstadt, Wissenschaftliche Buchgesellschaft, 4. Aufl. 1994, S. 361.
41. MOSSE George L., *Die Geschichte des Rassismus in Europa*, Frankfurt, Main, Fischer, 1990, S. 167 [1978].
42. Vgl. MOSSE (wie Anm. 2), S. 148-160.
43. PRELLWITZ, *Drude*, 1. Band, S. 98, 120 ; vgl. de Ras (wie Anm. 26), S. 88 ; im 2. Band *Drude* schrieb Prellwitz, daß sie « in der Wirklichkeit kein Landerziehungsheim » kenne, « in dem eine solche Art des religiösen Lebens besteht, wie die, die ich hier zeichne. » S. 2.

Sexualreformen stand, stellte sie mit ihrer Aufsehen erregenden Schrift *Mein Bekenntnis zu Muck-Lamberty* (1921) unter Beweis. Friedrich Muck-Lamberty hatte mit seiner barfüßigen « Neuen Schar » in den Jahren 1920-1921 in Thüringen bei zahlreichen Tanz-, Singe- und Reformveranstaltungen große Erfolge gefeiert und war jungen Frauen gegenüber gern als eine Art christlicher Erlöserfigur aufgetreten[44]. Als sein für damalige Verhältnisse recht freizügiges Sexualverhalten bekannt wurde und ihn die Konservativen der « Mehrweiberei », der « Schwarmgeisterei » und der « geistigen Zuchtlosigkeit » anklagten[45], bezeichnete Prellwitz jegliches Sich-Einmischen in die « persönlichsten Dinge eines Menschen » als moralisch « anmaßend » und sprach sich grundsätzlich gegen ein standesamtlich legitimiertes «lebenslängliches Besitzrecht » des Manns an der Frau aus und trat — im Sinne Egidys — für das freie Ausleben sexueller Bedürfnisse ein. Offensichtlich sah sie in Muck-Lamberty einen reformbewußten, vom «Willen zur Reinheit» getriebenen Mann und forderte ihn in provokativer Form dazu auf, zusammen mit den « reinen Jünglingen » und dem « Heldentum der Frauen » die « ganze Lebensgestaltung » zu verändern[46].

Als im Sommer 1924 mit Hilfe des « Dawes-Plans » die Periode der « relativen Stabilisierung des Kapitalismus » in der Weimarer Republik einsetzte und angesichts der aufgehenden Dollar-Sonne die Interessen der reformwilligen Jugend immer mehr ins gesellschaftliche Abseits gerieten, reagierte auch Gertrud Prellwitz auf diese Veränderungen, was sich an ihrem 1926 veröffentlichten und mit Fidusschen Zeichnungen versehenen Buch *Sonne über Deutschland*! ablesen läßt. So bot sie in diesem hauptsächlich in einem Berliner Vorort angesiedelten Roman, der in vielem an die Ideen der von Heinrich Sohnrey, Friedrich Lienhard und Adolf Bartels um 1900 mit dem Schlachtruf « Los von Berlin! » ins Leben gerufenen Heimatkunstbewegung erinnert, in strikter Ablehnung der bürgerlichen Großstadtkultur und der ökonomisch-industriellen Entwicklung nochmals alle ihr vorschwebenden Reformideale auf[47].

Über die bekannten Aspekte von Innerlichkeit, Lebensvertiefung, Reinheit, Pflichterfüllung, Gehorsam, Religiosität usw. hinaus versuchte sie, die Umsetzung dieser Ideale in die siedlungsreformerische Praxis der bürgerlichen Jugendbewegung möglichst konkret aufzuzeigen. Nach der erneuten Ablehnung jeglicher Kriegsschuld Deutschlands forderte die Autorin die « neue Jugend » dazu auf, die « Schmach » von Versailles nicht

---

44. Vgl. LAQUEUR (wie Anm. 10), S. 133.
45. ENGELHARDT Emil, *Gegen Muck und Muckertum. Eine Auseinandersetzung über die höhere freie Liebe mit Muck-Lamberty und Gertrud Prellwitz*, Rudolstadt, Greifenverlag, 1921, S.11.
46. PRELLWITZ, *Mein Bekenntnis zu Muck-Lamberty*, Oberhof, Maien, 1921 ; vgl. hierzu auch LINSE Ulrich, *Barfüßige Propheten. Erlöser der zwanziger Jahre*, Berlin, Siedler, 1983, S. 109-123.
47. Zu der in ganz Europa verbreiteten Großstadtkritik vgl. MINDER Robert, *Kultur und Literatur in Deutschland und Frankreich*, Frankfurt, Main, Insel, 1962.

durch einen neuerlichen « Freiheitskrieg » zu überwinden, sondern durch eine « seelische Erneuerung » Deutschlands herbeizuführen. Dieses « Neue », stellte sie klar, müsse die Verwirklichung von handwerklich, obstbaulich, reformpädagogisch und gartenstädtisch ausgerichteten « Siedlungsdörfern für neue Menschen » sein, in denen nicht der egoistisch-materialistische « Zeitgeist » der Gegenwart, sondern « natürlich verjüngt das Ewig-Unabänderliche » herrsche. Mit dieser agrarromantischen Anspielung bezog sich Prellwitz jedoch nicht etwa auf völkische Siedlungen, die — wie Donnershag und Vogelhof — um 1920 in Süddeutschland gegründet worden waren[48], sondern verwies auf die ihrer Meinung nach vorbildliche Gesinnung der preußischen Adelsfamilie Finck von Finckenstein in ihrem feudalen Landsitz im östlich von Berlin gelegenen Madlitz. Daß die Finckensteins auch in Kreisen der bürgerlichen Jugend bekannt waren, lag nicht nur an den zahlreichen, zwischen 1895 und 1925 veröffentlichten Büchern zur preußischen Geschichte[49], sondern auch an den bei der Jugendbewegung höchst populären Werken Fontanes[50], der in dem Roman *Vor dem Sturm* (1878) dem Grafen Finckenstein als Förderer von Tieck, Genelli und anderen ein literarisches Denkmal gesetzt hatte. Auf dieser Grundlage beschrieb Prellwitz in ihrem Buch anhand des Finkensteinschen Guts eine mustergültige Siedlungsgemeinschaft, wo sich unter der Anlei-tung des barfüßigen und langhaarigen Wandervogels Hans Frohmann « Deutschnationale und Kommunisten, Katholiken, Evangelische und Dissidenten » mit « innerer Lebendigkeit » und in utopischer Überwin-dung aller politischen, ökonomischen und sozialen Unterschiede zu einem antikapitalistischen « Hochadel der Gesinnung » zusammenfinden[51]. Am Ende des Romans bekräftigte die Autorin ihre « Liebe zur Menschheit » und ihre « Liebe zum Vaterland » mit dem bei der Wandervogelbewegung beliebten ritualen Sprung über das Sonnenwendfeuer, wodurch sie die Verbundenheit der Jugend mit völkischem Idealismus, germanischem Erbe und romantischem Antimodernismus herausstellen wollte[52].

IV

Aufs Ganze gesehen, zählte Gertrud Prellwitz als Autorin zu jenen Schichten, die zwischen 1895 und 1914 zunächst im Sinne des

---

48. Vgl. LINSE Ulrich (Hrsg.), *Zurück, o Mensch, zur Mutter Erde. Landkommunen in Deutschland 1890-1933*, München, dtv, 1983, S. 188-220.

49. Vgl. BRUYN Günter (de), *Die Finckensteins. Eine Familie im Dienste Preußens*, Berlin, Siedler, 1999, S. 254f.

50. MORRIS-KEITEL (wie Anm.5), S. 19f, 58.

51. PRELLWITZ, *Sonne über Deutschland!*, Oberhof, Maien, 1926, S. 32, 95, 126, 184, 192f, 238, 259.

52. MOSSE (wie Anm. 2), S. 188.

Gedankenkreises der « fortschrittlichen Reaktion » für lebensreformerische und antikapitalistische Ideale eintraten und besonders im Umfeld der Wandervogelbewegung einige positive Aspekte hinsichtlich reformpädagogischer, frühökologischer, vegetarischer und gemeinschaftsstiftender Konzepte unterstützten. In der Weimarer Republik hielten diese Kreise unvermindert am Traum eines jugendbewegten Deutschlands fest und lehnten daher alle älteren bürgerlich-liberalen und sozialistischen Ideologien als kapitalistisch verseucht ab. Prellwitz entwarf in ihren Romanen, Erzählungen, Essays und Weihespielen stets aufs Neue Bilder vom schönen Schein der Jugend, die ebenso romantisierend wie naiv waren und gerade deshalb den Nazis direkt in die Hände spielten. Im Gegensatz zu Fidus, der im Laufe der zwanziger Jahre immer nordischer und antisemitischer wurde[53], schließlich bei der Reichspräsidentenwahl im März 1932 für Hitler stimmte und Mitglied der NSDAP wurde, setzte sich Prellwitz weiterhin für die Reformideen der « Konservativen Revolution » ein und wählte Hindenburg, von dessen « Reinheitskraft » sie überzeugt war[54]. Wie viele ältere Völkische begrüßte jedoch auch sie am 30. Januar 1933 die Ernennung Hitlers zum Reichskanzler durch Paul von Hindenburg, von dem sie sich die Erfüllung ihrer jugendbewegt-bündischen Ideale erwartete. In dieser Hoffnung sah sie sich zweifellos durch den am 31. März 1933 in der Garnisonkirche mit großem Aufwand gefeierten « Tag zu Potsdam » bestätigt. Hier beschwor Hindenburg am Grabe Friedrich II. und in Anwesenheit Hitlers nochmals jenen auch für Prellwitz so wichtigen konservativen « Geist von Potsdam », der das « heutige Geschlecht » von « Eigensucht und Parteizank » befreien und zu « nationaler Selbstbesinnung und seelischer Erneuerung zusammenführen » solle zum « Segen eines in sich geeinten, freien und stolzen Deutschland[55] ». Wie wenig sie das nationalsozialistische « System der Systemlosigkeit » verstand[56], dem es 1933-1934 im Rahmen des Machtaufbaus in erster Linie auf die bedingungslose Einbeziehung aller älteren reform- und jugendbewegten Bünde und Gruppen ankam, zeigte sich, als kurz darauf nicht nur die Werke von Fidus, sondern auch ihre *Drude*-Romane wegen ihrer « verweichlichenden » Tendenzen auf den NS-Index gesetzt wurden[57]. Anstatt endlich die wahren Absichten der Hitlerschen Machtpolitik zu durchschauen, die durch das Verbot aller linken Parteien und Organisationen, die Bündnisse mit den Kirchen, der Reichswehr und der Großindustrie sowie nach 1939 durch die chauvinistischen, imperialistischen und antisemitischen Welteroberungsbestrebungen nur allzu offensichtlich waren, hielt sie bis zu ihrem Tod am 13. September 1942

---

53. Vgl. HERMAND (wie Anm. 12), S. 112f.
54. So in einem Brief vom 6. Mai 1932, vgl. FRECOT et al. (wie Anm. 22), S. 195f.
55. Zitiert in HERMAND (wie Anm. 28), S. 206f.
56. Ebda., S. 214.
57. Vgl. FRECOT et al. (wie Anm. 22), S. 116f; HERMAND (wie Anm. 12), S. 116.

in Küb am Semmering unbeirrt an dem von der Parteiführung geschickt entworfenen propagandistischen Bild des Führers als eines jugendlichen Halbgotts und religiösen « Retters » fest[58].

Es steht außer Frage, daß Gertrud Prellwitz mit ihren deutsch-nationalen und latent antisemitischen Schriften zur Akzeptierung des deutschen Faschismus bei der bürgerlichen Jugendbewegung ebenso beigetragen hat wie zur Etablierung des NS-Staats. Andererseits wäre es falsch, alle von ihr verkündeten Reformideale einfach im Sinne der Wegbereitung des Faschismus der nationalsozialistischen Ideologie zuzuschlagen. Dazu haben offen kriegsverherrlichende, nationalistische oder antisemitische Schriften wie die von Friedrich Nietzsche, Julius Langbehn, Paul de Lagarde, Stefan George, Arthur Dinter oder Ernst Jünger sowie die von der bürgerlichen Jugend vielgelesenen Bücher wie *Kein schön'rer Tod ist in der Welt* (1916) von Heinrich Emil Schomburg, *Der Wanderer zwischen beiden Welten* (1917) von Walter Flex oder *Die Jugend von Langemarck. Ein Heldenlied aus Flandern* (1918) von Felix Neumann wesentlich mehr beigetragen. Demgegenüber ist nicht zu übersehen, daß sich bei der Wandervogelbewegung schon vor dem Ersten Weltkrieg nicht nur freideutsch-sozialistische Gruppierungen herausbildeten[59], sondern in ihrem literarischen Umfeld auch ernstzunehmende pazifistische, lebensreformerische, antikapitalistische und frühökologische Konzepte vertreten wurden, wie etwa in den Romanen und Erzählungen *Hinaus in die Ferne!* (1910) von Edmund Neuendorff, *Das Menschenschlachthaus* (1912) von Wilhelm Lamszus, *Hans Heiners Fahrt ins Leben* (1913) von Heinrich Zerkaulen, *Die heilige Insel* (1917) und *Insel des Friedens* (1923) von Lely Kempin, *Der Papalagi* (1920) von Erich Scheurmann oder *Die Forschungsreise des Afrikaners Lukanga Mukara ins innerste Deutschland* (1912-1913/1921) von Hans Paasche[60]. Und zur Verbreitung solcher und anderer reformerischer Vorstellungen hat auch Gertrud Prellwitz in ihren Büchern beigetragen. Allerdings konnte sie sich nie zu einer politisch, ökonomisch und historisch eindeutigen Haltung durchringen, wie dies beispielsweise Hans Paasche schon 1919 tat, als er die bürgerliche Jugendbewegung zur bedingungslosen « Ausrottung » des militaristischen, kapitalistischen und imperialistischen deutschen « Geistes als Vorbedingung zum Eintritt in die Menschheit » aufrief[61].

---

58. Vgl. HERMAND (wie Anm. 28), S. 281 ; Frecot et al. (wie Anm. 22), S. 117.

59. Vgl. hierzu PREUß Reinhard, *Verlorene Söhne des Bürgertums. Linke Strömungen in der deutschen Jugendbewegung 1913-1919*, Köln, Wissenschaft und Politik, 1991.

60. Vgl. MORRIS-KEITEL Peter, « Paradiesische Zustände. Zu Hans Paasches Weltnaturschutzkonzept », HERMAND Jost (Hrsg.), *Mit den Bäumen sterben die Menschen. Zur Kulturgeschichte der Ökologie*, Köln, Böhlau, 1993, S. 221-240.

61. PAASCHE Hans, *Das verlorene Afrika*, Berlin, Neues Vaterland, 1919, S. 5, 18.

Les idées du Haut-Meissner
À propos du rassemblement de la jeunesse libre allemande du 10 au 12 octobre 1913

François Genton
Université Grenoble 3

Le rassemblement : préparation et déroulement

Le 11 et le 12 octobre 1913, plus de deux mille jeunes Allemands, garçons et filles[1], se réunissent au sud-est de Kassel pour fonder une fédération de ligues de jeunesse portant le fier nom de « Jeunesse libre d'Allemagne » (*Freideutsche Jugend*). Ce rassemblement, censé célébrer le centenaire de la bataille des nations de Leipzig, qui a eu lieu du 16 au 19 octobre 1813, est l'une des innombrables manifestations de ferveur nationale dont, le 18 octobre 1913, l'inauguration près de Leipzig d'un édifice colossal représente l'expression la plus visible : l'empereur, présent, ne fait pas de discours, car il préfère les monuments évoquant clairement la prééminence de la Prusse, comme la *Siegesallee* de Berlin.

La *Freideutsche Jugend*, sur l'insistance de la branche « randonneuse » du mouvement, a choisi un endroit désert, symbolique du goût de la nouvelle génération urbanisée pour la nature et la marche. Le rassemblement se distingue volontairement, comme l'affirment de nombreux textes, de « la

---

[1]. Le problème de la mixité et de la situation de la femme dans la société est peu abordé par les textes publiés à l'occasion du Haut-Meissner. Bien que les mouvements discutent par ailleurs de ces questions et acceptent souvent des filles dans leurs rangs, aucun contributeur, à commencer par Gertrud Prellwitz, la seule femme représentée, ne propose une réflexion novatrice sur la « condition féminine ». On trouve tout au plus, chez des orateurs qui ne sont pas particulièrement rétrogrades, des passages sur la nécessité de réhabiliter la condition de femme au foyer (ainsi Heinz Potthoff, *Festschrift* 148) et chez d'autres, bien plus réactionnaires, l'idée d'une égalité de droits pour les femmes, voie médiane entre l'oppression grecque et les pleins pouvoirs du « rococo » français (Schmied-Kowarzik, *Festschrift* 162). Sur les relations entre la *Freideutsche Jugend* et la question féminine, voir KLÖNNE Irmgard, 67-71 et *passim*.

joie de pacotille des réjouissances patriotiques officielles » (« die Talmifreude staatlich kommandierter patriotischer Jubelfeste », Ludwig Gurlitt, *Festschrift* 81[2]). On se démarque « géographiquement » des discours officiels, mais on en partage le patriotisme — et le style hyperbolique : ainsi le lieu même du rassemblement a été baptisé Haut-Meissner en 1908 par des étudiants randonneurs, et la nouvelle appellation ne s'est substituée à *Wissner*, la dénomination locale de cette élévation d'une altitude de 754 mètres, qu'après le rassemblement de 1913 (Reulecke/Mogge 390).

Au départ il y a un beau projet : fédérer tous les mouvements de jeunesse indépendants de l'État, des partis et des Églises. La notion de « mouvement de jeunesse » a été popularisée l'année précédente par Hans Blüher, auteur de *Wandervogel. Geschichte einer Jugendbewegung* (1912). Depuis sa constitution en association en 1901, à Steglitz dans la banlieue de Berlin, le *Wandervogel* (oiseau migrateur) s'est scindé à plusieurs reprises — tout en s'étendant à toutes les contrées de langue allemande. Il a inspiré aussi nombre d'autres associations dans le milieu étudiant, voire parmi les artisans. Son influence est telle qu'il incite l'État à favoriser des organisations « paramilitaires » de masse : le *Generalfeldmarschall* von der Goltz fonde en novembre 1911 la ligue des éclaireurs allemands (*Der deutsche Pfadfinderbund*), qui compte plus de 80 000 membres (Pross 481), et l'officier Bayer la même année la ligue de la jeune Allemagne (*Jungdeutschlandbund*) qui fédère des associations regroupant plus de 700 000 jeunes (Pross 473). Plusieurs textes publiés par les organisateurs du Haut-Meissner parlent d'un combat pour gagner la jeunesse (*Festschrift* 69, 107) et reprochent au *Jungdeutschlandbund* d'être une organisation semi-officielle de masse (*Festschrift* 108 *passim*).

La *Freideutsche Jugend* n'a jamais mobilisé de tels bataillons et ne le souhaitait pas. Dès l'époque du *Wandervogel*, les groupes de jeunes ont sélectionné leurs adhérents, conformément à l'élitisme en vogue dans une jeunesse issue de la bourgeoisie « de culture » qui se référait volontiers à Nietzsche, Stefan George et Rilke : cet élitisme est certainement lié à la représentation d'une paupérisation des jeunes formés à l'université, dont la situation est parfois moins enviable que celle des travailleurs des catégories supérieures (Hans Delbrück, *Festschrift* 58), et à la volonté de réévaluer le statut de la classe « académique ».

Les organisations responsables du rassemblement du Haut-Meissner représentent peut-être 10 000 personnes (Reulecke/Mogge 64 *sq.*). La branche la plus importante des « oiseaux migrateurs », le *Wandervogel e. V.*, qui avait environ 25 000 membres, a quitté le comité d'organisation pour ne pas s'exposer aux soupçons (infondés) de manipulation politique

---

2. Nous citerons sous le nom de *Festschrift* le recueil *Freideutsche Jugend* et sous celui de *Reden* la brochure intitulée *Freideutscher Jugendtag 1913*, en renvoyant pour des indications plus précises à la notice bibliographique. Pour cette dernière brochure, nous avons utilisé la réédition de 1919, dédiée à Christian Schneehagen et reproduite dans Mogge/Reuleke.

répandus par la *Ligue impériale pour combattre la social-démocratie* (*Reichs-verband zur Bekämpfung der Sozialdemokratie*, Reulecke/Mogge 310 *sq.*). Le fait que la manifestation soit minoritaire et marginale dans sa conception rappelle bien entendu la fête de la Wartburg d'octobre 1817, lorsque quelques centaines d'étudiants, à l'initiative de la corporation d'Iéna, protestent contre l'éclatement de l'Allemagne de la Confédération germanique… et l'autoritarisme de la Prusse.

L'idée du rassemblement provient de la ligue allemande des étudiants abstinents (*Deutscher Bund abstinenter Studenten*) : il s'agit de réunir des associations prônant une meilleure hygiène de vie (*Lebensreform*). L'initiative est reprise par le groupe des étudiants libres allemands (*Deutsche akademische Freischar*). Ces associations étudiantes combattent les corporations tradition-nelles, leurs rituels : les duels et les beuveries — et leur fonction sociale : l'entraide pour la carrière. Les représentants de onze organisations de jeunesse se réunissent début juillet 1913 à Iéna. On convient d'un programme, qui a été scrupuleusement respecté. Le principal organisateur fut Christian Schneehagen, étudiant de médecine à Hambourg (*Deutsche akademische Freischar*). Le 10 octobre les treize organisations représentées se réunissent dans les ruines d'un château-fort, le Hanstein, pour s'accorder sur les objectifs du rassemblement. Exalté, Hans Paasche s'écrie : « La maison allemande brûle, nous sommes les pompiers ! » (« Es brennt im deutschen Haus, wir sind die Feuerwehr ! »), s'attirant des applaudissements nourris : ce que Paasche dénonce alors, c'est la décadence qui guette la population allemande si elle n'applique les principes de la *Lebensreform* prônés par son organisation la ligue de l'avant-garde allemande (*Deutscher Vortrupp-Bund*). Pour parler le langage de la *Deutsche Akademische Freischar*, un groupe relativement mo-déré, ces principes correspondent à une hygiène raciale et individuelle (*Rassen-und Individualhygiene, Festschrift* 45). Ce n'est que le 11 octobre, un jour de pluie et de brouillard où le soleil finit par percer, que l'on trouve une formule approuvée par toutes les organisations, la fameuse formule du Meissner (*Meißnerformel*), la revendication « kantienne » de l'autonomie pour la jeunesse allemande en tant que garantie d'une vie authentiquement morale :

> La jeunesse libre d'Allemagne veut construire sa vie selon sa volonté et sa responsabilité propres, conformément à sa vérité intérieure. En toutes circonstances elle défendra unie cette liberté intérieure. Pour favoriser l'entente mutuelle des rassemblements de la jeunesse libre d'Allemagne seront organisés. L'alcool et la nicotine seront bannis de toutes les manifestations communes de la jeunesse libre d'Allemagne[3].

---

3. « Die Freideutsche Jugend will aus eigener Bestimmung, vor eigener Verantwortung, mit innerer Wahrhaftigkeit ihr Leben gestalten. Für diese innere Freiheit tritt sie unter allen Umständen geschlossen ein. Zur gegenseitigen Verständigung werden Freideutsche Jugendtage abgehalten. Alle gemeinsamen Veranstaltungen der Freideutschen Jugend sind alkohol- und nikotinfrei ». (Reden 12 *sq.*)

Les interdits « hétéronomes » de la dernière phrase visent paradoxalement à garantir cette autonomie morale et intellectuelle. Seule une jeune humanité lucide peut construire un monde nouveau, et non les éternels étudiants des corporations… ou de la taverne d'Auerbach. La formule du Meissner a été modifiée dès le printemps 1914 pour préserver la neutralité du mouvement : seuls les mouvements de jeunesse étant admis, Wyneken et ses amis étaient exclus (Pross 165).

L'après-midi du 11 octobre 1913 eurent lieu diverses manifestations sportives ou culturelles, chants et danses. La journée se termina sur des discours, un feu de joie et un retour dans les villages à la lueur des flambeaux. Le lendemain, le 12 octobre, le brouillard ne se leva pas. Les anciens, l'éditeur Ferdinand Avenarius, le pédagogue Gustav Wyneken tinrent des discours. C'est en entonnant un chant de lansquenet « rénové » (Pross 159) que les jeunes conclurent le rassemblement le 12 octobre : « Ich habe Lust, im weiten Feld zu streiten mit dem Feind / Wohl als ein tapfrer Kriegesheld, der's treu und ehrlich meint… » Ce chant contrastait avec *L'Hymne à la joie* et d'autres chants pacifiques choisis pour célébrer l'unité de la jeunesse. Les derniers participants purent assister l'après-midi à une représentation d'*Iphigenie auf Tauris* par le cercle *Sera*, de Iéna, une association culturelle mixte, inspirée par l'éditeur d'Iéna Eugen Diederichs : on avait préféré cette pièce « classique » à des œuvres plus politiques ou plus actuelles.

Le rassemblement du Haut-Meissner, un lieu de mémoire

Le rassemblement du Haut-Meissner a légué deux recueils à la postérité, l'un rassemblant « en amont » les textes des organisateurs et les messages de soutien (*Festschrift*), l'autre « en aval » les discours les plus importants (*Reden*) : ces documents particulièrement intéressants sur l'histoire du mouvement de jeunesse allemand font du Haut-Meissner un « lieu de mémoire » à forte charge affective.

Comme beaucoup de « lieux de mémoire » allemands, le Haut-Meissner inspire la mélancolie ; la jeunesse qui s'exprime ici est en grande partie condamnée par la guerre qui a éclaté 10 mois plus tard : « Déjà la pierre pense où votre nom s'inscrit… » Après 1918, le nationalisme allemand a voulu imposer à la jeunesse allemande le mythe de Langemarck, cette bataille des Flandres où des centaines de jeunes étudiants allemands des mouvements de jeunesse se seraient sacrifiés, le 10 novembre 1914, en chantant « Deutschland über alles ». Langemarck est un mensonge de la propagande militariste et nationaliste. Il est vrai cependant que la guerre a emporté un grand nombre de protagonistes de la *Freideutsche Jugend*, à commencer par Frank Fischer, un dirigeant du *Wandervogel*, Fritz Kutschera, le chef de la branche autrichienne du même mouvement, et Christian

Schneehagen, l'organisateur principal du rassemblement de 1913, auquel est dédié en 1919 la deuxième édition des discours.

Le Haut-Meissner incite aussi à la tristesse, parce que les grands idéaux qui ont parfois pu s'y exprimer n'ont pas prévalu après la Première Guerre mondiale contre les idéologies néfastes, qui s'y sont exprimées aussi : la *Freideutsche Jugend*, en proie à des conflits internes dès 1914, n'a pas survécu après la guerre aux conflits opposant les communistes aux nationalistes racistes (*völkisch*) : le mouvement s'est éteint à la fin de l'année 1923, après une réédition manquée du rassemblement sur le Haut-Meissner (Laqueur 144). Les destins individuels de quelques protagonistes de 1913 suffisent peut-être à donner une idée de cet échec. Christian Schneehagen, Frank Schmidt, Alfred Kurella et Walter Benjamin ont protesté contre l'antisémitisme manifesté par les *Wandervögel* autrichiens lors du rassemblement du Haut-Meissner (Reulecke/Mogge 391 et 331 *sq.*). Se parant de la gloire de la renaissance nationale, l'antisémitisme au pouvoir à partir de 1933 a fondu toutes les organisations de jeunesse dans la *Hitlerjugend*. Schneehagen et Fischer sont tombés avec beaucoup d'autres pendant la Première Guerre mondiale. Alfred Kurella (1895-1975), homme d'appareil du mouvement communiste international, a survécu à l'exil soviétique, durant lequel son frère Heinrich (1905-1937) a été fusillé. On connaît la fin tragique de Walter Benjamin en septembre 1940 à Port Bou. Hans Paasche a participé activement, à la tête du *Vortruppbund*, au rassemblement du Haut Meissner : cet ancien officier de la marine devenu pacifiste et anticolonialiste, auteur d'un roman satirique décrivant d'un point de vue africain la nécessaire réforme morale en Allemagne (*Lukanga Mukara*), fut assassiné par la *Schwarze Reichswehr* en 1920 (Laqueur 58).

Cependant, le Haut-Meissner force aussi l'admiration : dans quel autre pays le projet, sans doute vain en soi, d'une organisation autonome de la jeunesse a-t-il été poussé aussi loin ? Les mouvements de jeunesse allemands ont été créatifs : à partir de la pratique « raisonnée » de la randonnée en groupe, les *Wandervögel* sont à l'origine de la première culture juvénile moderne, avec des implications commerciales évidentes, du matériel de randonnée (sac à dos, vêtements, chaussures, réchauds, alimentation spécifique, etc.), aux activités annexes (guitares, recueils de chants) et à l'émergence d'une littérature et d'une presse modernes réservées aux jeunes[4]. La

---

4. Eugen Diederichs, l'éditeur de la *Festschrift* et de nombreux écrits réformateurs, dont ceux de Wyneken, publie une contribution et participe, par l'intermédiaire de son groupe *Sera-Kreis* au rassemblement. Ferdinand Avenarius, éditeur de la *Reformbewegung*, présente sa ligue Dürer (*Dürerbund*) et conclut le rassemblement par un discours humoristique, dans lequel il regrette l'absence de la jeunesse social-démocrate, se félicitant de l'ardeur des discussions du Hanstein (Wyneken contre le romancier Hermann Popert, du *Vortruppbund*). Ces querelles lui rappellent les polémiques qui opposèrent, entre autres, Nietzsche à Wagner (*Reden* 42) !

randonnée, pratique et idéal auxquels la majorité des *Wandervögel* a voulu limiter son action, avait aussi des implications morales et politiques : les jeunes en quête d'autonomie contestaient inéluctablement l'autoritarisme ambiant, à l'école, à l'armée, dans la vie professionnelle de même qu'ils mettaient en cause les normes morales et comportementales des adultes, en s'intéressant par exemple à ce que la *Deutsche Akademische Freischar* appelait d'un seul tenant « die Sexual- und die Alkoholfrage » (*Festschrift* 45). Les nouvelles pratiques pédagogiques, les classes vertes, la réflexion sur la mixité à l'école, mais aussi les auberges de jeunesse, le service civil et d'autres réalisations du XXᵉ siècle partent, au moins en partie, du mouvement de jeunesse allemand.

Cette étude, qui se consacre plus particulièrement aux grandes tendances politiques qui s'expriment lors du rassemblement du Haut-Meissner, néglige la dimension « existentielle » du mouvement de jeunesse, l'expérimentation enthousiasmante d'une sociabilité libre et autonome : si l'affrontement des idées et des options politiques a déterminé l'histoire du mouvement, c'est cette dimension « existentielle » qui a, bien naturellement, marqué le plus les individus, puisqu'elle appartenait en propre au mouvement, contrairement à la plupart des idées qui y circulaient. Cette expérience, bien réelle, a ceci d'illusoire qu'elle n'a pas débouché sur un discours capable de se substituer à ceux qui dominaient le champ politique : comme la plupart des « contre-cultures » juvéniles du XXᵉ siècle, le mouvement de jeunesse allemand a exprimé un malaise diffus que les discours traditionnels ont pu assimiler sans grande difficulté.

Les idées du Haut-Meissner

Même s'ils ne reproduisent pas le texte littéral de toutes les allocutions prononcées lors du Haut-Meissner, la brochure renfermant les principaux discours (*Reden*) et surtout la *Festschrift* représentent des documents inégalés sur la mentalité, les refus et les idéaux d'une fraction active de la jeunesse bourgeoise, lycéens et étudiants, à la veille du « court XXᵉ siècle » — ainsi que sur les idées des adultes qui pensaient pouvoir manipuler ce mouvement en marge des manifestations officielles.

La *Festschrift* reproduit les deux appels à participer au rassemblement, les textes des mouvements organisateurs et les messages de soutien (*Freundesworte*). L'éditeur, Arthur Kracke, un étudiant munichois, cite parmi les soutiens des noms célèbres : Gerhart Hauptmann, un auteur déjà établi, mais représentatif alors d'une tendance critique, presque pacifiste des lettres allemandes, et Friedrich Naumann, le grand *leader* libéral. Hauptmann et Naumann ne figurent pas parmi les 32 auteurs de messages de soutien. Sans prétendre analyser en détail plus de 60 textes parfois très élaborés (*Festschrift* et *Reden*), nous nous contenterons de décrire les grandes tendances politiques et culturelles qu'ils expriment, en insistant sur les textes les plus clairement représentatifs d'une tendance. Au-delà d'un patriotisme envahissant, qui relève de l'exercice obligatoire, puisqu'on célèbre la bataille des nations de 1813, on peut distinguer trois catégories de discours :

— le nationalisme d'État, prussien et luthérien ;
— le fanatisme national, raciste, antisémite ;
— le mouvement de réforme pédagogique dirigé contre l'autoritarisme de la société wilhelminienne (et de toutes les sociétés européennes de l'époque).

Plusieurs discours peuvent cohabiter dans un même texte, pour des raisons diverses : pensée confuse de l'auteur, difficulté de s'extraire du discours nationaliste dominant... ou calcul rhétorique.

Les catégories politiques qui viennent d'être énoncées ne recoupent pas celles des mouvements de réforme du tournant du siècle, dont le mouvement de jeunesse n'est qu'une manifestation. Cette *Reformbewegung* est une foule désordonnée de groupes et de groupuscules prônant une meilleure hygiène de vie, l'activité physique, la lutte contre l'alcool et le tabac, voire le nudisme, la vie en communauté et une refonte complète des méthodes éducatives. Sur le plan politique elle a regroupé des tendances diamétralement opposées. Ainsi, lorsqu'il s'agit de nommer des artistes particulièrement représentatifs de l'art pictural propre à la *Reformbewegung*, on cite Hugo Höppener-Fidus (1868-1948), un nazi avant la lettre, et Heinrich Vogeler (1872-1942), un utopiste communiste qui s'est établi en URSS dès 1932 pour mourir déporté au Kazakhstan (Kerbs/Reulecke 184).

Avant d'examiner les trois discours politiques que nous avons distingués, il convient de signaler — et de saluer — quelques pensées dissidentes : l'évocation d'une unité « individualiste » de l'Occident sous le signe de la redécouverte des philosophies orientales depuis Schopenhauer (Fritz Burger 1877-1916, professeur d'histoire de l'art à Munich, *Festschrift* 51-57) ; le rappel des idéaux de la Révolution de 1848, qui sont loin d'être réalisés en 1913 (le journaliste de la *Frankfurter Zeitung* et économiste Arthur Feiler 1879-1942, membre de la *New York School for Social Research* après l'accession de Hitler au pouvoir, *Festschrift* 64-67) ; la libre pensée ou la revendication positiviste d'une Allemagne libérée de la tutelle des confessions et des préjugés de toute nature, qui rejoint d'une certaine façon la nostalgie démocratique de 1848 (Friedrich Jodl 1849-1914, professeur de philosophie et de psychologie à l'université de Vienne, *Festschrift* 83-87 ou Carl Picht, écrivain de Cologne, 139-143).

Le nationalisme d'État, prussien et protestant

Le nationalisme pro-Hohenzollern, la revendication d'une « place au soleil » (von Bülow) s'exprime nettement dans la contribution de l'historien

Hans Delbrück (1848-1929, *Festschrift* 57-60) ; l'unité allemande, la réforme sociale sont des problèmes en voie de résolution ; la question qui est à l'ordre du jour, c'est l'acquisition d'un empire colonial, car le monde est en train d'être partagé entre l'Angleterre et la Russie. Manifestement, la France est perçue comme une quantité négligeable, ce que confirment la plupart des textes. Ainsi, le médecin Max Gruber, observant l'évolution démographique, écrit qu'il n'y a plus de salut pour la population française (*Festschrift* 75). Hans Delbrück prône cependant un nationalisme modéré, le peuple allemand n'étant qu'un élément de la communauté des cultures et des peuples, et rappelle, d'une manière on ne peut plus prussienne et universitaire, l'importance du respect de la religion, comme le montrent les dernières phrases de son texte :

> Je ne voudrais pas conclure ces considérations sans expressément insister sur le fait que les vérités dernières, les plus profondes sur la personnalité et les tâches de notre époque, n'auront pas été dites et ne pourront être dites sans consulter la religion. Cela ne peut être dit en peu de mots et il suffira ainsi que je me réfère, à l'intention de ceux qui veulent approfondir ce sujet, à l'article du professeur de pédagogie Ferd. Jacob Schmidt, qui vient d'être nommé à l'université de Berlin (Annales prussiennes, sept. 1913) : « l'Eglise luthérienne et sa mission nationale »[5].

Ce discours prussien est conciliable avec un grand nombre de textes, par exemple avec les deux appels à participer au rassemblement qui mettent en avant la nécessité de préserver les droits de la personnalité et de pratiquer un patriotisme « authentique » (*wahr*), s'opposant à l'opportunisme (*Strebertum*) ou au patriotisme facile (*billig*)[6]. Eugen Kühnemann, professeur de philosophie à Breslau qui se réfère à l'idéalisme allemand, appelle de ses vœux « un empire mondial apolitique de culture allemande » (« ein unpolitisches Weltreich deutscher Kultur », *Festschrift* 117). Le journaliste Ulrich Rauscher (1884-1930) n'aime pas les « discours creux à propos de la position de puissance mondiale » (« Phrasen von der Weltmachtstellung », *Festschrift* 158). Walter Schmied-Kowarzik (1885-1958), professeur de philosophie à l'université de Vienne, présent au rassemblement du Haut-Meissner (Reulecke/Mogge 73), a donné une version autrichienne du discours prussien. Après les modèles de la Grèce antique et de la cour de Louis XIV, notre époque moderne a besoin de la « sociabilité germanique »

---

5. « Ich möchte diese Betrachtungen aber nicht schließen, ohne ausdrücklich darauf hinzuweisen, daß das Letzte und Tiefste über die Persönlichkeit und die Aufgaben unserer Zeit doch noch nicht gesagt worden ist, und nicht gesagt werden kann, ohne die Heranziehung der Religion. In kurzen Worten läßt sich das nicht tun, und deshalb begnüge ich mich für diejenigen, die weiter dringen wollen, hinzuweisen auf den Aufsatz des neuernannten Professors für Pädagogik an der Universität Berlin Ferd. Jacob Schmidt (Preuß. Jahrbücher, Septemberheft 1913) : 'Die evangelische Kirche und ihre nationale Mission' ».

6. Le premier appel (non autorisé) a été rédigé par l'éditeur d'Iéna Eugen Diederichs, le second par le pédagogue Gustav Wyneken (*Festschrift* 85-87).

qui « pourrait être l'avant-garde de la campagne impérialiste de conquête menée par la culture allemande » (« Die deutsche Geselligkeit könnte der Vortrupp sein auf dem imperialistischen Eroberungszug der deutschen Kultur », *Festschrift* 164).

En associant un luthéranisme vécu comme une religion personnelle et une vision « kantienne » de la personne, le patriotisme des universitaires prussiens tient à se distinguer d'un nationalisme vulgaire le plus souvent teinté de racisme. Dans ce qu'elle a de « kantien » la formule du Meissner est d'ailleurs bien plus proche de ce discours que du nationalisme raciste. Cela n'a rien d'étonnant puisque Delbrück et les étudiants du Meissner partagent les valeurs de « neutralité » politique et de liberté intellectuelle d'un « champ universitaire » allemand dominé par la Prusse. Les deux associations de *Wandervögel* allemands s'exprimant dans la *Festschrift* représentent à leur manière cet univers, puisqu'elles insistent sur leur autonomie et leur neutralité.

Le fanatisme raciste et antisémite

Les pseudo-solutions racistes et nationalistes profitent de l'ambiance qu'entretient un certain catastrophisme. Plusieurs textes font le jeu d'un discours qui, sous le couvert du redressement moral et physique de la nation, répand la haine contre ce qui n'est pas perçu comme allemand. Le médecin Max Gruber dénonce, lourdement, une catastrophe démographique imaginaire (*Festschrift* 73-77); Ludwig Klages (1872-1956) décrit une catastrophe écologique un peu moins imaginaire, avec un incontestable talent rhétorique (*Festschrift* 89-107). Son texte, réédité jusqu'à nos jours, passe parfois pour le chef-d'œuvre du philosophe : il se conclut sur une évocation nostalgique du romantisme allemand et une longue citation d'Eichendorff (*Ahnung und Gegenwart*) annonçant un terrible combat à venir pour la sauvegarde d'une terre que le christianisme a incité à mépriser et le capitalisme à exploiter sauvagement[7]. La référence nietzschéenne est très forte : le philosophe n'est même pas nommé lorsque Klages, citant *Zarathustra*, s'écrie : « Die Wüste wächst![8] ». Le texte prépare la jeunesse à un combat mal défini, comme un grand nombre d'autres contributions d'une *Festschrift*, où la métaphore guerrière est omniprésente.

Le fanatisme n'a pas l'élégance éloquente du pessimisme culturel, il en représente une version *kitsch* et agressive. Fidus, pseudonyme de Hugo Höppener (1868-1948), a illustré la *Festschrift* (cf. **illustration 30**). Sa

---

7. Ludwig Klages tomba sous l'influence de l'antisémite Alfred Schuler dans la dernière décennie du XIXe siècle. Pour ses relations avec le IIIe Reich (Klages habitait depuis 1915 à Kilchberg, près de Zurich), voir SCHNEIDER Tobias, « Ideologische Grabenkämpfe der Philosophie. Ludwig Klages und der Nationalsozialismus », *Vierteljahrhefte für Zeitgeschichte*, 2/2001.

8. *Litt.* : « Le désert croît! »

gravure peut être acquise au prix de 2 Marks à l'adresse de l'artiste : elle représente une ronde de jeunes guerriers imberbes exhibant leur nudité. Parés d'un bandeau retenant leur chevelure blonde, d'une ceinture et d'un glaive, ils regardent résolus au loin. Assises à leur pied, dans une pose lascive, deux jeunes filles nues semblent les attendre. L'ensemble, intitulé *Hohe Wacht*, emploie à dessein le langage guerrier en vogue : on monte la garde aux frontières, veillant sur la fidélité allemande (*deutsche Treue*), l'ardeur au travail allemande (*deutsche Tüchtigkeit*), le génie allemand (*deutsches Wesen*), sa simplicité (*Einfachheit*). Ces termes sont repris de la contribution de Fidus, dont l'essentiel est consacré à justifier la nudité intégrale des person-nages (*Festschrift* 66-72) : on ne peut s'empêcher de penser que l'artiste avait d'autres préoccupations que politiques, ce que confirme d'ailleurs Margarete Buber-Neumann qui, alors adepte enthou-siaste des mouvements de jeunesse, fut déçue de l'ambiance lourdement « érotique » qui régnait dans l'atelier d'un maître symbolisant pourtant la pureté reconquise des nouveaux Germains (Pross 238)[9]. La gravure de la *Festschrift* a choqué, suscitant des débats au parlement de Bavière en janvier 1914 et contribuant sans doute à dévaluer dans l'opinion publique le projet de la *Freideutsche Jugend* (Reulecke/Mogge 72).

Fidus animait la ligue de Saint-Georges (*St. Georgs-Bund*) avec Gertrud Prellwitz (1869-1942), professeur au pensionnat d'Oberhof en Thuringe Gertrud Prellwitz a publié deux textes dans la *Festschrift* (150-156) pour propager un patriotisme enfin débarrassé du respect de la personne et des peuples étrangers et une conception du mariage libérée des conventions, mais au total bien sage :

> Mais prenez garde ! Veillez aussi à posséder vraiment une force digne de la nouvelle liberté ! Car de la force seule découle le droit. L'indécence n'a aucun droit. Seule une forme supérieure de décence aboutit à une forme supérieure de liberté[10].

Une autre gravure de Fidus, *la prière du garçon* (*betender Knabe*), fut dif-fusée sous la forme d'une carte postale durant le rassemblement. C'était la quatrième version d'une gravure de 1890, « Prière à la lumière » (*Lichtgebet*) (**illustration 31**) : du haut d'un rocher, un garçon nu invoque les bras écartés un soleil absent dont les rayons tombent comme des gouttes de pluie (Brüggemann 257). Du soleil à son symbole néo-germanique, la croix

---

9. Fidus adhéra au NSDAP en 1932 et se fit décerner un titre de docteur *honoris causa* par Hitler en 1943. Voir BRUYN Wolfgang (de). *Fidus. Künstler alles Lichtbaren*. Berlin, Schelzky / Rotation, 1998 ; Frecot / Geist / Kerbs. *Fidus 1868-1948, Zur ästhetischen Praxis bürgerlicher Fluchtbewegungen*. Hambourg, 1997. Jost Hermand, « Meister Fidus. Vom Jugendstil-Hippie zum Germanenschwär-mer », dans *Der Schein des schönen Lebens, Studien zur Jahrhundertwende*. Francfort / Main, 1972.

10. « Aber seht euch vor ! Sorgt, daß ihr auch wirklich die Kraft der neuen Freiheit habt ! Nur aus der Kraft quillt das Recht. Zuchtlosigkeit hat kein Recht. Nur die höhere innere Zucht gibt das höhere Dürfen. »

gammée, il n'y avait qu'un pas : Fidus l'a franchi (Brüggemann 261 *sq.*). Il a en effet illustré *Sous la croix gammée* (*Unterm Hakenkreuz*) du « chrétien allemand » Wilhelm Schwaner (1863-1944), l'animateur des « éducateurs du peuple » (*Die Volkserzieher*), mouvement qui s'exprime dans la *Festschrift*.

Le racisme politique se conçoit alors comme un mouvement de rénovation religieuse et culturelle. Son symbole, la croix gammée, orne depuis 1897 la première page de *Der Volkserzieher*, l'organe du groupe du même nom, et le portail runique d'Uplande, la colonie néo-germanique fondée au pays d'Arminius. Dans la *Festschrift* (29 *sq.*) le groupe vante la *Bible germanique* (*Germanenbibel*) de Wilhelm Schwaner. *Unterm Hakenkreuz*, le deuxième volume de cette bible, vient de paraître (*Festschrift* 30). Les références des « éducateurs du peuple » n'ont pas de quoi choquer les autres mouvements : Paul de Lagarde[11], *Edda*, *Faust*, les *Nibelungen*. On réclame une religion germanique, et non juive, où les parents, que le quatrième commandement impose d'honorer, seront, entre autres, Arminius, Luther et Goethe. Il faut construire un temple allemand, le reste suivra, c'est-à-dire l'abstinence, la réforme de l'argent (*Geldreform*), la réforme agraire, la question des femmes, le droit de vote, etc.

L'idéologie raciste et antisémite des « chrétiens allemands » n'est pas « jeune » : l'organe du mouvement, le *Volkserzieher*, paraît depuis 1887. La participation des « éducateurs du peuple » au Haut-Meissner signale cependant que leurs idées sont prises au sérieux par les étudiants qui contestent le patriotisme officiel. Les *Wandervögel* autrichiens, mouvement « apolitique » (!) fondé en 1911, militent activement pour une politique d'hygiène « raciale » sur le Haut Meissner et se vantent de n'admettre ni juifs, ni Slaves, ni Velches (*Festschrift* 13), car ils se conçoivent comme les avant-postes (*Vorwacht*) de la germanité dans une Autriche pluriethnique. L'évolution du nationalisme vers le racisme contamine bon nombre de discours, dans lesquels on trouve des termes aujourd'hui proscrits : *Volksgenossen, Entartung, völkisch, Rasse,* etc. L'appellation *Führer* et le salut *Heil* sont également répandus, mais ces deux mots n'ont pas obligatoirement une connotation national-socialiste avant la lettre. On n'est pas surpris qu'au printemps 1914, quelques mois après le Haut-Meissner, le mouvement de jeunesse ait traversé une « crise juive » (Laqueur 96), surtout dans le *Wandervogel* e. *V.* qui ne s'était pas associé « officiellement » au rassemblement. En permettant à la veille de la guerre aux groupes locaux de décider s'ils acceptaient ou non les juifs dans leurs rangs, le *Wandervogel* a ouvert la porte à l'institutionnalisation des pratiques antisémites.

Il faut cependant mettre en garde contre une approche anachronique du nationalisme raciste qui s'exprime lors du Haut-Meissner : l'extrême

---

11. Avenarius (voir note 3) se réfère à cet auteur comme la *Deutsche Akademische Freischar*, un groupe plutôt modéré (*Festschrift* 47).

droite raciste n'a pas encore vraiment pris conscience de soi en tant que force politique. Elle se ne se veut pas encore un « mouvement de masse », mais une élite chargée de transmettre un idéal et apparemment ouverte à la discussion[12].

La réforme pédagogique

La tendance agressive et raciste du nationalisme allemand a été combattue avec éloquence par Gustav Wyneken (1875-1964) lors du rassemblement du Haut-Meissner. Cette manifestation fut l'un des grands moments de la vie du pédagogue, comparable peut-être avec l'époque durant laquelle il exerça des fonctions officielles auprès des ministres de l'enseignement prussien et bavarois (1918-1919). Co-fondateur avec Martin Luserke en 1906 de la « libre communauté scolaire » (*Freie Schulgemeinde*) de Wickersdorf (Thuringe), Wyneken n'est jamais parvenu à occuper une position professionnelle durable. Son plaidoyer en faveur d'une pédagogie s'inspirant des méthodes de l'Antiquité grecque intitulé *Eros* (1921)[13] ne lui restitua pas le prestige que lui avait coûté en 1920 sa condamnation pour relations homosexuelles avec ses élèves ni le poste de directeur de l'école de Wickersdorf qu'il avait perdu à la suite du scandale.

En 1913, Wyneken vient de publier *L'École et la culture juvénile* (*Schule und Jugendkultur*) : il faut que les enfants puissent se découvrir et s'épanouir « librement », sous la direction bienveillante et souple d'adultes renonçant aux méthodes autoritaires en vigueur et disposé à élargir l'éventail des disciplines traditionnelles. L'éditeur du livre de Wyneken, Eugen Diederichs (1967-1930), conteste le terme de *Jugendkultur* dans le texte qu'il publie à l'occasion du Haut-Meissner (*Festschrift* 61), car la jeunesse est l'époque de la préparation et a besoin de guides comparables au philosophe Fichte, l'auteur des *Discours à la nation allemande* à la veille des « guerres de libération ».

Lors du rassemblement du Haut-Meissner, Gustav Wyneken a tenté de s'emparer de la direction intellectuelle de la *Freideutsche Jugend* au nom de sa conception de la « culture juvénile ». Cette offensive avait été préparée par la publication de *Schule und Jugendkultur* la même année. L'étudiant Arthur Kracke, éditeur du recueil, a écrit à Wyneken, dont il approuvait les idées, qu'il trouvait le mot horrible. Wyneken ne renonça pas à ce qui représentait le cœur rhétorique de sa « doctrine ». Dès l'assemblée du Hanstein, le soir du 10 octobre, il s'oppose au catastrophisme ambiant, en

---

12. Walter Rathenau a entretenu après 1914 une correspondance avec Wilhelm Schwaner, l'animateur des « éducateurs du peuple », soutenant la publication de son journal *Der Volkserzieher* durant la guerre!

13. L'homosexualité est un thème central des mouvements de jeunesse, abordé dès 1912 par le premier historien du mouvement, Hans Blüher. Voir par exemple PROSS 68 *sq.* et KLÖNNER 20-24.

réclamant à deux reprises que l'on pose les problèmes centraux : l'école, par laquelle toute réforme profonde de la société doit commencer, et la « culture juvénile » (*Reden* 10 *sq.*). Ce qu'il entend par cette notion, il l'explicite dans deux textes : la contribution publiée dans la *Festschrift* : « Philistinisme réformateur ou culture juvénile ? » (« Reformphilistertum oder Jugendkultur ? », *Festschrift* 166-169) et le discours tenu le matin du 12 octobre (*Reden* 33-41). Le programme esquissé dans le premier texte est bien vague : « … sans renaissance de l'école à partir de l'esprit de la jeunesse il n'y aura pas de culture juvénile » (*Festschrift* 169 : « … ohne Wiedergeburt der Schule aus dem Geiste der Jugend keine Jugendkultur »). Le seul aspect mordant, c'est le ton polémique employé à l'égard des mouvements de « réforme », qui manifestement sont des concurrents indésirables pour le contrôle de « l'avant-garde » de la jeunesse lycéenne et étudiante protestataire. Le discours du 12 octobre est plus éloquent : le ton est militaire (« Kameraden ! »), mais il s'agit de contester la « mécanisation de l'enthousiasme » et les formules bellicistes d'un orateur autrichien (« Die Waffen hoch ! ») qui contredisent le chant officiel du rassemblement : l'*Hymne à la joie* (et à la fraternité). Les grands esprits allemands ne furent-ils pas cosmopolites ? Comme le pensait le réformateur vom Stein, la liberté allemande doit passer avant la Prusse : « Jeunesse libre d'Allemagne, crée une germanité libre ! » (« Freideutsche Jugend, schaffe dir ein freies Deutschtum ! », *Reden* 36). Wyneken se réjouit de vivre l'une de ces époques de transition que Nietzsche affectionnait et pense que cette époque n'a pas encore trouvé son « sens en elle-même », se référant indirectement à la philosophie de l'histoire herdérienne. La jeunesse doit laisser « l'esprit bénir ses armes » et se montrer capable de penser au-delà des limites de l'intérêt de l'État et de la conservation de la race (« … über die Grenzen des Staatsinteresses und des völkischen Selbsterhaltungstriebes hinaus… », *Reden* 40) : ces deux dernières « limites » concernent les deux autres grands discours du rassemblement, le nationalisme d'État « prussien » et le discours raciste. Que les jeunes deviennent, non des surhommes, mais les guerriers de la lumière (« Krieger des Lichts »). Wyneken conclut par cette curieuse formule : « Liberté, Germanité, Jeunesse » (« Freiheit, Deutschheit, Jugendlichkeit ! », *Reden* 41).

Dans la *Festschrift,* d'autres pédagogues plaident, avec plus ou moins d'audace, pour une autonomie de la jeunesse, contribuant à renforcer la position intellectuelle de Wyneken, de Ludwig Gurlitt (1855-1931), le professeur de Steglitz qui patronna le premier *Wandervogel,* au philosophe, pédagogue (et musicien) de Marbourg Paul Natorp (1854-1924). L'offensive de Wyneken bénéficie aussi de soutiens actifs à l'intérieur et à l'extérieur du mouvement : ainsi, dans un bref message publié dans la *Festschrift,* Alfred Weber affirme renoncer à influencer une jeunesse qui doit être pleinement autonome (*Festschrift* 165). En réalité, Weber a publié dans la *Frankfurter Zeitung* du 7 septembre 1913 un texte approuvant les idées de Gustav Wyneken. Quelques mois après le rassemblement, il a défendu Wyneken et la *Freideutsche Jugend* contre les attaques de la droite allemande dans un discours tenu le 9 février 1914 à Munich (Weber 83-108).

La tentative de Wyneken a échoué. Le discours chauvin et militariste (« Die Waffen hoch! ») d'Ernst Keil, professeur à l'université de Vienne, a eu davantage de succès que les paroles du pédagogue, comme l'a noté dès le 18 octobre un certain *Ardor* dans la revue *Die Aktion* (Reulecke/Mogge 332). Derrière ce pseudonyme se cache le jeune Walter Benjamin, militant de la gauche du mouvement de jeunesse, avec Alfred Kurella et Peter Kollwitz, le fils de Käthe Kollwitz. La revue composée par ces jeunes gens, *Der Anfang*, fondée en 1910, polémique contre les structures autoritaires de la société de l'époque, de la famille à l'école et l'armée. Elle n'est imprimée que depuis 1913 et Wyneken en a pris alors la responsabilité éditoriale (Grober, Laqueur 118). Déçus de l'enthousiasme belliqueux manifesté par Wyneken, Benjamin et ses amis se sont séparés en 1914 du pédagogue (Reulecke/Mogge 394).

Les responsables du rassemblement de 1913 se sont résolus en 1914 à « dépolitiser » la *Freideutsche Jugend*, pour lui éviter un affrontement inévitable entre les racistes et la gauche. Tous les mouvements « d'adultes » ont été exclus, la *Freideutsche Jugend* ne visant plus, selon l'expression de Knud Ahlborn (1888-1977), que des « objectifs propres à la jeunesse » (« Ziele, die der Jugend sind », Pross 165) : lors du rassemblement de 1913, parlant devant le feu de joie, le même Knud Ahlborn avait repris la formule de Paasche (« Notre maison allemande brûle... »). Il dénonçait notamment la « lutte haineuse des partis » (« der gehässige Parteikampf », *Reden* 30). La lutte des partis a fini par emporter le mouvement dans les années qui ont suivi la guerre. Entre la gauche influencée par le KPD et l'extrême droite raciste, Knud Ahlborn ne parvint pas à imposer de curieux projets de compromis, stipulant que la *Freideutsche Jugend* agit dans l'intérêt des *Volksgenossen*... et des peuples du monde (Pross 220 *sq.*).

Que reste-t-il du Haut-Meissner? Des documents qui condensent les idées d'une époque. Et le souvenir d'une jeunesse bourgeoise qui tente de se prendre en main, à la veille d'un massacre général, et qui se montre capable d'organiser un rassemblement que l'on peut juger sans équivalent à l'époque. C'est ce que pensait le jeune Walter Benjamin dès 1913 : « Le fait que ce rassemblement ait eu lieu reste son seul aspect positif » (« Die Tatsache des Jugendtages bleibt das einzig Positive », Reulecke/Mogge 332).

Indications bibliographiques

BRÜGGEMANN Theodor, « Vom Abenteuer zur Ideologie. Zur Lichtsymbolik in den Schriften der Jugendsymbolik », *Keinen Groschen für einen Orbis pictus,* Cologne, H. Th. Wenner, 2001, p. 255-271.

Freideutsche Jugend. Zur Jahrhundertfeier auf dem Hohen Meißner 1913. Éd. par Arthur Kracke, Iéna, Eugen Diederichs, 1913.

Freideutscher Jugendtag 1913. Reden von Bruno Lemke, Gottfried Traub, Knud Ahlborn, Gustav Wyneken, Ferdinand Avenarius. Éd. par Gustav Mittelstraß. Hambourg, Freideutscher Jugendverlag Adolf Saal, 1919, 2ᵉ éd.

GROBER Ulrich, « Packt euern Rucksack leicht! », *Die Zeit,* nᵒ 45, 31 octobre 2001.

KERBS Dieter & REULECKE Jürgen (éd.), *Handbuch der deutschen Reformbewegungen 1880-1933.* Wuppertal, Peter Hammer, 1998.

KINDT Werner (éd.), *Grundschriften der deutschen Jugendbewegung.* Dusseldorf, Cologne, Eugen Diederichs, 1963.

KLÖNNE Irmgard, *Jugend weiblich und bewegt. Mädchen und Frauen in deutschen Jugendbünden.* Stuttgart, Verlag der Jugendbewegung, 2000.

KORN Elisabeth, SUPPERT Otto & VOGT Karl (éd.), *Die Jugendbewegung. Welt und Wirkung. Zur 50. Wiederkehr des deutschen Jugendtages auf dem Hohen Meissner.* Dusseldorf/Cologne, Eugen Diederichs, 1963.

LAQUEUR Walter. *Die deutsche Jugendbewegung. Eine historische Studie.* Cologne, Wissenschaft und Politik, 1978 (1ʳᵉ éd. 1962). Traduit de l'anglais (*Young Germany*) par Barbara Bortfeldt.

MOGGE Winfried & Reuleke Jürgen (éd.). *Hoher Meißner 1913. Der Erste Freideutsche Jugendtag in Dokumenten, Deutungen und Bildern,* Cologne, Wissenschaft und Politik, 1988.

PROSS Harry, *Jugend Eros Politik. Die Geschichte der deutschen Jugendverbände*, Berne, Munich, Vienne, Scherz, 1964.

WEBER Alfred. *Gesamtausgabe*, t. VII : « Politische Theorie und Tagespolitik (1903-1933) », éd. par Eberhard Demm (avec la collaboration de N. Chamba). Marbourg, Metropolis, 1999.

---

14. Il s'agit du discours d'Ernst Keil, professeur à l'Université de Vienne, comme l'a noté Walter Benjamin (Reulecke/Mogge 332).

Le « camp / terrain de jeunes » : un concept nouveau au lendemain de la première guerre mondiale

Marc CLUET
Université Rennes 2

À Pierre Labaye

Au lendemain de la première guerre mondiale, le mouvement de jeunesse, qui jusque là avait affectionné le voyage à pied, dans la tradition des « escoliers itinérants » du Moyen Âge [« wandernde Scholaren »], a développé des formes de vie sédentaires, qui, quelle que fût la durée envisagée, très variable (— d'un week-end à plusieurs décennies, voire toute une vie!), marquaient un changement de style. Finies les chansons de marche et les nuits à la belle étoile. Les établissements fixes (ou semi-fixes) qui avaient maintenant la faveur étaient des communautés rurales à vocation agricole et/ou artisanale [« Siedlungen »/« Werkgemeinschaften »], des centres d'instruction et de réflexion, des « camps de jeunes » [« Jugendlager »]. Cette tendance à la « nidification » chez des jeunes jusque là « migrateurs » a pu être interprétée comme un symptôme de vieillissement. Le dynamisme faisait place au statisme[1]. Cette interprétation a été contestée par Ulrich Linse, éminent spécialiste de la « préhistoire » des Verts. Il fait valoir le développement d'un mouvement de jeunesse politisé à caractère *bündisch* ou assimilable, fondé sur l'allégeance à un « chef » [« Führer »], y compris « à gauche ». L'ambition afférente d'offrir un modèle organisationnel à la société, étrangère au premier mouvement de jeunesse « romantique » et « escapiste », impliquait, selon U. Linse, la création de « pôles » à partir desquels le nouveau modèle se diffuserait — soit de par son caractère même de modèle (exemplaire), soit à travers des actions de formation

---

1. Cf. SEIDELMANN Karl, *Bund und Gruppe als Lebensformen deutscher Jugend. Versuch einer Erscheinungskunde des deutschen Jugendlebens in der ersten Hälfte des 20. Jahrhunderts*, Munich, Wiking-Verlag, 1955, p. 291 *sqq.*

auprès d'un public réceptif (séminaires, etc.), soit à la faveur de « croisades » à entreprendre dès que la société serait mûre[2]. Cette interprétation qui a le mérite de replacer le phénomène de la sédentarisation dans un contexte idéologique à la prégnance avérée, tant « à droite » qu'« à gauche », convainc immédiatement. Néanmoins, des questions peuvent être soulevées. Tout d'abord, que devient dans ce modèle l'obédience proprement *freideutsch*, à caractère « éthique » plutôt que « politique », certes laminée par les tendances *bündisch*, mais non éliminée?[3] Cette question paraît d'autant plus légitime que le plus célèbre des « camps de jeunes », actif sans discontinuer depuis sa fondation en 1919 jusqu'à aujourd'hui, à savoir le « camp » de Klappholttal sur l'île de Sylt, s'est longtemps appelé « Freideutsches Jugendlager Klappholttal »[4]. Par ailleurs, les différences typologiques d'un établissement à l'autre — du « camp de vacances » à la « résidence fortifiée » [« Heimburg »] — ne suggèrent-elles pas à elles seules une nécessaire diversification du modèle explicatif?

Les trois types d'établissements observables sont ceux déjà évoqués. Il y a d'abord les « communautés rurales » qui devraient avoir été au nombre d'une centaine. Toutes les tendances politiques sont représentées. À la « commune de jeunes » [« Jugend-Kommune »] de Blankenburg, fondée

---

2. Cf. LINSE Ulrich, *Siedlungen und Kommunen der deutschen Jugendbewegung* in *Jahrbuch des Archivs der deutschen Jugendbewegung*, vol. XIV (1982-1983), pp. 13-28, p. 17, et IDEM, *Lebensformen der bürgerlichen und der proletarischen Jugendbewegung* in *Jahrbuch des Archivs der deutschen Jugendbewegung*, vol. X (1978), pp. 24-55, p. 46 *sq.* et p. 40 *sq.*

3. Le sigle « *freideutsch* », recouvrant, tout à la fois, des opinions pondérées et des règles de vie strictes (antialcoolisme et antitabagisme), faisait office, depuis le rassemblement du Haut-Meissner des 11 et 12 octobre 1913, de lien entre plusieurs associations de jeunes, constituant ensemble, sinon une confédération, du moins un mouvement aux contours flous, une mouvance. La plateforme commune tenait en quatre phrases seulement, qualifiées de formule du Haut-Meissner : « La Jeunesse *freideusch* veut façonner sa vie selon son propre dessein, sous sa responsabilité particulière [et] en toute authenticité intérieure. En tout état de cause, elle s'engage à l'unisson pour cette liberté intérieure. Des congrès de jeunes *freideutsch* sont organisés afin de se concerter et de s'accorder. Toutes les manifestations de la Jeunesse *freideutsch* se déroulent sans alcool et sans tabac. » [« Die Freideutsche Jugend will aus eigener Bestimmung, vor eigener Verantwortung, mit innerer Wahrhaftigkeit ihr Leben gestalten. Für diese innere Freiheit tritt sie unter allen Umständen geschlossen ein. Zur gegenseitigen Verständigung werden Freideutsche Jugendtage abgehalten. Alle gemeinsamen Veranstaltungen der Freideutschen Jugend sind alkohol- und nikotinfrei. »] La jeunesse *freideutsch* fut affectée par des scissions « de droite » et « de gauche ». Quoique réduit, le groupe médian conserva un certain rayonnement grâce à l'excellente revue *Jeunes Hommes* [— ou plus exactement : *Jeunes Humains*] (*Junge Menschen*) qui parut jusque en 1926. Pour la formule du Haut-Meissner, cf. MOGGE Winfried, *Der Freideutsche Jugendtag 1913 : Vorgeschichte, Verlauf, Wirkungen* in MOGGE Winfried et REULECKE Jürgen, *Hoher Meißner 1913. Der erste Freideutsche Jugendtag in Dokumenten, Deutungen und Bildern*, Cologne, Verlag Wissenschaft und Politik, 1988, pp. 33-62, p. 52 ; pour l'histoire de la jeunesse *freideutsch* après-guerre, cf. LAQUEUR Walter, *Die deutsche Jugendbewegung. Eine historische Studie*, trad. de l'anglais Barbara Bortfeldt, Cologne, Verlag Wissenschaft und Politik, 1978[2] (édition origin. angl. 1962), p. 113 *sqq.*

4. Pour l'histoire de Klappholttal — en bas allemand, le « vallon aux arbres pliés » (— en fait, des pins déformés par les éléments) —, cf. ANDRITZKY Michael et FRIEDRICH Kai J. (édit.), *Klappholttal / Sylt 1919-1989: Geschichte und Geschichten; Kontinuität im Wandel*, Gießen, Anabas-Verlag, 1989, *passim.*

par Hans Koch (1897-1995) près de Donauwörth (Bavière), on pratiquait un communisme primitif d'inspiration chrétienne — jusqu'à ce que la troupe vienne défaire ce « nid de spartakistes », l'année même de son installation (1919)[5]. À la « Colonie végétarienne et communautaire de la Maison Asel » (Vegetarische Siedlungsgemeinschaft Haus Asel), créée en 1919 par Adalbert Luntowski alias Reinwald (1883-1934) sur la retenue d'Edersee (Hesse), on prétendait constituer une « cellule pour la reconstruction raciale et religieuse de l'Allemagne » [« Zelle für den religiösen und rassischen Neuaufbau Deutschlands »][6]. À la « colonie de femmes » [« Frauen-Siedlung »] de Rabennest (Hesse), fondée par Marie Buchhold (1890-1983) et Elisabeth Vogler (1892-1975), on s'en tenait à la ligne « éthique » *freideutsch*, mais enrichie de mystique féminine[7]. À ce titre, on y travaillait à « une conception organique de l'homme et du monde », conforme à la nature féminine[8]. Ces trois communautés rurales ont certes des caractéristiques communes, telles l'exaltation juvénile, le refus de l'accommodement [« Kompromißlerei »], la volonté de « passer à l'acte » [« Tat-Aktivismus »], mais elles se distinguent sur un point essentiel : alors que les deux premières prétendaient faire sécession de la société, voire lui opposer des bastions irréductibles [« Heimburgen » / « Bollwerke »], la der- nière cultivait l'échange. Malgré leur mystique féminine, non seulement les femmes de Rabennest entretenaient les meilleures relations avec les paysans des environs, mais organisèrent aussi, à partir de 1924, suite à leur déménagement à Schwarzerden, des séances de gymnastique corrective, ainsi que des stages d'initiation, voire des cursus complets de formation à la gymnastique « rythmique ». Ces prestations impliquaient des flux humains relativement réduits[9], mais ceux-ci avaient le mérite d'exister, témoignant

5. Cf. LINSE U., *Blankenburg* in LINSE U. (édit.), *Zurück, o Mensch zur Mutter Erde. Landkommunen in Deutschland 1890-1933*, Munich, Deutscher Taschenbuch Verlag, 1983, pp. 126-128.
6. Cf. JANTZEN Hinrich, *Namen und Werke. Biographien und Beiträge zur Soziologie der Jugendbewegung*, t. 4, Francfort-sur-le-Main, dipa-Verlag, 1976, pp. 157-160.
7. Cf. LINSE, *Schwarzerden* in LINSE (édit.), *Zurück, o Mensch zur Mutter Erde*, pp. 157-160. Également WÖRNER-HEIL Ortrud, »*Von der Natur des Körpers her«. Die Frauensiedlung Schwarze Erde in der Rhön* in catalogue d'exposition *Die Lebensreform*, Institut Mathildenhöhe Darmstadt, 2001/2002, t. 1, pp. 499-504.
8. « — [an] einer [der Frau] gemäßen organischen Welt- und Menschenauffassung. » Cf. [BUCHOLD Marie ?], *Die Frauenbildungsstätte*, ms. dactylographié (s.d.) [après 1924], reprod. dans LINSE (édit.), *Zurück, o Mensch zur Mutter Erde*, pp. 184-187, p. 185.
9. Cette appréciation résulte d'une moyenne. En réalité, le nombre de personnes concernées variaient considérablement en fonction de la durée des prestations : les séances de gymnastique corrective, offertes dans le cadre d'un « centre aéré » [« Ferien-Tageserholungsstätte »], touchaient jusqu'à 180 enfants à la fois, alors que le premier cursus complet de formation à la gymnastique « ryth- mique » (en trois semestres) ouvrit avec une dizaine de « pensionnaires » seulement. Cette dernière activité connut cependant un grand développement par la suite (1928 *sqq.*), au point d'absorber tout élan utopique. [Cf. VOGLER Elisabeth, *Schwarzerden, ein Neubeginn mit klaren Zielen* in KINDT Werner (édit.), *Dokumentation der Jugendbewegung*, t. 3 [*Die bündische Zeit*], Düsseldorf / Cologne, Eugen Diederichs Verlag, 1974, pp. 1607-1612, p. 1610 et p. 1612, et LINSE, *Schwarzerden*, *loc. cit.*, p. 160].

d'une relation paisible avec la société, même si on en souhaitait la transformation à terme dans le sens d'une « féminisation » générale. Les centres d'instruction et de réflexion qui constituent un second type spécifique d'établissements semblent se rapprocher du modèle de Rabennest-Schwarzerden. Toutefois, là encore, il paraît nécessaire d'examiner les centres cas par cas. D'un côté, on trouve de véritables « écoles » de la révolution, tant « de gauche » que « de droite », comme le Foyer Bakounine (Bakunin-Hütte) de la Jeunesse anarcho-syndicaliste, ou alors l'Université paysanne allemande (Deutsche Bauernhochschule) du « prénazi » Bruno Tanzmann[10] ; de l'autre, des « universités d'été » comme celles organisées par le « camp de jeunes » de Klappholttal [« Klappholttaler Tagungen »] — sur des thèmes comme : « Que peut faire la jeunesse idéaliste de tous pays pour surmonter l'anarchie dans les relations internationales ? »[11] Un troisième et dernier type d'établissement correspond précisément aux « camps de jeunes », mais considérés dans leur activité principale de « camps de vacances / — de loisirs ». Le modèle en a été inventé par Knud Ahlborn (1888-1977), chef historique du groupe médian du mouvement *freideutsch*, qui, au lendemain de la première guerre mondiale, restaura un ancien camp de la *Kriegsmarine* au Nord de l'île de Sylt, au lieu-dit de Klappholttal, à l'usage non seulement de jeunes *freideutsch*, mais aussi d'autres obédiences, sous réserve qu'un esprit de tolérance supra-*bündisch* [« überbündisch »] soit maintenu en toutes circonstances[12]. Ici, les flux humains étaient d'un tout autre ordre de grandeur qu'à Schwarzerden. Au cours des cinq premières années, correspondant aux « années de crise » 1919-1923, le « camp » accueillit environ 3 700 jeunes pour un séjour moyen de dix jours complets [« Verpflegetage »][13]. D'autres établissements directement inspirés de Klappholttal, mais plus modestes, dépourvus de bâtiments en dur, fonctionnaient essentiellement le week-end : on y passait la journée, puis rentrait, ou éventuellement y passait une nuit sous la tente pour profiter du lendemain. Ces établissements marquaient leur différence de taille dans leur appellation : c'étaient des « terrains de jeunes » [« Jugendgelände »], plutôt que des « camps de jeunes », ainsi le « Terrain de la Lande aux bouleaux » (Birkenheide) sur le lac de Motzensee près de Berlin et le « terrain » de Schönburg, près de Naumburg (Saxe), ouverts respectivement

---

10. Cf. resp. LINSE, *Die anarchistische und anarcho-syndikalistische Jugendbewegung 1918-1933*, Francfort-sur-le-Main, dipa-Verlag, 1976, p. 93 *sq.*, et BERGMANN Klaus, *Agrarromantik und Großstadtfeindschaft*, Meisenheim am Glan, Verlag Anton Hain, 1970, p. 226.
11. « Was kann die idealistische Jugend aller Völker zur Überwindung der zwischenstaatlichen Anarchie tun ? » Cf. AHLBORN Knud, GOEBEL Ferdinand, HAMMER Walter et alii, *Einladung zum internationalen Jugendtreffen in Klappholttal auf Sylt, 12.-17. Oktober 1921*, reprod. dans ANDRITZKY M. et FRIEDRICH K. (édit.), *op. cit.*, p. 35 *sq.*
12. Cf. infra dans le corps du texte.
13. Cf. AHLBORN Kn., *Das freideutsche Lager Klappholttal* in *Junge Menschen*, vol. VI, n° 5 (mai 1925), p. 125 *sq.*, p. 125.

par Charly Straesser et Bernhard Schulze, en 1924 et 1927[14]. Quoique simple « terrain de jeunes », la « Lande aux bouleaux » voyait tout de même « passer » jusqu'à 120 « visiteurs » un week-end de grande affluence[15]. La filiation, plus ou moins directe, de ces « terrains de jeunes » à partir du « camp » de Klappholttal se manifestait, d'une part, dans le style commun (abstraction faite de la taille des établissements), comprenant notamment la pratique du nudisme, et, d'autre part, dans la prétention partagée de Ch. Straesser et de B. Schulze à occuper une position supra-*bündisch*[16], en liaison avec leur adhésion personnelle, plus ou moins intense, à la ligne « éthique » *freideutsch*[17].

L'aperçu qu'on vient de donner des différents établissements qui ont incité les « jeunes en mouvement » à l'être de moins en moins, permet de préciser les doutes qu'on a eus sur l'explication unique de la sédentarisation par le radicalisme *bündisch* « de droite » ou « de gauche ». Il a existé un certain nombre de communautés, de centres d'instruction et de réflexion, de « camps de jeunes », parfois en combinaison[18], reposant sur une *autre* logique, d'inspiration *freideutsch*. Il faudrait en rendre compte en termes spécifiques. Dès l'époque, Alfred Kurella, d'abord lié à Hans Koch, puis rallié au KPD[19], s'y est essayé, mais pour s'enferrer dans une critique d'inspiration marxiste, fondée sur la psychosociologie (supposée) des « permanents » des établissements. À son idée, la sédentarisation était un moyen commode pour des « clercs » ou ressortissants typiques de la « classe moyenne cultivée », confrontés à un problème « systémique » de déclassement, de stabiliser leur existence matérielle :

> Quel est ce « mouvement freideutsch » ? Comment se compose-t-il ? Quand est-il apparu et dans quel milieu ? [...]
> — Pour moi la chose suivante est claire : il s'agit là d'un regroupement, très limité au plan numérique, d'individus provenant d'une même tranche d'âge de la classe moyenne cultivée. [...]
> La grande majorité des membres se détachent du mouvement à mesure qu'ils atteignent, l'un ou l'autre, la « maturité » et ne laissent rien derrière

---

14. Cf. resp. STRÄSSER [STRAESSER] Charly, *Nacktkultur im alten Berlin. Die Anfänge der FKK-Bewegung*, Kassel, Lichtschar Verlag / Berlin, Verlag Das Haus, 1981, pp. 53-57, et VOSSEN Arno [WILKE Hermann], *Sonnenmenschen. Sechs Jahrzehnte Freikörperkultur in Deutschland*, Hamburg-Großflottbek, Deutscher Verband für Freikörperkultur e.V., p. 14.

15. Chiffre pour la Pentecôte 1925. Cf. STRAESSER Charly, *Die Birkenheide* in STRAESSER Charly (édit.), *Jugendgelände. Ein Buch vom neuen Menschen*, Rudolstadt, Greifenverlag, 1926, pp. 45-80, p. 63.

16. Cf. SCHULZE Bernhard et STRAESSER Charly, *Aufruf zur Gründung einer Vereinigung zur Schaffung und Erhaltung überbündischer Jugendgelände* (1925), reprod. dans STRAESSER (édit.), *Jugendgelände*, pp. 59-63.

17. Cf. STRÄSSER, *Nacktkultur im alten Berlin*, p. 53, et SCHULZE, *Rechtfertigung* in STRAESSER (édit.), *Jugendgelände*, pp. 81-97, p. 83 [réf. à la formule du Haut-Meissner (cf. notre n. 3)].

18. Pour mémoire : Rabennest-Schwarzerden est à la fois communauté et centre de formation ; Klappholttal, à la fois, camp et centre de réflexion.

19. Cf. LAQUEUR W., *op. cit.*, p. 117 *sqq*.

eux dans le mouvement, sinon les traces de leur immaturité. Au stade mûr on les retrouve dans la société civile aux places et placettes qui leur sont destinées [...] — pasteur, libraire, producteur de fruits, chef de bureau, etc. [...].

Seuls quelques individus qui tardent à trouver leur insertion naturelle dans la société civile, ou alors, en définitive, des individus qui trouvent à s'occuper dans le mouvement de jeunesse constituent une sorte de pôle immuable dans ce monde d'apparences fugaces. L'évolution de leurs idées est généralement tenue pour l''histoire du mouvement de jeunesse'! Mais l'évolution de leurs idées résulte, comme il faut s'y attendre dans cette classe, de la confrontation des résultats de leur 'introspection' [...] avec leur faculté d'inertie dans leurs positions de rédacteurs de journaux ou de fondateurs de foyers et de castels du mouvement de jeunesse [...].[20]

A. Kurella prétend tirer sa science du « trésor abondant de son expérience et connaissance intimes [du « mouvement *freideutsch* »] » [« — aus dem reichen Schatz meiner persönlichen Kenntnis und Anschauung (der 'freideutschen Bewegung')[21] »] ; pourtant, l'arrière-plan socioprofessionnel qu'il prête aux « permanents » ne correspond que très partiellement aux situations effectives de ceux qui ont été évoqués. Certes, il n'y a personne d'extraction « prolétarienne » ou « grande-bourgeoise capitaliste » ; certes, les deux « reines » de Rabennest-Schwarzerden se destinaient initialement au métier d'institutrice ; mais Kn. Ahlborn et B. Schulze étaient respectivement médecin et avocat, et conservèrent leurs activités « libérales » tout au long — faute de trouver dans leur « camp/terrain de jeunes » les rente et sinécure soupçonnées par A. Kurella. Quant à Charly Straesser, c'était un anticonformiste né qui sut exceller dans les fonctions de président et animateur de « Terrain de jeunes », de professeur de gymnastique, professeur de danse, chansonnier...[22] Moins que quiconque, il n'avait la

---

20. « Wer ist diese 'freideutsche Bewegung'? Wie setzt sie sich zusammen? Wann und in welchem Milieu entstand sie? [...] [Es] steht für mich folgendes fest. Es handelt sich hier um eine zahlenmäßig sehr beschränkte Zusammenballung von Individuen aus einer bestimmten Altersklasse des gebildeten Mittelstandes. [...] » / « Die große Masse der Mitglieder der Bewegung löst sich, je 'reifer' die einzelnen werden, von der Bewegung los und hinterläßt dieser nichts oder nur die Spuren der Unreifheit. Als reife Menschen findet man sie im öffentlichen Leben auf den für sie bestimmten Posten und Pöstchen [...] — Pfarrer, Buchhändler, Obstzüchter, Kanzleichef u. dgl. [...]. » / « Nur einige Individuen, die lange nicht den natürlichen Anschluß an das öffentliche Leben finden konnten, ja letzten Endes solche, die in der Jugendbewegung ihr Metier gefunden haben, stellen so etwas wie die ruhenden Pole in der Erscheinungen Flucht dar. Und die Entwicklung ihrer Gedanken wird meist für die 'Geschichte der Jugendbewegung' gehalten! Aber die Entwicklung dieser Gedanken vollzog sich, typisch für ihre Klasse, in einem Streit ihrer [...] 'Selbstverständigung' mit ihrem Beharrungsvermögen auf den Pöstchen als Redakteure von Jugendbewegungszeitungen oder Gründer von Heimen und Burgen [...]. » Extraits de KURELLA Alfred, *Noch einmal: Volksgemeinschaft. — Ein Wort an die bürgerliche Jugendbewegung* (1923), reprod. dans KINDT W. (édit.), *op. cit.*, pp. 279-285, resp. p. 280, p. 282 et p. 282. [Les deux fragments de la p. 282 ont été intervertis.]

21. Cf. *ibid.*, p. 280. A. Kurella avait effectivement été coéditeur de la revue *Freideutsche Jugend* (1914-1923), fondée par Ahlborn.

22. Cf. STRÄSSER, *Nacktkultur im alten Berlin*, p. 63 [notice biographique établie par Karlwilli Damm].

« faculté d'inertie » qu'A. Kurella prête aux supposés « planqués » *freideutsch*. Ainsi, ni la sociologie, ni la psychologie ne semblent vraiment justes dans la psychosociologie d'A. Kurella. La psychologie constituerait même une contrevérité absolue en regard de personnalités très volontaires comme Ahlborn ou Marie Buchhold. D'ailleurs, Ahlborn non seulement se dévouait corps et âme à son « camp », mais valorisait dans son discours le sens pratique et l'énergie. Il insistait même, à cet égard, sur le caractère prétendument « mâle » et « viril » des jeunes et moins jeunes de son entourage [« Mannschaft und Jugend »[23]]. La ligne « éthique », proprement *freideutsch*, dont il se faisait le champion, avait toujours incarné « l'esprit actif, viril, constructif » [« den aktiven, männlichen, aufbauenden Geist »] dans le mouvement de jeunesse, et puisait, tout spécialement aujourd'hui, dans l'« expérience vécue d'[authentiques] hommes » [« — aus der Lebenserfahrung freideutschen Mannestums »][24]. Ce type de discours était certainement « idéologique », en ce sens que l'accusation était souvent proférée, dans les rangs *bündisch* et assimilables, selon laquelle les jeunes *freideutsch* étaient des « femmelettes » et qu'il fallait contrer pareille accusation[25] ; mais, d'un autre côté, le discours volontariste et activiste recouvre assurément quelque chose : ces traits de caractère, auxquelles on ajoutera la « virilité » essentiellement métaphorique, sont en effet attestées par les réussites durables des établissements de Klappholttal et de Schwarzerden[26]. L'explication des établissements *freideutsch* par une sorte de *démission* face à la société (A. Kurella) paraît donc aussi discutable que celle par un *missionnarisme* de type *bündisch* (U. Linse). La question des enjeux de ces établissements reste donc entière — à moins qu'on veuille croire qu'ils n'aient pas eu d'autres aspirations que leurs (sur)vie et expansion. La référence constante à l'« esprit *freideutsch* » incite, cependant, à supposer autre chose. La présente étude vise à résoudre cette question en se concentrant sur les « camps / terrains de jeunes » qui apparaissent comme le type d'établissements le plus caractéristique de l'« esprit *freideutsch* ». On commencera néanmoins par les motifs extérieurs, apparemment indifférents à l'obédience *freideutsch*.

---

23. Pour cette formule, cf. AHLBORN, *Meißnertagung 1923* in *Junge Menschen*, vol. IV, n° 6 (oct. 1923), pp. 218-220, p. 219 [fac-similé in WALTER-HAMMER-KREIS (édit.) (HAMMER-HÖSTEREY Erna et PIEHL Otto), *Junge Menschen. Monatshefte. Ausgewählt und mit einer Darstellung zur Biographie Walter Hammers und der Geschichte der deutschen Jugendbewegung versehen von Walther G. Oschilewski*, Francfort-sur-le-Main, dipa-Verlag, 1981, pp. 134-136, p. 135].

24. Cf. AHLBORN, *Klappholttal. Die Idee eines Jugendlagers*, Hambourg, Verlag Junge Menschen, 1921, p. 1 et p. 14.

25. Cf. ARBEITSGEMEINSCHAFT DER FREIDEUTSCHEN JUGEND E.V., *Aufforderung zum Zusammenschluß der Freideutschen Jugend* (fin 1919), reprod. dans KINDT W. (édit.), *op. cit.*, pp. 261-263, p. 263.

26. Paradoxalement, la « colonie de femmes » de Schwarzerden atteste aussi que la « virilité » *freideutsch* n'était pas seulement métaphorique : les (inévitables) conflits internes se soldaient parfois par une bagarre [Ringkampf] entre filles! [Cf. extraits de NEUMAYER Marta, *Erinnerungen an Frankenfeld und Schwarzerden*, ms. dactylographié (s.d.), reprod. dans LINSE (édit.), *Zurück, o Mensch zur Mutter Erde*, pp. 168-174, p. 174].

Motifs extérieurs de sédentarisation en « camps / terrains de jeunes »

La sédentarisation a certainement été provoquée, pour une bonne part, dans la mouvance *freideutsch*, comme chez les militants d'inspiration *bündisch*, par un certain engorgement des chemins à parcourir et des sites à visiter. Ainsi, Walter Fränzel (1889-1968), protagoniste historique du mouvement *freideutsch*[27], qui devait aider Straesser à lancer son « Terrain de la Lande aux bouleaux », déplorait qu'en Allemagne moyenne tel ou tel site idyllique, qu'il avait découvert avec ses camarades, fût maintenant envahi, voire saccagé par des « hordes nombreuses »[28]. L'extension du phénomène de la « jeunesse en mouvement » vers des groupes limitrophes de la « bourgeoisie cultivée » [Bildungsbürgertum] où il était apparu, mais moins « contemplatifs » que celle-là, notamment du côté de la « nouvelle classe moyenne » (employés), amena les « vrais » à vouloir rester entre eux, voire créer des enclaves où ils donneraient le ton. Il n'y avait cependant aucune exclusive sociologique : les jeunes employés n'étaient pas bannis en tant que tels, ni même les jeunes ouvriers, il fallait seulement bien se comporter. Dans cet ordre d'idées, Straesser fustigeait tout autant que Fränzel le « déferlement du grand nombre » [« der breite Strom der Vielen »] qui troublait le silence de la campagne et des bois par ses « beuglements » [« beim Hordengegröhle » / « mit Lärm und Gegröhl »][29]. Les scouts offraient un contraste appréciable par leur « comportement impeccable » [« einwandfreies Benehmen »[30]], même si leurs uniformes d'inspiration militaire — qui ont contribué à façonner le style *bündisch*, tant « de droite » que « de gauche » — irritaient les gardiens de l'esprit *freideutsch*. À leurs yeux, ils respiraient une agressivité plutôt ridicule [« trutzig bis an die Zähne gewappnet »[31]]. Néanmoins, il paraît probable que les camps scouts, en toile ou en rondins [« Zeltlager » / « Blockhüttendörfer »], ont non seulement servi de modèle à certains établissements (semi-)fixes *bündisch*, mais aussi *freideutsch*[32]. Significativement, Ahlborn, qui conserva à Klappholttal ses allures extérieures de camp scout, dues aux antécédents

---

27. Pour la biographie de Walter Fränzel, cf. WERNER Meike, « *Umsonst leben die Freudigen nicht…* » *Walter Fränzel: Ein Lebensbild aus der Jugendbewegung* in *Jahrbuch des Archivs der deutschen Jugendbewegung*, vol. XVII (1988-1992), pp. 199-230.

28. Cf. FRÄNZEL W., *Surén-Woche in Wald und Wiese* (1924) in STRAESSER (édit.), *Jugendgelände*, pp. 21-42, p. 22. [La notion de « semaine / stage Surén » à laquelle se réfère l'article de Fränzel se clarifiera *infra* dans le corps du texte, quand il sera question de Hans Surén].

29. Cf. STRAESSER, *Abgrenzung. Wir und die Lichtbewegung* in STRAESSER (édit.), *Jugendgelände*, pp. 7-18, p. 13, et FRÄNZEL, *op. cit.*, *loc. cit.*, p. 22.

30. Cf. FRÄNZEL, *op. cit.*, *loc. cit.*, p. 30.

31. = n. 30.

32. Pour la fonction de modèle des camps scouts dans les rangs *bündisch*, cf. LINSE, *Lebensformen der bürgerlichen und der proletarischen Jugendbewegung*, *loc. cit.*, p. 45.

militaires, salua expressément les scouts dès lors qu'ils cédaient un peu sur le militarisme[33].

Outre la volonté de faire sécession des « masses » juvéniles et la prégnance de modèles scouts, la sédentarisation répondait à une envie de diversifier les activités par rapport à la randonnée. « Battre le pavé » [« Klotzen »] et « avaler du kilomètre » [« Kilometerfressen »] finit par lasser ; les pauses consacrées à des jeux de ballon, des exercices d'assouplissement étaient plus attrayantes[34]. L'idée de consacrer l'essentiel du temps à ces activités, en y ajoutant de la gymnastique sous conduite professionnelle, avec du matériel spécial (medicine balls, cerceaux, etc.) mena à l'idée de se fixer. Le « plaisir de la marche » [« Wanderlust »] subsisterait puisqu'on pouvait toujours rejoindre le « camp / terrain de jeunes » à la marche[35]. Un facteur puissant de sédentarisation fut également la prédilection des « jeunes en mouvement », toutes tendances confondues, pour un nudisme occasionnel en marge des randonnées. En effet, la pratique « sauvage » qui avait leur préférence, non seulement pour des « plongeons » rafraîchissants, mais aussi pour les exercices physiques, les exposait à divers problèmes que seul un « camp / terrain » permettait d'éviter. Tout d'abord, le nudisme « sauvage » risquait de les confondre avec les « masses » juvéniles « indignes » dont ils voulaient se démarquer (cf. *supra*)[36]. D'autre part, un nudisme « sauvage », mais discret, comme on le souhaitait, les reléguait dans des endroits éloignés ou désagréables (rivages abrupts, etc.)[37]. Enfin, le nudisme « sauvage » les exposait à des conflits avec les promeneurs ou baigneurs ordinaires, sans parler des risques de poursuites judiciaires[38]. Sur ce dernier point, un « camp / terrain de jeunes » offrait les meilleures garanties dès lors qu'une concession nudiste était négociée avec les autorités locales. Au « camp » de Klappholttal, cette solution s'imposa en 1924/1925[39], suite à une campagne de presse d'extrême droite contre l'« impudeur » de ses dirigeants et hôtes de passage[40]. Pour ce qui est du « Camp de la Lande aux bouleaux », il fut directement créé sur cette base après que Straesser et ses amis eurent défrayé la chronique par des

33. Cf. AHLBORN, *Der deutschen Jugendbewegung Ursprung und Aufstieg* in *Junge Menschen*, vol. I, n° 2/3 (février 1920), p. 12 *sq.*, p. 13 [fac-similé in WALTER-HAMMER-KREIS (édit.), *op. cit.*, p. 2 *sq.*, p. 3].

34. Cf. SCHULZE, *op. cit.*, *loc. cit.*, p. 83.

35. Cf. STRAESSER, *Die Birkenheide, loc. cit.*, p. 47.

36. Cf. FRÄNZEL, *op. cit.*, *loc. cit.*, p. 22.

37. Cf. STRAESSER, *Die Birkenheide, loc. cit.*, p. 57.

38. = n. 37.

39. Cf. ´´´, *Ein Sieg* in *Leben und Sonne. Monatsschrift der Arbeitsgemeinschaft der Bünde deutscher Lichtkämpfer*, vol. I, n° 5 (sept. 1925), p. 225 *sq.*

xl Cf. THOMCZIK-KREBS Lotte, *Aus der deutschen Jugendbewegung. Das Ferienheim der Freideutschen Jugend in Klappholttal auf Sylt* in *Deutsche Zeitung*, n° 418 (17 sept. 1924) [reprod. dans ANDRITZKY et FRIEDRICH (édit.), *op. cit.*, p. 36 *sq.*].

apparitions inopinées[41]. Quant à Schulze qui était juriste, il n'avait certainement pas eu besoin de leçons pratiques pour choisir la voie légale.

Le nudisme occasionnel — et seulement occasionnel, même en « camp/terrain » — enchantait les « jeunes en mouvement » pour diverses raisons[42]. Il y avait, tout d'abord, la commodité que représentait l'« habit de lumière » [« Lichtkleid »] dispensant d'emporter maillot et serviette. Ensuite, les jeunes avaient subi l'influence d'artistes comme Stefan George (1868-1933) et Hugo Höppener alias Fidus (1868-1948) qui avait mis en vers et en images les théories de Nietzsche sur le droit à l'« a-pudeur » de l'excellence physique et morale. Enfin, pour ce qui est plus spécialement des jeunes *freideutsch*, des recoupements s'étaient opérés dans l'esprit de ces jeunes entre leur ligne « éthique » et la nudité. L'uniforme, commun aux militants *bündisch* « de droite » et « de gauche » leur apparaissait comme la marque de l'embrigadement idéologique et du transformationnisme violent, et inversement la nudité, comme la marque de la liberté morale et de la confiance en l'Homme. Certes, la nudité avait aussi ses adeptes chez les militants *bündisch* « de droite » et « de gauche », avec d'autres motivations telles le paganisme aryen ou la révolution des mœurs, mais il semblerait qu'ils y aient mis moins de cœur. En tout état de cause, on constate une réception intense, du côté *freideutsch*, d'un théoricien nudiste qui ne s'y prêtait qu'approximativement, le commandant Hans Surén (1885-1972), en congé volontaire de la *Reichswehr*[43]. La revue *Jeunes Hommes* [— ou plus exactement : *Jeunes Humains*] (*Junge Menschen*) de stricte obédience *freideutsch*[44] lui consacra des articles[45] ; l'écrivain et essayiste Frank Thiess (1890-1977), un ancien du mouvement *freideutsch*, le loua avec emphase[46].

Hans Surén pouvait séduire la jeunesse *freideutsch* à plusieurs titres. Tout d'abord, il préconisait un nudisme actif, athlétique ou gymnique, d'autant plus dégagé de soupçon de frivolité que les sexes étaient (en principe) séparés. À ce titre, même le Très-Révérend titulaire de la cathédrale

---

41. Cf. A.G., *Allzu ungeniert!* in *Berliner Morgenpost* en date du 31 août 1924 (n° 210) [reprod. dans STRÄSSER, *Nacktkultur im alten Berlin*, p. 19].

42. Cf. CLUET Marc, *La «libre culture». Le mouvement nudiste en Allemagne depuis ses origines au seuil du XXᵉ siècle jusqu'à l'arrivée de Hitler au pouvoir. (1905-1933). Présupposés, développements et enjeux historiques*, Thèse d'Etat (2000), Villeneuve d'Ascq, Presses Universitaires du Septentrion, 2002, pp. 756-808.

43. Pour la biographie de H. Surén, cf. PFORTE Dieter, *Hans Surén – eine deutsche FKK-Karriere* in ANDRITZKY et RAUTENBERG Thomas (édit.), *« Wir sind nackt und nennen uns Du » : von Lichtfreunden und Sonnenkämpfern ; eine Geschichte der Freikörperkultur*, Giessen, Anabas, 1989, pp. 130-134.

44. Cf. notre n. 3.

45. Cf. plus part. *** [DEHNOW Fritz?], *Hans Surén, seine Körperkultur und Lebensreform* in *Junge Menschen*, vol. V, n° 1 (avril 1924), pp. 5-7 [fac-similé in WALTER-HAMMER-KREIS (édit.), *op. cit.*, pp. 137-139].

46. Cf. THIESS Frank, *Auseinandersetzung mit einem Geistigen über « Die Geistigen und der Sport »* (1927) in *Erziehung zur Freiheit. Abhandlungen und Auseinandersetzungen*, Stuttgart, J. Engelhorns Nachf., 1929, pp. 357-382, p. 371.

Saint-Paul de Londres, qui avait lu Surén en traduction anglaise, put qualifier son programme de « bénéfique »[47]. Ensuite et surtout, Surén avait des accents (apparemment) antimilitaristes. Il préconisait un « service athlétique » [« körperliche Dienstpflicht »] en remplacement du service militaire[48] ; il s'élevait contre la pensée hiérarchique au nom de la camaraderie[49] ; il dénonçait les exercices à caractère disciplinaire [« Massenzwang und Drill »[50]], leur préférant le cross country ou encore des jeux conjuguant force et adresse[51]. Un slogan essentiel de l'ex-commandant était qu'il fallait « se vivre soi-même » [« sich selbst erleben »[52]]. Or, cette injonction, déjà séduisante en tant que telle, recouvrait des expériences susceptibles de constituer un « ultime » attrait pour des jeunes. Non seulement il recommandait le cross country au mépris des éraflures et des éclaboussures, mais de véritable bains de boue, conjuguant transgression, régression et sensualité[53]. Il faut croire que les plaisirs de la fange avaient un pouvoir d'attraction considérable sur les « jeunes en mouvement », en particulier *freideutsch*, car des photos de jeunes et moins jeunes, crottés comme des rats, se trouvent dans les publications et archives correspondantes[54]. La mise en pratique dans les « camps / terrains de jeunes » du programme athlétique et nudiste de Surén — soit à travers l'organisation de « semaines / stages Surén », soit à travers des séances ponctuelles de « culture physique » selon la « méthode Surén »[55] — incluait manifestement ce genre de réjouissances dans des mares de boue spécialement aménagées. Encore fallait-il que les candidats d'extraction « bourgeoise-cultivée » ou de mentalité apparentée soient disposés à s'y prêter — même si la souillure n'était qu'éphémère et qu'un nettoyage expiatoire (au tuyau d'arrosage !) suivait obligatoirement. Selon toute vraisemblance, ces « audaces » étaient une spécificité *freideutsch*. En effet, on imagine bien l'uniforme *bündisch* tomber pour un « plongeon »

---

47. Cf. SUREN, *Selbstmassage, Pflege der Haut*, Stuttgart, Dieck & Co, 1928, p. 133 *sq*. (réf. au Très-Révérend W.R. Inge). Le manifeste nudiste de Surén paru en 1924 [*Der Mensch und die Sonne*, Stuttgart, Dieck & Co] était disponible en anglais depuis 1927 [*Man and Sunlight*, Slough, Sollux Publishing Co.].

48. Cf. SUREN, *Der Mensch und die Sonne*, p. 116.

49. Cf. *ibid.*, p. 120.

50. Cf. *ibid.*, p. 107.

51. Cf. *ibid.*, plus part. p. 120 et p. 121.

52. = n. 50.

53. Cf. SUREN, *Der Mensch und die Sonne*, p. 120.

54. Cf. *Junge Menschen*, vol. V, n° 1 (avril 1924), ill. p. 8 et ill. p. 9 [fac-similé in WALTER-HAMMER-KREIS (édit.), *op. cit.*, p. 140 et p. 141], et STRAESSER (édit.), *Jugendgelände*, ill. p. 49. Également photo d'archives du « camp » de Klappholttal reprod. dans ANDRITZKY et FRIEDRICH (édit.), *op. cit.*, p. 89.

55. Le « Camp de la Lande aux bouleaux » pratiquait à la fois les séances journalières et les « semaines / stages Surén » (la première fois sous la conduite de Fränzel en 1925) ; le « camp » de Klappholttal, uniquement les séances journalières (en 1927 et 1928 sous la conduite de Straesser). [Cf. resp. STRAESSER, *Die Birkenheide, loc. cit.*, p. 64, et STRÄSSER (STRAESSER), *1927/1928 :Mein Weg zu Knud – mein Weg nach Klappholttal* in ANDRITZKY et FRIEDRICH (édit.), *op. cit.*, pp. 100-109.

dans l'onde claire, mais pas pour un bain de boue[56]. En tout état de cause, d'autres plaisirs, moins problématiques, pouvaient également être dérivés de Surén. Son nudisme promettait des jeux de rôle exotiques qui se recoupaient avec les lectures des jeunes, en particulier les romans de Karl May. Les descriptions par l'ex-commandant de ses premiers pas nudistes révèlent une identification totale à un peau-rouge à l'affût :

> Combien de fois ai-je sillonné nu les forêts et les montagnes, pour ainsi dire sur des sentiers de peau-rouge. — Jamais je n'ai été aperçu. Les mystères les plus suaves de la nature m'étaient accessibles et mes sens, mon don de l'observation, ainsi que mon instinct de la nature et ma faculté de communier avec elle connaissaient un développement extraordinaire.
>
> Cela procure un plaisir insoupçonné que d'avancer l'œil attentif pour se dissimuler comme un peau-rouge à l'affût dès que surgit un ennemi de la [vraie] morale. [!][57]

Ces expériences se rapportent certes à un nudisme « sauvage » qui, en principe, était dépassé par les « camps / terrains de jeunes », mais quelque chose en était dialectiquement intégré. Il faut savoir que les « camps / terrains » se trouvaient dans la nature, sur des rivages non aménagés (avec dunes, joncs ou roseaux) et qu'à partir de là tous les jeux de rôle restaient possibles. Avant leur sédentarisation, Straesser et les siens s'étaient appelés, un temps, les « gitans de la mer / — du lac » (Seezigeuner), d'après un roman d'aventures, sinon de la plume de Karl May, du moins de la même veine[58]. Or, cette « mythologie » ne fut nullement abandonnée avec la sédentarisation, puisque dans l'esprit du « capitaine » Straesser le « terrain [enclos] de la Lande aux bouleaux » était l'« îlot du Bonheur solaire » [« Insel der Sonnenseligkeit »], par lui découvert[59]. La tendance à la « mythologie » était encore plus forte au « camp » de Klappholttal qui n'était pas enclos et se trouvait dans un environnement totalement préservé. Ainsi, de l'avis d'un proche d'Ahlborn, le pasteur Magnus Weidemann (1880-1967)[60], le « camp » de Klappholttal n'avait rien d'un camp scout, mais tout d'un « village nègre dans le désert », avec ses portes et ses volets de couleur vive[61].

---

56. À ce sujet, cf. THEWELEIT Klaus, *Männerphantasien*, t. I, Francfort-sur-le-Main, Verlag Roter Stern, 1977, plus part. p. 539 *sq*.

57. « Wie oft durchstreifte ich nackt die Wälder und Berge gleichsam auf Indianerpfaden — niemals wurde ich gesehen. Die köstlichsten Naturgeheimnisse konnte ich erlauschen, und meine Sinne, Beobachtungsgabe, sowie mein Naturinstinkt und Einfühlungsvermögen stärkten sich wunderbar. » / « Es macht ungeahnte Freude mit wachsamen Augen zu wandern, um vor einem Moralfeind [!] wie ein Indianer in Lauerstellung zu verschwinden. » SUREN, *Der Mensch und die Sonne*, p. 28 *sq*. et p. 55.

58. *Wir Seezigeuner* de Robert Kraft (1869-1916) fut réédité en 1964 par les Éditions Karl May. On se doute que l'ambiguïté de l'allemand « See » était bienvenue : elle facilitait la translation fantasmatique des pérégrinations maritimes, envisagées par R. Kraft, sur un paysage lacustre des environs de Berlin (lac de Motzensee).

59. Cf. STRAESSER, *Nacktkultur im alten Berlin*, p. 16.

60. Pour la biographie de Magnus Weidemann, cf. CLUET M., *op. cit.*, p. 809 *sqq*.

61. Cf. WEIDEMANN M., »*Mein Meer*« in *Wege zur Freude. Gesammelte Aufsätze und Bilder*, Egestorf, Robert Laurer Verlag, 1926, pp. 105-110, p. 107.

Dans le même registre, l'une des plages voisines allait bientôt accéder à la notoriété « nudiste » sous l'appellation de « L'Abyssinie »[62]. Et l'ex-commandant n'y aurait certainement pas trouvé à redire puisque outre l'identification au peau-rouge il cultivait aussi celle à « l'indigène arabe d'Afrique centrale » [« — mit jedem arabischen Eingeborenen Mittelafrikas »[63]]. Ces enfantillages dont on pourrait prolonger la liste, tant du côté des « camps / terrains de jeunes » que de Surén, sont à rapprocher du jugement sévère d'A. Kurella selon lequel les rescapés de la mouvance *freideutsch* étaient assimilables aux « derniers Mohicans » de James Fenimore Cooper[64]. Sa conviction fondamentale était que l'« idée *freideutsch* » n'avait aucun avenir historique par rapport à la lutte du prolétariat pour son émancipation — qui serait aussi celle de l'humanité tout entière. Cependant, le registre exotique particulier qui lui servait à ses fins polémiques était également significatif dans sa particularité même, évidente à la comparaison avec les identifications tendancielles *bündisch* « de droite » et « de gauche ». En effet, « à droite », on se prenait pour des moines-soldats ou encore des « tuniques bleues » en poste sur la « frontière » (!) et, « à gauche », pour des révolutionnaires professionnels ou encore des « cosaques rouges »[65] ! En définitive, le vrai clivage séparait, d'un côté, les « brigadiers » et « conquérants » et, de l'autre, les *bons* sauvages ». À l'évidence, les jeunes *freideutsch* étaient guidés dans leurs jeux de rôle — moins éclectiques qu'il ne pouvait paraître de prime abord — non seulement par un exotisme supérieur en couleurs, mais aussi, plus ou moins consciemment, par la tradition de travestissement ethno-littéraire de l'homme « naturel ». A. Kurella restait muet sur les interférences « droite » / « gauche », mais précisait encore que les « bons sauvages » *freideutsch* se mettaient hors praxis en prônant une alternative « idéaliste-bourgeoise » au programme pédagogique « idéaliste-bourgeois » : il raillait ainsi « [un] 'mouvement de jeunesse', qui se constituait en opposition à [son] éducation et se montrait incapable de sortir des frontières dans lesquelles cette éducation de jeunesse moyenne-bourgeoise l'avait précisément enfermé, allant simplement planter ses tentes sur un autre pôle de ce 'monde' étranger au monde »[66]. Cette critique

---

62. Cf. BLUHM Hans-Georg, « *Dem Licht engegen* » in catalogue d'exposition *Saison am Strand. Badeleben an Nord- und Ostsee. 200 Jahre*, Altonaer Museum (Hambourg), 1986, pp. 26-28, p. 27.

63. Cf. SUREN, *Der Mensch und die Sonne*, p. 32.

64. Cf. KURELLA A., *op. cit.*, *loc. cit.*, p. 284.

65. Pour les « tuniques bleues » et les « cosaques rouges », cf. LINSE, *Lebensformen der bürgerlichen und der proletarischen Jugendbewegung*, *loc. cit.*, p. 51. Les « cosaques rouges » du général Boudionny s'étaient distingués contre les troupes polonaises et blanches. Ils sont définitivement entrés dans la légende par les récits de guerre d'Isaac Babel (1923 *sqq.*), réunis dans *Konarmija* (Moscou, 1926) [– en allemand sous le titre : *Budjonnys Reiterarmee*, trad. du russe D. Umanskij, Berlin, Malik-Verlag, 1926].

66. « — [eine] 'Jugendbewegung', die sich im Gegensatz zu [ihrer] Erziehung formte und doch nicht vermochte, über jene Grenzen hinauszustoßen, die eben diese Erziehung ihr, der Mitteldtandsjugend, gezogen hatte, sondern ihre Zelte nur auf dem andern Pol dieser weltfremden 'Welt' aufschlug. » KURELLA A., *op. cit.*, *loc. cit.*, p. 280.

supposée rédhibitoire peut être lue a contrario : si les activités des « camps / terrains de jeunes » *freideutsch* sont aussi « honorables » (malgré tous les enfantillages) que le programme pédagogique « idéaliste-bourgeois », lui-même qualifié par ailleurs de « stupide » [« blödsinnig »[67]], il y a bon espoir d'y trouver quelque substance.

Motivations intrinsèques à la sédentarisation en « camps / terrains de jeunes »

Au lendemain de la première Guerre Mondiale, les dirigeants et les théoriciens *freideutsch* du groupe médian qui seuls continuaient à se réclamer de cette épithète sans autres adjonctions se sont naturellement penchés sur le « mouvement » pour se livrer à un état des lieux. Au vu des scissions « de droite » et « de gauche », de l'effondrement des effectifs, de la dispersion générale, leur bilan aurait dû être catastrophique. Or, ce ne fut pas entièrement le cas. Les anciennes organisations d'apparentement *freideutsch* qui étaient en cessation d'activité leur apparaissaient rétrospectivement comme des « récipients étroits » [« enge Gefäße »[68]], des « bouteilles » dont on s'était vainement acharné « à tirer un esprit » [« — Geist zu ziehen »][69]. À l'inverse, on entrait maintenant dans une « ère nouvelle où les choses bougeaient et se levait un esprit vivant »[70]. Il ne fallait pas regretter les récipients et bouteilles « fracassés » [« zertrümmert »] car « de toutes parts on [pouvait] constater l'impossibilité de mettre le vin nouveau dans les vieilles outres[71] ». L'état de « communauté invisible » [« unsichtbare Gemeinschaft »] avait des avantages immenses[72], mais si l'on tenait absolument à la visibilité, « il ne […] restait pas d'autre voie que de façonner un corps adapté à [un] mouvement spirituel »[73]. Le « camp » de Klappholttal fut la première tentative à cet égard.

---

67. Cf. KURELLA A., *op. cit.*, *loc. cit.*, p. 280.
68. Cf. AHLBORN, *Klappholttal. Die Idee eines Jugendlagers*, p. 12.
69. Cf. KANTOROWICZ Ernst, *Der Jenaer Führertag* (1919), reprod. dans KINDT (édit.), *op. cit.*, pp. 256-261, p. 261. Au moment même où E Kantorowicz (1895-1963) publiait l'article donné en référence, dans la revue *Freideutsche Jugend*, il était intégré au cercle de Stefan George à Heidelberg. Bien que George ait été une source d'inspiration majeure pour la jeunesse *bündisch* (« de droite »), Kantorowicz s'exprime ici en des termes typiquement *freideutsch* (de la ligne Ahlborn). L'explication en est que la fascination de George débordait largement ses « frontières naturelles ». Walter Benjamin lui-même resta longtemps sous le charme du Maître. [cf. FULD Werner, *Walter Benjamin. Eine Biographie* (1979), Reinbek bei Hamburg, Rowohlt Taschenbuch 12675, 1990, p. 121 *sq.*]
70. « — eine neue Zeit der Bewegungen und des lebendigen Geistes. » KANTOROWICZ, *op. cit.*, *loc. cit.*, p. 261.
71. « — haben wir doch überall die Unmöglichkeit erkennen müssen, den neuen Wein in diese alten Schläuche zu füllen. » AHLBORN, *Klappholttal. Die Idee eines Jugendlagers*, p. 13.
72. Cf. KANTOROWICZ, *op. cit.*, *loc. cit.*, p. 261.
73. « — so bleibt […] der eine Weg, unserer geistigen Bewegung selbst den Leib zu bauen […]. » AHLBORN, *Klappholttal. Die Idee eines Jugendlagers*, p. 13.

L'adaptation du « corps » [« Leib »] klappholttalien à sa fonction de substrat d'un « esprit vivant » ne saurait être appréciée sans examen préalable de cet « esprit ». Aux dires d'Ahlborn, il ne s'agissait pas d'un développement radicalement nouveau, mais plutôt d'un approfondissement et d'une clarification de l'esprit du Haut-Meissner [« noch anschaulicher und immer klarer »][74]. De prime abord, on voit mal de quoi il peut s'agir, tant l'authenticité et l'« ipséité » conjurées dans la formule du Haut-Meissner paraissent creuses[75]. En réalité, ce jargon — du même registre que la philosophie existentialiste ultérieure par suite de l'origine commune en Nietzsche — constituait une sorte de code entre jeunes décidés à ne pas succomber à la « comédie sociale » de l'Empire allemand. Dès les années 1870, Nietzsche avait enjoint la jeune génération, en chacun de ses membres, d'« être soi-même », de « devenir soi-même »[76]. Dans l'esprit du philosophe et *Kulturkritiker*, il s'agissait, d'une part, d'éviter tout rôle « d'emprunt » (l'Homme cultivé, le Savant, le Poète, le Politicien, etc.[77]) et, d'autre part, tout système de pensée « de seconde main » (le nationalisme *reichsdeutsch*, l'antisémitisme, le socialisme, le christianisme « tiède », etc.). Tous les « jeunes en mouvement » ont cru réaliser, à leur manière, le premier volet de ce programme, en endossant des rôles alternatifs (l'Escolier itinérant, le Gitan, le Peau-rouge, le Moine-soldat, etc.[78]), tout aussi « fabriqués » que ceux qu'ils voulaient fuir ; la spécificité *freideutsch* d'avant-guerre fut de s'attacher *également* au second volet du programme nietzschéen. La formule du Haut-Meissner faisait office, selon l'expression rétrospective d'Ahlborn, de « bannière de l'irrésolution » [« Banner der Absichtslosigkeit »][79]. Dès la « réunion au sommet », il mit expressément en garde contre les « suggestions pernicieuses de fanatiques avides de pouvoir » [« unheilvolle Suggestionen machtlüsterner Fanatiker »][80]. Les systèmes de pensée à « pouvoir suggestif »

---

74. Cf. AHLBORN, *Das Freideutschtum in seiner politischen Auswirkung, Junge Republik*, fascicule 2, Werther bei Bielefeld, Fackelreiter-Verlag, 1922, p. 11. Également IDEM, *Meißnertagung 1923, loc. cit.*, p. 218 [fac-similé in WALTER-HAMMER-KREIS (édit.), *op. cit., loc. cit.*, p. 134]. (Pour le rassemblement sur le Haut-Meissner, en tant qu'« avènement historique » de la jeunesse *freideutsch*, cf. notre n. 3).
75. Pour l'énoncé de la formule du Haut-Meissner (dans sa probable version originale), cf. notre n. 3.
76. Pour mémoire, les deux passages correspondants de la *Troisième intempestive* et du *Gai savoir* sont : « L'homme qui ne veut pas appartenir à la masse doit simplement cesser d'être accommodant avec lui-même ; qu'il suive sa conscience qui lui crie : 'Sois toi-même ! Tu n'es rien de ce que fais, penses et désires présentement.' » [*Troisième intempestive*, § 1] / « Que te dis ta conscience ? — 'Tu dois devenir celui que tu es.' » [*Le Gai savoir*, § 270]. [« Der Mensch, welcher nicht zur Masse gehören will, braucht nur aufzuhören gegen sich bequem zu sein ; er folge seinem Gewissen, welches ihm zuruft : 'sei du selbst ! das bist du alles nicht, was du jetzt tust, meinst, begehrst.' » / « Was sagt dein Gewissen ? — 'Du sollst der werden, der du bist.' »]
77. « — als gebildeter Mann, als Gelehrter, als Dichter, als Politiker ».
78. Cf. *supra* dans le corps du texte.
79. Pour cette formule rétrospective, cf. AHLBORN, *Klappholttal. Die Idee eines Jugendlagers*, p. 11 *sq*.
80. Cf. AHLBORN, *Feuerrede* in MITTELSTRASS Gustav (édit.), *Freideutscher Jugendtag 1913*, Hambourg, Freideutscher Jugendverlag Adolf Saal, 1919[2], pp. 29-32, p. 31 [fac-similé in MOGGE et REULECKE, *op. cit.*, pp. 289-292, p. 291].

n'avaient pas besoin d'être précisés puisque c'étaient en gros ceux-là même que visait déjà Nietzsche. Néanmoins, le pédagogue novateur Ludwig Gurlitt (1855-1931), qui avait accompagné le mouvement de jeunesse depuis son origine première au Lycée de Berlin-Steglitz, précisa bientôt la chose dans une publication « autorisée » sur la « réunion au sommet » :

> La meilleure jeunesse d'Allemagne ne veut pas être simplement un récipient inerte [...] où la génération plus âgée peut déverser sans contradiction ses idéaux et ses opinions sur la vie. Elle veut faire usage du droit qu'elle possède de naissance. [...]
>
> Goethe a dit de façon très convaincante : 'La jeunesse est là pour elle-même.' Elle fait bien de se battre pour ce principe naturel et de se défendre avec un robuste instinct de liberté contre tout emprisonnement précoce à l'intérieur des frontières étroites d'un parti. Les enfants ne sont pas de naissance catholiques rigoristes ou libres-penseurs impénitents, pas plus qu'ils ne sont de naissance camarades socialistes ou suppôts de la réaction. Ils s'éveillent au monde en êtres humains et dans notre pays en Allemands.[81]

Ces préventions contre tout système de pensée « de seconde main » expliquent aussi, pour une bonne part, l'antialcoolisme et l'antitabagisme, apparemment incongrus, inscrits dans la formule du Haut-Meissner[82]. Ce n'était pas seulement une exigence sanitaire, indispensable pour garder sa « forme » juvénile, ni seulement l'expression d'un certain puritanisme nord-allemand et nord-européen, bien que tout cela ait joué ; il s'agissait essentiellement de combattre des produits psychotropes, associés, réellement et symboliquement, aux nébulosités idéologiques qu'on récusait. Le « pouvoir suggestif » des systèmes de pensée semblait facilité par l'alcool et le tabac, comme on pouvait l'apprendre chez Nietzsche à propos du christianisme[83], ou encore l'observer, tous les jours, dans les tablées de *Corpsstudenten*, « imbibés », « embrumés » et... ultranationalistes.

---

81. « Die bessere Jugend Deutschlands will nicht nur [...] das stumpfe Gefäß sein, in das die ältere Generation widerspruchslos ihre Ideale und ihre Lebensanschauungen hineinfüllen darf. Sie will von den Rechte Gebrauch machen, das mit ihr geboren ist. [...] » / « Goethe hatte sehr überzeugend gesagt : 'Die Jugend ist um ihretwegen hier.' Sie tut recht daran, für dieses Naturgesetz zu kämpfen und sich mit ihrem gesunden Freiheitsdrange gegen eine verfrühte Haft innerhalb enger Parteigrenzen zu wehren. Kinder werden nicht als strenggläubige Katholiken geboren, auch nicht als unentwegte Freidenker, nicht geboren als sozialistische Genossen, oder als politische Reaktionäre. Sie treten als Menschen ins Leben und bei uns zu Lande als Deutsche. » GURLITT Ludwig, *s.t.* in KRACKE Arthur (édit.), *Freideutsche Jugend. Zur Jahrhundertfeier auf dem Hohen Meißner*, Iéna, Eugen Diederichs, 1913, pp. 78-81, p. 79 et p. 79 *sq.* [fac-similé in MOGGE et REULECKE, *op. cit.*, pp. 160-163, p. 161 et p. 161 *sq.*].

82. Cf. notre n. 3.

83. Au § 2 du *Crépuscule des Idoles*, Nietzsche dénonce « les deux grands narcotiques européens, l'alcool et le christianisme ». Dans le même ordre d'idées, *L'Antéchrist* oppose les Germains, christianisés et « imbibés », aux Hispano-Mauresques, infiniment supérieurs au plan moral et esthétique (§ 60).

Malgré tous leurs efforts de lucidité, les jeunes *freideutsch* ont répondu avec enthousiasme à l'« appel de la nation » en 1914. Outre la difficulté qu'il y avait à se soustraire au mouvement général, ils ne pouvaient tout simplement pas imaginer que la situation internationale avait été délibérément empoisonnée par le régime impérial. Par ailleurs, ils étaient enclins à interpréter la guerre comme la fin de toute « comédie sociale » et un rendez-vous personnel avec l'authenticité. Toutefois, les catégories cliniques de la « suggestion » et de la « narcose (éthylique) », qui avaient figuré çà et là dans le discours *freideutsch* d'avant-guerre, restaient forcément à disposition d'un Ahlborn, médecin de son état. Elles furent abondamment sollicitées après-guerre non seulement à l'encontre des systèmes de pensée déjà attaqués au préalable, mais aussi à l'encontre d'autres, tels le communisme, le racisme *völkisch* et, à titre rétrospectif, l'impérialisme wilhelminien. Partant de ses observations personnelles au sein du mouvement *freideutsch*, mis à mal depuis 1913 par ces trois « suggestions » (hécatombe au front, scission « de droite », scission « de gauche »), Ahlborn considéraient que, des trois « suggestions », la communiste et la wilhelminienne étaient les pires. Les racistes « totalement captifs » [« ganz Eingesponnene »] lui paraissaient sur le reflux[84] ; par contre, les communistes qui étaient également en état d'« autosuggestion », sous l'emprise de leur théorie de l'inéluctabilité, avaient un « pouvoir suggestif » plus redoutable que jamais sur les autres [« ungeheure Suggestivkraft » / « Fremdsuggestion »[85]]. Sans doute involontaire au départ, ce « pouvoir suggestif » était maintenant cultivé à dessein [« mit raffinierten Mitteln der Massensuggestion »], faisant des ravages, plus spécialement auprès des jeunes femmes *freideutsch*[86], mais aussi de façon générale auprès de toutes les natures « féminines » [« weiblich schwach »][87]. Un « voile sombre dans le regard » [« düstere Umnebelung der Blicke »] était le signe de la « suggestion » — endogène ou exogène — qu'on connaissait déjà des années 1914 *sqq.*[88], « quand la folie guerrière avait embrumé les cerveaux et les cœurs des contemporains »[89] et que même les jeunes hommes *freideutsch* étaient « hors d'eux, sous l'effet de la suggestion de masse, [de la suggestion] d'une action tangible, d'apparence tellement héroïque »[90]. Une symptomatologie terrifiante devait conduire à

---

84. Cf. AHLBORN, *Freideutsche Jugend und Menschheitsgedanke* (1920), reprod. dans KINDT (édit.), *Grundschriften der deutschen Jugendbewegung*, Düsseldorf, Eugen Diederichs Verlag, 1963, pp. 193-197, p. 194.
85. Cf. IDEM, *Meißnertagung 1923*, *loc. cit.*, p. 220 [fac-similé in WALTER-HAMMER-KREIS (édit.), *op. cit.*, *loc. cit.*, p. 136].
86. Cf. IDEM, *Das Freideutschtum in seiner politischen Auswirkung*, p. 16.
87. Cf. IDEM, *Klappholttal. Die Idee eines Jugendlagers*, p. 13. On retrouve ici le fantasme de virilité *freideutsch* (cf. *supra*).
88. = n. 85.
89. « — wie der Kriegswahn die Hirne und Herzen der Zeitgenossen umnebelt hatte. » AHLBORN, *Das Freideutschtum in seiner politischen Auswirkung*, p. 12 *sq.*
90. « — hingerissen, von der Massensuggestion, von der nahen, so groß erscheinenden Tat. » AHLBORN, *Freideutsche Jugend und Menschheitsgedanke*, *loc. cit.*, p. 194.

une réflexion approfondie sur ce à quoi étaient « aliénées » toutes ces victimes de « suggestions ». Avant-guerre, l'enjeu prépondérant du programme *freideutsch* avait été une authenticité et une « ipséité » qui passaient par une personnalité individuelle (« typée »), idéologiquement vierge — ou, plus exactement, supposée telle... Maintenant qu'à peine sortis de « l'ivresse de sang et de l'orgie de destruction » [« Blutrausch und Vernichtungstaumel »] certains fomentaient déjà la nouvelle « lutte à mort entre classes » [« Vernichtungskampf der Klassen »][91], l'enjeu essentiel apparaissait avec plus de clarté : il en allait de « tous les penchants supérieurs de l'Homme » [« alle höheren menschlichen Regungen »] — à développer à tout prix, en commençant déjà par (s')interdire leur « anesthésie » éthylique [« Wegnarkotisierung (...) im Alkoholrausch »][92].

Harry Pross a reconnu dans ce renouvellement — dont les prémices étaient déjà sensibles, d'après lui, vers la fin de la guerre dans des pétitions pacifistes d'initiative *freideutsch* — la résurgence de « quelque chose [...] qui était resté longtemps enseveli dans la jeunesse allemande : le cosmopolitisme et la familiarité de l'universel du classicisme allemand »[93]. Effectivement, le discours *freideutsch* était émaillé maintenant de formules « classiques-weimariennes » qui témoignent d'une réactivation originale du bagage culturel « idéaliste-bourgeois », recueilli au lycée. Les « idées » qu'il fallait promouvoir auprès des jeunes (et moins jeunes), dans la lignée des Goethe, Schiller, Herder, foisonnaient sous la plume d'Ahlborn : le « concept d'humanité », l'« idée d'une identité humaine supérieure », l'« idée d'une formation de soi harmonieuse, fondée sur toutes les dispositions nobles du corps et de l'âme »[94], etc. Au lycée, on avait certes entendu parler jadis de ces « idées », mais sans incitation à les réaliser. Elles avaient toujours été familières. — À certains, sans doute, plus qu'à d'autres — comme le montre l'initiative du « cercle de jeunes » auquel appartenait Fränzel de clore le rassemblement du Haut-Meissner par une représentation de l'*Iphigénie* de Goethe[95] — ou encore, du côté des pédagogues

---

91. = n. 85.
92. Cf. AHLBORN, *Klappholttal. Die Idee eines Jugendlagers*, p. 11.
93. « — etwas [...], was in der deutschen Jugend lange verschüttet gewesen war : die Weltläufigkeit und der Kosmopolitismus der deutschen Klassik. » Cf. PROSS Harry, *Jugend - Eros - Politik. Die Geschichte der deutschen Jugendverbände*, Scherz Verlag, Berne / Munich / Vienne, 1964, p. 195.
94. « Menschheitsgedanke », « Idee eines höheren Menschentums », « Idee der harmonischen, alle guten Anlagen des Körpers und der Seele gleichmäßig entwickelnden Selbstausbildung ». Pour ces trois formules, cf. plus part. AHLBORN, *Das Freideutschtum in seiner politischen Auswirkung*, p. 11. Également le titre *Freideutsche Jugend und Menschheitsgedanke*. [Cf. n. 84].
95. Cf. MOGGE W., *Der Freideutsche Jugendtag 1913: Vorgeschichte, Verlauf, Wirkungen*, loc. cit., p. 47. Fränzel appartenait très exactement au « Cercle de Sera », suscité en 1908 par l'éditeur Eugen Diederichs (1867-1930), protagoniste majeur de la « réforme de la vie » et, à partir de 1913, de la jeunesse *freideutsch*. À ce titre, il publiera le livre commémoratif du rassemblement du Haut-Meissner (cf. n. 81). (Pour le « Cercle de Sera », cf. ULBRICHT Justus H., *Feste der Jugend und der Kunst. Eugen Diederichs und der Sera-Kreis* in catalogue d'exposition *Die Lebensreform*, t. 1, pp. 419-424).

amis, le recours constant d'un L. Gurlitt à des références goethéennes[96]. Cependant, un saut qualitatif était franchi dès lors que le « grand chef » Ahlborn qui s'était mis à distiller du classicisme weimarien déclarait expressément que « les valeurs positives de la culture, de la science et de l'art dit bourgeois [n'étaient] pas reléguées de ce monde par leurs indéniables contreparties négatives », mais que, bien au contraire, « il [était] possible de façonner un monde nouveau en s'appuyant sur ces valeurs et prémisses positives »[97]. Au fond, il s'agissait, comme dans l'*Iphigénie* de Goethe, de résorber « par le haut » les tensions culturelles, nationales, caractérologiques — en y ajoutant obligatoirement, pour cause d'acuité nouvelle, les sociales et les « raciologiques ». Conscient qu'il était, sans doute, de certains manquements passés, sous la « bannière de l'irrésolution », Ahlborn appelait de ses vœux « un nouveau rassemblement sur le Haut-Meissner [...] où la haine entre peuples, races et classes serait portée au tombeau par un mouvement de jeunesse allemand, uni et fort »[98]. En effet, une jeunesse *freideutsch* qui voyageait, sinon réellement, du moins en idée, à travers l'humanité tout entière, grâce à ses lectures d'œuvres de la « littérature universelle » [Weltliteratur] et grâce aux impressions transfrontalières rapportées par quelques randonneurs increvables (— du Danemark, des Pays-Bas, de France, d'Italie, de Tchéquie, etc.), savait que les hommes concevaient partout les mêmes valeurs suprêmes [« dasselbe Höchste »[99]].

En toute logique, le « camp » de Klappholttal travaillait en son sein au décloisonnement « raciologique », culturel, national et social. Les jeunes y étaient admis sans restrictions confessionnelles, en particulier au « préventorium » [« Kindererholungsheim »] qui lui avait été intégré, dès la seconde année (1920), à des fins d'utilité publique et de pérennité en dehors des vacances[100]. Cette situation fut dénoncée au cours de la campagne de presse d'extrême droite menée contre Klappholttal en 1924 (cf. supra)

---

96. À cet égard, on pourra se reporter à la citation de Gurlitt figurant supra dans le corps du texte, comportant non seulement une citation de Goethe, mais encore une périphrase goethéenne pour le « droit naturel [de la jeunesse] », reprise du *Premier Faust*, v. 1978.

97. « — daß die positiven Werte de sog. bürgerlichen Kunst, Wissenschaft und Kultur durch die nicht zu leugnenden negativen Werte aus der Welt geschaffen werden » / « — daß es möglich ist [...], an die positiven Werte und Anfänge anknüpfend, eine neue Welt [...] zu schaffen. » AHLBORN, *Meißnertagung 1923*, *loc. cit.*, p. 219 [fac-similé in WALTER-HAMMER-KREIS (édit.), *op. cit.*, *loc. cit.*, p. 135].

98. « — ein neuer Meißnertag [...], in dem Völker-, Rassen- und Klassenhaß von einer starken, einigen deutschen Jugendbewegung zu Grabe getragen werden. » AHLBORN, *Der deutschen Jugendbewegung Ursprung und Aufstieg*, *loc. cit.*, p. 13 [fac-similé in WALTER-HAMMER-KREIS (édit.), *op. cit.*, *loc. cit.*, p. 3]. (Fin mot de l'article.)

99. Cf. AHLBORN, *Freideutsche Jugend und Menschheitsgedanke*, *loc. cit.*, p. 193.

100. Pour le « préventorium » de Klappholttal, cf. AHLBORN, *Das freideutsche Lager Klappholttal*, *loc. cit.*, p. 126, et AHLBORN, *Freideutsches Jugendlager — Nordseeheim — Volkshochschule / Klappholttal* (1968) in KINDT (édit.), *Dokumentation der Jugendbewegung*, t. 3, p. 1433 *sq.*, p. 1433.

de manière sournoise[101]. Mais on ne se laissait pas désarçonner[102]. Des rencontres internationales de jeunes y furent organisées avec l'appui du DAAD, même encore après l'arrivée des nazis au pouvoir[103]. Des relations existaient avec des organisations de jeunes des États-Unis et des Pays Bas, cultivant le même « idéalisme pratique »[104]. On notera encore qu'un instituteur de Leipzig, Paul Georg Münch, porté sur l'expérimentation pédagogique et auteur d'ouvrages de vulgarisation sur ce sujet, y mena vers 1922 un groupe de 26 jeunes allemands et non-allemands, dont des juifs[105]. Le décloisonnement culturel était poursuivi plus spécialement par les « universités d'été ». Il y eut des cours traitant, par exemple, du fond commun à toutes les religions, jusqu'au bouddhisme, confucianisme et taoïsme[106]. Le décloisonnement social était un enjeu de première importance en théorie, sinon en pratique. En tout état de cause, des enfants défavorisés étaient accueillis par le « préventorium » grâce au financement des services sociaux de leurs communes ou districts d'origine[107]. On notera par ailleurs que l'ami Fränzel qui au début des années 1920 dirigeait un foyer de jeunes travailleurs, rattaché aux Usines Zeiss d'Iéna, y vint quelquefois avec les « siens[108] ».

Tous ces efforts d'intégration reposaient sur la conviction « classique-weimarienne » — très « XVIIIᵉ » — selon laquelle l'individu pouvait rejoindre l'être générique (sans aliéner sa personnalité profonde). Pour sa

---

101. La perfidie tenait plus particulièrement à ce qu'on faisait mine de passer sur le brassage des races, pour s'offusquer « seulement » du brassage des sexes et des classes d'âge, dû à la structure même du « camp » : « C'est un curieux mélange qu'on trouve là. Des filles aux tresses blondes et parmi elles des noiraudes juives […], généralement d'âge juvénile et pour la plupart aux traits frais et gracieux. Les hommes font contraste chez qui m'ont frappée l'âge sérieusement avancé et les traits invariablement grossiers (pour ne pas en dire plus). » [« Es ist ein seltsames Gemisch von Menschen, das man dort trifft. Blondzöpfige Mädel, schwarzhaarige jüdische dazwischen […], zumeist in jugendlichem Alter und zum großen Teil mit hübschen, frischen Gesichtern. Im Gegensatz dazu stehen die Männer, bei denen mir das bedeutend fortgeschrittene Alter und (um nicht schärfer zu sein) ein durchweg roher Gesichtsausdruck auffiel. »] THOMCZIK-KREBS, op. cit. [reprod. dans ANDRITZKY et FRIEDRICH (édit.), op. cit., loc. cit., p. 36].

102. Cf. VERWALTUNGSRAT DES FREIDEUTSCHEN JUGENDLAGERS KLAPPHOLTTAL, Erklärung (automne 1924), reprod. dans ANDRITZKY et FRIEDRICH (édit.), op. cit., p. 37 sq.

103. ˙˙˙, Veranstaltungen und Reisemöglichkeiten im Jahre 1933, reprod. dans ANDRITZKY et FRIEDRICH (édit.), op. cit., p. 73 [fac-similé]. (Cf. également n. 11).

104. Cf. AHLBORN, Das Freideutschtum in seiner politischen Auswirkung, p. 46.

105. Paul Georg Münch et sa petite troupe issue de treize nationalités différentes ne logeaient pas à Klappholttal, mais au « camp » jumeau de Puan Klent — en bas allemand, le « ravin de Paul » (du nom d'un pirate) — qu'on doit également à Ahlborn, mais qui était administré entre-temps par un Groupement pour la Jeunesse de Hambourg (Hamburger Jugendverband). Les deux établissements entretenaient de bonnes relations autour de 1925. Il était de coutume de se rendre visite pour déjeuner. [Cf. AHLBORN, Lebenslauf in ANDRITZKY et FRIEDRICH (édit.), op. cit., pp. 24-40, p. 27, et MÜNCH, Mit Jungvolk aller Länder auf Sylt. Ein pädagogischer und völkerpsychologischer Versuch, Leipzig, Verlag der Dürr'schen Buchhandlung, 1926, passim, plus part. pp. 122-124 (chap. intitulé « Zu Besuch in Klappholttal »)].

106. Cf. AHLBORN, Das freideutsche Lager Klappholttal, loc. cit., p. 126.

107. = n. 106.

108. Cf. WERNER (M.), op. cit., loc. cit., p. 228.

part, Ahlborn pensait s'être si bien défait, avec ses amis, de toutes déterminations accidentelles, notamment sociales, qu'ils étaient maintenant « hors classe » grâce à leur « élévation mentale » [« — sind (dem) *geistigen Standort nach klassenlos* »[109]]. Selon la même logique, on pensa, un temps, pouvoir convier dans le « camp » non seulement ceux qui, a priori, acceptaient sa ligne supra-*bündisch*, mais aussi ceux qui, pour l'heure, campaient (encore) sur les extrêmes politiques. Ils finiraient bien par comprendre « le caractère secondaire voire tertiaire de leur antagonisme [...] dans le champ de l'humain » [« — die sekundäre und tertiäre Natur ihres Gegensatzes (...) im Bezirk des Menschlichen »[105]]. En dépit — ou, peut-être, précisément à cause — de sa connaissance médicale des phénomènes de « suggestion » (cf. *supra*), Ahlborn croyait une cure possible. Comme pour la préparer, il usa parfois d'euphémismes vaguement ironiques pour désigner les extrêmes. Les communistes étaient des « innovateurs » [« Neugestalter »], des « humanolâtres » [« Menschheitler »][111] ; les racistes, des « Germains (hyper)conscients » [« Deutschbewußte »], des « zélateurs de la race » [« Rassengläubige »][112]. Mais il fallut se rallier à l'évidence. Ces individus, apparentés à ceux qui venaient d'amputer — ou étaient encore en train d'amputer — le mouvement *freideutsch* « sur sa droite » et « sur sa gauche », resteraient toujours des violents. Dès 1921, il fut précisé que les rencontres internationales de jeunes de cette année-là n'admettraient ni communistes intransigeants, ni nationalistes « revanchards »[113]. Par la suite, on évita tout ostracisme spécifique en adoptant la clause, toute simple, selon laquelle on refusait d'héberger « les adeptes jurés de certains thèmes politiques ou religieux arrêtés, qui tendent à [vouloir] brutaliser ou tyranniser ceux qui ne pensent pas comme eux »[114]. Le décloisonnement politique fut donc limité aux hôtes qui restaient « politiquement corrects ». La latitude acceptée n'était quand même pas trop resserrée, puisqu'on accueillait, par exemple, pour les « universités d'été », des conférenciers sociaux-démocrates et nationaux-allemands[115]. Le programme

---

109. Cf. AHLBORN, *Klappholttal. Die Idee eines Jugendlagers*, p. 13 (en italique dans le texte).

110. Cf. KANTOROWICZ, *op. cit.*, *loc. cit.*, p. 258. La formule ne vise pas directement Klappholttal, mais en respire l'esprit. (Pour l'auteur, cf. notre n. 69).

111. Cf. resp. AHLBORN, *Das Freideutschtum in seiner politischen Auswirkung*, p. 15, et IDEM, *Freideutsche Jugend und Menschheitsgedanke*, *loc. cit.*, p. 194.

112. Cf. resp. AHLBORN, *Freideutsche Jugend und Menschheitsgedanke*, *loc. cit.*, p. 195, et ˙˙˙, *Erläuterung zum [freideutschen] Bekenntnis* in AHLBORN, *Das Freideutschtum in seiner politischen Auswirkung*, pp. 28-33, p. 29.

113. Cf. AHLBORN, GOEBEL, HAMMER et alii, *Einladung zum internationalen Jugendtreffen in Klappholttal auf Sylt*, *loc. cit.*, p. 36.

114. « — diejenigen, die auf bestimmte einseitige politische oder religiöse Themen eingeschworen sind und die zur Vergewaltigung und Unterdrückung Andersdenkender neigen. » Cité par ANDRITZKY et FRIEDRICH, *Einleitung : Kontinuität im Wandel* in ANDRITZKY et FRIEDRICH (édit.), *op. cit.*, pp. 6-10, p. 7.

115. Cf. REHBOCK Hans, *Die Zeit ab 1927. Bericht* in ANDRITZKY et FRIEDRICH (édit.), *op. cit.*, pp. 58-86, p. 60 *sq.*

de décloisonnement « raciologique », culturel, national et social étant maintenu par ailleurs sans révision à la baisse, le « camp » apparaissait légitimement à son concepteur et à ses amis comme le lieu d'une socialisation mêlée propre à dégager le fond commun à tous les hommes.

L'hypothèse de travail — optimiste — d'Ahlborn, partagée par les pédagogues novateurs contemporains, était que l'invariant humain, susceptible d'être dégagé à travers la vie de groupe, n'était pas « l'humain, par trop humain », mais l'Homme dans ce qu'il a de plus noble — autonome, mais attentif à autrui et dévoué à la communauté [« der selbständig arbeitende soziale Mensch »[116]]. Deux facteurs jouaient dans ce sens : d'une part, le jeune âge, quasiment *pré*social, quant à la société « réelle » et ses égoïsmes, des hôtes du « camp »; d'autre part, l'organisation autogestionnaire du « camp », amenant chacun à contribuer à son bon fonctionnement. Si le « camp » était une « pépinière de vraie culture » [« Pflanzstätte für wahre Kultur »[117]], c'est qu'il constituait une « communauté de vie et de travail » [Werk- und Lebensgemeinschaft »], animée par l'« esprit de la jeunesse » [« — aus dem Geiste de Jugend heraus »][118]. Mais ce n'est pas tout. De l'avis d'Ahlborn et de ses amis, la socialisation *essentiellement* humaine, poursuivie à Klappholttal, en tant que « lieu de formation de l'Homme » [« Stätte der Menschenbildung »[119]], non seulement n'était pas une chimère intellectuelle, comme on pouvait le prétendre dans les rangs *bündisch* [« blaßer Ästhetizismus oder intellektueller Formalismus »[120]], mais ménageait une place à des différenciations vivantes. En effet, « la nouvelle identité humaine supérieure qui dépass[ait] synthétiquement les oppositions résultant des différences biologiques et culturelles entre races et communautés humaines historiques »[121] était censée intégrer dialectiquement lesdites différences « empiriques », sans « mélange ou atténuation »

---

116. Cf. ``` , *Allgemeine politische Richtlinien (Zweiter Entwurf)* in AHLBORN, *Das Freideutschtum in seiner politischen Auswirkung*, pp. 34-43, p. 37.

117. Cf. AHLBORN, *Freideutsches Ferienlager auf Sylt* (avril 1920) in KINDT (édit.), *Dokumentation der Jugendbewegung*, t. 3, p. 266 *sq.*, p. 267.

118. Cf. BERTRAM Emmi, *Die Handweberei der Werkgenossenschaft Klappholttal* in *Junge Menschen*, vol. VI, n° 5 (mai 1925), p. 126 *sq.*, p. 126, et AHLBORN, *Freideutsches Ferienlager auf Sylt*, *loc. cit.*, p. 267. E. Bertram animait, entre autres, un atelier de tissage qui avait été créé à l'époque de l'hyperinflation pour équilibrer les comptes du « camp ».

119. Pour cette formule, cf. AHLBORN, *Klappholttal. Die Idee eines Jugendlagers*, p. 16.

120. Pour cette formule, cf. extrait de KÖRBER Normann, *Das Bild vom Menschen in der Jugendbewegung und unsere Zeit* (1927), reprod. dans KINDT (édit.), *Grundschriften der deutschen Jugendbewegung*, pp. 472-487, p. 481. N. Körber était un ancien *freideutsch*, tant et si bien converti au style *bündisch* « de droite » que vers quarante ans il cofonda en 1930 un Groupe national de la jeunesse *bündisch* (Reichsgruppe bündischer Jugend). Comme pour illustrer l'idée d'une parenté « objective » entre les extrêmes, il disait préférer les adhérents fervents des différentes organisations de jeunesse ouvrières aux survivants du mouvement *freideutsch*. [Cf. *ibid.*].

121. « Die Bildung eines neuen höheren Menschentums [...], welches die Gegensätze, die sich aus biologischen und kulturellen Verschiedenheiten der Rassen und historischen Lebensgemeinschaften ergeben, synthetisch überwindet [...] ». AHLBORN, GOEBEL, HAMMER et alii, *Einladung zum internationalen Jugendtreffen in Klappholttal auf Sylt*, *loc. cit.*, p. 35.

[« —Vermischung oder Verwischung »][122]. Le résultat escompté était que chacun développe un sentiment de double appartenance, universelle *et* « régionale », avec modification favorable de l'identité « restreinte » par l'être générique. L'attachement, par exemple, à son « individualité populaire » [« Volksindividualität »] n'impliquerait plus d'agressivité envers d'autres « individualités populaires »[123]. On ne serait pas des « animaux allemands, russes ou français » [« — Deutschtiere, Russentiere oder Franzosentiere »[124]] , mais allemands, russes ou français en toute humanité. Le principal facteur invoqué était, là encore, la socialisation mêlée, plus spécialement internationale, multiculturelle et multiraciale. Au sein d'un tel groupe, un jeune était incité à limiter sa fierté identitaire soit à ce qui force *aussi* l'admiration d'autres à son égard, soit force *aussi* son admiration à leur égard (qualités partagées)[125]. Quelle que soit la forme de la médiation — on n'imaginait pas qu'il n'y ait pas d'effet de médiation —, le bienfait était le même : la fierté identitaire des uns et des autres pouvait se développer sans risque de polarisation. À partir de là, l'espérance s'emballait. À supposer qu'une socialisation mêlée, en « camp / terrain de jeunes », ou ailleurs, par exemple à l'école, se généralise, l'humanité évoluerait vers une « société des nations du cœur » [« Völkerbund der Herzen »], sans rapport avec la SDN réelle, ses statuts, ses paragraphes et ses dispositions punitives[126]. Sur cette base pourrait s'élever « l'édifice d'une humanité où chaque peuple, tel un organe dans un corps, doué de forces et d'aptitudes particulières, contribue[rait], à ce corps »[127]. À terme, une sorte de gouvernement planétaire veillerait au respect du droit dans les relations internationales, au lieu de l'« anarchie » actuelle, protégerait les cultures nationales et régionales, s'attaquerait aux problèmes économiques, sanitaires et techniques du monde[128].

Pour l'heure, et dans le cadre limité de Klappholttal et des quelques « camps / terrains de jeunes » dérivés, un autre effet de différenciation légitime (dans le cadre de l'être générique) était attendu. La socialisation mêlée en était toujours le facteur déterminant, mais en liaison, cette fois, avec une situation supposée d'« exterritorialité ». La personnalité de chacun se manifestait dans toute sa pureté en dehors du milieu d'origine, quand la prégnance des modèles habituels (parents, éducateurs, « maîtres » en tous genres) était relâchée. P.G. Münch citait sur ce point Johann Gottfried

---

122. Cf. *ibid.*, p. 36.
123. = n. 122.
124. Cf. KANTOROWICZ, *op. cit.*, *loc. cit.*, p. 258. (Pour l'auteur, cf. notre n. 69).
125. Cf. AHLBORN, *Der deutschen Jugendbewegung Ursprung und Aufstieg*, *loc. cit.*, p. 13 [fac-similé in WALTER-HAMMER-KREIS (édit.), *op. cit.*, *loc. cit.*, p. 3], et MÜNCH, *op. cit.*, p. 104 *sq.* (Pour Münch, cf. notre n. 105).
126. Cf. MÜNCH, *op. cit.*, p. 150 et p. 49.
127. Cf. ```, *Allgemeine politische Richtlinien (Zweiter Entwurf)*, *loc. cit.*, p. 35.
128. = n. 127.

Seume (1763-1810) : « Arrachez l'homme à son cadre ; ce qui apparaît alors, c'est lui ! »[129] Par ailleurs, la culture de la « causerie », qui était pratiquée dans les « camps / terrains de jeunes », plus spécialement lors des « veillées », aidait à découvrir les personnalités profondes. Les jeunes étaient même, très habilement, amenés par Münch à « se raconter » à l'assemblée. De cette façon, l'être générique se dédoublait, en chacun, non seulement dans une identité « régionale », mais aussi singulière. Ces deux dernières n'étaient pas appréciées de la même façon. Autant Ahlborn et ses amis insistaient sur l'équivalence (théorique) de toutes les identités « régionales », une fois « purifiées » grâce au phénomène de médiation (cf. supra), autant les identités singulières variaient en valeur. L'approfondissement de l'être générique garantissait les mêmes qualités éthiques d'une personne à l'autre, mais chacune était plus ou moins douée pour ceci ou pour cela, voire pas douée du tout... Ahlborn qui, dans l'immédiat après-guerre, avait d'abord été séduit par les socialistes indépendants (USPD)[130] conservait quelque chose de leur concept autogestionnaire, mais mâtiné d'élitisme démocratique. Selon son idéal de société — à développer dans le respect de la République de Weimar[131] —, des « experts » [« Fachleute »], vraiment compétents, devaient se profiler dans de multiples « conseils » [« Räte »] assumant les affaires administratives, économiques, éducatives, etc.[132] — tout comme Ahlborn lui-même, dans le « conseil » de son « camp » (Verwaltungsrat des Freideutschen Jugendlagers). Dans ces conditions, les « camps / terrains de jeunes » paraissent dotés de fonctions spécifiques, dans l'idée de leurs dirigeants, qui n'ont rien à voir avec un repli doctrinaire, l'essaimage doctrinal, la simple prestation de services — et encore moins le salut économique des permanents. C'étaient plutôt des laboratoires pour une double « opération vérité » sur leurs hôtes : « opération vérité », d'une part, dans le sens de l'être générique, équivalant à l'utilité sociale dans ses *principes* mêmes (autonomie dans l'altruisme proche et lointain) ; « opération vérité », d'autre part, dans le sens des identités « régionale » et individuelle, équivalant à l'utilité sociale dans ses modalités *concrètes* (talents spécifiques au groupe humain ; talents spécifiques à l'individu).

---

129. « Reißt den Menschen aus seinen Verhältnissen, und was er dann ist, das ist er ! » Cité par MÜNCH, *op. cit.*, p. 2.

130. Cf. LAQUEUR, *op. cit.*, p. 127.

131. Le drapeau de la République de Weimar, noir, rouge et or, flotta sur le « camp » jusqu'à l'arrivée des nazis au pouvoir. La promulgation de la constitution y était fêtée (18 août). Par conséquent, l'autogestion qui y était poursuivie n'était ni de type « soviétique », ni de type « corporatiste » (à la Othmar Spann), mais relevait plutôt d'une réception démocratique du baron von Stein. [Pour le drapeau noir, rouge et or, cf. REHBOCK (H.), *op. cit.*, *loc. cit.*, p. 72 ; pour la fête de la constitution, cf. MESSER (August), *Der Klappholttaler Bund* (1928), reprod. dans ANDRITZKY et FRIEDRICH (édit.), *op. cit.*, p. 29 (fac-similé)].

132. Cf. ***, *Allgemeine politische Richtlinien (Zweiter Entwurf)*, *loc. cit.*, p. 36 sq.

L'idée d'isoler dans leur pureté originelle les trois noyaux constitutifs de la personne éclaire d'un jour nouveau la pratique du nudisme qui nous était apparue comme un motif (plutôt) extérieur de sédentarisation en « camp / terrain de jeunes ». Ôter ses vêtements, comme on était invité à le faire (sans obligation impérative), revenait principalement à s'affranchir de ses déterminations historiques et sociales pour rejoindre l'être générique. Il paraît significatif à cet égard qu'une « fête d'été » [« Sommerfest »], organisée à Klappholttal en 1929, comportait un intermède comique consistant en une confrontation de délégués de la SDN [« (die) Herr'n Vertreter / Von des Erdballs ganzem Rund »] avec l'« entreprise de Knud [Ahlborn], [considérée] dans sa vérité toute nue » [« in nackter Wahrheit / Knuds Betrieb »][133]. La nudité n'était que métaphorique, face aux délégués en frac et haut de forme, mais, compte tenu de la pratique réelle du nu à Klappholttal, la nudité était ainsi désignée comme adéquation à l'être générique, face à la fausse généralité de la SDN (cf. supra). Schulze — dont le « terrain » de Schönburg constituait une sorte de petit Klappholttal de l'intérieur — était plus explicite à cet égard. L'effet supposé d'élévation vers le genre (à partir de la nudité) relevait du schéma psychologique de l'idéation. Les jeunes, supposés quasi présociaux, en tant que tels (— même vêtus), étaient amenés à concevoir l'idée de genre à force de se côtoyer en l'état de nudité, supposé, lui, proprement métasocial : les particularités individuelles se neutralisaient, l'humanité s'établissait comme horizon d'un désir de fraternisation « sans limite »[134]. Comme pour illustrer cette théorie, la nudité partagée s'accompagnait à Klappholttal de véritables rituels de décloisonnement. On se frictionnait les uns les autres, dansait la ronde sur la plage, sautait dans les vagues en se tenant par la main[135]. Straesser, qui officia à Klappholttal pendant les étés 1927 et 1928, dans la double fonction d'animateur et de professeur de gymnastique, a laissé des descriptions lyriques de ces moments privilégiés où les jeunes se sentaient tels des « enfants-dieux » [« Götter-Kinder »], adorés de leurs lointains parents divins…[136] Plus prosaïquement, MÜNCH estimait avec Goethe que « l'homme sans voile est l'homme à proprement parler », — « l'intention

---

133. Cf. `***`, *Festlied zum 28.VII.1929 [Klappholttaler Sommerfest 1929]*, reprod. dans ANDRITZKY et FRIEDRICH (édit.), *op. cit.*, p. 70.

134. Schultze écrit (- au passé, du point de vue du résultat final) : « Les jeunes ne voyaient pas simplement des corps [nus], mais des êtres humains ! […] Dans le monde rêvé des jeunes, l'idée de 'corps [nu]' faisait place progressivement à l'idée d'‘être humain'. » [« Die jungen Menschen sahen nicht nur Leiber, sondern sahen Menschen ! […] An die Stelle des Begriffes ‘Leib' trat in der Wunsch-Welt der jungen Menschen mehr und mehr der Begriff ‘Mensch'. »] SCHULZE, *op. cit.*, *loc. cit.*, p. 92.

135. Cf. ANDRITZKY et FRIEDRICH (édit.), *op. cit.*, p. 71 et p. 104 (photos d'époque).

136. Cf. STRÄSSER (STRAESSER), *1927 / 1928 : Mein Weg zu Knud - mein Weg nach Klappholttal*, *loc. cit.*, p. 103.

première de Dieu dans la nature »…[137] — A fortiori dans la nature totalement préservée de Sylt où régnait une atmosphère de matin du monde, même sans nu :

> Situé au milieu de la réserve naturelle, Klappholttal révèle mieux que tout autre endroit de Sylt les dunes du nord de l'île dans leur solitude primordiale, un monde sorti droit des mains du Créateur et façonné par la mer et le vent. […][138]

Non seulement les jeunes se sentaient alors renvoyés à leur être générique, mais spécialement sollicités dans leurs réflexes unitaires, inscrits dans cet être générique (cf. *supra*). Un « paysage héroïque », le vent et la mer balayant les traces de pas de l'« homme civilisé » dans le sable démystifiaient complètement les « barrières inutiles »[139]. On découvrait alors, comme Fränzel l'avait consigné dès 1906 dans son journal intime, « combien l'humanité est négligeable face à l'univers [et] que tous les hommes sont des frères qui devraient s'unir contre le destin »[140]. Certains aspects subarctiques ou même « lunaires » de l'île[141] favorisaient une expérience qui montait à son comble quand le mauvais temps s'abattait sur l'île et qu'on se sentait « coupé du monde, [pris] dans les griffes du destin » [« — weltabgeschieden … in den Krallen des Schicksals »][142].

D'un autre côté, les mêmes facteurs qui rassemblaient les personnes autour de l'être générique révélaient — en un second temps — leurs traits particuliers. Nature « primordiale » et nudité « primordiale » faisaient aussi ressortir les « accidents » de l'essence, induits par une identité collective à caractère intermédiaire et surtout par l'identité individuelle. À partir de là, une (micro)société pouvait être édifiée sur des critères justes, conformes à la vraie « valeur » des personnes, plutôt qu'au hasard de l'extraction sociale. À supposer qu'une population entière se prête à l'expérience,

---

137. Cf. Münch, *op. cit.*, p. 135. En réalité, ces formules sont proférées dans *Les années d'errance de Wilhelm Meister* (1821) par le personnage, très goethéen, d'un sculpteur navré de ne pas pouvoir pratiquer le nu classique dans le contexte pudibond de l'époque *biedermeier* (livre III, chap. 3). Le report de l'art sur la vie ne correspond pas à l'intention de Goethe, même si le principe d'une nudité essentielle, générique, est clairement posé. Münch n'innove pas avec ce détournement du « plus grand poète allemand »; la théorie nudiste en était coutumière depuis ses origines au seuil du XXᵉ siècle.

138. « Mitten im Naturschutzgebiet gelegen, erschließt Klappholttal wie kein anderer Ort der Insel die Ureinsamkeit der unmittelbar aus der Hand der Schöpfung hervorgegangenen, vom Wind und Wasser getürmten Nordsylter Dünenwelt. […] » Ahlborn, *Das freideutsche Lager Klappholttal*, *loc. cit.*, p. 126.

139. Cf. Münch, *op. cit.*, p. 124, Weidemann, *Sylt als Sonnenland* in *Junge Menschen*, vol. VI, n° 5 (mai 1925), p. 128, et Münch, *op. cit.*, p. 123.

140. « — wie verschwindend die Menschheit gegenüber dem All ist, daß alle Menschen Brüder sind, die sich verbünden müßten gegen das Geschick. » Cité par Werner, *op. cit.*, *loc. cit.*, p. 207 *sq.*

141. Cf. resp. Münch, *op. cit.*, p. 124, et Ahlborn, *Das freideutsche Lager Klappholttal*, *loc. cit.*, p. 126.

142. Cf. Münch, *op. cit.*, p. 24.

toute son organisation y gagnerait[143]. L'intérêt que les gardiens de l'esprit *freideutsch* ont trouvé au commandant Surén était finalement surtout celui-ci : dès avant son départ de la *Reichswehr*, le commandant avait osé la nudité en compagnie de ses subordonnés, donc une remise en question de son grade, au risque de le perdre *moralement* — mais aussi avec l'espoir de le consolider *moralement*. Les *Jeunes Hommes / Humains* (de stricte obédience *freideutsch*) ont ainsi fait valoir cette « action exemplaire » [« Tat »] du commandant :

> [...] Où passe le chef dans cette nudité ? le rang visible ? les distinctions et les insignes ? Et qu'en est-il du respect du supérieur ? — Tous nus ! — Nombreux sont ceux qui ne comprendront absolument pas, qui trouveront absurde que le supérieur s'expose ainsi à la critique, se mette ainsi sur un pied d'égalité avec le subordonné, descende de son piédestal. Surén, lui, en est capable. — C'est là son action exemplaire ! Oser se mettre sur un pied d'égalité ! — Mais n'est-ce pas un face à face entre êtres humains, entre hommes ? N'est-ce pas un retour à la situation fondamentale, première ? à l'idée primordiale ? à partir de laquelle rang et dignité doivent être recréés de toutes pièces ? — Depuis le sol que foulent ensemble le maître et les élèves ! Je crois discerner l'humain dans son essence même, l'amorce d'une [vraie] culture. [...][144]

Les différents enjeux psychosociaux que nous avons découverts aux « camps / terrains de jeunes » étaient assimilés à la maturité morale. Au début des années 1920, Ahlborn lança « le slogan [...] : 'rester pur et mûrir' » [« die Losung (...) : 'Rein bleiben und reif werden' »] — qui assignait à la jeunesse « la tâche [...] d'atteindre de sa propre initiative [...] l'humanité intégrale » [« die Tat (...) : aus eigenem Antrieb (...) zu einem vollen Menschentum zu gelangen »][145]. La « pureté » consistait à préserver une « an-idéologie » supérieure ; la « maturité », à approfondir les identités individuelle, « régionale » et générique (cf. *supra*). La maturation poursuivie avait pour cadre privilégié les « camps / terrains de jeunes » par suite des effets supposés de la socialisation mêlée — dans le sens, tout à la

---

143. — Pas seulement en efficacité, mais aussi en solidarité, puisque les phénomènes de différenciation n'excluent pas le phénomène premier de réunion autour de l'être générique.

144. « [...] Wo bleibt bei dieser Nacktheit der Kommandeur ? Wo der sichtbare Rang ? Wo Orden und Abzeichen ? Und wie steht es mit dem Respekt vor dem Vorgesetzten ? — Nackt ! — viele werden das überhaupt nicht verstehen und es unbegreiflich finden, daß sich der Vorgesetzte so der Kritik aussetzt, sich dem Untergebenen derartig gleichstellt, von seinem Piedestal herabsteigt. Surén kann das wagen — gerade das ist seine Tat ! Ein Wagnis, sich gleichzustellen ! — Aber steht nicht der Mensch dem Menschen gegenüber, der Mann dem Manne ? Ist das nicht eine Zurückführung auf das Elementare, das Primäre ? Auf den Urbegriff ? Von wo aus Rang und Würde erst wieder neu geschaffen werden müssen ? Vom Erdboden aus, auf dem Lehrer und Schüler gemeinsam ihre Füße setzen ! Mich dünkt das rein Menschliche zu sehen, den Ansatz zu einer Kultur zu spüren. [...] » ˙˙˙ [Dehnow Fritz?], *Hans Surén, seine Körperkultur und Lebensreform*, loc. cit., p. 6.

145. Cf. Ahlborn, *Der deutschen Jugendbewegung Ursprung und Aufstieg*, loc. cit., p. 12 [fac-similé in Walter-Hammer-Kreis (édit.), *op. cit.*, *loc. cit.*, p. 2].

fois, du décloisonnement et de la différenciation. À ce titre, le « camp » dit de Puan Klent (**illustration 32**), jumeau de Klappholttal[146], apparaissait à Münch comme l'expression de la « volonté ardente d'une jeunesse mature » [« Feuerwille reifer Jugend »[147]]. Le thème de la maturité se recoupait en partie avec celui de la virilité, déjà évoqué, mais valait surtout pour lui-même et en un sens « profond ». Ahlborn insistait volontiers sur le fait qu'il appartenait à la génération de ceux qui avaient eu 20-25 ans au moment du (premier) rassemblement sur le Haut-Meissner et qu'eux tous étaient donc entre-temps des « hommes mûrs » [« alle erwachsen » / « aus der freideutschen Jugendbewegung herausgewachsene reifere Menschen » / « ins Mannesalter eintretende Träger der Bewegung »[148]], mais l'âge réel n'était qu'une garantie annexe. En effet, la maturité s'opposait ici à d'autres états d'ordre moral. Avec elle, on évitait, d'une part, l'immaturité naturelle ou « invétérée » de jeunes et moins jeunes, ralliés au mouvement de jeunesse pour le seul « divertissement », comme jadis les premiers « oiseaux migrateurs » de Berlin-Steglitz, et, d'autre part, la sénilité précoce de jeunes aux options politiques « partisanes », comme les sécessionnistes récents, « de droite » et « de gauche », de la jeunesse *freideutsch*. Ni infantiles [« jüngere Jugend »], ni adolescents perpétuels [« alte Jünglinge »], ni « mûrs avant terme » [« frühreife Jugend »][149], Ahlborn et ses amis s'attribuaient une maturité morale qui, en raison même de son registre (moral), les caractériserait à jamais… Par une inconséquence, le signe extérieur de cette maturité morale était la trentaine perpétuelle. Du coup, Klappholttal imposait un code vestimentaire particulier. Tous les hôtes du camp, même sur le retour de l'âge, comme Ahlborn lui-même, devaient s'en tenir au « style de la vie juvénile *freideutsch* » [« Stil eines freideutschen jugendlichen Lebens »], attestant la fraîcheur d'âme qui convenait : étaient proscrits les pantalons, les sous-vêtements empesés, les chaussures à talon[150]. Dans le même ordre d'idées, une chanson entonnée à Klappholttal, dans le cadre de l'intermède comique déjà mentionné (« fête d'été » de 1929), vantait outre la nudité « idéale » des Klappholttaliens, leur jeunesse perpétuelle : — « La façon dont sans jamais vieillir / on reste toujours jeune et *freideutsch* » [— « Wie es, ohne je zu altern, / Sich freideutsch und jung erhält »[151]]. Le bronzage intégral, acquis à travers le nudisme (— avec tous les effets moraux qu'on

---

146. Pour le « camp » de Puan Klent, cf. notre n. 105.
147. Cf. MÜNCH, *op. cit.*, 152.
148. Cf. AHLBORN, *Das Freideutschtum in seiner politischen Auswirkung*, p. 23, *ibid.*, p. 21, et IDEM, *Meißnertagung 1923*, *loc. cit.*, p. 219 [fac-similé in WALTER-HAMMER-KREIS (édit.), *op. cit.*, *loc. cit.*, p. 135].
149. Cf. AHLBORN, *Meißnertagung 1923*, *loc. cit.*, p. 219 [fac-similé in WALTER-HAMMER-KREIS (édit.), *op. cit.*, *loc. cit.*, p. 135].
150. Cf. ˙˙˙, « *Auf zur Syltfahrt* » (vers 1930), reprod. dans ANDRITZKY et FRIEDRICH (édit.), *op. cit.*, p. 20 [fac-similé], et ANDRITZKY et FRIEDRICH *Einleitung : Kontinuität im Wandel*, *loc. cit.*, p. 7.
151. ˙˙˙, *Festlied zum 28.VII.1929* [*Klappholttaler Sommerfest 1929*], *loc. cit.*

connaît), était certainement le plus probant des signes de jeunesse spirituelle, bien davantage encore que le short et les sandales… Le pasteur
M. Weidemann, proche d'Ahlborn, à la « grande époque » de Klappholttal,
était assez explicite à cet égard : la « jeunesse » (qu'il affublait de guillemets
significatifs) caractérisait toutes les tranches d'âge, parmi les hôtes des différents « camps de jeunes » de Sylt, plus spécialement quand ils étaient
nus, depuis les jeunes enfants jusqu'aux personnes d'âge mûr [« Ältere »],
voire avancé [« Alte »][152]. La fraîcheur d'âme [« — in Herz und Sinn »]
ressortait tout particulièrement de la nudité qui, par ailleurs, était aussi un
moyen privilégié de la maturité. Ainsi, le nudisme occupait une place centrale dans l'utopie pédagogique des « camps / terrains de jeunes » — qu'on
pourrait résumer par le syntagme paradoxal de la *maturation vers la
jeunesse spirituelle*.

Ahlborn et ses amis considéraient leur programme de triple assertion,
universelle, « régionale » et individuelle, comme la voie du salut pour l'humanité. Si les populations étaient ainsi éduquées — ou, du moins, les
décideurs —, l'humanité s'élèverait enfin au-dessus de la barbarie qui était
coutumière à son stade infantile, mais est restée intermittente tout au long
du stade pubertaire qui dure encore. Il ne s'agissait de rien de moins que
d'« humaniser le monde pour le sortir d'un état de nature barbare »
[« — die Vermenschlichung der Welt aus dem rohen Naturstand heraus »][153].
Cette mission était accréditée par le pasteur M. Weidemann qui notait,
sans la moindre ironie, que la jeunesse *freideutsch* était « consciente d'elle-
même et de ses engagements historiques pour l'élévation du genre
humain » [« — ihrer selbst und ihrer menschheitsgeschichtlichen Hoch-
aufgaben bewußt »][154]. Les « camps / terrains de jeunes » s'inséraient dans
ce programme hyperbolique dans la mesure où ils étaient censés produire
les hommes proprement humains dont la multiplication (extensive ou
sélective) permettrait de passer à des « conditions de vie toujours plus
dignes de l'Homme » [« — zu immer menschenwürdigeren Lebensbe-
dingungen »][155]. En particulier Klappholttal était un tel « lieu de formation
de l'Homme » [« Stätte der Menschenbildung »][156]. D'où la publication
insistante de chiffres sur les flux humains et les durées moyennes de séjours
(cf. supra). L'appellation de « mouvement » ou de « courant spirituel » [« die
freideutsche Geistesbewegung / Geistesströmung »] dont usait Ahlborn
pour désigner son obédience après-guerre[157] avait, d'ailleurs, pour seule

---

152. Cf. WEIDEMANN, *Sylt als Sonnenland*, loc. cit.
153. Cf. AHLBORN, *Das Freideutschtum in seiner politischen Auswirkung*, p. 25. Également ⸫ ,
     Grundlegendes [freideutsches] Bekenntnis in AHLBORN, *Das Freideutschtum in seiner politischen
     Auswirkung*, p. 26sq., p. 26, et ⸫ , *Erläuterung zum [freideutschen] Bekenntnis*, loc. cit., p. 31.
154. = n. 152.
155. Cf. AHLBORN, *Das Freideutschtum in seiner politischen Auswirkung*, p. 25.
156. = n. 119.
157. Cf. AHLBORN, *Klappholttal. Die Idee eines Jugendlagers*, p. 12.

justification possible, dans un contexte d'effondrement des effectifs, l'affluence (« l'af-fluence »!) des jeunes et moins jeunes dans les « camps / terrains » au rythme des vacances et des week-ends. Le reste était de la spéculation : le brassage des « jeunes », la décantation de l'« essence » en chacun, la dispersion productive dans la société. En définitive, les « camps / terrains de jeunes » étaient censés fonctionner, en quelque sorte, comme des stations d'épuration. Même des médiocres [« Durchschnitts- und Untermenschen »[158]] y viendraient, et c'était « tant mieux », car on comptait bien les relâcher « ennoblis ». Cette possibilité était vérifiée sur plusieurs cas concrets dans le récit (très « construit ») que Münch a fourni de son « expérience » de vie de groupe avec 26 jeunes. L'important était la durée ou alors la fréquence des séjours. Le premier rassemblement sur le Haut-Meissner, ainsi que d'autres rassemblements ponctuels qui avaient suivi, avaient entrouvert la perspective d'un salut de l'humanité par la socialisation mêlée, mais trois jours de brassage par ci par là ne suffisaient pas. Il fallait un « certain temps » [« längere Zeit »] pour ne pas rester cantonné à la « lisière de l'essentiel » [« (am) Saume des Wesentlichen »], et parvenir enfin, ensemble, à la « découverte spirituelle de soi-même » [« —zum seelischen Sichfinden »][159] — dans ses trois dimensions, universelle, « régionale » et individuelle. La mystique essentialiste avait ses exigences… À cela s'ajoutait la modestie des flux humains autour des « camps / terrains de jeunes » en comparaison de la société tout entière, voire du vaste monde, même si l'école promettait d'œuvrer dans le même sens en multipliant les échanges internationaux et les expériences de vie de groupe (classes délocalisées, etc.). Logiquement, Ahlborn et ses amis s'inscrivaient dans la longue durée [« langfristige Arbeit » / « Lebens-arbeit »[160]], mais sans que leur ardeur immédiate ne fût jamais entamée, ni la finalité ultime, rabaissée.

* * *

L'explication proposée par A. Kurella pour les établissements fixes d'obédience *freideutsch* est démentie par le programme cohérent qui leur présidait : ces établissements n'étaient pas des refuges économiques pour quelques permanents, mais les instruments spécifiques d'un « idéalisme pratique ». On était « idéaliste » en ce sens qu'on avait foi dans la nature humaine, « pratique » en ce sens qu'on ne se contentait pas de conjurer

---

158. Pour cette formule, cf. AHLBORN, *Meißnertagung 1923, loc. cit.*, p. 219 [fac-similé in WALTER-HAMMER-KREIS (édit.), *op. cit., loc. cit.*, p. 135].

159. Cf. *Idem, Freideutsches Ferienlager auf Sylt, loc. cit.*, p. 267.

160. Cf. AHLBORN et GOEBEL, *Der freideutsche Bund und seine Verfassung* in KINDT (édit.), *Dokumentation der Jugendbewegung*, t. 3, p. 271 *sq.*, p. 271, et AHLBORN, *Das Freideutschtum in seiner politischen Auswirkung*, p. 23.

cette nature humaine ou d'en expliciter les ressorts en termes philosophiques ou littéraires, mais espérait les activer dans une sorte d'expérience
de laboratoire. Pour simplifier, trois techniques étaient utilisées pour
trois effets (principaux). La nudité partagée dans une nature préservée
révélait l'être générique, métasocial. Des jeux de rôle autour du mythe
du bon sauvage, traditionnellement sollicité pour illustrer la théorie
d'un homme « naturel », aidaient à cette première réduction / élévation.
À l'inverse, une culture de la « causerie », qui favorisait plus spécialement
l'auto-analyse en présence de tiers, révélait l'identité particulière
— sous le double aspect, strictement individuel et « régional ». Enfin,
une organisation autogestionnaire incitait chacun à contribuer au bon
fonctionnement de la communauté. Sous réserve que l'expérience soit
poursuivie assez longtemps ou répétée assez souvent, on devenait un
homme proprement humain : autonome, conscient de ses talents, attentif à ses proches, sensible à ses congénères plus éloignés. Cette image
de l'homme d'inspiration « classique-weimarienne » n'était pas pour
déplaire aux communistes, de l'avis même d'Ahlborn[161], mais la voie de la
maturation vers la jeunesse spirituelle dans des enclaves supposées sous-
traites au système, ne pouvait que les irriter. Non seulement la théorie de
la révolution était ignorée, mais aussi et surtout bafoué le matérialisme
historique dans ses fondements mêmes. Dans ces conditions, les accusa-
tions d'A. Kurella à l'encontre de permanents *freideutsch*, « profiteurs »,
partaient sans doute moins d'une intention calomnieuse (— à des fins
« politiques ») que d'un souci intellectuel marxiste de restituer au
« système » ce qui lui revient. Quoi qu'il en ait été exactement à cet égard,
A. Kurella garde fondamentalement raison quand il affirme que les
« camps / terrains de jeunes » *freideutsch* constituaient une alternative
« idéaliste-bourgeoise » au programme pédagogique « idéaliste-bourgeois ».
C'est vrai que la jeunesse *freideutsch* poursuivait avec ses moyens propres,
jugés plus efficaces, l'utopie anthropologique des pièces « classiques-
weimariennes », inscrites au programme des lycées ou des théâtres
municipaux (*Iphigénie*, *Don Carlos*, etc.). On restait effectivement dans
l'« idéalisme bourgeois », mais il faudrait rendre justice à l'alternative
freideutsch sur deux points. D'une part, elle prenait au sérieux le classicisme weimarien dans sa dimension révolutionnaire, escamotée dans son
traitement ordinaire, « institutionnel », en classe ou à la scène ; donc, elle
aspirait bien à constituer une alternative « totale ». D'autre part, elle
entendait pratiquer une sorte de pédagogie de masse, malgré les capacités
limitées des « camps / terrains de jeunes ». En attendant que l'école mette
en pratique des techniques de socialisation comparables, y compris

---

161. Cf. AHLBORN, *Meißnertagung 1923*, *loc. cit.*, p. 219 [fac-similé in WALTER-HAMMER-KREIS (édit.),
  op. cit., *loc. cit.*, p. 135].

« nudistes[162] », on comptait sur les flux humains autour des « camps / terrains de jeunes ». C'est d'ailleurs ce statut de lieux de transit (— aussi abondant que possible) qui spécifie les établissements (semi-)fixes *freideutsch* par rapport aux *bündisch*[163]. Reste la question de savoir si les techniques de socialisation envisagées peuvent réellement induire, chez une majorité d'individus, les effets bénéfiques souhaités. Dès l'époque, les avis étaient divergents parmi les sympathisants (qui seuls comptent) : tandis que la *Frankfurter Zeitung*, de tradition libérale « éclairée », partageait les espoirs d'Ahlborn et de ses amis, appelant même la S D N à assurer la diffusion du livre de Münch (!)[164], le pédagogue et théologien luthérien Hermann Schafft (1883-1959), chef historique *freideutsch* de tendance « chrétienne-sociale », avait des doutes sur leurs « optimisme et réformisme rationalistes »[165]. Éveiller quelqu'un à l'« humanité intégrale » pouvait être une tâche de longue haleine, à mener de personne à personne, à travers une relation difficile. H. Schafft en aura la confirmation après 1945, quand il sera « rééducateur » (bénévole) d'anciens nazis[166]. Par ailleurs, rien n'est jamais acquis, comme le montrent les compromissions de certains compagnons de route d'Ahlborn sous le IIIe Reich. Il faut croire que la « méthode Ahlborn » était vraiment trop simple — ce qui n'entache pas l'idéal, ni ne diminue le personnage.

---

162. L'instituteur berlinois Adolf Koch (1897-1970) provoqua un scandale fin 1923 / début 1924 en faisant faire des exercices de gymnastique nue à ses élèves. Grâce à une campagne en sa faveur à laquelle les *Jeunes Hommes / Humains* participèrent activement, A. Koch échappa aux sanctions disciplinaires, mais la nudité resta taboue à l'école publique. Seuls quelques internats privés la pratiquaient, notamment l'« Internat de la Lumière » (Lichtschulheim), fondé par Fränzel en 1927 en pleines landes de Lunebourg. [Pour Koch, cf. CLUET, *op. cit.*, p. 913 *sqq.*; pour l'« Internat de la Lumière », cf. WERNER, *op. cit., loc. cit.*, p. 230].

163. Toute explication du phénomène de la sédentarisation à caractère monocausal, en particulier par alignement sur la norme bündisch, « de droite » ou « de gauche » (Linse), doit donc être abandonnée. (Pour Linse, cf. supra dans le corps du texte).

164. Cf. encart publicitaire pour MÜNCH, *op. cit.* in *Junge Menschen*, vol. VI, n° 5 (mai 1925), p. 96.

165. Cf. SCHAFFT Hermann, *Die Meißner-Tagung 1923* in KINDT (édit.), *Dokumentation der Jugendbewegung*, t. 3, pp. 275-279, p. 276.

166. — Notamment de Melita Maschmann, ex-cheftaine de la jeunesse hitlérienne, aux solides « défenses » antihumanistes, de l'avis rétrospectif de l'intéressée elle-même. Cf. MASCHMANN M., *Fazit. Mein Weg in der Hitler-Jugend* (édition origin. 1963), Deutscher Taschenbuch Verlag, 1979, p. 215 *sqq.*

1. Ludwig VON ZUMBUSCH : affiche de librairie pour le lancement de *Jugend*, 1896

2. Hugo HÖPPENER dit FIDUS : *Frühlingsodem*, illustration pour *Jugend*, n° 49, 3 décembre 1900

3. Bernhard PANKOK :
illustration pour *Phantasus*
d'Arno Holz, *Jugend*, n° 3,
15 janvier 1898

4. Paul BÜRCK : invitation
pour l'exposition inaugurale
de la « Künstlerkolonie »
de Darmstadt, 1904

5. Peter BEHRENS :
Der Traum pour le salon de musique de la « Haus Behrens », Darmstadt, 1901

6. Ludwig von HOFFMANN : *Frühlingssturm*, Darmstadt, 1899

197

7. Ernst Moritz GEYGER :
illustration pour *Der Riese* de Nietzsche, *Pan*, 1895

30. Hugo HÖPPENER
dit FIDUS : *Hohe Wacht*,
illustration pour le
volume commémoratif
du rassemblement
du Haut-Meissner
[*Festschrift*], 1913

31. Hugo HÖPPENER
dit FIDUS : *Lichtgebet*,
6ᵉ version, carte postale
mise en vente à l'occasion
du rassemblement
du Haut-Meissner

199

32. Le camp de jeunes de Puan Klent sur l'île de Sylt, dessin d'époque, Junge Menschen, vol. 6, n° 5

34. Hans THOMA,
Sehnsucht (1900),
huile sur carton,
100 x 80 cm

33. Max KLINGER :
Und doch (1898),
eau-forte,
33,3 x 27,1 cm

35. Paul BÜRCK :
Empor (1900),
aquarelle et gouache,
51 x 35 cm

36. Ludwig FAHRENKROG, *Die heilige Stunde* (1905), chromolithographie, 75 x 48 cm

37. Ferdinand Hodler, *Jüngling vom Weibe bewundert*, 1ère version (1903), huile sur toile, 213 x 287 cm

Jugendkult in den deutsch-französischen Jugendbeziehungen der Zwischenkriegszeit

Dieter TIEMANN
Université de Tours

Deutsch-französische Jugendbeziehungen standen während der Zwischenkriegszeit nie im Brennpunkt der großen Politik. Anders als nach dem Zweiten Weltkrieg, als mit der systematischen Förderung von Jugendkontakten über die Grenzen hinweg und mit der Gründung des Deutsch-Französischen Jugendwerkes politisch gewollte Zeichen der Verständigung und Annäherung gesetzt wurden, sahen in den zwanziger und dreißiger Jahren weder Mehrheiten bei den Heranwachsenden selbst noch zuständige politische Instanzen beider Länder darin eine vorrangige Aufgabe. Insofern motivieren jene Beziehungen kaum zu intensiver Beschäftigung, zumal sie weder in quantitativer Hinsicht noch in ihrer qualitativen Substanz mit spektakulären Merkmalen aufwarten können.

Dennoch verdienen sie Beachtung. Sie spiegeln nämlich in bezeichnender Weise den inneren Zustand Frankreichs und Deutschlands nach dem Ersten Weltkrieg sowie das wechselseitige Verhältnis der beiden Nachbarn[1]. Zugleich begehrten junge Franzosen und Deutsche gegen die ihnen traditionell zugewiesene Rolle als Objekte der Erziehungsmächte auf und verstanden sich zunehmend als Subjekte im politisch-sozialen Kräftefeld. Und nicht zuletzt gerieten diese Beziehungen nach 1918 endgültig in den Bannkreis staatlich-administrativer Einrichtungen, die regulierend, kanalisierend und kontrollierend eingriffen, um damit verbundene nationale Anliegen durchzusetzen. Deutsch-französische Jugendbeziehungen waren also in mehrfacher Hinsicht durchaus ein Politikum, das die historische Analyse rechtfertigt.

Im folgenden soll es jedoch nicht um das Thema in seiner ganzen Breite gehen, sondern um einen, allerdings nicht unwesentlichen Aspekt,

---

1. Hierüber ausführlich : TIEMANN Dieter, *Deutsch-französische Jugendbeziehungen der Zwischenkriegszeit*, Bonn, 1989.

um die Frage nämlich, wie Jugend im gegebenen Zusammenhang sich selbst definierte bzw. von außen definiert wurde. Und hier zeigt sich sehr schnell der Nimbus, der vom Begriff der Jugend ausging und der die Begegnungen von jungen Franzosen und Deutschen mehr oder weniger stark beeinflußte.

Deutscherseits ist vor allem der Einfluß der Jugendbewegung in Rechnung zu stellen — eine in sich zerstrittene, in zahllose Bünde zerrissene, nahezu atomisierte Strömung in der jungen Generation, die trotz aller internen Querelen eigentümliche Grundzüge verband und die die Kraft besaß, mit ihren buntscheckigen Ausdrucksformen und Denkweisen bis zu einem gewissen Grad auf die gesamte deutsche Jugend auszustrahlen[2]. Zu den gemeinsamen Orientierungspunkten gehörten etwa ein geradezu exzessives Pochen auf Jugendlichkeit, Rigorosität in der Verfolgung des als richtig erkannten Zieles, unbestimmte Hoffnungen auf und wirre Sehnsüchte nach dem Jugendstaat der Zukunft sowie ein bisweilen exzentrischer Nonkonformismus bei gleichzeitiger engster Bindung an die Gruppe und ihren Führer. Waren solch euphorischer Jugendkult und seine Begleiterscheinungen schon kaum geeignet, in Frankreich Gleichgesinnte zu finden, so mußten die oft konfusen, völkischen Gedanken verbundenen politischen Ansichten von manchen Jugendbewegten gänzlich auf Unverständnis und Ablehnung stoßen, eine Empfindung der exotischen Fremdheit, die indes gelegentlich auch Faszination für diese so ungeniert-selbstbewußten jungen Leute auslöste.

Die deutsche Jugendbewegung mit allen ihren widerstreitenden Facetten soll Ausgangspunkt von drei Streiflichtern sein, die illustrieren, wie stark der dort kultivierte Jugendmythos auf die Beziehungen von jungen Franzosen und Deutschen einwirkte und wie sehr er dazu beitrug, daß diese Beziehungen letztlich scheiterten. Erstens wird es um eine Variante des Pazifismus jener Zeit gehen, zweitens um den von Otto Abetz und Jean Luchaire ins Leben gerufenen Sohlbergkreis und drittens um die Vereinnahmung und Instrumentalisierung bestehender deutsch-französischer Jugendkontakte sowie darin wirkender Jugendbilder durch die Nationalsozialisten. Dabei sei an dieser Stelle schon darauf hingewiesen, daß die gewählte Perspektive es nahelegt, den gesamten Zeitraum der Zwischenkriegszeit zu betrachten, also über die auf diesem Kolloquium gesetzte Grenze 1933 hinwegzugehen.

---

2. LAQUEUR Walter, *Die deutsche Jugendbewegung. Eine historische Studie*, Köln, 1962.

3. DELBREIL Jean-Claude, *Les catholiques français et les tentatives de rapprochement franco-allemand (1920-1933)*, Metz (S.M.E.I.), 1972; RIESENBERGER Dieter, *Die katholische Friedensbewegung in der Weimarer Republik*, Düsseldorf, 1976.

I

Ursprünglich war die deutsche Jugendbewegung gegen den markt-schreierischen Nationalismus im wilhelminischen Deutschland zu Felde gezogen. Und auch nach dem Ende des Kaiserreichs und dem verlorenen Krieg blieb das Motiv internationaler Verständigung aktuell. Diese Ein-stellung entsprach bis zu einem gewissen Grad der damals in Frankreich weitverbreiteten pazifistischen Grundhaltung. So kam es schon Anfang der zwanziger Jahre zu deutsch-französischen Jugendbegegnungen im Rahmen der Internationalen Demokratischen Friedenskongresse, die der französische Linkskatholik und Assemblée Nationale-Abgeordnete Marc Sangnier (1873-1950) organisierte. Neben Völkerversöhnung und Friedensbewegung bildete verständlicherweise auch der gemeinsame katholische Glaube eine wichtige Klammer[3].

Die erste Zusammenkunft fand 1921 in Paris statt, der dann im jährlichen Rhythmus Tagungen in Wien, Freiburg i.B., London und Luxemburg folgten. Höhepunkt und zugleich Anfang vom Ende dieser Facette deutsch-französischer Jugendbeziehungen während der zwanziger Jahre wurde der « VIe Congrès Démocratique International pour la Paix » vom August 1926 in Bierville bei Paris[4]. Marc Sangnier hatte sein dortiges Anwesen zur Verfügung gestellt. Zu den dominierenden Motiven, in Richtung Bierville aufzubrechen, gehörten bei den jungen Deutschen jugendbewegter Wandertrieb, Vaganten-Romantik, Entdeckerfreude, Suche nach Gemeinschaftserlebnissen, Ausbruch aus der grauen Alltagswirklichkeit — dies alles unterlegt mit dem übersteigerten Anspruch auf unverfälschte Jugendlichkeit und einer gehörigen Portion Mißtrauen gegenüber der älteren Generation. Sie waren mit über 3200 Teilnehmern vertreten und übertrafen an Zahl bei weitem die knapp 1800 jungen Franzosen. Jeden-falls beherrschte bei den etwa 5500 Gästen aus 33 Ländern das deutsch-französische Übergewicht die Szene. « La Paix par la jeunesse » lautete das Motto der Tagung. Damit wurde ein Akzent gesetzt, der in den vorange-gangenen Jahren weniger zur Geltung gekommen war, wenn auch die Veranstalter der Friedenskongresse ihr besonderes Interesse an der Jugend von Anbeginn nie aus den Augen verloren. Allerdings trafen in Bierville nicht ausschließlich Jugendliche zusammen.

Zahlreiche Persönlichkeiten des öffentlichen Lebens, etwa der Bischof von Arras, der Reichstagsabgeordnete Ludwig Bergsträsser, der Pazifist Ferdinand Buisson und der Universitätsprofessor Hermann Platz verliehen

---

4. Der Kongreß ist dokumentiert in *Die Tage von Bierville. Der VI. Internationale Demokratische Friedenskongreß, verbunden mit internationalem Freundschaftsmonat der Jugend im Schloß und Park von Bierville bei Paris vom 1. bis 29. August 1926. Deutscher Bericht nach amtlichen Unterlagen und Zeugnissen von Freunden und Gegnern zusammengestellt,* von PROBST Josef, SCHNEIDER Rio & BROHL Carl Maria, Würzburg, 1926.

Bierville durch ihre Anwesenheit und ihr Engagement ein politisches Gewicht, dem der Quai d'Orsay Rechnung trug, indem er eine größere Abordnung der Teilnehmer zu einem Frühstück nach Paris einlud. Nach dem Abschluß des Locarno-Vertrages und in einer auf deutsch-französische Verständigung bauenden Atmosphäre erfreute sich Marc Sangnier einer bis dahin nicht gekannten wohlwollenden Aufmerksamkeit hochrangiger französischer Politiker, die ihn und seine Bewegung als Zeugen, Garanten und Motoren einer friedlichen Zukunft präsentierten. Die amtliche deutsche Politik nahm freilich keine erkennbare Notiz von dem Geschehen.

Die Tage von Bierville verliefen nach den vorliegenden Quellen ohne Zwischenfälle. Unter einem gewaltigen Kruzifix, das in dem Park errichtet und an dessen Sockel weithin sichtbar das Wort « PAX » angebracht worden war, referierten und diskutierten die Teilnehmer politische, wirtschaftliche und gesellschaftliche Probleme im Kontext der zum Kardinalthema erhobenen Jugendfragen und kamen zu Gesang, Spiel und Gottesdienst zusammen. Zahlreiche Resolutionen im Sinne des Pazifismus, der Demokratie und der sozialen Gerechtigkeit schlossen die Tagung ab.

In dem zur Schau gestellten Bild internationaler Harmonie waren indes Risse unübersehbar. Insbesondere deutsch-französische Gereiztheiten ließen erkennen, wie wenig der Kongreß im Grunde seinem Anspruch gerecht zu werden vermochte. Ein deutscherseits gestellter Antrag, der Kongreß möge eine Resolution annehmen, in der der « Zwang zum Waffendienst » als ungerechter « Eingriff in die Majestät des persönlichen Gewissens » gebrandmarkt werden sollte, stieß auf hinhaltenden Widerstand der Franzosen und wurde schließlich abgelehnt. Der « Temps » nahm die Episode zum Anlaß, den Antrag, nachdem Deutschland zweimal Frankreich überfallen habe, als grobe Taktlosigkeit anzuprangern, ihn als Ausdruck geheimer Bestrebungen des Reiches zu denunzieren und den gesamten Kongreß « Une caricature du pacifisme » zu nennen, wie die Überschrift des Artikels lautete[5]. Und ein deutscher Kritiker nutzte die Gelegenheit, um mit Marc Sangnier schonungslos abzurechnen : « Ihre Auffassung von Pazifismus ist lauwarm, halb und abgestanden[6]. » Dem Franzosen sei es nicht um die Jugend gegangen, sondern um eine « wirkungsvolle Kulisse für die Bühne », auf der er agiere. Sangnier habe « die Jugend in Bierville benutzt, mißbraucht, entrechtet, abgetan, vergewaltigt. » Der junge Kritiker ging schließlich soweit, Bierville zum Schauplatz eines aufbrechenden Generationskonfliktes und evident gewordenen deutsch-französischen Gegensatzes zu stilisieren: « Daß die Opposition der Jungen fast nur aus Menschen germanischer Abstammung bestand, ist kein Zufall; es war nicht die Opposition des germanischen Geistes

---

5. Le Temps vom 24.8.1926.
6. BARTH Max, *Offener Brief an Marc Sangnier*, in Junge Gemeinde, Sept. 1926.

gegen den romanischen, sondern die des kompromißlosen jungen gegen den unaufrichtigen, halbundhalben alten; aber französische Jugend hat sich an Ihrem Kongreß ja überhaupt fast gar nicht beteiligt. »

Wenn solche Polemik auch nicht repräsentativ gewesen sein mag, so kann sie doch als Symptom für den Wandel gelten, der inzwischen eingetreten war. Bierville signalisierte das Ende einer Friedensbewegung, die ihre inneren Konflikte bis dahin unter Berufung auf die Gemeinschaft der Gläubigen hatte überspielen können. Der Ort stand als Synonym für die friedlich-kameradschaftliche Begegnung französischer und deutscher Jugend nach dem leidvollen Ersten Weltkrieg. Viele Teilnehmer mögen von dem « Freundschaftsmonat » das Gemeinschaftserlebnis stärker in Erinnerung behalten haben als die Antagonismen im Lager der Friedensbewegten. In historischer Perspektive markiert Bierville indes das Ende gewisser pazifistischer Träume, über die einträchtige Jugend der Völker den dauerhaften Frieden schaffen zu können. Die betroffenen Jugendlichen entzogen sich dieser ihnen zugewiesenen Rolle und neigten immer deutlicher zu einer auftrumpfenden Betonung ihrer eigenen Jugendlichkeit.

II

Gegen Ende der zwanziger Jahre zeichnete sich sowohl in Frankreich als auch in Deutschland in bestimmten Kreisen der Jugend ein Trend ab, es nicht mehr nur bei politischer Artikulation und Partizipation bewenden zu lassen, sondern den Anspruch auf eine spezifische Politik der Jugend zu erheben. Mit der « Politisierung der Jugend » korrespondierte — wie ein zeitgenössischer deutscher Beobachter dieser Erscheinung vermerkte — eine « Verjugendlichung der Politik[7] ». Daß eine Verjüngung der Politik notwendig sei, meinte auch eine Intellektuellen-Szene rebellierender junger Franzosen, die sich seinerzeit im Milieu des Pariser Quartier Latin regte[8]. Ein französischer Buchautor schloß seine Betrachtungen über die deutsche Jugend mit dem bezeichnenden Bekentnis: « Le plus grand obtacle au fédéralisme européen, ce n'est ni le Français, ni l'Allemand, ni le Polonais. C'est le *vieillard*, l'horrible *vieillard* qu'il faut tuer, si nous, les jeunes, voulons enfin organiser librement *notre* avenir[9]. » Dieser Anspruch der Jugend sollte Triebfeder mehrerer deutsch-französischer Jugendbegegnungen werden, die das spätere Leben der Hauptbeteiligten prägte und die für die deutsch-französischen Beziehungen insgesamt gesehen nicht ohne Bedeutung blieben.

---

7. LEHMSICK Erich, *Politisierung der Jugend und Verjugendlichung der Politik*, in Die Erziehung, 1931, S. 382-389.
8. Indiz hierfür beispielsweise : DANIEL-ROPS Henri e.a., *Le Rajeunissement de la Politique*. Préface de JOUVENEL Henri (de), Paris, 1932.
9. GOBRON Gabriel, *Contacts avec la jeune génération allemande*, Toulouse, 1930, S. 283.

Die zentrale Gestalt auf französischer Seite hieß Jean Luchaire (1901-1946). Der aus einer Gelehrtenfamilie stammende Journalist gab ab 1927 die mit Unterbrechungen vom Quai d'Orsay subventionierte Zeitschrift « Notre Temps » heraus. Sie stieg um 1930 zum Sprachrohr einer neuen, sich nonkonformistisch und europäisch gebenden jungen Generation auf[10]. Schon in den ersten Jahrgängen des Periodikums waren einige Artikel über die deutsche Jugend erschienen. Auch der Sohn des deutschen Außenministers hatte sich in Luchaires Zeitschrift zu dem Thema geäußert und der dort kultivierten Jugendlichkeit weiteren Auftrieb gegeben[11].

Die Zeitschrift und ihr Herausgeber fielen einem jungen badischen Gymnasiallehrer auf, der zugleich als Vorsitzender der « Arbeitsgemeinschaft Karlsruher Jugendbünde » fungierte und der Verbindungen nach Frankreich suchte: Otto Abetz (1903-1958)[12]. Die Lage seiner Heimat als Grenzland, Kindheitserinnerungen aus dem Weltkrieg, Erlebnisse des Jugendbewegten während der Besatzungszeit und das Studium der Kunstgeschichte mit seiner Erschließung Frankreichs als Kulturraum weckten in ihm den Wunsch nach vertiefter geistiger Auseinandersetzung mit dem westlichen Nachbarn und prädestinierten ihn für eine Protagonistenrolle in diesem neuen Akt deutsch-französischer Jugendbeziehungen. Gemeinsam mit Jean Luchaire gelang es ihm, ein deutsch-französisches Ausspracheforum ins Leben zu rufen, welches zeitweilig den markanten Köpfen, die das Gespräch über den Rhein suchten, als Drehscheibe diente. Die scheinbar so unangepaßt-unkonventionelle und im Grunde doch von ihrer nationalen Mentalität so auffällig gezeichnete Jugend beider Länder hatte einen organisatorischen Rahmen für den Dialog gefunden.

In der Jugendherberge auf dem Sohlberg im Schwarzwald, unweit von Straßburg, fand im Sommer 1930 die erste von drei größeren Aussprachen statt. Die etwa 100 Teilnehmer aus beiden Ländern gehörten angeblich den verschiedenen politischen Richtungen an. Sie hörten Vorträge und diskutierten über « die kulturelle, religiöse, politische und wirtschaftliche Lage beider Länder in der Nachkriegszeit und die besondere Stellung der jungen Generation in ihr[13]. » In bewußter Distanzierung von allen formalistischen Verfahrensweisen, die einer Stigmatisierung der älteren Generation gleichkam und die das spezifisch Jugendliche des Treffens

10. ECKERT Hans-Wilhelm, *Konservative Revolution in Frankreich? Die Nonkonformisten der Jeune Droite und des Ordre Nouveau in der Krise der 30er Jahre*, München, 2000 ; LOUBET DEL BAYLE Jean Louis, *Les non-conformistes des années 30. Une tentative de renouvellement de la pensée politique française*, Paris, 1969.

11. STRESEMANN Wolfgang, *La jeune génération allemandes et les problèmes de l'heure*, in Notre Temps vom 1.7.1929.

12. Dazu neuerdings : RAY Roland, *Annäherung an Frankreich im Dienste Hitlers? Otto Abetz und die deutsche Frankreichpolitik 1930-1942*, München, 2000 ; apologetisch die Autobiographie : ABETZ Otto, *Das offene Problem. Ein Rückblick auf zwei Jahrzehnte deutscher Frankreichpolitik*, Köln, 1951.

13. Programm « sohlberg camp » ; *Archiv der deutschen Jugendbewegung*, Ludwigstein : A 168/1.

augenscheinlich machen sollte, war auf verpflichtende Tagesordnungen, Ausschüsse und Beschlüsse verzichtet worden. Allerdings wies das Programm vormittags jeweils zwei Vorträge aus, die den Aussprachen vorausgingen. Ansonsten herrschten auf dem weltabgeschiedenen Sohlberg mit Frühsport und abendlichem Lagerfeuer, karger Kost und spartanischer Unterkunft die Gepflogenheiten der deutschen Jugendbewegung.

Die Organisatoren wollten offenbar glaubhaft machen, daß auf dem Sohlberg eine Art jugendlicher Metapolitik über den Niederungen der von den Alten zu verantwortenden Tagespolitik verfolgt und vorgelebt werden könne; « rien d'officiel, rien de préparé, rien de politique », faßte Jean Luchaire die Tagung zusammen und behauptete, die junge Nachkriegsgeneration beider Länder habe sich dort fast völlig frei von Vorurteilen und psychologischen Hemmungen, wie sie bei den Älteren oft zu finden seien, getroffen[14]. Dieses Resümee stimmte jedoch nur vordergründig. Zwar verlief die Zusammenkunft nach den vorliegenden Berichten ohne besondere Spannungen in einer kameradschaftlich-freundschaftlichen Atmosphäre, aber Dissonanzen waren damals schon programmiert, nicht zuletzt wegen der Ungereimtheiten im Konzept der Veranstalter. Was nämlich als originelles Unternehmen, als neuer Weg, als Exempel der sogenannten realistischen französischen und deutschen Jugend und als Beispiel für jugendliche Politik ausgegeben wurde, stand in Wirklichkeit unter dem Einfluß eben jener Epochenmerkmale, deren verbal so strikt geäußerte Ablehnung das Treffen erst ermöglicht hatte. Man wollte über Politik verhandeln, ohne sich den aktuellen politischen Gegebenheiten zu unterwerfen, und kam doch nicht umhin, sich in Vorträgen und Aussprachen darauf einzulassen. Man wollte streng sachlich miteinander umgehen und zeigte sich doch harmoniebedürftig. Man wollte kein affektiv besetztes deutsch-französisches « rapprochement » auf der Ebene der Völker, duldete allenfalls persönliche Freundschaften, und pflegte doch eine gemeinschaftsbildende Lagerfeuer-Romantik. Man gab sich frei von nationalen Ideologien und blieb im Grunde doch ihr Gefangener. Auf dem Sohlberg waren im Sommer 1930 mit den jungen Franzosen und Deutschen die Widersprüche der Zeit versammelt. In die mit hochgestochenen Ansprüchen, großen Worten, theatralischen Gesten und betont burschikosem Auftreten garnierte Überzeugung absoluter, grenzüberschreitender Jugendlichkeit spielte von Anbeginn ein Kalkül, das die Teilnehmer zwangsläufig hinter die Grenze ihrer jeweiligen nationalen Horizonte zurückwerfen mußte. Dies wird insbesondere in einer « Denkschrift » augenfällig, die Otto Abetz im folgenden Jahr u.a. dem Reichsminister des Innern zuleitete und in der er sich für die finanzielle Unterstützung von amtlicher Seite bedankte; die Sohlbergtagung rechtfertigte er darin mit dem Hinweis,

---

14. La Volonté vom 8.8. und 9.8.1930.

westlichem Pazifismus und seinen « auf der 'Heiligkeit' der Verträge beru-
henden Konventionen » den eigenen Standpunkt entgegenzustellen, « dass
der Versailler Vertrag nicht die Gundlage, sondern die latente Gefährdung
des europäischen Friedens ist[15]. »

Das Treffen über dem Schwarzwald stand äußerlich ganz im Bann der
deutschen Jugendbewegung. Daß dort jedoch keine Avantgarde auftrat,
die die Jugendbewegten immer gern sein wollten, und nicht ein neues
Kapitel deutsch-französischer Beziehungen aufgeschlagen, sondern lediglich ein neuer deutscher Anlauf zu alten Zielen unternommen wurde,
dem die französischen Gesprächspartner aufgesessen waren, sollte bald
offenkundig werden, wenn die Sohlberg-Erfahrung zunächst auch weitere
Aktivitäten zu stimulieren schien. Im Frühjahr 1931 wurde auf Veranlassung
von Jean Luchaire ein « Comité d'Entente de la Jeunesse Française pour le
rapprochement franco-allemand » gegründet; in Karlsruhe konstituierte
sich unter Abetz' Leitung der « Kreis der Freunde des Sohlbergcamps »,
der sich dann über ganz Deutschland ausbreitete und der zwischen
September 1931 und Mai 1932 drei Hefte der Zeitschrift « Sohlbergkreis »
herausbrachte. Die Tagungen in der Ardennenstadt Rethel 1931 und in
Mainz 1932 machten jedoch deutlich, daß der jugendliche Elan schnell
verglüht war. Längst hatte die Metamorphose der himmelstürmenden
Jugendbewegten in eine soignierte Gesellschaft eingesetzt. « Sohlbergkreis »
und « Notre Temps »-Gruppe wurden schnell für Interessen verfügbar, die
sie ursprünglich kaum im Blick gehabt hatten. Die weitere Biographie der
beiden Protagonisten wirft ein bezeichnendes Licht auf diese Wende :
Otto Abetz wurde 1940 Hitlers Botschafter in Paris, und Jean Luchaire
wurde 1946 wegen Kollaboration zum Tode verurteilt und hingerichtet.

III

1932 erschien in Deutschland ein vielbeachtetes Buch über « Die
Sendung der jungen Generation », welches die verbreitete Stimmung der
von ihrer eigenen Jugendlichkeit berauschten jungen Deutschen erneut
artikulierte[16]. Entgegen allen laut tönenden Stimmen jugendlicher
Autonomie waren es jedoch nicht die Heranwachsenden selbst, die ihren
Kontakten zu den Gleichaltrigen jenseits des Rheins ein spezifisches
Gepräge gaben. Waren ohnehin stets die politischen Paradigmen der
Erwachsenenwelt im Spiel, so gewannen darüber hinaus die für die
auswärtige Kulturpolitik zuständigen staatlichen Stellen und ihre Organe
in beiden Ländern zunehmenden Einfluß auf das gesamte Spektrum

---

15. Denkschrift vom 30.4.1931 ; *Archiv der deutschen Jugendbewegung*, Ludwigstein, A 168/1.
16. GRÜNDEL Ernst Günther, *Die Sendung der jungen Generation*, München, 1932.

deutsch-französischer Jugendbeziehungen. Und diese Entwicklung gewann deutscherseits durch die nationalsozialistische « Machtübernahme » an ideologisch aufgeladener Dynamik.

Ob und inwieweit die deutsche Jugendbewegung Verantwortung für den Weg Deutschlands in die Diktatur und damit in die spätere Katastrophe trägt, wurde vielfach erörtert und kontrovers diskutiert. Kein Zweifel kann jedoch daran bestehen, daß die relativ wenigen Jugendbewegten, welche mit beachtlicher Energie Kontakte zu gleichaltrigen und gleichgesinnten Franzosen gesucht hatten, einerseits schnell den nationalsozialistischen Sirenenklängen erlagen und daß sich andererseits das neue Regime ihrer Kenntnisse und Verbindungen bediente, um sie in seinem Sinne zu nutzen.

Wie glatt der Übergang von der vermeintlich jugendbewegten Selbst- zur tatsächlich politisch-ideologischen Fremdbestimmung ablaufen konnte, läßt sich an den weiteren Aktivitäten des « Sohlbergkreises » und seines Gründers ablesen. Sie waren insofern kennzeichnend für die allgemeine Lage, als zum einen die einzige halbwegs funktionierende Organisation aus den Reihen der Jugendbewegung, die mit der jungen französischen Generation Verbindung aufgenommen hatte, in ihren grundlegenden Zielen — die immer wieder offen geforderte Revision des Versailler Vertrages und das mehr oder weniger kaschierte Streben nach deutscher Hegemonie — durchaus auf der Linie der neuen Machthaber lag und zum anderen in Ermangelung eines originär nationalsozialistischen Konzepts auswärtiger Jugendbeziehungen nur der Rückgriff auf diese bestehenden Kontakte nach Westen übrig blieb, wenn nicht überhaupt alle Brücken abgebrochen werden sollten. Daß aber Berlin an der Fortsetzung gerade dieses Dialogs ein gewisses politisches Interesse zeigte, sollte sich bald herausstellen.

Unterdessen machte Otto Abetz Karriere als Frankreichreferent in Baldur von Schirachs Reichsjugendführung ; um die Jahreswende 1934-1935 wurde er Mitarbeiter im « Büro Ribbentrop », einer außenpolitischen Dienststelle der NSDAP. Die Metamorphose vom jugendbewegten Idealisten zum nationalsozialistischen Funktionär lag damit endgültig hinter ihm. Als rühriger und zugleich dezenter Propagandist des Regimes in Frankreich gehörte Abetz auch zu denen, die dafür sorgten, daß der « Sohlbergkreis » 1934 wieder auftauchte, jene Zeitschrift, von der bis Mai 1932 drei Nummern herausgekommen waren und die dann ihr Erscheinen eingestellt hatte. Sie trug nun den Untertitel « Deutsch-Französische Monatshefte – Cahiers Franco-Allemands ». Mit dem Januarheft 1936 wurden Titel und Untertitel ausgetauscht, und ab Februar 1938 wurde die Bezeichnung « Sohlbergkreis » ganz getilgt. Bis zum Kriegsausbruch 1939 vermittelten die « Deutsch-Französischen Monatshefte » das Bild eines verständigungsbereiten, um den deutsch-französische Ausgleich werbenden Deutschland. Die Jugend wurde darin als Zeuge und entscheidender Faktor der neuen Zeit präsentiert.

Entgegen den tatsächlichen Verhältnissen suggerierte die national-sozialistische Propaganda gern, daß mit dieser neuen Zeit eine Epoche der Jugendlichkeit angebrochen sei, daß Hitlers « Führerstaat » also seit längerer Zeit verbreitete Sehnsüchte der jungen Generation erfüllt habe und daß Nationalsozialismus und Jugend gleichsam als Synonyme benutzt werden könnten. Solche Töne wurden in Frankreich durchaus zur Kenntnis genommen und führten zu einem Aufschwung der französischen Jugend-Diskussion[17]. So veröffentlichte die Pariser Tageszeitung « L'Aube » im Sommer 1933 unter der Frage « Que veut la jeunesse ? » Ergebnisse einer Erhebung, die die gemeinsame Basis der unangepaßten und zugleich zur Macht drängenden Jugend herauszufinden trachtete. Zu den Autoren der Artikelserie gehörten neben Jean Luchaire so unterschiedliche Geister wie Denis de Rougemont, Robert Aron, Georges Bidault und Emmanuel Mounier. Der katholische Jugendführer Joseph Folliet, Bierville-Teilnehmer von 1926, resümierte : « … il circule, dans la jeunesse, un courant révolutionnaire. » Im Gegensatz zur hypertrophen Verjugendlichung Deutschlands und Italiens wolle man aber Jugend nicht an sich glorifizieren, sie vielmehr anspornen, ihre moralischen Tugenden zu verwirklichen.

Entsprechende Erhebungen erschienen u.a. in « Le Temps », « Notre Temps » und in der « Revue de Paris » und brachten — so unterschiedlich sie in Voraussetzungen und Resultaten waren — eine Krisenstimmung zum Ausdruck, die zu jener Zeit in Teilen der französischen Jugend herrschte und die angesichts virulenter sozialer Spannungen die französische Gesellschaft insgesamt erfaßt hatte. Dabei erhielt der östliche Nachbar implizit oder explizit den Rang eines Fixpunktes, der dem Wunsch nach Erneuerung Frankreichs den Maßstab eines nachahmenswerten oder abschreckenden Beispiels gab. Charakteristisch für jene französische Jugend, die sich so entschieden dem bestehenden System verweigerte, war freilich auch die Unbestimmtheit ihrer Ziele. « Elle sait ce qu'elle ne veut pas, plus ce qu'elle veut », meinte Henri Daniel-Rops in der « Revue de Paris » und verlangte von ihr « une doctrine précise, neuve[18] ». Einer solchen geforderten Orthodoxie sollte sie sich jedoch nie unterwerfen.

Zu einem vertieften Diskurs mit jungen Deutschen konnte es schon deswegen nicht mehr kommen, weil das NS-Regime wohl großartige Kulissen der Verständigung aufzubauen und mit pompösen Wortgeklingel zu untermalen verstand, zugleich aber alle Voraussetzungen für einen freien geistigen Austausch zerstörte. In den Manifestationen guten Willens, wie sie etwa in den « Deutsch-Französischen Monatsheften » veröffentlicht wurden, tauchte immer wieder der Wunsch auf, Frankreich möge sich so verändern, daß es vor dem « Dritten Reich » bestehen könne. Dahinter

---

17. Hierzu im einzelnen : TIEMANN Dieter, *Deutsch-französische Jugendbeziehungen*, S. 282 ff.
18. Revue de Paris vom 1.9.1937.

stand die Überzeugung, als zukunftsweisende Kraft, als junges Volk den
geistig und physisch von Dekadenz und Siechtum bedrohten Nachbarn,
einem veralteten Volk, auf den rechten Weg helfen zu müssen. Von solchen
Thesen gingen auch die publizistischen Schrittmacher deutsch-französischer Jugendbeziehungen aus, wenn sie der nachwachsenden Generation
entscheidende Bedeutung für einen neuen Anfang im Verhältnis der
beiden Nachbarn zuschrieben.

IV

Zweifellos hat die Erfahrung des Ersten Weltkrieges in beiden Ländern
den entscheidenden Anstoß zu einem verbreiteten Jugendkult gegeben.
Während der folgenden beiden Jahrzehnte stieg er zu einem kaum zu
unterschätzenden sozio-kulturellen Phänomen auf und prägte nicht
zuletzt auch die deutsch-französischen Jugendbeziehungen. Gewiß, schon
vor 1914 war der Begriff der Jugend in beiden Ländern mit Aufbruch
und Erneuerung assoziiert worden. Sicher gehören Jugendprotest und
Generationenkonflikte, konformistisches Karrieredenken und exzessiver
Nonkonformismus neben manchen anderen Charakteristika zu jenen
Erscheinungen, die quasi-zeitlos gültig sind. Demgegenüber bleibt indes
festzuhalten, daß in den Jahren nach dem Ende des Ersten Weltkrieges
ein Jugendmythos voll zum Tragen kam, der wohl in unterschiedlichen
Bahnen verlief — in Frankreich stand Jugend eher im Mittelpunkt eines
von der Erwachsenenwelt geführten Revitalisierungsdiskurses, in Deutschland hingegen sah sie sich selbst als Katalysator nationaler Erneuerung
und wurde später vom NS-Regime ganz entsprechend propagandistisch
instrumentalisiert[19] —, der aber die Generation der Heranwachsenden
übereinstimmend zum gesellschaftlichen Potential ersten Ranges dekla-
rierte und allen ihren Audrucksformen, auch ihren Auslandsbeziehungen,
ein spezifisches Gepräge gab. Der Anspruch dieses bisweilen mit exzessiver
Verve vertretenen Jugendkultes, die deutsch-französischen Beziehungen
definitiv zum Besseren wenden zu können, wurde spätestens im
September 1939 durch die Wirklichkeit bloßgestellt.

---

19. Vgl. dazu KOEBNER Thomas, JANZ Rolf-Peter und TROMMLER Frank (Hrsg.), « *Mit uns zieht die
neue Zeit* » – *Der Mythos Jugend*, Frankfurt a.M., 1985.

La « génération expressionniste » dans le miroir de ses revues

Maurice GODÉ
Université Paul Valéry, Montpellier

À partir de 1910, la création à Berlin et dans d'autres villes allemandes d'un grand nombre de périodiques traduit la prise de conscience par de jeunes écrivains et artistes de la fonction sociale de l'art et de la nécessité de s'unir pour faire front contre la culture établie, ce qu'ils appellent dédaigneusement le « Kulturbetrieb[1] ». À cet égard, les peintres avaient montré la voie avec la création en 1905 du mouvement *Die Brücke* à Dresde et du *Blauer Reiter* quelques années plus tard à Munich. On assiste dans la première décennie du XXᵉ siècle à la floraison d'associations artistiques — comme le *Verein für Kunst* d'Herwarth Walden — et de cabarets littéraires dont le plus connu est le « Neuer Club » de Kurt Hiller à Berlin. En récitant leur production devant un public plus ou moins bien disposé, les jeunes rebelles aspirent à provoquer le bourgeois, à réduire la distance qui les sépare de leurs lecteurs, retrouvant ainsi une utilité sociale par ailleurs contestée. En retour, leurs œuvres ne manquent pas d'être influencées par les conditions de leur réception : un poème comme « Fin du monde » (Weltende) de Jakob van Hoddis s'inscrit d'emblée dans un espace de communication entre l'écrivain et son public[2]. La littérature, suivant en cela l'appel d'Heinrich Mann dans son essai de 1909 *Geist und Tat*, sort de sa tour d'ivoire. Le premier, Stefan Zweig a qualifié cet état d'effervescence littéraire de « nouveau pathos », expression que Kurt Hiller a reprise à son

---

1. Cf. la bibliographie monumentale de RAABE Paul, *Index Expressionismus. Bibliographie der Beiträge in den Zeitschriften und Jahrbüchern des literarischen Expressionismus 1910-1925*, 18 vol., Nendeln/Liechstenstein, Kraus Thompson, 1972.
2. Sur le « Nouveau Club » et, plus généralement, les lieux de rencontre de la « génération expressionniste » cf. notre monographie : *L'expressionnisme*, Paris, PUF, 1999, p. 21 sq. Dans le volume III de l'anthologie *Dichter lesen* (Vom Expressionismus in die Weimarer Republik, Marbach am Neckar, 1995), éditée par Reinhard Tgahrt, figurent de nombreux témoignages sur ces lectures et ces soirées consacrées à un ou plusieurs auteurs (Autorenabende).

compte pour baptiser son cabaret. La réduction physique de la distance entre l'auteur et son lecteur s'accompagne, avec la revue hebdomadaire ou bi-mensuelle, d'un raccourcissement du temps qui s'écoule entre l'écriture et la publication. À cet égard, les éditeurs de revue, plus âgés que leurs auteurs, ont joué un rôle capital en mettant leur expérience et leurs réseaux au service de la jeune génération.

Ce qui autorise à parler de l'expressionnisme au singulier en dépit de la diversité de ses auteurs et de ses acteurs, c'est le fait qu'il était une réaction aux pratiques sociales et culturelles dominantes d'où il tire, négativement, une grand part de sa cohérence. En effet, vu la multiplicité des formes d'écriture à l'œuvre dans l'expressionnisme, il est vain de chercher dans des caractéristiques formelles le dénominateur commun au mouvement[3]. L'unité du mouvement vient bien plutôt du fait que les deux tiers de ses représentants sont nés entre 1885 et 1895, observation qui a amené Kurt Pinthus, l'auteur de la première anthologie de poésie expressionniste, *Menschheitsdämmerung*, à parler de « génération expressionniste ». Un vif sentiment de solidarité va de pair avec une hostilité sourde ou déclarée au monde des adultes qui fait songer au *Sturm und Drang* un siècle et demi plus tôt.

Ce sont la métaphorique et la philosophie nietzschéennes, en particulier celles de *Zarathoustra*, qui fournissent à ces jeunes auteurs une bonne partie de leurs munitions. Il s'agit pour eux de détruire les « anciennes tables » de la Loi pour en définir de nouvelles. La philosophie nietzschéenne est perçue par eux comme une libération salutaire du matérialisme vulgaire qui dominait jusque-là les sciences de la nature. Et comme une rupture avec la tradition de la *Bildungsbürgertum* fondée sur la représentation idéaliste de la personnalité consciente et maîtresse de ses actes. La jeunesse s'affronte au monde des adultes non pas seulement en tant que conflit biologique mais comme affrontement entre deux conceptions du monde. En invoquant Dionysos (comme dans la scène *Ithaka* de Benn), elle se réfère au Nietzsche de *La naissance de la tragédie* et à la nécessité vitale de ne pas laisser le nihilisme ou son équivalent : la pensée socratique dominer le monde. Elle récuse l'optimisme béat des positivistes, les accusant de réduire le futur à un processus cumulatif, et revendique pour elle le droit de vivre sa vie, sans devoir reproduire celle des pères. La deuxième *Considération intempestive*, « De l'utilité et de l'inconvénient de l'Histoire pour la vie », est une autre de ses références majeures avec l'évocation du « philistin de la culture » dont l'historicisme et les principes d'éducation menacent, par leur brutalité et leur artificialité, « l'instinct de la

---

3. Dès 1924, dans la préface à son anthologie lyrique *Verse der Lebenden*, le poète et critique H. E. Jacob faisait remarquer : « Ganz unhomogen im Innern, ist [die expressionistische Lyrik] doch homogen im Äußeren in ihrem scharfen Gegensatz zu der Epoche, die 1910 abschloß ».

jeunesse ».[4] Ces textes, et d'autres encore, donnent consistance et forme à la rebellion contre les valeurs transmises par les pères.

Une autre caractéristique des jeunes expressionnistes est que leur révolte se déploie parallèlement dans la fiction, en particulier dans la fiction littéraire et théâtrale, et dans la réalité sociale et familiale. La revue comme « forme socialisée du livre », selon la formule de Martin Buber, permettait leur rapprochement et les jeux de miroir. En littérature, la revue *Die Aktion* fait de Georg Heym son poète-phare, qui convoque sous la forme d'allégories terrifiantes, contre la sclérose du monde, les forces du mythe et de l'instinct. Dans la réalité sociale, l'engagement de *Die Aktion* en faveur de la jeunesse se manifeste avant la Première Guerre mondiale par sa dénonciation de l'École wilhelminienne au nom des droits imprescriptibles de l'enfant. Les pédagogues Otto Corbach et Ludwig Gurlitt interviennent fréquemment durant les deux premières années de la revue (1910-1912) en faveur d'une école ouverte, respectueuse de la personnalité de l'enfant. Est préconisé notamment le développement de *Landerziehungsheime*, capables davantage que les écoles urbaines de favoriser l'épanouissement de l'enfant. Franz Pfemfert voir dans le nombre élevé de suicides d'écoliers et de lycéens le signe que l'école allemande est plus une prison qu'un lieu d'éducation[5].

Concrètement, la revue s'engage en 1913 en faveur du jeune Otto Groß, adepte de la psychanalyse et des thèses de Bachofen sur le matriarcat, interné dans un asile psychiatrique sur instruction de son père, professeur à l'université de Graz. Pour Ludwig Rubiner, auteur d'un « appel aux écrivains », il est clair que leur camarade est détenu arbitrairement pour avoir mis en cause le patriarcat. En novembre 1913, à l'occasion du « grand rassemblement national » sur le Hoher Meißner (près de Kassel) — dont parle par ailleurs en détail François Genton —, le directeur de la revue, Franz Pfemfert, adresse ses encouragements aux mouvements de jeunesse qui cherchent à se fédérer : « Combattez pour le droit d'être jeune contre un monde sclérosé! Combattez pour vous et pour la jeunesse

---

4. NIETZSCHE Friedrich, *Unzeitgemäße Betrachtungen. Zweites Stück : Vom Nutzen und Nachtheil der Historie für das Leben*. Kritische Studienausgabe. Hrsg. von Giorgio Colli und Mazzino Montinari, dtv-de Gruyter. Les dix dernières pages de ces « considérations » sont un appel passionné à la jeunesse allemande pour qu'elle ne se laisse pas gagner à son tour par la « maladie de l'histoire ». « Ihr Resultat [= der deutschen Jugenderziehung] ist der historisch-aesthetische Bildungsphilister, der altkluge und neuweise Schwätzer über Staat, Kirche und Kunst, das Sensorium für tausenderlei Anempfindungen, der unersättliche Magen, der doch nicht weiß, was ein rechtschaffener Hunger und Durst ist. Dass eine Erziehung mit jenem Ziele und mit diesem Resultate eine widernatürliche ist, das fühlt nur der in ihr noch nicht fertig gewordene Mensch, das fühlt allein der Instinct der Jugend [...] ».

5. Cf. sur les dimensions esthétique et politique des principales revues de l'époque notre contribution « Progressiv vs. regressiv : Was heißt das für die Expressionisten? », in « *Unvollständig, krank und halb? ». Zur Archäologie moderner Identität*, éd. par Christoph Brecht et Wolfgang Fink, Bielefeld, Aisthesis Verlag, 1996, p. 123-135.

à venir![6] ». La déception est à la mesure de l'espoir quand Pfemfert constate que la jeunesse rassemblée n'est pas parvenue à adopter une attitude commune face à la menace de guerre. C'est probablement la raison pour laquelle Pfemfert et sa revue cessent à la veille de la Grande Guerre de voir dans la jeunesse le ferment d'une révolution sociale.

* * *

Contrairement à *Die Aktion*, la revue expressionniste *Die Weißen Blätter*, dirigée par Franz Blei, puis par l'Alsacien René Schickele, se fait durant toute la durée de son existence (1913-1920) l'avocate passionnée de la jeunesse[7]. Ceci est lié au fait qu'à ses débuts les collaborateurs de la revue ont sur la guerre un avis diamétralement opposé à celui de Pfemfert. Le philosophe Max Scheler, par exemple, omniprésent dans la revue jusqu'en 1915, voit dans la jeunesse allemande et dans son enthousiasme idéaliste le meilleur antidote au matérialisme dominant[8]. Quant à Schickele, il écrit en janvier 1914 : « Vous qui avez seize, dix-sept, dix-huit ans, nous vous construisons des ponts, nous vous préparons la voie[9] ». Il a l'impression de revivre quinze ans après ce qu'il avait vécu au début du siècle à Strasbourg dans le cercle de jeunes Alsaciens regroupant écrivains et peintres sous le signe du vitalisme nietzschéen. Le plus connu d'entre eux, outre Schickele, était Ernst Stadler, le titre de leur revue *Der Stürmer* tout un programme.

Très nombreuses sont les œuvres parues dans les *Weißen Blätter* et chez Kurt Wolff (les deux étant liés pour le financement et la diffusion) qui avaient pour thème la difficulté d'être jeune et l'affirmation du droit de la jeunesse à vivre sa vie, le catalyseur le plus spectaculaire de la révolte des fils étant le drame de Walter Hasenclever *Der Sohn* (Le Fils) paru dans la revue d'avril à juin 1914 avant d'être porté à la scène. Cette pièce écrite par un auteur de 24 ans est saturée d'éléments autobiographiques pour lesquels l'écriture a joué un rôle thérapeutique : la mère indifférente et dépressive dans la réalité prend sur scène les traits idéalisés d'une mère morte en couches, le père médecin, lui, est égal à lui-même dans la réalité de l'enfant Hasenclever et dans la fiction théâtrale : c'est un « ange » pour

---

6. PFEMFERT Franz, *Die Aktion*, 1913, col. 954 : « Streitet um das Recht des Jungseins gegen eine verknöcherte Welt! Streitet für euch und für die Jugend, die da kommt. Wenn wir auch unbedingt mitkämpfen : Junge Kämpfer, stützt euch nicht auf uns! Kämpfet, als wäret ihr allein! ».

7. Cf. sur l'éditeur des *Weißen Blätter* l'excellente monographie de FINCK Adrien, *René Schickelé*, Strasbourg, Éditions Salde, 1999. Sur le rôle joué par la revue durant la Première Guerre mondiale cf. notre contribution : « René Schickeles historische Bedeutung als Leiter der 'Weißen Blätter' », in *René Schickele aus neuer Sicht. Beiträge zur deutsch-französischen Kultur*, dir. par A. Finck, A. Ritter, M. Staiber, Hildesheim, etc., Olms Presse, 1991, p. 87-110.

8. cf. notamment l'article « Die Zukunft des Kapitalismus », paru dans le numéro de mai 1914, dans lequel Scheler prétend qu'en Allemagne le scepticisme inhérent au capitalisme le cède progressivement à un enthousiasme juvénile transcendant les classes.

9. SCHIKELE René, « Zwischen den kleinen Seen », *Die Weißen Blätter*, janvier 1914, p. 493.

ses patients et un tyran pour sa famille. Dans ce drame à stations, **le fils** (c'est un trait récurrent du théâtre de l'époque de représenter des types) tente de se dégager du carcan paternel : il repousse d'abord la tentation du suicide, cette violence tourné contre soi-même, en découvrant la complexité de la « vie », faite de joies et de peines, et l'interdépendance des êtres humains. Les poètes Franz Werfel et Ernst Stadler, on le voit, ont marqué de leur sensibilité toute une génération. Puis, frustré d'amour, le fils découvre avec l'aide bienveillante de la gouvernante la sexualité dans laquelle, obsession professionnelle oblige, le père ne voit qu'un risque de contracter une maladie vénérienne… La révolte individuelle débouche sur une action collective : de jeunes dandys qui traînent leur ennui dans leur club mondain « Zur Erhaltung der Freude » (Pour la sauvegarde de la joie) se solidarisent avec le fils lorsque celui-ci évoque les sévices commis par son père et montre les stigmates laissés sur son corps par les coups. On retrouve le huis clos familial étouffant au quatrième et dernier acte où le père, prisonnier d'une conception vide de l'honneur et obnubilé par le danger de l'anarchie, envisage de faire enfermer son fils dans un asile d'aliénés. Le parricide n'est pas parfait : le géniteur meurt d'une crise cardiaque à la vue du revolver braqué sur lui.

On a peine aujourd'hui à imaginer l'écho énorme suscité par la pièce d'Hasenclever durant et après la guerre. Fiction et réalité s'entrecroisaient dans un jeu de miroirs. Editée par Kurt Wolff, elle atteignit le tirage, étonnant pour un débutant, de 20 000 exemplaires. Jouée à Dresde en 1916 en représentation privée (avec comme acteur principal Ernst Deutsch, qui allait connaître avec Max Reinhardt une carrière exceptionnelle), elle fut jouée pour la première fois en public le 22 novembre 1918, dans une mise en scène de Max Reinhardt, aux *Kammerspiele* de Berlin et fut jouée en 1919 sur pas moins de 38 scènes allemandes. Succès, il est vrai, éphémère, l'échec de la Révolution de novembre n'étant pas sans conséquence pour ce genre de thématique. L'archétype de la révolte contre le pouvoir tyrannique des pères que constitue la pièce d'Hasenclever se retrouve avec des variantes dans des pièces d'autres auteurs : *Le mendiant* de Reinhard Sorge (le père imagine des machines gigantesques qui doivent assurer le bonheur de l'humanité malgré elle), *Le parricide* d'Arnold Bronnen au nom suffisamment explicite, et, du même auteur, *La naissance de la Jeunesse*, dans laquelle — comme sorties de l'imagination des futuristes — des bandes de garçons et de filles parcourent à cheval les campagnes et les villes, traînant les « vieux » dans la poussière derrière leur monture et poussant des cris de joie en hurlant qu'ils sont Dieu…

Indépendamment de leur degré de violence, l'affrontement mis en scène dans ces pièces est celui des forces vitales, que recèle biologiquement la jeunesse, et du monde figé des adultes. Le meurtre de leur professeur par deux étudiants dans la scène de Gottfried Benn *Ithaka*, parue elle aussi dans les *Weißen Blätter*, est présenté comme une réaction de défense de la jeunesse contre un monde ultra-rationalisé où l'esprit s'est coupé de la vie : « Nous sommes la jeunesse. Notre sang appelle de ses cris le ciel et la terre et non pas les cellules ou le vermisseau [...] âme, déploie toutes grandes tes ailes, oui, âme! Nous voulons le rêve. Nous voulons l'extase. Nous invoquons Dionysos et Ithaka[10]! » La liste est longue des œuvres de fiction de l'époque à fort substrat autobiographique, qui thématisent de manière obsessionnelle le conflit entre l'ordre répressif, incarné notamment par l'École, et la jeunesse aux ailes coupées, pour reprendre la métaphore dans *Ithaka*. Citons encore brièvement pour mémoire, en raison du fort écho que ces œuvres ont suscitées, la « scène extatique » d'Hans Johst *Der junge Mensch*, dans laquelle le héros juvénile accède à la vie après s'être vengé des humiliations infligées par son professeur, et *La Cause* (Die Ursache) de Leonhard Frank dont le thème est sensiblement le même[11].

Dans cette mise en accusation systématique du pouvoir des pères, il est fait flèche de tout bois : tour à tour, la guerre peut être vue par la génération expressionniste dans les premiers mois du conflit comme le sursaut salutaire de la jeunesse idéaliste (cf. les métaphores guerrières dans le recueil *Der Aufbruch* d'Ernst Stadler), mais aussi comme un moyen commode imaginé par les pères pour se débarrasser des fils. Ce substitutions, curieuses au regard de la logique formelle, fonctionnent sur le mode de l'ambivalence métaphorique. Dans la revue de Schickele, c'est la seconde hypothèse qui est le plus souvent développée, les pères supprimant de la sorte leurs rivaux. C'est ainsi que la pièce tragi-comique d'Herbert Eulenberg publiée en 1913, *Krieg dem Krieg!,* met en scène un couple d'avares qui préfère « marier [leur fils] avec le fusil » et l'envoyer « passer [son] voyage de noces avec l'adjudant » plutôt que de lui donner l'argent nécessaire au mariage (variante sordide du *Verdict* de Kafka)[12] ; de même, dans une réécriture de *L'Avare* de Molière par Franz Blei, le père enjoint à son fils, lorsqu'il découvre en lui un rival, de s'engager dans l'armée : « Le roi a besoin de soldats[13] ». Durant la guerre, la revue reproduit la pièce d'un auteur anglais pacifiste, Douglas Goldring, *Le combat pour la liberté*, dans laquelle les « vieillards » sont accusés d'avoir « sacrifié la jeunesse des deux sexes à leur cupidité et à leur esprit dépravé[14] ». Le Français Marcel Martinet est également cité comme témoin à charge dans un poème vengeur qui présente les « docteurs », c'est-à-dire les intellectuels conformistes des deux pays, comme des « vampires » se nourrissant du sang versé par les jeunesses française et allemande[15].

---

10. BENN Gottfried, « Ithaka », *ibid.*, mars 1914, p. 672-680, cit. p. 677.
11. FRANK Leonhard, « Die Ursache », *ibid.*, avril 1915, p. 399-490.
12. EULENBERG Herbert, « Krieg dem Krieg », *ibid.*, septembre 1913, p. 31-53.
13. BLEI Franz, « Der Geizige », *ibid.*, novembre 1916, p. 96-148.
14. GOLDRING Douglas, « Der Kampf um die Freiheit », *ibid.*, juin 1919, cit. p. 252.
15. MARTINET Marcel, « Poètes d'Allemagne, o frères inconnus », *ibid.*, juin 1917, p. 246-251.

Nous venons de le voir, la relation père-fils, profondément perturbée, semble secréter immanquablement l'incompréhension et déboucher sur le drame et l'élimination physique de l'un des protagonistes. Cette dégradation s'inscrit dans le cadre plus général de la décomposition de la famille traditionnelle dont Franz Pfemfert, l'éditeur de *Die Aktion*, voit l'exemplification dans le roman de Thomas Mann *Buddenbrooks*. Certains, comme Max Brod dans le cycle poétique *Éloge de la vie simple,* ne désespèrent pas de restaurer la structure familiale intacte et, comme l'architecte Henry van de Velde, l'ordre patriarcal dont les excès modernes ne seraient que la forme dénaturée.[16] Pourtant, le plus souvent, est imaginé un retour à des époques encore plus lointaines, en particulier au matriarcat dans lequel Johann Jakob Bachofen avait cru discerner la forme d'organisation sociale originelle qui aurait pris fin avec la conception romaine de l'État[17]. De nombreux textes fictionnels et non-fictionnels parus dans les *Weißen Blätter* s'inspirent du modèle matriarcal : *Benkal, le consolateur des femmes* (1914), roman de René Schickele, la tragédie en vers de Fritz von Unruh *Ein Geschlecht*, dans laquelle **la** mère met un terme à l'inhumanité de la guerre et à la destruction du monde en faisant de son corps « le cœur dans la construction de l'univers[18] ». Ou encore un appel aux mères de Romain Rolland à être « l'éternelle Antigone » : « Cessez d'être l'ombre de l'homme […], répondez à chaque parole de haine qu'échangent les combattants par un acte de miséricorde et d'amour pour toutes les victimes[19] ». Car la mère est souvent absente ou indifférente : dans *La métamorphose* de Kafka, elle fait preuve d'une totale passivité et tombe en syncope aux premiers signes d'un conflit avec le père-tyran[20] ; dans *Der Sohn* d'Hasenclever, la mort de la mère livre l'enfant aux sévices physiques et moraux du patriarche ; dans le drame d'Ernst Barlach (cf. ses sculptures dont les formes rondes évoquent la femme-mère) : *Die echten Sedemunds*, le père est soupçonné d'avoir fait mourir la mère de chagrin. Le renouveau semble ne pouvoir venir que d'une organisation sociale excluant la filiation[21].

À la mise en cause des structures patriarcales de la société correspondent de nouveaux principes éthico-esthétiques. Ceux-ci ne remettent pas seulement en cause la conception traditionnelle de la culture comme « trésor » muséal devant lequel chaque génération doit venir faire sa

---

16. VAN DE VELDE Henry, « La présence du cœur », *ibid.*, juillet 1918, p. 41 ; Max BROD, « Aus dem Zyklus : Lob des einfachen Lebens », *ibid.*, janvier 1914, p. 464-467.
17. L'ouvrage majeur de Bachofen, publié en 1861, est intitulé *Das Mutterrecht*. Réinterprétation des mythologies grecque et romaine dans un esprit romantique, il a fortement marqué la génération expressionniste, notamment Otto Gross dont il a déjà été question.
18. VON UNRUH Fritz, « *Platz*, drei Szenen aus dem zweiten Teil der Trilogie *Ein Geschlecht* », *Die Weißen Blätter*, novembre 1918, p. 66-72.
19. ROLLAND Romain, « Glaube und Hoffnung », *ibid.*, août 1916, p. 93.
20. *Die Verwandlung* de Franz Kafka a été publiée dans le numéro d'octobre 1915, p. 1177-1230.
21. BARLACH Ernst, « Die echten Sedemunds », *ibid.*, septembre 1920, p. 250 *sq.*

génuflexion. L'irrévérence et la parodie sont le fait de nombreux auteurs, moins, il est vrai, dans les *Weißen Blätter* que dans *Die Aktion* (cf. Jakob van Hoddis). Dans la revue de Schickele, le refus de la filiation culturelle ne se manifeste que timidement et très peu au niveau des innovations langagières, au contraire de la revue *Der Sturm* dont nous allons parler. Pourtant, Max Brod, par exemple, récuse l'idée, bien ancrée en Allemagne avec la « canonisation » de Goethe, que l'écrivain s'achemine avec l'âge vers une apothéose. Pourquoi un écrivain débutant ne serait-il pas génial ?[22] De même, l'activiste Kurt Hiller fait l'éloge de l'« abrupt », du non-discursif, contre l'idée de progrès, d'évolution et de synthèse.[23] De son côté, Martin Buber réhabilite les vertus de naïveté et d'innocence qui, seules, permettent à l'homme de se « réaliser » dans le monde : « Sois comme si le monde naissait à cet instant et que toi-même tu rencontrais pour la première fois ce qui vient de naître devant toi[24] ». Toute connaissance est pour Buber une co-naissance. Le poète Theodor Däubler écrit à propos de Matisse leur refus commun de « reproduire » le monde ; il voit dans le douanier Rousseau un enfant appréciant les « photographies peintes », « incroyablement émouvant, mais jamais comique[25] ». On apprécie la même naïveté dans la correspondance écrite par des artistes au temps de leur jeunesse, par Emile Zola à son ami Cézanne et par Van Gogh à son frère Théo — ainsi que dans leur conception d'un art sans apprêt[26].

* * *

Ceci m'amène à évoquer la troisième revue majeure de l'expressionnisme : *Der Sturm*[27]. L'enfant, la femme, le poète sont les trois paradigmes d'existence privilégiés par lui. Ils ont en commun de n'être pas totalement intégrés dans la société, d'avoir encore une sensibilité qui semble par ailleurs disparue et de vivre dans une sorte de préexistence — pour reprendre le terme d'Hofmannsthal — qui fait prendre conscience à l'adulte de ce qu'il a perdu. Notamment de la part d'Herwarth Walden, le directeur de la revue, on observe une idéalisation complète de l'enfant. On pourrait y déceler l'influence de Rousseau si celle du *Zarathoustra* de Nietzsche n'était pas encore plus évidente. Dans le chapitre « Des trois métamorphoses », il est dit en effet de l'enfant, dernière et sublime métamorphose : « L'enfant est innocence et oubli, commencement nouveau, jeu, roue qui se meut

---

22. BROD Max, « Von Gesetzmäßigkeiten der Kritik », *ibid.*, octobre 1913, p. 99-106.

23. HILLER Kurt, « Prolog », *ibid.*, septembre 1913, p. 54-62, cit. p. 58.

24. BUBER Martin, « Ereignisse und Begegnungen », *ibid.*, janvier 1914, cit. p. 442.

25. DÄUBLER Theodor, « Matisse », *ibid.*, août 1916, cit. p. 193 ; « Rousseau », juin 1916, p. 193.

26. Les lettres de Zola à Cézanne sont reproduites dans les numéros de septembre à novembre 1913, celles de van Gogh à son frère Theo dans le numéro de mai 1914, p. 922-931.

27. Pour plus d'informations sur la revue et son directeur, cf. notre monographie « *Der Sturm* » *d'Herwarth Walden ou l'utopie d'un art autonome*, Nancy, Presses Universitaires de Nancy, 1990.

d'elle-même, premier mobile, affirmation sainte ». N'ayant pas été corrompu par la culture, l'enfant est aussi pour Walden un artiste ; il est capable de créer sans recours au monde extérieur (Das Bilden aus sich) ; chez lui, l'instinct ludique (Spieltrieb) est intact, alors qu'il « s'est étiolé chez l'universitaire, le spécialistes des arts et l'homme cultivé ». « Jadis, constate-t-il avec regret, nous savions tous faire du cheval sur un manche de balai[28] ». De là vient la complicité naturelle unissant artistes et enfants, les premiers étant des enfants qui ont oublié de grandir. A la peintre et dessinatrice Marie Uhden qui vient de mourir, Walden adresse ce compliment qui à ses yeux dépasse tous les autres : « Tous les enfants te souriront[29] ».

Le modèle poétologique central de la revue, la *Wortkunst*, théorisée notamment par Walden à partir de la poésie d'August Stramm, est inspiré directement par l'équation poète = enfant. Je renvoie pour ce problème à des études déjà faites et me borne, dans le cadre de cette contribution, à quelques observations en relation avec notre thème, le culte de l'enfant[30]. La nouveauté de la poésie de Stramm réside notamment dans le fait qu'elle exclut toute métalangue ; pour Stramm, la poésie ne doit plus dire ce qu'elle veut faire, mais faire vraiment, en donnant un véritable équivalent verbal aux affects et aux émotions. Comme Walden l'explique de manière critique à propos de Heym, il est inconcevable qu'un poème (La *Lorelei* de Heine, par exemple) dise la tristesse ou la violence en rythmes réguliers. Celle de Stramm, au contraire, est saturée de réalité sensuelle par le rythme et les sonorités et représente un concentré, à la fois vivant et soustrait au temps, d'émotions qui existent en chacun dans un état évanescent et diffus[31]. Au fond, la *Wortkunst* est un avatar du vieux rêve des poètes désireux d'établir un lien de motivation entre les sons des mots et les objets du monde, de retrouver une enfance mythique de l'humanité, avant le dédoublement du langage en ses deux faces : le signifiant et le signifié. Cet aspect prend tout son sens lorsque l'on sait que cette poésie était avant tout destinée à être lue par un récitateur, le plus souvent Rudolf Blümner, dans une réception collective durant les *Sturm-Abende*. Le contenu sémantique relativement pauvre de cette poésie permettait paradoxalement une interprétation expressive par la modulation de la courbe intonative et l'action du récitateur sur l'ensemble des phénomènes prosodiques (la prolongation excessive des voyelles, par exemple). Certes les phonèmes n'induisent

---

28. WALDEN Herwarth, *Der Sturm*, VII, p. 4.
29. Le même, *ibid.*, IX, p. 78.
30. Cf. notamment, outre notre monographie déjà indiquée (p. 153-220), MÖSER Kurt, *Literatur und die « Große Abstraktion ». Kunsttheorien, Poetik und abstrakte Dichtung im « Sturm », 1910-1930*, Erlangen, Palm und Enke, 1983 (Erlanger Studien, vol. 46).
31. Après s'en être pris à « l'art verbeux » de Franz Werfel (VI, 101-104), Herwarth Walden — dans le souci de mettre en valeur la poésie de son ami Stramm — polémique dans le numéro de février 1916 de sa revue contre la poésie de Heine dont il décortique la « Lorelei » mot après mot, pour conclure de manière lapidaire : « Keine Gestaltung. Aussagen. Also keine Kunst ».

pas directement les catégories d'émotion et il n'existe pas — hors du mythe d'un langage premier — de lien fixe entre la face signifiante des signes et le signifié propre, néanmoins, comme cela a été prouvé, il est possible d'exprimer et de faire reconnaître les principaux affects (tristesse/joie, peur, admiration) par la seule courbe intonative[32]. Il s'agissait donc de rendre la langue à son enfance, de la dégager de son instrumentalisation ultérieure. Le poème « absolu » de Blümner « Ango laina », paru dans la revue en 1921, renoue avec le babillement (Lallen) originel :

> Oiai laéla oia ssisialu
> ensudio tresa sudio mischnumi
> ja lon stuaz […]

Par ailleurs, l'enfant est idéalisé dans les romans d'Adolf Knoblauch, collaborateur régulier du *Sturm* : l'enfant est si riche d'espoir que sa simple vue suffit à réconforter l'adulte quand celui-ci est tenté de s'abandonner au découragement. Quant à l'adolescent, qui se tient orgueilleusement à l'écart du groupe, il est plein de rêves d'avenir, prêt à toutes les audaces, à tous les sacrifices, à toutes les fraternisations ; il porte en lui les promesses du guerrier, du prophète, du guide, du poète[33]. Sophie van Leer, peintre et poétesse, évoque aussi dans ses récits les premiers émois amoureux de jeunes enfants et l'incompréhension des adultes. L'immédiateté et l'intensité des amours enfantines ne sont pas encore émoussées, affadies par la répétition mécanique, le calcul, l'expérience[34]. Dans une nouvelle du Hongrois Kosztolanyi, les gamins d'un village se moquent du juge obèse — jusqu'au jour où ils découvrent que ce pauvre homme disgracieux a été, lui aussi, un enfant insouciant qui chassait les oiseaux et faisait de la balançoire et qui a mal tourné à cause d'une déception amoureuse[35]. Autre manifestation du culte constant de l'enfant dans le *Sturm* : les vers d'Albert Ehrenstein chantant la suprême sagesse de l'ignorance enfantine comme dans un écho au *Sermon sur la Montagne* : « Und weiser ist, wer gar nichts weiß[36] ».

Si l'enfant est une promesse, la négativité du monde s'oppose à son épanouissement quand il ne le brise pas. « Gefallen, Geboren sein » est une des formules-clés du drame de Lothar Schreyer *Sehnte* paru en 1917[37]. Dans un autre drame au titre significatif : *Nacht*, l'existence est présentée

---

32. Cf. à ce sujet HAGÈGE Claude, *L'homme de paroles*, Paris, Fayard, 1985, p. 114 : « Sur la base de la seule courbe intonative, isolée du reste de l'énoncé par un instrument détecteur de mélodie, on constate que la tristesse, la peur, l'admiration et la joie sont reconnues à 80 %, 70 %, 50 % et 30 % respectivement ».

33. KNOBLAUCH Adolf, « Händefassen », *ibid.*, VI, p. 32.

34. VAN LEER Sophie, « Freunde », *ibid.*, VI, p. 33 *sq*.

35. « Der fette Richter », *ibid.*, V, p. 121-122.

36. EHRENSTEIN Albert, *ibid.*, V, p. 135.

37. SCHREYER Lothar, « Sehnte », *ibid.*, octobre 1917 ; « Nacht », *ibid.*, VII, 42 *sq*.

comme une dégradation constante sous l'effet du milieu familial, de l'école, de la hantise du péché suggérée par les adultes. Le frère et la sœur, venus d'une autre planète (Mondknabe, Mondmädchen), ne peuvent pas vivre sur terre. C'est justement ce qu'ils ont de plus précieux, leur sensibilité, qui cause leur perte. On songe, bien sûr, à l'histoire et au mythe de Kaspar Hauser dans le poème de Trakl et au pauvre Gaspard de Verlaine, enfant tombé du ciel.

La femme, vue par les auteurs du *Sturm*, est dans le rapport à l'homme ce que l'enfant est dans l'indifférenciation sexuelle : un être dont la nature et le comportement ne relèvent pas de catégories habituelles. Le poète Kurt Heynicke lui prête le pouvoir de résoudre les contradictions du monde, il l'assimile à la mère divine ; face à l'homme qui se meut dans l'ordre matériel, la femme détient le privilège de l'âme, de la spiritualité[38]. Le femme est encore au centre des nombreuses pièces de théâtre que Walden se met à écrire à partir de 1917. L'incompréhension entre les sexes en est un trait constant ; elle vient de ce que l'homme substitue à la réalité une morale répressive, alors que la femme vivrait sans tricherie sa sensualité. Une formule parmi beaucoup d'autres : « Elles meurent toutes sans amour. Les femmes sont des enfants qui meurent d'amour[39] ». Dans ses souvenirs, la deuxième femme de Walden, la Suédoise Nell (il avait divorcé d'Else Lasker-Schüler), évoque en ces termes le rapport que son mari avait avec les femmes : « Son rapport aux femmes était beau et tendre. Il avait coutume de dire : 'Crois-moi, baby, vous les femmes, vous êtes bien ce que l'humanité a de meilleur'. Il tenait les femmes pour meilleures parce qu'à son avis elles seraient plus subtiles, plus sensibles et plus capables d'apprécier l'art que les hommes. Les femmes étaient très attachées à lui. En règle générale, ses secrétaires se jetaient immédiatement à ses pieds[40] ». Pour le cercle du *Sturm*, enfant, femme, femme-enfant, poète ont de profondes affinités : l'enfant est un artiste-né, la femme un enfant sensuel doué pour les arts, le poète un être sensible forcément incompris de son entourage. Une bonne illustration de ce dernier paradigme d'existence est fournie par un roman d'Adolf Knoblauch paru en feuilletons début 1915 : *Die schwarze Fahne*. C'est le récit fait par le poète Bran de ses démêlés avec le milieu petit-bourgeois dans lequel il vit. Une simple lettre écrite à la voisine de palier et interceptée par la gouvernante provoque une succession de scènes grotesques. Dans le train qui l'emporte loin de ces mesquineries, Bran se plonge dans la lecture d'un fragment de Parmenide dont le héros est emporté sur un char « vers la déesse du royaume de la vérité — loin

---

38. HEYNICKE Kurt, « Weib », *ibid.*, VII, p. 30.
39. WALDEN Herwarth, « Letzte Liebe », *ibid.*, IX, p. 51 *sq*.
40. WALDEN Nell und SCHREYER Lothar, *Der Sturm. Ein Erinnerungsbuch an Herwarth Walden und die Künstler aus dem Sturm-Kreis*, Baden-Baden, 1954, p. 47.

des errements des mortels ». La démonstration est faite que monde de la poésie et monde réel sont inconciliables[41].

*   *   *

Quelques réflexions conclusives sur le culte de l'enfant et de la jeunesse dans l'expressionnisme. Beaucoup de commentateurs, marxistes et conservateurs, l'ont brocardé comme projet révolutionnaire inconsistant ou comme *Lebensphilosophie* mal digérée. Une observation plus sereine du phénomène souligne le manque de crédibilité croissant de la « culture classique » des pères dans une société marquée par l'industrialisation et l'urbanisation galopantes. L'histoire moderne donne quelque vraisemblance à l'idée formulée par Herbert Marcuse (dans *One-Dimensional Man*) que, par sa *naïveté*, la jeunesse serait plus sensible aux situations d'injustice et d'oppression que les adultes. Pour apprécier cet élément dans son contexte historique, il faut se représenter qu'au début du XXᵉ siècle la jeunesse n'était pas encore la cible privilégiée des publicitaires et des politiques (le « jeunisme »), ni le symbole d'une société qui dévalorise l'expérience.

Cependant, le manque de crédibilité de la culture classique n'est pas seul en jeu. De même, la crise de la famille traditionnelle a une spécificité dont ne rendent qu'imparfaitement compte le complexe d'Œdipe et les douloureuses ambivalences de la jeunesse. Ce qui nous empêche de le voir, c'est sans doute le fait que, prenant au mot les parricides et les propos enflammés des fils (il y a encore peu de filles…), nous avons tendance à surestimer le pouvoir des pères. Or, paradoxalement le conflit des générations, au centre de l'expressionnisme, a son origine non seulement dans l'autoritarisme des pères (celui d'un Luther était beaucoup plus absolu!) mais dans ce qu'Alexandre et Margarete Mitscherlich appellent dans leur livre de 1973 *Vers la société sans pères* « l'autorité vide de tout contenu ». L'évolution de la société a fait que la famille et son symbole central, le père, se sont trouvés dessaisis de l'essentiel de leur fonction de socialisation confiée désormais à des institutions étatiques. Le « père invisible » a succédé au « père-maître » et au « père affectif » qui avaient jusque-là assuré la cohérence entre le monde des personnes et le monde des choses. Ce fait sociologique se traduit dans la littérature : le père de la pièce d'Hasenclever déjà évoqué fait preuve comme médecin d'un dévouement admirable mais se fait impitoyable à l'égard de son fils, la seule motivation restante étant de garder son rang social, de prévenir l'anarchie et de faire faire à son fils « quelque chose de grand » (effrayant de vacuité, ce projet!). Dans *La Métamorphose*, la valeur d'exemple a aussi disparu :

---

41. K<small>NOBLAUCH</small> Adolf, « Die schwarze Fahne », *ibid.*, janvier-mars 1915.

le fils ne prend d'importance que dans la mesure où le père n'en a plus[42].

Ayant perdu dans le père l'initiateur aux relations sociales, le fils se replie sur la mère et voit en elle le fondement de la communauté à venir. Ou bien, en l'absence de modèles, il s'observe dans le miroir et tente de trouver en lui-même l'image de ce qu'il pourrait être (mythe de Kaspar Hauser). L'intégration sociale ne se faisant plus pour l'essentiel par la famille, les adolescents prennent modèle les uns sur les autres dans un désarroi spéculaire de type narcissique et le *peer group* détermine leur comportement, d'autant plus stéréotypé qu'ils veulent ne ressembler à personne. Les termes récurrents de « frères » ou de « fraternisation » (cf. le cycle de poèmes de Johannes Becher intitulé *Verbrüderung*) illustrent la prééminence dans l'imaginaire de ces écrivains et artistes du fait de génération contre la notion de filiation et de tradition. La difficulté de passer d'une société patriarcale à une communauté fraternelle fait rêver d'un « Nouveau Monde » où la jeunesse ne serait plus empêchée de vivre. C'est notamment ce à quoi aspire — sans y parvenir — le jeune Karl Rossmann dans le premier roman de Kafka *Der Verschollene*[43].

Enfin, dernière observation, pourquoi cette crise de la jeunesse a-t-elle pris dans l'Allemagne du début du XXᵉ siècle une telle ampleur ? Cela est-il dû, comme l'a écrit Walter Sokel, à l'absence en Allemagne d'une « tradition socio-culturelle », à l'archétype de la révolution prométhéenne que représente le personnage de Faust ? À l'influence particulièrement forte de la pensée de Nietzsche ? Si tel est le cas, l'écho que celle-ci a suscité s'explique par l'ampleur de l'historicisme dans la culture allemande. L'accumulation de strates de savoirs empruntés au passé et simplement juxtaposés était hors d'état de donner un sens, de même que l'objectif des pères d'accroître les richesses matérielles et l'idée de progrès continu ne pouvaient tenir lieu de raison de vivre. Les techniques et le monde ont depuis beaucoup changé, reste la même interrogation sur le sens de tout cela, sur des valeurs qui ne seraient pas purement transmises et reprises du passé mais pas non plus exclusivement individuelles et inventées à chaque instant.

---

42. Dans l'introduction à son anthologie *Expressionistische Gedichte*, publiée en 1976 (chez Klaus Wagenbach), Peter Rühmkorf fait un parallèle entre la biographie et l'œuvre littéraire de nombreux poètes expressionnistes.

43. Cf. *Entre critique et rire. « Le Disparu » de Kafka*, GODÉ Maurice et VANOOSTHUYSE Michel (dir.), Montpellier, Service des Publications de l'Université Paul-Valéry, 1997 (Bibliothèque d'études germaniques et centre-européennes).

Le « meurtre d'âme [1] »
ou la nostalgie de la jeunesse perdue

Florence BANCAUD
Université de Rouen

> Il est réellement difficile aujourd'hui d'imaginer une jeunesse qui soit libre et insouciante. [...] L'impureté et la jeunesse s'excluent certes l'une l'autre. Mais où est la jeunesse des êtres d'aujourd'hui ? [...] Les hommes connaissent la puissance de l'impureté, mais ils ont oublié la puissance de la jeunesse. C'est pourquoi ils doutent de la jeunesse elle-même [2].

Cette affirmation de Franz Kafka s'inscrit parfaitement dans le mouvement expressionniste, révolte d'une jeunesse liée par un vif sentiment de solidarité et par une « hostilité sourde déclarée au monde des adultes et au rejet de toute tradition [3]. » Ilse et Pierre Garnier définissent d'ailleurs l'expressionnisme comme « l'expression d'une adolescence », la « création d'une jeunesse démoniaque au sens goethéen, avec tout son vague, ses désirs, ses forces, ses nostalgies, ses envoûtements » :

> Et cette jeunesse pousse un cri — pourquoi ? Parce que 'Dieu est mort', parce que la guerre, la technique, le fonctionnarisme, la déshumanisation, l'injustice, la misère, la colère sont partout présents — parce que la question de la condition humaine commence à se poser avec acuité, et cette jeunesse s'engouffre dans l'art parce qu'il est, ainsi que l'a dit Nietzsche, la dernière métaphysique au sein du nihilisme européen. Ce qu'il faut sauver alors, c'est l'âme, car un nouvel homme s'y introduira [4].

La jeunesse, *Jugend,* est non seulement le titre de la revue célèbre qui a qualifié de *Jugendstil* le style du tournant du siècle, mais aussi le thème central de nombre d'œuvres qui associent, sous le signe de Nietzsche,

---

1. RÉFABERT Philippe, *De Freud à Kafka*, Paris, Calmann-Lévy, 2001, p. 147.
2. JANOUCH Gustav, Entretiens avec Kafka, Paris, Maurice Nadaud, 1968, p. 214-215.
3. GODÉ Maurice, *L'expressionnisme*, Paris, Puf, coll. « Perspectives critiques », 1999, chapitre V : « L'utopie de la jeunesse », p. 109-140, ici p. 109.
4. GARNIER Ilse et Pierre, *L'expressionnisme allemand*, Paris, Editions André Silvaire, 1962, p. 8-9.

le culte de la vie intense et l'éloge de l'énergie juvénile à la destruction des tables de la loi des pères. La sympathie pour la jeunesse est également sensible dans la revue die *Weißen Blätter* éditée par Kurt Wolff et lancée en septembre 1913 : elle oppose au romantisme de la génération précédente, qui négligeait les dimensions éthique et religieuse de l'homme, un idéalisme qui revendique le bien-être sur terre, l'aspiration à la simplicité et à la communauté.

Le catalyseur le plus célèbre de cette fascination pour la jeunesse est le drame en cinq actes de Walter Hasenclever, *Der Sohn*, paru en feuilletons dans les numéros d'avril à juin 1914 des *Weiße Blätter* : la pièce met en scène le désarroi d'un jeune homme de vingt ans qui, par la volonté de son père, vit comme reclus dans la maison familiale. La lecture de livres non scolaires lui est interdite, le théâtre est perçu par le père comme un lieu de perdition et, au début de la pièce, le fils vient d'échouer à sa *matura* non par manque de savoir, mais parce que sa claustration lui a fait perdre toute énergie et que son désir de liberté était trop fort. Il déclare dès le premier acte :

> Mon désir de liberté était trop grand. Il était plus fort que moi, et c'est pourquoi je n'ai pu le satisfaire. J'ai éprouvé trop de sentiments pour pouvoir encore éprouver du courage. Je me suis détruit. Je n'aurai jamais la force d'accomplir ce à quoi je suis destiné[5].

Le fils vit dans un monde de pure imagination et est haï par son père ; sa mère est morte à sa naissance et le fils voudrait que le père lui parle des femmes et du monde. Mais il comprend très vite que c'est contre ce père qu'il lui faut livrer un combat :

> Le père est le destin du fils [...]. C'est dans la demeure des parents que naissent le premier amour et la première haine[6].

Le fils, qui sombre dans la dépression, subit ensuite la tentation du suicide. Mais à l'instant fatidique, un feu inconnu le saisit, il aspire à connaître les joies de la vie, est attiré par l'univers et prend conscience de la sympathie universelle et du lien aux autres hommes. Il retrouve alors un ami, s'éprend d'une femme et implore son père de devenir son ami à son tour. Puis, devant son refus, il se révolte contre sa morbidité et décide de rompre avec lui et le vieux monde qu'il incarne :

> Il est temps que je te quitte. En route pour les océans d'impatience, de lumière libératrice ! Qu'il me soit donné d'abandonner le vide de ta demeure

---

5. HASENCLEVER Walter, *Der Sohn*, Leipzig, Kurt Wolff Verlag, 1917, Erster Akt, erste Szene, S. 4-5 : « Meine Sehnsucht, frei zu werden, war zu groß. Sie war stärker als ich, deshalb konnte ich sie nicht erfüllen. Ich habe zu viel empfunden, um noch Mut zu haben. Ich bin an mir selber verblutet. Ich werde wohl niemals die Kraft haben, das zu tun, wofür ich da bin. »

6. *Ibid.*, S. 7 : « Der Vater ist das Schicksal für den Sohn [...] im Elternhaus beginnt die erste Liebe und der erste Haß. »

et l'ennui quotidien de ta personne. […] Oui, père, tu es mort. Ton nom s'est évanoui. […] Bientôt, tu seras mon seul et terrible ennemi. Je dois m'armer pour ce combat : nous n'avons plus maintenant tous les deux que la volonté de régner sur notre propre sang. Un seul de nous deux vaincra[7].

Le père meurt finalement d'une crise cardiaque en voyant son fils pointer un revolver sur lui après lui avoir déclaré : « Sous le couvert de l'éducation, tu as commis un crime envers moi. Rends-moi ma liberté![8] » L'autoritarisme ne peut donc mener qu'à l'élimination de l'un ou l'autre. Telle est la morale de cette pièce éditée à 20 000 exemplaires et qui connaît un énorme succès en 1914. Elle sera ensuite perçue, lors de sa représentation en octobre 1916, comme un manifeste politique contre la société bourgeoise, l'autorité et la tradition, et comme un hymne à la liberté et à l'humanité.

Cette pièce illustre parfaitement le vitalisme de la génération de Kafka qui a, quatre ans auparavant, évoqué cette même relation sado-masochiste entre un père et son fils dans le *Verdict*, bien que, dans le récit kafkéen, ce soit le père qui condamne le fils à mort. Kafka comme Hasenclever s'inscrivent donc parfaitement dans la littérature des jeunes générations attachées à problématiser les relations conflictuelles entre pères et fils : les fils, qui ne peuvent pas s'identifier aux valeurs paternelles, reprochent fréquemment à ces derniers leur autoritarisme dénué d'amour et leur volonté d'incarner exclusivement l'institution étatique et la norme sociale et morale. La relation père-fils sécrète l'incompréhension et semble immanquablement devoir déboucher sur le drame et l'élimination physique de l'un ou de l'autre.

A l'autoritarisme des pères, les fils opposent leur jeunesse, leur révolte et leur idéalisme. Le mythe de la jeunesse est toujours ici associé à la fraîcheur, l'audace, l'amour, la beauté du corps, la force. Cette phase ardente et impétueuse est traversée d'épreuves initiatiques et de confrontations avec des instances qui semblent compromettre l'épanouissement personnel du jeune être : la famille, l'école, le service militaire, la rencontre amoureuse, l'adaptation au monde du travail et à la réalité de l'existence adulte. Il s'agit bien de se développer en s'opposant, de trouver, au-delà des mécanismes de coercition, les moyens de s'opposer et de s'affirmer pour parvenir à l'autonomie et, progressivement, à la maturité qui permettra de passer du statut de jeune homme ou jeune femme au statut d'adulte.

La jeunesse correspond-elle donc chez Kafka à cette phase de découverte de soi-même, de révolte contre le père et la société qu'il incarne, puis à cette autonomisation progressive ?

---

7. *Ibid.*, S. 48 : « Es ist Zeit, Abschied zu nehmen […] Hinaus an die Meere der Ungeduld, des befreienden Lichts! Verlassen sei die Öde deines Hauses und die Täglichkeit deiner Person. […] Ja, Vater, du bist gestorben. Dein Name zerrann. […] Jetzt wirst du bald mein einziger, mein fürchterlicher Feind. Ich muß mich rüsten zu diesem Kampf : jetzt haben wir beide nur den Willen noch zur Macht über unser Blut. Einer wird siegen! »

Kafka n'a jamais nié l'importance de la jeunesse. Ses entretiens avec Gustav Janouch révèlent même chez lui une véritable fascination pour la jeunesse, élevée au rang de mythe. Il affirme en effet :

> C'est la jeunesse qui est pleine de soleil et d'amour. La jeunesse est heureuse, parce qu'elle a la faculté de voir la beauté. La perte de cette faculté marque le début de la morne vieillesse, de la décrépitude, du malheur[9].

Mais toutes les affirmations de Kafka sur ce thème sont contradictoires. D'une part, il se décrit comme être infantile, condamné à rester éternellement jeune. En octobre 1921, il évoque dans son *Journal* son « éternelle enfance », et, en avril 1921, il déclare à son ami Max Brod qu'il erre comme un enfant dans les forêts de l'âge d'homme.

D'autre part, il déclare à Janouch être vieux comme le juif errant et envier la jeunesse comme une idole lointaine et inaccessible. D'autres fois encore, il critique la jeunesse comme âge absurde. Si l'on s'en tient à son *Journal*, la jeunesse est généralement loin de représenter un âge d'or. En 1911, il y note :

> Les jeunes garçons proprets et bien habillés qui se trouvaient à côté de moi au promenoir m'ont rappelé ma jeunesse et, par là-même, m'ont fait une impression dégoûtante[10].

En 1914, il affirme également : « Absurdité de la jeunesse. Peur de la jeunesse, peur de l'absurdité, de la croissance absurde de cette vie inhumaine[11] ».

Chez Kafka, la jeunesse est donc une question des plus complexes et douloureuses car elle a été non seulement manquée, mais, selon ses propres termes, corrompue. La jeunesse est le noyau tragique de son existence et Kafka mourra à quarante et un ans, précocement vieux et nostalgique d'une jeunesse jamais vécue, corrompue, avortée et fantômatique. Ce fantôme de jeunesse tient à trois facteurs aliénants : l'école, l'éducation parentale et la ville de Prague.

L'acculturation de la jeunesse comme aliénation

L'article 26 de la *Déclaration universelle des droits de l'homme* votée par les Nations Unies en 1948 précise que :

> 1. Toute personne a droit à l'éducation. [...]
> 2. L'éducation doit viser au plein épanouissement de la personnalité humaine et au renforcement du respect des droits de l'homme et des libertés fondamentales.

---

8. *Ibid.*, S. 119-122 : « Du hast, unter dem Deckmantel der Erziehung, ein Verbrechen an mich begangen [...] gib mich frei! »
9. JANOUCH, *op. cit.*, p. 37.
10. KAFKA, *Journal*, *Œuvres complètes*, Paris, Gallimard (coll. « Pléiade »), 1984, 20 février, p. 28.

3. Les parents ont, par priorité, le droit de choisir le genre d'éducation à donner à leurs enfants[12].

L'éducation constitue donc, pour la société, une obligation envers l'individu, pour les parents, un devoir de transmission, et pour l'enfant, un droit censé lui garantir à la fois l'épanouissement de sa personnalité, l'initiation et l'adaptation à son milieu socioculturel et l'apprentissage de valeurs morales collectives nécessaires à son intégration dans le monde adulte :

> L'éducation est essentiellement la formation de l'homme par lui-même, guidé par son esprit et ses connaissances […]. Dans ce cadre général, l'éducation d'enfants et de jeunes gens constitue un cas particulier, quoique particulièrement signifiant, si l'on part du présupposé que les jeunes gens et surtout les enfants ont encore plus besoin de l'aide et de la direction d'autres personnes pour apprendre à donner à leur vie une forme et une conduite consciente et sensée, en vertu de principes et d'idées générales[13].

Dans tous les cas, l'éducation d'un jeune être suppose l'intervention d'une instance éducative extérieure (parents, écoles, société) et la référence à des normes de comportement et à des valeurs collectives. Si l'on creuse cette dialectique entre individu et collectivité, on se trouve amené à poser la question préalable : l'éducation vise-t-elle prioritairement à épanouir la personnalité individuelle ou à façonner le jeune individu selon un modèle préétabli, donc à l'acculturer ?

Dans le cas de Kafka, la réponse à cette question est claire : l'éducation, loin de mener à la liberté et de lui offrir les instruments de son autonomie intellectuelle et morale, est oppressante et déshumanisante. « Jusqu'à la fin de sa vie, Kafka conserva… le souvenir douloureux de ce que signifiait être enfant dans un monde régi, réglé et, croyait-il, créé par le père », affirme Ernst Pawel[14] : il présente sa petite enfance comme « abrutissante et oppressive, passée au milieu d'étrangers incompréhensifs que manipulait, selon ses caprices, un pouvoir absolu et sans appel[15]. »

La première forme d'aliénation subie dans sa jeunesse est double : elle résulte de l'éducation scolaire et de l'éducation familiale.

---

11. *Ibid.*, janvier 1914, p. 331.
12. Cité in PIAGET Jean, *Où va l'éducation*, Paris, Gallimard (Folio), 1988, p. 41.
13. HAGER Fritz-Peter, *Wesen, Freiheit und Bildung des Menschen. Philosophie und Erziehung in Antike, Aufklärung und Gegenwart*, Bern, Haupt, 1989, p. 64 : « Erziehung ist […] wesentlich Gestaltung des Menschen durch sich selbst unter Führung des Intellekts und seiner Erkenntnis. […] Die Erziehung von Kindern und Jugendlichen ist in diesem allgemeinen Rahmen nur ein Sonderfall, allerdings ein besonders bedeutungsvoller, wenn man von der Voraussetzung ausgeht, dass Jugendliche und besonders Kinder noch in höherem Masse der Hilfe und Anleitung anderer Menschen bedürfen, um ihr Leben bewusst und sinnvoll nach allgemeinen Prinzipien und Ideen führen und gestalten zu lernen. »
14. PAWEL Ernst, *Kafka ou le cauchemar de la raison*, Paris, Seuil, 1988, p. 26.
15. *Ibid.*, p. 28.

L'école, « *complot fomenté par les adultes* »

Dans l'empire des Habsbourg, la scolarité est obligatoire pour tous les enfants dès l'âge de six ans. L'école publique a été introduite dès 1774, d'après le modèle prussien de 1763 où Frédéric II avait décrété quatre années de scolarité obligatoire pour tous les enfants. L'impératrice Marie-Thérèse entend, par l'école, homogénéiser les nationalités autrichiennes et hongroises et les minorités slovaques, croates, slovènes, roumaines et polonaises, car la défense de la langue maternelle devient alors le fer de lance des nationalismes.

En 1889, Kafka, qui vit à la limite entre *l'Altstädter Ring* et le ghetto juif de Josefov, est inscrit à l'école élémentaire allemande nationale et civique, la *Deutsche Volks- und Bürgerschule*. C'est un bâtiment sinistre de quatre étages situé sur le marché aux bouchers, « croisement d'architecture de caserne et de monumentalisme bureaucratique[16] ».

Jusqu'à la fin de sa vie, Kafka dénonce l'école comme complot fomenté par les adultes ; il hait l'école, où la peur et la haine assurent la loi et l'ordre et où il est accompagné par une cuisinière sèche, maigre et jaunâtre qui le menace de parler de lui à l'instituteur en qui il voit une montagne de respectabilité. Le chemin effroyablement long qui le mène à l'école est pour lui une véritable traversée des enfers : « Chaque matin annonçait le début d'une nouvelle bataille. Le trajet de la maison Minuta au marché des Bouchers… prenait à peine dix minutes. Cependant, tous les matins pendant au moins un an, l'écolier récalcitrant dut être traîné, mètre après mètre, par un de ces monstres devenus mythiques qui hantèrent son enfance[17]. » Il écrira plus tard à Milena :

> A hauteur de l'entrée de la ruelle de la Boucherie.. la peur de la menace prenait le dessus. L'école, pour moi, par elle-même, était déjà un objet de terreur, et voilà que la cuisinière voulait en faire un objet d'épouvante[18].

Malgré sa peur et son ennui, Kafka est dans les quatre premières années un écolier modèle, aimé de ses camarades et professeurs, mais il lutte constamment pour s'adapter et réussir et perçoit l'école comme une prison et les examens comme des jugements derniers terrifiants. Ses parents l'inscriront ensuite non à la *Realschule*, où l'enseignement est concentré sur le français et d'autres matières profanes avec un saupoudrage léger de latin, mais au lycée humaniste, destiné aux enfants de la petite bourgeoisie juive où il reçoit un enseignement intensif en grec et du latin et où il passe 8 ans jusqu'au baccalauréat. La bureaucratie y est très lourde. L'enseignant, instrument de l'administration, se borne à enseigner les

---

16. P\textsc{awel} Ernst, *op. cit.*, p. 35.
17. *Ibid.*, p. 36.
18. K\textsc{afka}, *Lettres à Milena*, 21 juin 1920, in *Œuvres Complètes IV*, Paris, Gallimard, 1989, p. 938.

sujets prescrits et les élèves doivent apprendre par cœur et réciter mécaniquement sous peine de sanctions. L'année scolaire dure dix mois à un rythme de 25 heures de cours par semaine et de quatre heures par jour de devoirs ; un tiers de l'emploi du temps est consacré aux langues anciennes, et les langues vivantes et sciences sont totalement négligées : l'esprit de l'antiquité est imposé de manière rigide, sans articulation avec la réalité.

S'il a souffert de la discipline scolaire, les années d'étudiant, de 18 à 25 ans, apportent peu à Kafka en matière d'études, mais permettent sa maturation émotionnelle et intellectuelle ; il se décide alors à faire tomber quelques-uns des murs de sa prison : l'antre parental, l'esprit de clocher étouffant de sa ville, la routine de l'enseignement officiel, la mentalité assimilationniste de la bourgeoisie juive, et par-dessus tout ses peurs paralysantes et ce qu'il ressent en lui comme un manque de spontanéité et une incapacité à entrer en contact avec l'univers. Kafka prend alors conscience de ce qu'il appelle le « cercle étroit » où il a jusqu'alors été enfermé : la famille, Prague, les facteurs d'aliénation que représentent l'éducation et la culture parentales deviennent alors ses cibles privilégiées, tant il est persuadé que c'est là ce qui explique les faiblesses dont il souffre en permanence : l'auto-dépréciation, l'envie de disparaître, le sentiment d'être jugé en permanence et d'étouffer sans pouvoir lutter contre l'oppression larvée dont il est victime.

L'éducation familiale perçue selon le schéma du darwinisme social

Très tôt, Kafka perçoit la famille comme une forme de pouvoir institué. Dans six esquisses successives datées de 1910 dans son *Journal*, il diagnostique l'appareil de pouvoir lié à son éducation désastreuse. Les six ébauches débutent toutes par cette affirmation accusatrice : « Il me faut dire qu'à maints égards, mon éducation m'a causé beaucoup de torts[19] ». Il adresse ensuite ce reproche à ses parents, professeurs, à tous les « corrupteurs de la jeunesse » qui ont incarné l'autorité dans son enfance. Au fil des esquisses, le reproche se fait toujours plus précis et s'accompagne du constat amer d'un « centre de gravité », d'une « imperfection intérieure » née de la conscience des « pertes de sa jeunesse » :

> Peut-être ma jeunesse a-t-elle été trop brève [...], je fais à pleins poumons l'éloge de sa brièveté, et bien que j'aie maintenant dépassé la quarantaine. C'est la seule chose qui m'ait permis de garder des forces pour prendre conscience des pertes de ma jeunesse, pour me consoler de ces pertes, pour soulever de tous côtés des reproches contre le passé[20].

Dans la *lettre au père*, esquisse de biographie intime que Kafka écrit à l'âge de trente-six ans, Hermann Kafka, avec sa santé et sa puissance

---

19. KAFKA, *Récits, Œuvres Complètes II*, Paris, Gallimard (coll. « La Pléiade »), 1980, p. 122 *sq.*
20. *Ibid.*, p. 125.

corporelle, est décrit comme l'incarnation de l'idéal social darwinien. Il est armé pour l'existence et possède tout ce qui va lui permettre d'écraser les plus faibles : appétit, voix forte, talent oratoire, puissance physique, autosatisfaction, succès dans les affaires. Il règne en prédateur et en véritable tyran sur ses employés et sa famille :

> De ton fauteuil tu gouvernais le monde. [...] Tu as pris à mes yeux le caractère énigmatique qu'ont les tyrans, dont le droit ne se fonde pas sur la réflexion, mais sur leur propre personne[21].

Franz, enfant maigre et craintif qui perçoit son père comme l'instance suprême (*die letzte Instanz*) dont il est l'esclave, fait au contraire partie des faibles : « J'étais déjà écrasé par la simple existence de ton corps. [...] Moi, maigre, chétif, étroit ; toi, fort, grand, large [...]. Je me trouvais lamentable, et non seulement en face de toi, mais en face du monde entier, car tu étais pour moi la mesure de toutes choses[22]. » Kafka reprend alors le champ sémantique darwinien de l'éradication de l'insecte et de la plante (*Ungezieferdasein, Schmarotzertum*) : il fait partie, comme Gregor Samsa dans la *Métamorphose*, du monde des puces et des vermines. Il note même que son père traitait son ami l'acteur yiddish Löwy de vermine, citant le célèbre proverbe : « qui couche avec les chiens attrape des puces ». Si l'image de la vermine et du cloporte traverse ses récits et son *Journal*, dans les romans, ce thème du marginal inutile à la société sera repris comme autant de retours de la souffrance refoulée. Dans le *Procès*, Joseph K tentera de faire pardonner au directeur de sa banque son existence inutile ; dans la loge du capitaine dans l'*Amérique*, Karl Rossmann sera suivi par un employé comme si ce dernier suivait un cloporte et l'Oberkellner de l'Hotel Occidental condamnera ensuite l'existence inutile de Karl.

Le résultat de cette éducation oppressive, fondée sur les injures, les menaces, l'ironie, la méfiance, le mépris et la volonté de juger et de condamner ses enfants, est un mélange de peur, de culpabilité et de dégoût de soi, un sentiment d'inaptitude à la vie familiale et au mariage et surtout une profonde faiblesse existentielle. Comme le souligne Wagenbach, l'éducation abstraite des parents et leur amour jamais concrétisé contribuent à aliéner totalement la perception de l'enfant :

> Les objets inanimés semblaient au jeune Franz tout aussi vagues et douteux que ses rapports avec les personnes qui l'entouraient. Toujours sur la défensive, il ne percevait du monde ni contours ni couleurs [...]. L'abstraction des remontrances éducatives [...] devait avoir des conséquences bien plus lourdes encore : car tout ce qui était censé tenir lieu de règle générale prenait, aux yeux de l'enfant, les dimensions d'un verdict[23].

---

21. KAFKA, *Lettre à son père, Œuvres complètes* IV, Paris, Gallimard (coll. « La Pléiade »), p. 838-839.
22. KAFKA, *Lettre à son père, op. cit.*, p. 838.
23. WAGENBACH Klaus, *Franz Kafka. Les années de jeunesse. 1883-1912*, Paris, Mercure de France, 1967, p. 25-26.

La méfiance, la crainte, la mélancolie et la profonde faiblesse existentielle qui ont résulté de l'éducation subie condamnent donc Kafka à rester dans le cercle étroit de la famille et de Prague et le rendent inapte à l'existence : « ce combat pour la vie extérieure…, il nous a fallu le gagner sur le tard, à l'âge adulte, avec des forces qui étaient demeurées celles d'un enfant » conclut-il dans la *Lettre au père*[24]. Mais Kafka peut-il, par-delà le constat et l'acte d'accusation adressé à ses éducateurs, parvenir à surmonter le traumatisme de sa jeunesse manquée ?

Le combat contre les méfaits de l'éducation

A l'éducation parentale ou scolaire, qui se borne transmettre à l'enfant ou l'adolescent des connaissances ou des valeurs destinées à lui permettre de trouver un métier conforme à ses aspirations et à l'intégrer dans la société, Fritz-Peter Hager oppose ce qu'il appelle l'éducation philosophique ou éducation de soi : l'aptitude d'un sujet autonome à apprendre à se connaître pour décider librement de ce qui, dans sa pensée, son action et ses choix, peut donner sens à sa vie et correspondre à la véritable vocation de son être :

> C'est seulement lorsque l'individu peut par lui-même appréhender les idées par lesquelles il entend former, mener et développer sa vie qu'il advient vraiment à lui-même, et c'est seulement alors qu'il prend conscience de sa vocation réelle et assume l'entière responsabilité de son existence[25].

C'est là la tâche à laquelle Kafka, dès le moment où il commence son *Journal* pour se construire, organiser ses potentialités et donner sens à sa vie, se dévoue corps et âme, de 1909 à 1924.

L'éternelle jeunesse de Kafka

C'est là le paradoxe : alors qu'il déclare n'avoir pas eu de jeunesse, même à l'âge adulte, Kafka conservera toujours une apparence extraordinairement juvénile. Il s'en plaignait souvent dans ses journaux. « Je ne vivrai jamais l'âge viril, l'enfant que j'étais deviendra tout de suite un vieillard aux cheveux blancs », avait-il confessé à son ami Max Brod, « il me semble que j'erre à l'aventure comme un enfant dans les forêts de l'âge mûr[26] ». Cet aspect extérieur correspond chez lui à une sorte d'infantilisme de l'âme, que Georges Bataille analyse comme un

---

24. *Ibid.*, p. 851.
25. HAGER Fritz-Peter, *op. cit.*, p. 65 : « Nur wenn der einzelne Mensch selbständig die Ideen, nach denen er sein Leben formen, führen und gestalten will, erkennen […] kann, nur dann gelangt er wirklich zu sich selber, nur dann wird er seiner ewigen Bestimmung gerecht, und nur dann kann er auch die volle Verantwortung für sein Leben übernehmen. »
26. KAFKA, lettre à Max Brod, mi-avril 1921, in *Œuvres Complètes III*, *op. cit.*, p. 1052.

« maintien de la situation enfantine[27]. » Comment donc, malgré l'imperfection intérieure née d'une enfance et d'une jeunesse avortées, Kafka parvient-il à rester un éternel jeune homme ? Parce qu'il maintient en lui, toute sa vie durant, cet état de tension propre à la jeunesse que Schink apparente à une maladie, tant le sujet y souffre de ne pouvoir advenir ni à lui-même, ni au monde qui l'entoure :

> La jeunesse n'est pas seulement une période de contrainte quasi intolérable, de répression et de tutelle constamment imposée de l'extérieur […]. Elle est en soi une maladie qui exige d'être surmontée, un état d'exaltation fiévreuse, un Etre-hors-de-soi […], une perte du présent dans la constante anticipation du futur et donc une existence douloureusement irréelle : on ne se possède pas plus que l'on ne possède le monde, tout le temps que dure la jeunesse[28].

Selon Bataille, Kafka vit puérilement car « sous le primat opposé du désir actuel ». Il a envisagé d'intituler son œuvre entier « tentatives d'évasion hors de la sphère paternelle » et se condamne à vivre en exclu de la sphère paternelle, refusant le mariage, la vie de famille et l'activité commerciale, refusant d'être adulte et père pour demeurer dans la « puérilité du rêve[29] » et s'évader dans un univers joyeux où il tente de retrouver un peu de l'exubérance et de l'élan refusés dans son enfance.

Le culte de la « récréation joyeuse »

Pour rattraper la jeunesse perdue et la culture qui lui a été inculquée et qu'il ressent comme aliénante — il écrit dans son journal de 1916 que l'on a travaillé, aussi bien à l'école qu'à la maison, à effacer sa singularité —, Kafka tente de se reconstruire comme individu. Il cherche à retrouver l'espace ludique de l'enfance dans le culte du loisir et du jeu que lui permet notamment le cinéma, projection dans un espace imaginaire qu'il évoque dans ses entretiens avec Gustav Janouch :

> Beaucoup de gens ne rattrapent leur jeunesse que maintenant. Il leur aura fallu attendre jusqu'à maintenant pour vivre la période où l'on joue aux gendarmes et aux voleurs, ou aux Indiens. […] Ils vont au cinéma et regardent des films d'aventure. C'est tout. Les salles obscures sont la lanterne magique de leur jeunesse manquée[30].

---

27. BATAILLE Georges, *La littérature et le mal*, Paris, Gallimard, 1957, p. 113.
28. VON REZZORI Gregor, in SCHINK Helmut, *Jugend als Krankheit ?*, Linz, OLV-Nbuchverlag, 1980, S. 5. : « Jugend ist nicht nur eine Epoche des schier unerträglichen Zwanges, der Unterdrückung und beständigen Gängelung von außen her […]. Sie ist in sich eine Krankheit, die überstanden werden will, ein Zustand fieberhafter Exaltation, ein Außer-sich-Sein […]; ein Verlust der Gegenwart in der beständigen Vorwegnahme der Zukunft, und so ein Dasein von quälender Irrealität […] : man hat sich nicht und hat die Welt nicht, solange man jung ist. »
29. BATAILLE Georges, *op. cit.*, p. 114.
30. JANOUCH Gustav, *op. cit.*, p. 215.

Les rebelles de la jeune Prague

Dans le labyrinthe pragois, le jeune Kafka souffre de son statut de juif germanophone dans une population majoritairement tchèque. De plus, dans ce ghetto social où les juifs sont accusés par les Tchèques d'être Allemands et rejetés par les Allemands en tant que juifs, les jeunes générations juives souffrent de ne pouvoir trouver dans la religion un lien avec les générations précédentes. Kafka reproche notamment à son père de lui avoir inculqué un fantôme de judaïsme et de lui avoir fait endosser ses ambitions assimilationnistes. A cette nouvelle forme d'aliénation et de solitude, Kafka tente de remédier en cultivant, comme ses contemporains Werfel, Brod, Rilke ou Meyrink, l'amitié universelle. C'est même ce culte de l'amitié et de la récréation joyeuse qui fédère la jeune génération contre la vieille génération pragoise incarnée par Hugo Salus, aux poésies teintées de *Weltschmerz*, et Friedrich Adler qui partage sa ferveur proallemande et ses goûts conventionnels. Le camp adverse rassemble les révoltés de la jeune Prague nés dans les années 1870 qui célèbrent Rimbaud, Verlaine, les *Fleurs du mal*, méprisent Vienne et lui préfèrent Munich et Dresde. Ils méprisent le romantisme de bon ton, l'ethnocentrisme et la suffisance bourgeoise et prônent un renouvellement des formes et thèmes. Ainsi Paul Leppin, aux récits à l'eau de rose ou pornographiques, à l'imagination absurde et à la syntaxe folle, qui célèbre Eros et Thanatos, la décadence, la folie et le mysticisme ou encore Gustav Meyrink féru de spiritisme. Le sentiment général, note Ernst Pawel, est alors la panique et la fureur de vivre :

> Dans cette panique, c'était chacun pour soi, une débandade folle de solitaires vivant en groupe, aux prises avec des monstres qui proliféraient dans leurs propres entrailles. Ce qui était important pour eux, ce n'était pas le déclin et la chute de l'Empire des Habsbourg, mais la fureur de ne pas vivre et la peur d'une mort anonyme[31].

Cafés, cercles, rencontres

À l'époque de Kafka, la jeunesse aime à se retrouver dans les cafés de Prague, qui se comptent alors par centaines. Ils offrent chaleur et abri de midi à cinq heures du matin ainsi que la lecture de journaux et magazines ; ils servent de centres nerveux pour la vie culturelle, politique et commerciale, mais aussi de foyer pour les sans abri car le nombre de logements est devenu insuffisant à la suite de l'explosion démographique ; les cafés constituent donc non seulement un lieu de rencontre, mais font aussi fonction de salles de lecture publique et de cafés littéraires.

Le café Arco, très fréquenté par Kafka, est, vers 1912, un foyer d'intellectuels progressistes et de création artistique ; il rassemble l'élite

---

31. PAWEL Ernst, *op. cit.*, p. 165.

artistique et littéraire de Prague : acteurs, peintres, écrivains juifs allemands et beaucoup de Tchèques et d'Allemands ou d'artistes d'avant-garde s'y réunissent sous l'impulsion d'auteurs bilingues comme Brod, Kisch, Pick et Fuchs. Le café du Louvre est quant à lui le lieu de rencontre des disciples de Brentano. Kafka fréquente aussi le salon de Berta Fanta qui donne des conférences sur des sujets variés : l'occultisme, le spiritisme, Nietzsche, Wagner, la théosophie ou l'anthroposophie de Rudolf Steiner.

Le culte narcissique du corps

La critique de l'aliénation par l'éducation et la culture n'est pas propre à Kafka. A son époque, la critique de la science et de la rationalité scientifique est monnaie courante. Elle se manifeste notamment par la popularisation des religions comme le boudhisme, le taoïsme et le confucianisme, par la redécouverte de la mystique juive et par un retour au corps dont témoigne le succès du mouvement réformiste vers 1900. Il s'agit toujours de réaffirmer l'autonomie du sujet et de lui permettre de redéfinir les contours de sa singularité.

Ainsi Kafka lit-il attentivement et commente-t-il la *Jugendlehre* de Friedrich Wilhelm Foerster parue en 1904, qu'il évoque longuement dans sa correspondance avec Felice à l'automne 1917 : la pédagogie de Foerster part du constat que le développement technique et économique mène à l'oubli de la culture de l'homme intime. Foerster propose de développer une éthique de la science et de lier la science à l'intérêt moral de l'homme. Mais l'éducation n'est pas seulement une tâche qui incombe aux parents et aux éducateurs, mais aussi une affaire d'autoéducation. Il s'agit de s'éduquer à la maîtrise de soi, à la lutte contre le moi bestial (*das tierische Selbst*) et notamment contre les instincts sexuels. Si Kafka possède dans sa bibliothèque l'ouvrage de Foerster intitulé *Lebensführung. Ein Buch Für junge Menschen*, il ne croit pas ses conseils réalisables et Brod ira même jusqu'à comparer la pédagogie de Foerster à la discipline militaire prussienne.

Bien que de constitution délicate, et pour surmonter le mépris du corps hérité de l'enfance, Kafka pratique toutefois une forme d'autoéducation du corps. Il note ainsi dans son journal de 1911 :

> Dans les piscines de Prague, de Königsaal et de Czernoschitz, j'ai cessé d'avoir honte de mon corps. Que de retard si je veux, à l'âge de vingt-huit ans, rattraper les vices de mon éducation, c'est ce qu'on appellerait un start retardé dans une course[32].

Kafka éprouve en effet un réel plaisir à pratiquer le sport en compagnie de ses amis. Brod évoque les longues promenades dans les environs de Prague, dans les bois et le long des rivières, les heures insouciantes dans

---

32. KAFKA, *Journal*, 15 août 1911, in *Œuvres complètes, op. cit.*, p. 35.

les bains de Prague ou les courses en barque sur la Moldave et les escapades sur les barrages :

> J'admirais la virtuosité avec laquelle Franz nageait et ramait, il dirigeait avec une virtuosité particulière une nacelle. Il était toujours plus habile et plus hardi que moi… La fécondité de Franz en variantes sportives inédites me paraissait inépuisable. C'était ici encore une expression de sa personnalité, il y mettait tout son sérieux, comme d'ailleurs en chacune de ses actions[33].

Kafka se rend souvent dans l'île de *Primatoreninsel* pour jouer au tennis avec ses compagnons, notamment en y venant à bicyclette. Il pratique aussi l'équitation et fréquente l'hippodrome de *Kuchelbad*, non loin de Prague, ce qui lui inspirera l'ébauche de récit intitulée *Si l'on pouvait être un peau-rouge*, que l'on peut interpréter comme une allégorie de la fougue et la puissance d'une jeunesse rêvée libre et sans entraves :

> Si l'on pouvait être un Peau-Rouge, toujours paré, et, sur son cheval fougueux, dressé sur les pattes de derrière, sans cesse vibrer sur le sol vibrant, jusqu'à ce qu'on quitte les éperons, car il n'y avait pas d'éperons, jusqu'à ce qu'on jette les rênes, car il n'y avait pas de rênes, et qu'on voit le terrain devant soi comme une lande tondue[34].

Le naturisme

Le culte du corps qui se répand au tournant du siècle, avec ses associations de gymnastique, ses manuels et systèmes pédagogiques manifeste, au contraire des thèses de Foerster, un repli narcissique sur le corps qu'il faut protéger des atteintes et contraintes liées à la culture telles que le vêtement, les habitudes alimentaires ou la médecine officielle. Il s'agit de parvenir à l'épanouissement le plus complet possible de la personnalité.

Le penchant de Kafka pour le naturisme est favorisé par sa rencontre, en mai 1911 dans la cité-jardin de Warnsdorf, avec le riche industriel Schnitzer qui dirige une revue naturiste, invective la médecine et vante l'alimentation végétarienne. Chaque jour, Kafka veille à sa santé, dort été comme hiver la fenêtre ouverte, porte toujours des vêtements légers, mange très rarement de la viande et ne boit jamais d'alcool. Quand il tombe malade, il préfère se retirer dans la vie primitive de la campagne de Zürau, près de Saar où sa sœur Ottla administre le petit domaine de leur cousin, plutôt que d'aller au sanatorium où il n'entrera que contraint et forcé, vaincu par la tuberculose qui le rongera dès 1917.

Ayant une prédilection pour tout ce qui est simple et naturel, Kafka se méfie des médecins et des médicaments, car est convaincu que c'est le rôle de la nature de rétablir l'équilibre d'un organisme malade. Il se rend aussi aux instituts de soins naturels où l'on mène une vie conforme aux lois

---

33. PAWEL, p. 144, cite Brod (*Franz Kafka*, P. 159-160).
34. Si l'on pouvait être un peau-rouge, in *Récits, op. cit.*, p. 121.

naturelles à Erlenbach, près de Zürich, à Hartungen et à Riva, et en 1912 dans le centre naturiste de Jungborn dans le Harz. Ce centre est dirigé par Adolf Just qui rejette la technique et la science, à ses yeux ennemies du bonheur humain.

Très convaincu des théories naturistes, Kafka évoque dans ses journaux de voyage de 1912 son séjour dans ce sanatorium de Jungborn où il se soumet aux repas végétariens, à des cures de sommeil, de lumière et de chaise longue et pratique les dix-huit exercices de gymnastique quotidienne préconisés par le célèbre professeur de gymnastique danois Müller. Ce qui ressort de ce journal de voyage est une impression de « merveilleuse liberté », un réel plaisir à jouir de la nature et à communiquer avec les hôtes de ce nouvel Eden et une fascination constante pour les corps nus que Kafka contemple avec un mélange de gêne et de plaisir voyeuriste, tout en gardant son maillot de bain :

> De temps à autre, je suis pris d'une légère nausée en voyant […] tous ces gens complètement nus qui se meuvent lentement et passent entre les arbres […]. Quelques hommes nus qui glissent entre les tas de foin devant ma cabane et se perdent au loin. […] Les gens se promènent, s'étirent, se frottent, se battent, se grattent ? Tous nus. Sans pudeur[35].

À l'institut d'assurances où il travaille, Kafka ne mange, au contraire des employés qui dégustent les spécialités pragoises, que du lait et du yaourt ou du pain. Il reproche même un jour à son ami Max Brod de manger du pain beurré, lui reprochant d'avaler tout ce gras et lui préconisant le citron comme meilleur aliment.

Kafka adopte en effet, depuis 1910, une alimentation végétarienne qui l'exclut des repas familiaux. Il prend ses repas en se conformant aux règles d'Horace Fletscher qui préconise de mâcher longuement chaque aliment, recommandant par exemple de mâcher 722 fois un oignon pour garantir une digestion optimale et pour réduire le plus possible l'alimentation, ce qui exaspère le père du jeune Franz.

Pour Fletscher, l'ascétisme est un moyen de lutter contre la boulimie et d'éviter les maladies qui découlent de l'impureté du corps ; Kafka a retenu de ces enseignements deux notions essentielles. La première est la boulimie qu'il thématisera dans la *Métamorphose* où Gregor Samsa s'empiffre de fromage, de légumes et de sauce. Kafka lui-même s'accuse de pulsions boulimiques concernant le jus de framboise dans les lettres à Felice et évoque son envie frénétique de dévorer de la charcuterie dans des passages du *Journal*. Mais la boulimie n'est que l'autre visage de la haine de soi et de son corps.

La deuxième idée fixe de Kafka est en effet la maigreur et l'ascétisme thématisés dans le récit intitulé *Un champion de jeûne* qui cristallise cette

---

35. *Journal*, 12 juillet 1912, p. 274-276.

soif de purification et de mortification qui l'amène à écrire en 1912 à Felice qu'il est l'homme le plus maigre qu'il connaisse.

Le culte du corps, pratiqué au départ pour lutter contre les méfaits de l'éducation parentale et pour libérer le sujet de toute coercition, mène donc chez Kafka à son contraire : le rejet du corps, l'automortification. Il n'a jamais le sentiment d'habiter son corps qui lui apparaît comme un objet étranger. Il souffre d'hypocondrie et son corps devient peu à peu transparent, d'une maigreur ascétique pour finir par être condamné à la douleur, à l'étouffement, puis à une mort très précoce, à l'âge de 41 ans.

L'éloge de la vie immédiate et de la nature

Pour lutter contre les méfaits de l'éducation familiale et de la culture assimilationniste et urbaine transmise par son père, Kafka tente enfin désespérément d'entretenir un rapport protégé avec la nature, conçue comme refuge idyllique, loin du labyrinthe tortueux de Prague, ville griffue et étouffante, monde clos et insulaire qui condamne l'individu à l'aliénation et à la perte de soi. Kafka se sent au contraire attiré vers les formes de vie simples et positives, par la campagne et les paysans, « gentilshommes qui se sont sauvés en se réfugiant dans l'agriculture, organisant leur travail avec sagesse et humilité, se préservant de tout mal de cœur jusqu'à leur passage bienheureux », comme il l'écrit dans son journal de Zürau.

Mais, malgré ses efforts, la nature reste étrangère à Kafka. S'il pratique le jardinage, fait des excursions, du canot et affirme en 1916 que d'homme des villes, il s'est fait homme des champs, deux ans avant, il a avoué à Felice avoir toujours été triste à la campagne, dont les vastes paysages lui font perdre tout repère.

Ici encore, le constat d'échec s'impose :

> Il apprit à prêter attention à la nature, parce qu'il fallait le faire pour des raisons de santé mentale et physique, de pureté morale et de renouveau juif. Mais un décret de la volonté ne suffit pas à créer une véritable sensibilité, et cette sensibilité, Kafka ne réussira jamais à l'acquérir, comme en témoigne son œuvre, où la nature demeure un élément généralement hostile et perturbant que l'on se doit d'ignorer autant que possible[36].

De fait, Kafka n'aime vivre ni à la montagne ni à la mer, les deux exigeant trop d'héroïsme à son goût. C'est pourquoi il ne quittera que très peu Prague, seulement pour des voyages rares et limités, et ne quittera la maison parentale que les neuf derniers mois de sa vie.

Si Kafka dénonce l'éducation et la culture qui ont corrompu sa jeunesse et s'il a tenté de s'en libérer, toutes ses tentatives se révèlent infructueuses. La jeunesse lui échappe définitivement et avec elle toute

---

36. PAWEL Ernst, p. 114.

promesse d'épanouissement sensuel, amoureux, d'autonomie, de fuite hors du cercle étroit de la famille et de Prague, ville haïe autant qu'adorée. Que reste-t-il donc de cette jeunesse perdue ? Au-delà de l'amertume, de la souffrance de n'être jamais né à lui-même et de n'avoir jamais connu l'insouciance et la liberté, une certitude absolue : l'assurance que le combat qu'il lui reste à mener est désormais la lutte contre le principe d'autorité sous toutes ses formes.

La littérature comme arme ultime

« La littérature, c'est l'enfance enfin retrouvée », affirme Bataille[37]. C'est de fait dans le monde du verbe, seul espace extérieur au monde du père, que Kafka parvient à s'incarner, à se construire un monde propre et à trouver l'arme nécessaire à son combat contre le principe paternel et contre toute forme de coercition.

La critique de l'éducation

Lorsqu'il écrit la *Lettre au père* en 1919, Kafka a renoncé à fonder une famille et à accéder ainsi au monde adulte. Dans une lettre adressée à sa sœur Elli et datée de 1921, il s'efforce de dégager les principes d'une éducation objective et de prévenir les dangers d'une mauvaise éducation. Il s'appuie pour ce faire sur sa lecture des *Voyages de Gulliver* de Swift où les enfants des habitants du pays de Lilliput sont - à l'exception des enfants d'ouvriers et de paysans - enlevés à leurs parents et confiés à des gardiens qui les élèvent dans des foyers. Le principe qui sous-tend une telle pratique est la conviction que la famille représentant une pure connexion animale, il faut soustraire l'enfant à cette animalité pour qu'il puisse devenir homme :

> Swift dit : 'leurs conceptions des devoirs réciproques des parents et des enfants sont totalement différentes des nôtres. En effet, l'union des hommes et des femmes étant fondée sur des lois naturelles comme dans toutes les espèces animales, ils affirment catégoriquement que les hommes et les femmes ne s'unissent que pour cela : leur tendresse pour leurs petits procède du même principe ; c'est pourquoi ils ne veulent pas concéder que l'enfant ait des obligations envers ses parents en échange de son existence […] ; ils sont d'avis que, de tous les êtres humains, les parents sont les derniers à qui on doive confier l'éducation des enfants'. […] Si l'enfant doit devenir un homme, il lui faut le plus vite possible, comme il dit, être soustrait à l'animalité et à ses connexions purement animales[38].

Dès l'âge de 20 mois, les enfants de Lilliput reçoivent donc l'éducation prodiguée par des maîtres, des éducateurs et des gardiens et ne sont auto-

---

37. Bataille Georges, *op. cit.*, p. 10.
38. Kafka, Lettre à Elli Hermann, in *Œuvres Complètes III*, *op. cit.*, p. 1096.

risés à voir leurs parents que deux fois par an. Cette éducation idéale assure le développement harmonieux des facultés des enfants et les libère de toute obligation et toute gratitude envers leurs parents. Kafka en déduit que la famille est un organisme compliqué qui repose sur l'instinct bestial, le pouvoir établi et l'égoïsme fondamental des parents :

> La famille est un organisme, mais d'une espèce extrêmement compliquée et déséquilibrée […]. Il n'y a pas là la moindre trace d'une éducation véritable, qui consiste à développer dans le calme et un amour désintéressé les qualités d'un être en voie de formation, ou même seulement à tolérer tranquillement un développement ayant sa loi propre […]. Dans le domaine de l'éducation, même le plus grand amour des parents est encore plus intéressé que le plus petit amour de l'éducateur payé […]. Tels sont, nés de l'égoïsme, les deux moyens d'éducation des parents : tyrannie et esclavage à tous les degrés[39].

Renoncer à élever ses enfants, c'est donc, pour des parents, faire preuve d'altruisme et leur garantir un bonheur et une liberté impossibles sinon. Kafka reprend donc l'idée de Swift selon laquelle il faut enlever les enfants aux parents pour leur permettre de s'épanouir progressivement, jusqu'à devenir égaux en forces physiques et spirituelles aux parents et ainsi aptes à réaliser l'« équilibre dans l'« amour » :

> Que faire donc ? Selon Swift, il faut enlever les enfants aux parents ; autrement dit, l'équilibre dont cet 'animal familial' a besoin est obtenu par le fait qu'en enlevant les enfants à la famille, on diffère l'équilibre définitif jusqu'au moment où les enfants, indépendants des parents, leur sont égaux en forces physiques et spirituelles, et où le temps est venu de réaliser le véritable équilibre, l'équilibre dans l'amour[40].

Kafka conseille alors à sa sœur Elli de se séparer de son fils Félix âgé de dix ans et de le confier à une institution où il sera pris en charge par des éducateurs. Son argument est toujours la volonté de libérer le corps de l'enfant de toute entrave à son développement :

> On peut être trop jeune pour s'engager dans la vie professionnelle, pour se marier, pour mourir, mais pour bénéficier d'une éducation douce, sans contrainte, apte à développer toutes les bonnes qualités ? Dix ans, c'est peu, mais dans certains cas, cela peut être beaucoup : dix ans sans exercices physiques, sans hygiène, dans le bien-être, surtout dans le bien-être sans exercice des yeux, des oreilles et des mains […], enfermé dans la cage des adultes […] qui ne font rien d'autre au fond que de décharger leur rage sur les enfants[41].

En outre, il importe à Kafka de sauver Félix de l'esprit particulier qui règne dans les milieux des juifs de Prague aisés, et qu'il désigne comme

---

39. KAFKA, lettre à Elli Hermann, in *Œuvres Complètes III, op. cit.*, p. 1099-2001
40. *Ibid.*, p. 1100-1101.
41. *Ibid.*, p. 1092.

« esprit sale, mesquin, tiède, papillotant ». Il conclut sa lettre sur ces mots : « Pouvoir en sauver son propre enfant, quelle chance[42] ! » La libération de l'enfant passe donc ici, comme chez Kafka lui-même, par une triple émancipation : la libération de l'école traditionnelle, de la tutelle parentale et d'une culture pragoise jugée étouffante.

La lutte contre le principe d'autorité coercitive

Comme le rappelle Michaël Löwy dans son précieux ouvrage[43], Kafka partage la critique néoromantique et libertaire du capitalisme. Dès 1909, avant même le début de son journal et sa carrière littéraire, il s'inscrit au parti socialiste, participe à plusieurs meetings anarchistes, lit les œuvres de Proudhon, Bakounine et Tolstoï, comme ses amis du cercle sioniste culturel *Bar Kochba*, dont il se rapproche à partir de 1912. Il définit, en des termes anarchistes, le capitalisme comme un système de dépendance où tout est hiérarchisé et dans les fers.

Dans son premier roman, l'*Amérique,* son hostilité envers le monde capitaliste transparaît dans les descriptions du travail mécanisé : les employés de l'oncle de Karl Rossmann, propriétaire d'une gigantesque entreprise commerciale, passent la journée enfermés dans des cabines téléphoniques où seuls leurs doigts bougent mécaniquement. Le travail des ascensoristes de l'hôtel Occidental est également harassant et monotone : ils se limitent à pousser des boutons, sans connaître le fonctionnement de la machine. Ils expriment l'angoisse de l'individu livré à un monde sans pitié et permettent la révélation du mécanisme économique et psychologique secret de la société. L'Amérique est perçue comme une *Zivilisation* sans *Kultur* où l'esprit et l'art ne jouent plus aucun rôle. Kafka s'est inspiré ici du livre du socialiste juif Arthur Holitscher publié en 1912, qui critiquait vivement le taylorisme : « la spécialisation du travail, résultant de la production de masse, réduit de plus en plus le travailleur au niveau d'une pièce morte de la machine, d'un rouage ou levier fonctionnant avec précision et automatisme[44]. »

Transposition de la critique de l'éducation autoritaire dans l'œuvre

L'antiautoritarisme libertaire traverse toute l'œuvre de Kafka ; il lie l'autorité despotique du père et l'autorité politique et sociale, comme dans la *Lettre au père* où il accusait son père d'avoir pris à ses yeux le caractère

---

42. *Ibid.*, p. 1092.
43. LÖWY Michael, *Rédemption et utopie. Le judaïsme libertaire en Europe centrale*, Paris, PUF (Sociologie d'aujourd'hui), 1988, p. 109.
44. HOLITSCHER Artur, *Amerika heute und morgen*, Berlin, Fischer, 1912, p. 316.

énigmatique des tyrans dont le droit ne se fonde pas sur la réflexion, mais sur leur propre personne.

Dans le *Verdict* (1912), il a déjà dénoncé le pouvoir aliénant et mortifère de l'autorité paternelle : Georg Bendemann s'y soumet entièrement au verdict paternel et se noie dans la rivière.

L'Amérique (1913-14) est une œuvre de transition : les personnages puissants sont des figures paternelles (le père de Karl Rossmann et l'oncle Jakob) et de hauts administrateurs, le portier et le portier en chef. Leur autoritarisme se manifeste par une attitude arbitraire, sans aucune justification rationnelle ou morale, des exigences démesurées envers le héros-victime, une punition disproportionnée à la faute et l'injustice d'imputer à l'innocent une culpabilité inexistante. Le symbole de cet autoritarisme punitif est la statue de la liberté qui ouvre le roman, munie d'une épée et figurant un monde sans justice ni liberté.

La *Colonie pénitentiaire* présentera ensuite l'autorité sous son visage le plus meurtrier et injuste. L'ancien et le nouveau commandant incarnent l'ancienne et la nouvelle autorité et la colonisation, mais l'autorité destructrice est celle du mécanisme capitaliste qui broie les individus. La machine devient un engin mortel, une fin en soi : « fétiche produit par les hommes, elle les asservit, les domine et les détruit[45] ». Ce récit a été écrit en octobre 1914, trois mois après le début de la deuxième guerre mondiale, engrenage aveugle en qui Kafka voit surtout l'affrontement de machines à tuer. Il dénonce ainsi « le rôle énormément accru des machines dans les actions de guerre aujourd'hui provoque les plus graves dangers et souffrances pour les nerfs des combattants[46] ».

Le *Procès* et le *Château* s'attaquent à l'autorité impersonnelle et hiérarchique. Mais il ne s'agit pas d'y dénoncer le vieil appareil d'état austro-hongrois, mais « l'appareil étatique dans ce qu'il a de plus moderne, de plus anonyme, en tant que système réifié, chosifié, autonome, transformé en but en soi[47]. »

Le *Procès* démasque l'autoritarisme punitif qui se manifeste par un mécanisme d'accusation, de culpabilisation et d'exécution provenant d'une instance abstraite. Joseph K, arrêté un matin sans savoir pourquoi, représente la victime de la machine légale de l'État, condamnée et exécutée en vertu d'une justice aveugle et d'une machine bureaucratique autoritaire et impitoyable.

Le *Château* incarne enfin l'Autorité, l'État, le pouvoir hautain et inaccessible qui gouverne par un labyrinthe de bureaucrates le village, tandis que le peuple est représenté par le village. L'Arpenteur est l'étranger, le juif

---

45. Löwy M., *op. cit.*, p. 113.
46. Kafka, *Briefe an Felice*, Fischer, p. 764.
47. Löwy M., *op. cit.*, p. 114.

qui démonte pièce à pièce le mécanisme du pouvoir et est extérieur au rapport de domination-subordination entre le Château et le village, pris dans un monde réifié et régi par un engrenage aveugle.

C'est donc dans son oeuvre littéraire plus encore que dans les textes autobiographiques de la correspondance ou du journal que Kafka parvient à surmonter l'aliénation scolaire, familiale et culturelle subie dans sa jeunesse. C'est là qu'il mène son combat non seulement pour retrouver l'individualité qui lui a été déniée, mais surtout pour comprendre et dénoncer les mécanismes de coercition qui l'ont condamné à rester éternellement nostalgique de sa jeunesse perdue.

Conclusion

Si Kafka dit n'avoir jamais eu de jeunesse, si la jeunesse semble n'apparaître qu'en filigrane dans ses œuvres, dont les protagonistes, à l'exception de Karl Rossmann, sont moins des jeunes hommes que des « célibataires entre deux âges », le thème de la jeunesse avortée et corrompue par une éducation aliénante est pourtant le fondement de son existence et de son œuvre. C'est d'abord le noyau douloureux autour duquel s'articulent toutes ses souffrances secrètes et ses résistances intérieures et dont résulte sa culpabilité, sa faiblesse corporelle, son manque d'aptitude au bonheur, sa condamnation au célibat et à son enfermement dans le « cercle étroit » de la famille et de Prague. C'est aussi, paradoxalement, cette jeunesse manquée qui lui a fourni le thème majeur de son œuvre et la motivation essentielle de son combat d'homme et d'écrivain : la dénonciation de toute éducation coercitive et de toute culture écrasant l'individu et étouffant ses forces vitales. Grâce à la littérature, il comprend toutefois que la culture n'est pas toujours aliénante, mais peut devenir force de vie et préserver « l'indestructible », la force d'exister, fût-ce dans la négation, comme sujet écrivant et comme « observateur à mi-distance de la vie ».

Les romans d'anticipation de Hans Dominik sous la République de Weimar : le culte de la jeunesse entre mythe et technologie

Denis BOUSCH
Université Paris XII

Hans Dominik (1872-1945) et le *technischer Zukunftsroman*

Hans Dominik est l'un des auteurs de romans d'anticipation les plus importants de la littérature allemande du XXᵉ siècle[1]. Ingénieur de formation, inventeur (malheureux), spécialiste d'électricité, journaliste et auteur d'ouvrages de vulgarisation scientifique, Dominik commence à publier, à près de 50 ans, au début de la République de Weimar, des romans dans lesquels se mêlent optimisme technologique et intrigues politiques, aventures exotiques et héroïsme d'individus hors normes. Ces *technische Zukunftsromane,* pour reprendre la définition de l'auteur, ont connu un succès continu dans les années 1920 et 1930 pour être progressivement supplantés par la littérature d'anticipation anglo-saxonne après 1945. Redécouverts depuis les années 1990 en Allemagne, ils sont pour ainsi dire inconnus en France[2]. Dominik, qui a été surnommé le « Jules Verne allemand », représente un genre littéraire jeune, en marge des courants littéraires de l'époque, et particulièrement populaire auprès des jeunes générations[3]. Il partage avec Jules Verne non seulement l'optimisme scientifique mais aussi une composante pédagogique qui participe d'une certaine vision de la jeunesse. Les aspects patriotiques jouent en effet un rôle particulièrement important et véhiculent une certaine idée du rôle de la jeunesse dans l'avenir de l'Allemagne.

---

1. Pour situer Dominik dans la littérature utopique allemande voir : MANFRED Nagl, *Science Fiction in Deutschland*, Tübingen, 1972.
2. Une édition critique en 21 volumes a été lancée en 1997 chey Heyne sous la direction de Wolfgang Jeschke. Elle permet de situer les romans de Dominik par rapport au contexte scientifique et politique.
3. JESCHKE Wolfgang mentionne dans son introduction à la réédition de *Atlantis* (Heyne, Munich, 1997, p. 8) le chiffre de 2,3 millions d'exemplaires vendus dans les années 1920 à 1940.

Ces romans « extraordinaires », au sens premier du terme, accordent donc une importance particulière à la jeunesse. Certes, les lecteurs sont essentiellement des jeunes, mais l'auteur n'écrit pas *a priori* pour un public d'adolescents en quête de héros et d'identifications positives. C'est en cela qu'il se différencie d'un Jules Verne. Dominik oppose plutôt à un monde vieux secoué par des guerres et un usage pervers de la technologie un monde jeune qui lui succèderait et dont l'avènement serait le fait d'hommes aux facultés intellectuelles et morales supérieures. Ces bienfaiteurs de l'humanité sont des Elus à l'existence dramatique, des jeunes hommes, ou des hommes jeunes, choisis par le Destin pour incarner un nouveau pouvoir. Jeunesse et volonté de puissance se combinent dans ces romans d'anticipation. Les jeunes héros de Dominik sont des variantes du Surhomme de Nietzsche, des hommes providentiels surgissant dans les moments les plus dramatiques de l'histoire de l'humanité. L'image de la jeunesse combine ainsi mythe et technologie. Cette association peut sembler étrange, voire incongrue, peu crédible même, elle fait néanmoins partie intégrante des intentions pédagogiques de l'auteur.

On peut distinguer deux phases dans l'Œuvre d'anticipation de Hans Dominik : une première de 1921 à 1933, qui correspond aux romans les plus complexes, et une seconde de 1933 à sa mort en 1945. Après 1933, les intrigues sont plus simples, l'optimisme technologique perdure, mais les aspects opportunistes, proches de l'idéologie *völkisch,* sont nettement plus marqués[4]. Les romans de Dominik sont tolérés par le régime nazi, certains néanmoins partiellement censurés. Après 1945, les romans paraissent dans des versions revues et corrigées, afin d'en retirer les aspects les plus problématiques du point de vue de l'idéologie et de les rendre plus inoffensifs et plus attrayants pour le public adolescent.

Nous allons considérer deux romans qui appartiennent à la phase la plus productive de l'auteur : *Die Macht der Drei. Ein Roman aus dem Jahre 1955*[5], datant de 1921, son premier véritable roman d'anticipation technologique, et *Atlantis*[6], de 1925, suite du roman précédent, dont l'action se situe en l'an 2002.

Le monde en 1955 et 2002 : les crises d'un monde décadent

Avant de détailler les types de jeunes héros, il nous faut présenter le contexte politique et social tel qu'il apparaît en toile de fond dans ces deux romans. Dominik situe l'action dans un futur relativement proche

---

4. Voir en particulier : Jost Hermand, *Der alte Traum vom neuen Reich. Völkische Utopien und National-sozialismus,* Athenäum, Francfort / Main, 1988.
5. *Die Macht der Drei,* Scherl, 1921, réédition Heyne, Munich, 1997.
6. *Atlantis,* Scherl, 1925, réédition Heyne, Munich, 1997.

et dans une évolution historique certes utopique mais qu'il s'emploie à rendre crédible pour le lecteur allemand du début des années 1920. Le lecteur doit encore y reconnaître, mais de manière amplifiée, les problèmes de son monde contemporain. Il apparaît d'emblée que le contexte géopolitique est planétaire, les évolutions technologiques ayant rapproché les modes de vie et aboli les distances dans le monde moderne du futur.

Dans *Die Macht der Drei,* le monde se trouve à l'aube d'un conflit mondial entre les deux superpuissances de la planète, l'empire britannique et les Etats-Unis. Après la guerre mondiale de 1914-1918, l'Europe a retrouvé la paix, la Russie s'est débarassée des bolcheviks et les Etats-Unis de la menace nippone après deux guerres victorieuses. Les Etats-Unis sont gouvernés par le Président-Dictateur Cyrus Stonard, l'empire britannique contrôle toute l'Afrique. La tension monte entre les deux concurrents qui sur sur le point de s'affronter dans un ultime combat pour le contrôle total de la planète. Il n'y a chez Dominik aucune instance supra-nationale chargée de prévenir les conflits. La SDN semble avoir disparue. Les intérêts économiques, les désirs d'hégémonie, les intrigues d'individus avides de pouvoir conditionnent l'histoire. C'est un monde vieux au bord de l'implosion. Les sociétés humaines n'ont pas renoncé à la violence malgré les progrès de la science et détournent même cette dernière à des fins perverses. C'est un monde qui ne peut plus être sauvé qu'en acceptant d'être régénéré. Il lui faut une jeunesse nouvelle, une jeunesse salvatrice qui fera table rase d'un passé stérile en imposant de nouveaux cadres et de nouvelles normes.

Dans *Atlantis,* le contexte de départ n'est pas fondamentalement différent, si ce n'est que la planète s'est encore davantage globalisée. Les modes de fonctionnement en 2002 sont encore les mêmes, bien que les données géopolitiques ne soient plus tout à fait semblables. L'Europe est devenue une confédération avec Berne pour capitale, la plus grande partie de l'Afrique a été unifiée par l'empereur noir Augustus Salvator qui réside à Tombouctou. Défenseur d'un patriotisme noir, d'une négritude offensive, l'empereur s'oppose à l'Union de l'Afrique du Sud dominée par les blancs. La concurrence des deux races risque de dégénérer en conflit armé. Les Etats-Unis, minés par le pouvoir de l'argent, en particulier celui du milliardaire Guy Rouse, se sont engagés dans la construction d'un deuxième Canal de Panama après l'effondrement du premier. Le monde est au bord de l'apocalypse lorsque le dynamitage du Canal, forcé par Rouse, déchire la plaque tectonique et détourne le Gulf Stream de son cours naturel. L'Europe du Nord semble condamnée à une nouvelle glaciation, vouée à la misère. C'est donc une fois de plus l'absence de scrupules et la domination du matérialisme sur l'idéalisme qui menacent la planète. Les structures politiques existantes s'avèrent impuissantes, les parlements sont les jouets de puissants capitalistes, les masses sont désorientées. Seule une force surhumaine peut encore inverser la polarité et transmuer la catastrophe en nouveau départ.

De ces contextes apocalyptiques, et plutôt pessimistes quant à l'avenir des sociétés humaines, émergent deux sources d'espoir : la science et la jeunesse. Dominik associe ainsi de manière assez nouvelle dans la littérature de son époque, le mythe conventionnel d'une jeunesse régénératrice et le mythe de la science comme source d'un nouveau bonheur.

Les prototypes de la jeunesse idéale

Les trois héros du roman *Die Macht der Drei* représentent des archétypes, ou des prototypes, d'une jeunesse idéale d'un type nouveau, dont les facultés intellectuelles et la solidité morale les placent au-dessus de leurs contemporains. L'auteur ne laisse aucune ambiguïté à cet égard et ce dès le début du roman : il ne s'agit pas de héros d'un roman d'aventure quelconque, mais de personnages aux capacités surhumaines et au destin tragique. Dominik conçoit des personnalités complexes dans un futur relativement proche mais profondément transformé par les progrès de la science. Quelles sont les principales caractéristiques de ces héros ?

— **Silverster Bursfeld**, alias Logg Sar, est le fils d'un ingénieur allemand de génie, Gerhard Bursfeld, inventeur d'une machine capable de concentrer l'énergie électromagnétique, d'une arme absolue en somme, assassiné par les services secrets britanniques. Recueilli dans un monastère tibétain dont il devient un brillant élève, Silvester devient lui aussi ingénieur et perfectionne l'invention de son père, ce qui lui vaut d'être traqué par les services secrets du Président-Dictateur des Etats-Unis. C'est un jeune homme scientifiquement génial, sensible et totalement dévoué à ses recherches.

— **Erik Truwor** est Suédois, héritier d'une fortune immense et dernier rejeton d'une famille respectée dont les origines remontent aux souverains des Varègues, peuple viking fondateurs des premières principautés russes au IXᵉ siècle. Ses parents ont recueilli Silverster Bursfeld qu'il considère comme son frère. Ingénieur lui aussi, mais sans avoir le génie de son compagnon, Truwor a décidé de vouer son existence au bien de l'humanité. C'est un personnage passionné et volontaire, mais aussi orgueilleux et psychologiquement fragile. C'est l'homme d'action du trio, « un homme moderne[7] ».

— **Soma Atma** est le personnage le plus mystérieux. C'est un Indien formé dans le même monastère tibétain que Silvester Bursfeld et pénétré de philosophie bouddhique. Il est le dépositaire d'une vieille prophétie tibétaine annonçant la venue d'un trio salvateur dans un moment parti-

---

7. *Die Macht der Drei, op. cit.*, p. 55 : « ein moderner Mensch ».

culièrement critique de l'histoire humaine. Télépathe longue distance, Soma Atma est un maître de l'hypnose et du self-control. Peu porté à l'action, il assure le soutien psychologique de ses compagnons. L'auteur s'attache à le présenter comme un pur. C'est un « pur indien[8] » qui parle un « tibétain d'une grande pureté[9] ». Cette thématique, problématique, de la pureté du sang, qui rapproche Dominik des idéologies *völkisch*, va de pair avec celle de la pureté des intentions, de l'innocence.

Dominik réunit ici les vertus fondamentales constitutives de sa vision de la jeunesse : action et contemplation, vitalisme et sagesse, génie créateur de la civilisation occidentale et sagesse ancestrale de la civilisation orientale. L'alliance des trois est scellée symboliquement par trois bagues. C'est aussi une jeunesse qui n'a pas connu la Grande Guerre et qui n'a pas été touchée par le pessimisme et le doute. Il faut préciser que ces vertus sont viriles, les femmes jouant un rôle d'accompagnement. La jeune femme du roman, Jane Harte, l'épouse de Silvester Bursfeld, est cantonnée dans un rôle passif traditionnel, l'action restant un privilège masculin. Le sauvetage de la planète est une affaire d'hommes. L'auteur crée des personnages qu'il veut positifs et hors du commun, mais aussi interdépendants et complexes. Leur mission ne peut réussir que s'ils forment un groupe uni, que si leur alliance perdure.

Dans *Atlantis,* dont l'action se situe 48 ans plus tard, l'auteur a choisi une autre constellation de personnages. Soma Atma, à présent sage centenaire, s'est retiré dans son monastère et passe au second plan. Trois autres personnages prennent le relais. Ce ne sont plus des jeunes hommes, mais ils sont les continuateurs de leurs prédécesseurs, symbolisent les mêmes caractéristiques de la jeunesse éternelle :

— **Johannes Harte** est le fils de Silvester Bursfeld. Eduqué dans le même monastère tibétain que son père par Soma Atma, seul survivant du premier roman. Scientifique comme son père, c'est un homme secret qui a installé son laboratoire dans un phare de l'île de Spitzberg. L'appareil hérité du père et son « rayon télénergétique » y a été considérablement développé au point de pouvoir faire surgir un continent nouveau de l'océan. La volonté de Harte est inébranlable, mais son existence solitaire. C'est « l'homme magique, la figure mystique[10] ».

— **Klaus Tredrup**, un ingénieur, et Walter Uhlenkort, un entrepreneur, tous deux Allemands de Hambourg, sont des hommes d'action, courageux et chevaleresques, désintéressés et efficaces. Tous deux œuvrent pour la paix du monde et réussissent, après diverses aventures, à contrecarrer les projets de guerre de l'empereur noir. Ils découvrent peu à peu Johannes

---

8. *Die Macht der Drei, op. cit.,* p. 56 : « ein reinblütiger Inder ».
9. *Ibid.* : « reines Tibetanisch ».
10. *Atlantis, op. cit.,* p. 179 : « der magische Mann, die mystische Gestalt ».

Harte. Dans *Atlantis* le trio se forme plus tard que dans *Die Macht der Drei*. La rencontre aboutit néanmoins, elle aussi, à la constitution d'une alliance de Surhommes, « serviteurs du Destin[11] ».

Les deux jeunes femmes du roman, la riche héritière Christie Harlessen, d'origine allemande, et l'espionne Juanita Alameda, espèce de Mata-Hari du XXIe siècle, sont, certes, plus actives et sportives que Jane Harte dans le premier roman, mais restent des figures globalement passives. Leur destin est celui de seconder et d'épouser les Surhommes de leur temps et d'assurer la pérennité de la prophétie en donnant naissance aux héritiers.

Le contexte de la République de Weimar joue un rôle très important dans la genèse et la composition de ces triades. Les deux romans sont publiés à une époque à laquelle l'Allemagne manque de repères. Pour Dominik, comme pour l'immense majorité de ses compatriotes, l'Allemagne est la victime des intérêts économiques et stratégiques des alliés imposés par le Traité de Versailles. L'attente du sauveur, de l'homme providentiel qui surgira au bon moment pour régénérer les forces vives du pays et mettre fin à l'hégémonie alliée sont des clefs importantes pour bien comprendre le sens de ces romans. Il s'agit en somme de créer de nouveaux héros pour des lecteurs frustrés des possibilités d'identification traditionnelles et en quête de repères. L'auteur intègre également les aspirations pacifistes de son époque ainsi que la méfiance envers le monde politique en général et la république parlementaire occidentale en particulier. La période 1921-1925 est en effet critique pour la République de Weimar, secouée par l'inflation, la contestation de gauche et de droite et étroitement surveillée par les alliés. Le pouvoir de l'argent, incarné par des personnages maléfiques du monde anglo-saxon, le Dr Glossin dans *Die Macht der Drei* et Guy Rouse dans *Atlantis,* est opposé à l'idéalisme germanique. Dominik se situe ici dans une mouvance conservatrice pour laquelle la régénération de l'Allemagne serait un bienfait pour une humanité en danger de dégénérescence. L'auteur ne retient pas l'option de la revanche militaire, mais de la revanche scientifique : ce seront les scientifiques allemands qui constitueront l'élite future et qui assureront le rang international de l'Allemagne. Les intentions de l'auteur dépassent ici le cadre du roman d'aventure uniquement destiné à un jeune public. Le roman d'anticipation de Hans Dominik s'adresse également au lecteur adulte de son temps en quête de modèles et de repères. La mise en scène de jeunes tout-puissants contraste fortement avec l'état d'impuissance de l'Allemagne dans l'immédiate après-guerre. Les scénarios apocalyptiques élaborés que l'auteur développe s'expliquent par ce contexte. Dominik s'adresse au lecteur d'une période historique précise, désorienté et réceptif aux utopies rassurantes et valorisantes.

---

11. *Ibid.*, p. 280 : « Diener des Schicksals ».

Une synthèse entre mythe et science
ou Siegfried et la « concentration télergénétique »

L'auteur joue à la fois sur le registre de la science et du mythe pour bâtir son image de la jeunesse. La « Puissance » à l'œuvre dans *Die Macht der Drei* est une synthèse entre recherche scientifique rationnelle et foi irrationnelle en une destinée ordonnatrice. Le laboratoire et le monastère sont les deux sources de la « Puissance ». Le laboratoire est associé au mythe — et en particulier aux mythes nordiques — par le truchement du choix des lieux dans lesquels s'opère l'élaboration de l'arme absolue.

Trois lieux symboliques dans *Die Macht der Drei* se situent dans le Nord de l'Europe. La maison de maître des Truwor à Linnais, dans un fjord suédois, dont les fondations remontent jusqu'aux temps quasi-mythiques des Varègues, est tout à la fois forteresse et laboratoire. A proximité se trouve la « grotte d'Odin », un hangar à aéronef. Odin, Wotan dans la mythologie germanique, est le dieu de la guerre et le roi des dieux. Silvester Bursfeld forge ainsi dans une quasi-invulnérabilité son arme absolue, la « concentration télergénétique », tel un Siegfried du futur, sous la protection des pouvoirs télépathiques de Soma Atma. Lorsque leur base est découverte, les Trois partent pour le grand Nord et s'installent à l'intérieur d'un énorme iceberg qui devient leur ultime refuge. Dans *Atlantis,* Johannes Harte installe son laboratoire dans un phare du Spitzberg, dans l'isolement le plus total, et ressuscite, grâce à l'appareil hérité de son père, la mythique Vineta dans la Baltique de l'an 2002. Les scientifiques allemands développent leur génie dans les glaces du Nord qui ne constituent pas un désert stérile mais le berceau originel, mais oublié, des civilisations.

Dominik a pu s'inspirer ici de la théorie des glaciations développée par l'Autrichien Hanns Hörbiger dans son ouvrage « Glacial-Cosmogonie », publié en 1913[12]. Cette explication mythique et pseudo-scientifique de l'origine des civilisations se voulait une alternative germanique à l'explication de l'origine de la vie. Hörbiger explique que la civilisation nordique est l'héritière directe d'une civilisation originelle, d'une civilisation-mère, celle de l'Atlantide. Cette théorie, qui se fonde entre autres sur les mythes germaniques et des poèmes héroïques comme l'*Edda* et sur des citations du *Faust* de Goethe, jouit d'une grande popularité dans les milieux conservateurs persuadés d'une mission historique de l'Allemagne. Le mythe de l'Atlantide est un sujet repris par ailleurs par un certain nombre d'auteurs *völkisch*, comme Edmund Kiß[13].

---

12. FAUTH Philipp, *Hörbigers Glacial-Kosmogonie. Eine neue Entwicklungsgeschichte des Weltalls und des Sonnensystems,* Hermann Kaysers Verlag, Kaiserslautern, 1913.

13. EDMUND KIß est l'auteur d'une tétralogie évoquant la destruction et la renaissance de l'Atlantide : *Das gläserne Meer* (1930), *Die letzte Königin von Atlantis* (1931), *Frühling in Atlantis* (1933), *Die Singschwäne von Thule* (1939). Sur les rapports entre le mythe de l'Atlantide et le national-socialisme, voir : HERMAND, *op. cit.*, p. 227-253.

La boucle est bouclée lorsque la prophétie révélée dans le monastère tibétain, dans les neiges de l'Himalaya, se réalise dans l'Arctique. Le monastère tibétain de Pangkong Tzo dans l'Himalaya est le pendant oriental des glaces de l'Arctique. Lieu de la transmission de la prophétie, il prépare les Surhommes choisis par le Destin à l'accomplissement de leur tâche dans le grand Nord européen. Il est aussi le refuge ultime et le lieu du Nirwana, suprême récompense des héros après leur phase active.

Nos jeunes sont également proches de la nature. Le sauvetage de l'humanité se fait, certes, dans des laboratoires sophistiqués, mais exclusivement à l'extérieur des villes, en contact direct avec une nature à la fois rude et protectrice. Dominik est ici proche de l'idéologie *Blut und Boden* augmentée d'un volet scientifique. Lorsque Johannes Harte commande aux éléments grâce à sa machine perfectionnée, fait baisser le niveau de la mer, émerger des continents, il s'agit d'une opération thérapeutique destinée non seulement à sauver l'humanité mais aussi à guérir la nature violentée.

Les héros comme nouveaux élus nietzschéens

Les héros de Dominik forment des Trinités liées par la volonté du destin. L'influence de Nietzsche est omniprésente dans les deux romans. Les héros doivent en particulier beaucoup à Zarathoustra. Ils apparaissent ainsi tout d'abord comme des champions du dépassement conformément à la maxime de Zarathoustra : « *Der Mensch ist Etwas, was überwunden werden muß* ».

En effet, nos héros ont poussé jusqu'à un degré proprement surhumain l'esprit de sacrifice et de renonciation. L'amitié qui les lie est le ciment de leur puissance et non l'amour d'une femme. Silverster Bursfeld tire de l'amitié de ses deux compagnons une force que ne peut lui procurer l'amour de sa femme Jane, car, comme le dit Zarathoustra, « *Noch ist das Weib nicht der Freundschaft fähig* ». Soma Atma semble avoir définitivement renoncé à l'amour d'une femme par la discipline mentale. Johannes Harte a toujours vécu seul. Les génies du mal dans les deux romans, le Dʳ Glossin et Guy Rouse, sont taraudés par des désirs inassouvis et littéralement dévorés par leur passion pour une femme. Ils sont incapables d'éprouver de l'amitié, leurs passions déchaînées les rendent brutaux, parjures et les condamnent à une fin misérable. La canalisation des passions par les pouvoirs mentaux, privilège viril, est la condition *sine qua non* de la lutte pour le Bien. Les couples qui se forment sont le fruit de relations plutôt romantiques. L'érotisme en semble singulièrement absent. Les héros de Dominik sont puissants mais pacifiques, ils sont maîtres de leur condition humaine et ont victorieusement combattu leurs faiblesses et leurs désirs. Le scientifique allemand devient ainsi l'incarnation du Surhomme nietzschéen en la personne de Silvester Bursfeld qui meurt d'épuisement après avoir achevé l'arme absolue. Le bonheur individuel ne fait pas partie de cette vision de la jeunesse, bien au contraire. C'est une jeunesse qui aurait sacrifié au devoir tout développement personnel, tout plaisir des sens et toute légèreté de l'être. Dominik se situe ici aux antipodes des mouvements de jeunesse alternatifs de son temps et représente plutôt une conception ultra-conservatrice de la jeunesse.

Mais la planète ne peut pas être sauvée du désastre sans la volonté d'acquérir et de conserver le pouvoir. Cette « volonté de puissance », ce « *Wille zur Macht* » nietzschéen prend chez Dominik un volet technologique. Puisque la tâche qui attend les Elus est surhumaine — il s'agit tout bonnement de sauver le monde — il faut une « force surhumaine[14] ». L'arme absolue, née de la volonté de puissance, sert au Bien de l'humanité. Ainsi, en 1955, la flotte américaine et la flotte britannique sont neutralisées, mais la vie des soldats est épargnée. En 2002, l'héritier réussit à mobiliser les forces telluriques afin que le Gulf Stream retrouve son cours naturel. Les jeunes héros réparent les sociétés humaines, puis la nature elle-même, violentée par une science pervertie.

Dominik s'attache aussi à présenter à ses jeunes lecteurs une continuité historique de la « mission allemande ». Ce n'est pas un hasard si *Die Macht der Drei* se conclut par un congrès à Berlin en 1955 qui renvoie au congrès de Berlin de 1878. Une fois de plus, l'Allemagne est l'arbitre des conflits internationaux. Le message de l'auteur est clair : la jeunesse nouvelle sortira l'Allemagne de son humiliation temporaire pour la mener vers de nouveaux sommets.

Le danger de démesure guette néanmoins nos héros si leur discipline se relâche. Erik Truwor quitte ainsi les voies de la sagesse et du self-control pour aspirer au pouvoir suprême lorsqu'un délire de désir de puissance s'empare de lui. Tel un Icare moderne, Truwor se lance dans son aéronef à l'assaut du ciel avec l'arme absolue, rompant ses liens d'amitié et pervertissant le message du Destin. Devenu une menace pour ses compagnons, il est pulvérisé. La maîtrise de pouvoirs naturels concentrés par le génie humain pour en faire une arme absolue renferme un danger mortel pour leur utilisateur. Chez Hans Dominik, les jeunes Elus sont certes des Surhommes mais pas des Dieux. Le pouvoir absolu leur a été confié par le Destin pour un usage déterminé. Ce ne sont que les instruments d'un Destin qui dépasse l'entendement humain, d'une Providence mystérieuse qui relève du mythe. L'auteur puise à la fois dans les mythes germaniques et la mythologie gréco-romaine, mais aussi dans une union mystique de l'Occident et de l'Orient. Le principe actif se corrompt s'il n'est pas canalisé par la sagesse. La jeunesse dans *die Macht der Drei* apparaît comme

---

14. *Atlantis, op. cit.*, p. 273 : « eine übermenschliche Kraft ».

imparfaite et fragile, quoique déjà surhumaine. La génération suivante, incarnée par Johannes Harte, aura connu une évolution plus profonde encore et résistera aux dangers de dysfonctionnements du self-control.

La civilisation nordique comme incarnation de la jeunesse salvatrice

Le but ultime de l'action de nos héros est l'avènement d'un ordre nouveau imposé par les hommes providentiels, la naissance d'un monde neuf, d'un monde jeune. Dominik utilise à de nombreuses reprises des termes comme « *Weltordnung* », « *Weltenwende* », « *Wende-Neugeburt* », alternatives du « *Weltuntergang* », qui est aussi une décadence morale. Soma Atma, qui fait le lien entre les deux romans, doit ainsi quitter l'isolement de son monastère pour compléter la contemplation orientale par l'action occidentale : « Va au milieu des Hommes pour leur annoncer le nouvel ordre des choses[15] ». Les gouvernements s'étant montrés imperméables aux avertissements de la « Puissance », il faut par conséquent prendre le pouvoir, contraindre les États pour le plus grand bien de l'humanité dans son ensemble : « L'humanité faisait la sourde oreille. Elle n'était pas capable de se gouverner elle-même. Il lui fallait un Maître[16] ». Hans Dominik se livre ici à un véritable éloge de la force inspiré de Nietzsche, une force non pas soumise à l'arbitraire des passions destructrices et aux lois du capitalisme international, mais contrôlée par l'impératif catégorique d'une nouvelle rigueur morale. Les deux romans se concluent de manière significative par la victoire totale de la « Puissance » sur les passions auto-destructrices de l'humanité. Mais il aura fallu convaincre par la force un monde prêt à persévérer dans l'erreur.

L'Allemagne apparaît dans les deux romans sous un jour exclusivement positif. On pourrait dire qu'il s'agit du pays jeune par excellence mais encadré par un monde viellissant qui contrarie son développement naturel. On peut associer la résurgence de l'Atlantide chez Dominik au fantasme colonial allemand, un fantasme qui devient, dans le monde fictionnel de l'an 2002, une réalité grâce à l'action d'une jeunesse nouvelle. Bloquée avant 1914 dans son expansion coloniale par les grands empires coloniaux, entraînée dans un conflit mondial par la concurrence économique internationale d'un monde soumis au capitalisme, privée en 1918, par ces mêmes empires, de ses maigres colonies, l'Allemagne retrouve avec l'Atlantide une compensation à ces pertes et remporte une victoire morale éclatante sur

---

15. *Die Macht der Drei, op. cit.*, p. 280 : « Gehe zu den Menschen. Ihnen die Neuordnung der Dinge zu verkünden ».

16. *Ibid.*, p. 320 : « Die Menschheit hörte nicht auf seine Worte. Sie war nicht fähig, sich selbst zu regieren. Sie brauchte den Herrn, der sie zwang ».

les anciens alliés pour lesquels les colonies ne représentaient qu'une source de revenus. L'Atlantide de Dominik doit apparaître pour le lecteur de 1924 comme l'incarnation d'un nouveau départ. Lorsque Uhlenkort fonde « Neu-Hamburg » sur les ruines émergées de l'ancienne capitale Atlantia, ce n'est pas la prise de possession violente d'un territoire à conquérir, mais un retour aux sources de la civilisation. L'Allemagne a non seulement trouvé sa « place au soleil », pour reprendre l'expression célèbre de Guillaume II, mais s'est affirmée comme une super-puissance scientifique et pacifique, assumant enfin sa mission historique de guide des peuples européens, lointains descendants des Atlantes : « L'Europe moribonde renaissait, éveillée par cet acte héroïque[17] ». La nouvelle Atlantide est « une terre nouvelle pour des millions » qui y trouveront enfin « une terre nouvelle », « une vie nouvelle[18] »…

Quant à Johannes Harte, une fois son œuvre titanesque accomplie, il rejoint Soma Atma dans les neiges de l'Himalaya : « Son but : changer le monde… et puis : le Nirwana[19] » . Il aura ainsi résisté à la tentation du pouvoir tyrannique, renoncé à utiliser sa machine pour des fins autres qu'altruistes.

Conclusion : mythe de la jeunesse et mythe de l'Allemagne nouvelle

Hans Dominik place très clairement au centre de ses romans ce qu'il croit être le rôle historique de l'Allemagne, incarné dans ses *technische Zukunftsromane* par la nouvelle jeunesse pure et purificatrice. Ce rôle de guide est légitimé par le recours au mythe et à la science dont l'image de la nouvelle jeunesse est la synthèse. La science n'a pas pour objectif de révéler l'inanité des mythes mais d'en révéler la profonde vérité. Ainsi Vineta, réduite à l'état de conte, ou l'Atlantide, reléguée dans le domaine mythologique, apparaissent-elles comme des réalités tangibles d'un passé lointain oublié par une humanité affaiblie et décadente. Leur renaissance marque le retour de l'Âge d'or après l'Âge d'airain des guerres et des passions destructrices. Certains aspects du Bouddhisme sont également instrumentalisés pour aboutir à un syncrétisme valorisant la nouvelle Allemagne et son extension, la nouvelle Atlantide. Mais contrairement à *Siddharta* de Hermann Hesse, œuvre par ailleurs contemporaine, publiée en 1922, la voie du Bouddha mise en scène par Dominik intègre l'usage de la force comme condition préalable à l'œuvre de pacification et au Nirwana.

---

17. *Atlantis, op. cit.*, p. 334 : « Das sterbende Europa war zu neuem Leben aufgewacht, erweckt durch die große Tat ».
18. *Ibid.*, p. 355 : « Neuland für Millionen (…) Neues Land. Neues Leben ».
19. *Ibid.*, p. 353 : « Weltwende sein Ziel… dann Nirwana ».

La synthèse d'optimisme scientifique, de citations de Nietzsche, de mythes germaniques, de mythologie gréco-romaine et de pièces rapportées de préceptes bouddhiques qui constitue le fondement de cette vision de la jeunesse s'avère compatible après 1933 avec la vision de la jeunesse véhiculée par l'idéologie nationale-socialiste. Le culte de la force a en effet constitué une arme de propagande particulièrement efficace pour manipuler la jeunesse à des fins bellicistes.

Die Macht der Drei et *Atlantis* manifestent un surinvestissement dans la jeunesse à une époque de pertes de repères. Le recours à l'utopie permet de donner forme à des désirs diffus et d'articuler des espoirs de renouveau, ce qui explique l'exceptionnelle popularité de ces romans auprès du public.

Stationen des Jugendkults in der deutschen Literatur zwischen 1900 und 1933

Klaus VONDUNG
Université de Siegen

Das erste Drittel des vergangenen Jahrhunderts wird durch den Ersten Weltkrieg nicht nur chronologisch in zwei Hälften geteilt; der große Krieg erscheint wie ein historischer Kataklysmus, in dem eine alte Welt, die bürgerliche Welt des 19. Jahrhunderts mit ihrem Individualismus und ihren Bildungswerten, verschlungen wurde und aus dem ein neues Zeitalter hervorging, das Zeitalter der Massengesellschaft und der politischen Massenbewegungen mit einer neuen, skrupellosen Bereitschaft zu Zerstörung und Gewalt. Es liegt auf der Hand, daß dieser Kataklysmus auch Auswirkungen darauf hatte, was wir hier 'Jugendkult' nennen und auf dessen literarische Repräsentation.

Ich will bei meinem Überblick über den Jugendkult in der deutschen Literatur zwischen 1900 und 1933 nicht chronologisch verfahren, sondern ansetzen in dieser Mitte, die zugleich Kluft und Übergang ist, und von hier aus den Blick zurück in die wilhelminische Zeit und nach vorn in die Weimarer Republik werfen, um die charakteristischen Merkmale des literarischen Jugendkults in ihrer Veränderung zu fassen. Exemplarisches Vorgehen dient der Anschaulichkeit; ich gehe aus von Walter Flex' autobiographischem Bericht *Der Wanderer zwischen beiden Welten*, 1916 erschienen, und Ernst Tollers Drama *Die Wandlung*, entstanden 1917. Die beiden Texte sind — mit ihren Autoren — denkbar verschieden, und verschieden ist ihre literarische Vergegenwärtigung von Jugend im Krieg. Gleichwohl gibt es unterschwellige Gemeinsamkeiten, Fortwirkungen des Jugendkults der Vorkriegszeit, und in beiden Texten sind künftige Entwicklungen *in nuce* schon angelegt.

Walter Flex, geboren 1887 als Sohn eines Gymnasialprofessors und nach seinem Studium der Germanistik und Geschichte Erzieher eines

Bismarck-Enkels, war geprägt vom Geist und Milieu des Bildungsbürger-tums, das im Kaiserreich die klassischen Bildungsideale, protestantisches Christentum und preußische Tradition mit deutschem Nationalstolz amal-gamierte; diese Mischung erhielt bei ihm durch Wandervogel-Erlebnisse und einen Schuß Nietzsche einen zusätzlichen, durchaus zeittypischen jugendspezifischen Akzent. Sein Kriegsbericht *Der Wanderer zwischen bei-den Welten*, der dem gefallenen Freund Ernst Wurche gewidmet ist, feiert die Ideale einer reinen und keuschen Männlichkeit und eines unaufdring-lichen Heldentums, das im Krieg durch beispielhaftes Vorleben und Vorsterben Vorbild einer neuen Gemeinschaft zu werden verspricht. Flex, der 1917 auf der Insel Ösel im Baltikum fiel, bei einer Reiterattacke, die im Vergleich mit dem massenhaften Krepieren durch technische Massenvernichtungsmittel im Westen ebenso heroisch-ritterlich wie ana-chronistisch erschien, wurde zum Idol der nationalistischen Jugend, *Der Wanderer zwischen beiden Welten* zu einem Bestseller.

Ernst Toller, geboren 1893, stammte aus einem ganz anderen Milieu, er war der Sohn eines jüdischen Kaufmanns und wuchs in der überwie-gend polnisch und jüdisch besiedelten preußischen Provinz Posen auf. 1914 meldete er sich freiwillig, in der Hoffnung, durch den Kriegsdienst ein vollgültiges Mitglied der neuen deutschen Volksgemeinschaft zu werden; aus dem Feld bat er darum, ihn aus der Liste der jüdischen Gemeinschaft zu streichen. Doch die Erfahrungen im Stellungskrieg vor Verdun waren vernichtend. 1916 wurde er, krank, aus der Armee entlassen. Er wandte sich dem Sozialismus zu und schrieb 1917 sein erstes Drama, *Die Wandlung*, das 1919 erstaufgeführt wurde. Inhalt des Dramas ist der Weg des jungen Mannes Friedrich durch das Grauen des Kriegs zum Glauben an die « Neugeburt der Menschheit[1] ». Der Krieg wird Friedrich zur Passion; in mystifizierenden Szenen stirbt er und wird wiedergeboren. Dadurch verwandelt er sich in den 'neuen Menschen', der gemeinsam mit der Jugend die Neugeburt der Menschheit einleiten wird.

Die beiden Texte, die mir als Fokus dienen, enthalten jeweils eine Schlüsselszene, an der sich literarische Charakteristiken des Jugendkults im Übergang zwischen Herkommen und Neuerung fassen lassen. Ich will die beiden Szenen kurz vorstellen.

Im *Wanderer zwischen beiden Welten* schildert Flex einen ruhigen warmen Frühlingstag an der Ostfront, der die Kameraden zu einem Bad im nahe-gelegenen Fluß verlockt. « Dann lagen wir lange in dem reinlichen Gras und ließen uns von Wind und Sonne trocknen. Als letzter sprang der Wandervogel [i.e. Wurche] aus den Wellen. Der Frühling war ganz wach und klang von Sonne und Vogelstimmen. Der junge Mensch, der auf uns zuschritt, war von diesem Frühling trunken. Mit rückgeneigtem Haupte

---

1. TOLLER Ernst, *Die Wandlung*, in Ders., *Prosa, Briefe, Dramen, Gedichte*, Reinbek, 1961, S. 280.

ließ er die Maisonne ganz über sich hinfluten, er hielt ihr stille und stand mit frei ausgebreiteten Armen und geöffneten Händen da. Seine Lippen schlossen sich zu Goethes inbrünstigen Versen auf, die ihm frei und leicht von den Lippen sprangen, als habe er die ewigen Worte eben gefunden, die die Sonne in ihn hinein und über Herz und Lippen aus ihm herausströmte :

> Wie im Morgenglanze
> Du rings mich anglühst,
> Frühling, Geliebter!
> Mit tausendfacher Liebeswonne
> Sich an mein Herz drängt
> Deiner ewigen Wärme
> Heilig Gefühl,
> Unendliche Schöne!
> Daß ich dich fassen möcht'
> In diesen Arm!

Feucht von den Wassern und von Sonne und Jugend über und über glänzend stand der Zwanzigjährige in seiner schlanken Reinheit da, und die Worte des Ganymed kamen ihm schlicht und schön und mit einer fast schmerzlich hellen Sehnsucht von den Lippen. 'Da fehlt nur ein Maler!' sagte einer von uns[2]. »

In der Szene aus Tollers *Wandlung*, die mir Schlüsselfunktion zu haben scheint, spricht der wiedergeborene Friedrich vor einer Volksversammlung. Student und Studentin rufen : « Du sei uns Führer! » Friedrich antwortet mit einer Vision :

> Nun öffnet sich, aus Weltenschoß geboren
> Das hochgewölbte Tor der Menschheitskathedrale.
> Die Jugend aller Völker schreitet flammend
> Zum nachtgeahnten Schrein aus leuchtendem Kristall.
> Gewaltig schau ich strahlende Visionen.
> Kein Elend mehr, nicht Krieg, nicht Haß,
> Die Mütter kränzen ihre lichten Knaben
> Zum frohen Spiel und fruchtgeweihtem Tanz.
> Du Jugend schreite, ewig dich gebärend,
> Erstarrtes ewig du zerstörend,
> So schaffe Leben gluterfüllt vom Geist.
>
> *Die jungen Menschen fassen sich an den Händen, zu zweien oder dreien*
> *verlassen sie den Saal*[3].

Bevor ich die beiden Szenen kommentiere und von ihnen aus den Blick auf weitere Texte richte, sei ein grundlegender Sachverhalt angesprochen : Die Repräsentanten der Jugend in Flex' Kriegsbericht und Tollers Drama

---

2. FLEX Walter, *Der Wanderer zwischen beiden Welten. Ein Kriegserlebnis.* Heusenstamm 1979, S. 27-29.
3. TOLLER, *Die Wandlung*, S. 277.

sind Jünglinge, junge Männer, und dasselbe gilt für die überwiegende Zahl der literarischen Werke vor und nach dem Ersten Weltkrieg, bei denen man von 'Jugendkult', also einer überhöhten, geradezu religiösen Verehrung und Zelebration von Jugend sprechen kann. Ein gewisser 'Kult' um Mädchen und junge Frauen wird vor 1914 am ehesten noch dann getrieben, wenn sie — nach den Vorbildern der Marie Bashkirtseff und Maeterlincks *Princesse Maleine* — als *femme fragile* oder *femme enfant* erscheinen, unschuldig, scheinbar asexuell und oft früh sterbend, aber diesen jungen Mädchen fehlt — in den Augen der männlichen Autoren — ein entscheidendes Kriterium, das eine kultische Verehrung, wie sie Jünglingen entgegengebracht wird, überhaupt rechtfertigt und auf das ich gleich zu sprechen komme.

Nun also zu den beiden zitierten Szenen : Obwohl sie inhaltlich ganz verschieden sind und unterschiedliche Bedeutung in ihrem jeweiligen Kontext besitzen, präsentieren sie 'Jugend' in ähnlicher Weise. Da ist zunächst die Schönheit, die beide junge Männer umgibt, bei Flex vergegenwärtigt im Bild des nackten Jünglings in der Frühlingssonne, bei Toller im bildhaften Ambiente der Vision Friedrichs. Schönheit ist verbunden mit Reinheit. Flex schreibt sie dem schönen jungen Menschen *expressis verbis* zu, bei Toller lassen die Bilder des « Kristalls » und der « lichten Knaben » Reinheit assoziieren. Vor allem aber verleihen beide Szenen der Jugend jene Aura, die den Begriff des 'Jugendkults' überhaupt veranlaßt hat, die Aura übersteigerter, geradezu religiöser Verehrung und Zelebration. Flex zeichnet den von der Sonne überglänzten Jüngling, der Goethes Hymnus auf den zu den Göttern entrückten Ganymed rezitiert, wie einen strahlenden jungen Gott ; an anderer Stelle heißt es : « Der ebenmäßige Mensch in seiner jungen Schlankheit stand selbst wie ein Dankesmal der Schöpfung in dem hellprangenden Gottesgarten, und von seinen frischen Lippen ging ein Hauch religiösen Frühlings über Erde und Menschen hin[4]. » Bei Toller verleiht die « Menschheitskathedrale » der Jugend religiöse Aura. Und in beiden Szenen finden wir kultischen Gestus ; Gehen wird zum rituellen « Schreiten », Jugend wird wie etwas Heiliges zelebriert. Der Grund für diese Zelebration und Überhöhung durch religiöse Bildlichkeit ist das Heilsversprechen, das der Jugend — und hier sei noch einmal unterstrichen : repräsentiert oder zumindest geführt durch junge Männer — beigelegt wird, das Versprechen eines neuen, gewandelten Menschen und einer neuen, besseren Welt. Flex und Toller hatten zweifellos unterschiedliche Vorstellungen, wie diese neue Welt im einzelnen aussehen sollte, aber daß die Jugend sie herbeiführen würde, darin waren sie eines Glaubens.

---

4. FLEX, *Der Wanderer zwischen beiden Welten*, S. 52.

Die Wesensmerkmale, die Flex und Toller der Jugend zuschreiben, weisen zurück in die Vorkriegszeit. Zumal Flex' Schilderung des jungen Wurche weckt Erinnerungen. Wenn er den nackten schlanken Jüngling nach dem Bade, von der Sonne überglänzt, « mit rückgeneigtem Haupt » und « frei ausgebreiteten Armen und geöffneten Händen » präsentiert und dieses Bild durch einen Kameraden mit den Worten kommentieren läßt : « Da fehlt nur ein Maler », so war jedem zeitgenössischen Leser bewußt, daß das Bild tatsächlich schon gemalt worden war. Wohl kaum ein Bild war in der Jugendbewegung, gleich welcher Ausrichtung, so bekannt wie Fidus' *Lichtgebet* (siehe **Illustration 31**). Fidus hatte das Bild, von dem es ältere Vorstufen gab, für den Freideutschen Jugendtag auf dem Hohen Meißner 1913 zum An-dachtsbild in Postkartenformat gestaltet ; es fand — auch in den folgenden Jahren — reißenden Absatz[5]. Aber auch andere Maler hatten schon nackte Jünglinge in dieser Pose gemalt, Max Klinger, Hans Thoma, Paul Bürck, Ludwig Fahrenkrog ; und es gab künstlerische Fotografien mit diesem Motiv in der Nacktkulturszene, vielleicht ange-regt durch die Gemälde[6] (siehe **Illustrationen 33, 34, 35** et **36**).

Die motivische Verknüpfung von Jugend und Schönheit besitzt ein unmittelbares Vorbild in der Décadence und im Dandytum des ausge-henden 19. Jahrhunderts, literarisch repräsentiert z. B. durch Oscar Wildes *Dorian Gray* oder Stefan Georges *Algabal*. Doch während dort die schönen Jünglinge in die künstlichen Paradiese artifiziell stilisierter Interieurs plaziert wurden, erscheinen sie nun, in der Zeit des Jugendstils und der Lebensreform, unter freiem Himmel. Und während die dekadenten Dandys Lust und Gewalt ins ästhetische Spiel mischten, ist die neue Jugend unschuldig. Nacktheit in Licht und Luft bedeutet Reinheit. Dies ist moralisch gemeint, aber auch im Blick auf Sexualität. Die nackten Jünglinge in freier Natur postulieren eine unschuldige Körperlichkeit fern von Schwüle und jenseits aller Laster. Dasselbe gilt für die nackten jungen Mädchen, Gegenbilder der lasziven und männermordenden *femmes fatales* des Fin de siècle, die allerdings in der bildenden Kunst eher auftauchen als in der Literatur. Die entsprechenden Bilder schließen unterschwellige erotische Sehnsüchte natürlich nicht aus ; die Darstel-lungen nackter Jünglinge verraten überdies homoerotische Phantasien. Grundsätzlich läßt sich sagen, daß die in Kunst und Literatur so auffällig postulierte Reinheit ein umfassendes Verlangen nach 'Entmischung' zum

---

5. Vgl. FRECOT Janos, GEIST Johann Friedrich, KERBS Diethart, *Fidus 1868-1948. Zur ästhetischen Praxis bürgerlicher Fluchtbewegungen.* München 1972, S. 296 ; JANZ Rolf-Peter, « Die Faszination der Jugend durch Rituale und sakrale Symbole. Mit Anmerkungen zu Fidus, Hesse, Hofmannsthal und George » in KOEBNER Thomas, JANZ Rolf-Peter & TROMMLER Frank (Hrsg.), « *Mit uns zieht die neue Zeit.* » *Der Mythos Jugend*, Frankfurt a.M., 1985, S. 233.

6. Vgl. BUCHHOLZ Lai, LATOCHA Rita, PECKMANN Hilke & WOLBERT Klaus (Hrsg.), *Die Lebensreform. Entwürfe zur Neugestaltung von Leben und Kunst um 1900*, Bd. 2. Darmstadt, 2001, S. 135, 191, 208 f., 212.

Ausdruck bringt, ein Verlangen, das Moralisches und Sexuelles einschließt, aber darüber hinaus in allen Lebensbereichen auf Klarheit und Eindeutigkeit zielt, gegen Komplexität, Unüberschaubarkeit, 'Verunreinigung'.

Es sei an dieser Stelle wenigstens kurz auf einen Bestand literarischer Werke verwiesen, die in Auseinandersetzung mit den repressiven Moralvorstellungen und den autoritären gesellschaftlichen Verhältnissen der wilhelminischen Zeit die Familien- und Schulprobleme der Heranwachsenden und ihre schwierige oder scheiternde Identitätsfindung thematisierten, ihre 'Geschlechtsnot' und ihre sexuellen Befreiungsversuche, pubertäre Homoerotik, später auch ödipale Konflikte und schließlich eine dezidierte Revolte gegen die Väter; die Reihe beginnt mit den Dramen *Frühlingserwachen* (1891) von Frank Wedekind und *Jugend* (1893) von Max Halbe, setzt sich fort mit Hermann Hesses Roman *Unterm Rad* und Robert Musils Erzählung *Die Verwirrungen des Zöglings Törleß* (beide 1906) und reicht bis zu den expressionistischen Dramen *Der Sohn* (1914) von Walter Hasenclever, *Der junge Mensch* (1919) von Hanns Johst und *Geburt der Jugend* (1914) und *Vatermord* (1920) von Arnolt Bronnen. Ihnen wird mit den Folgen des Ersten Weltkriegs ein Gutteil ihres Protestpotentials entzogen, und da auch das Moment der geradezu religiösen Zelebration von Jugend in diesen Werken weniger im Vordergrund steht, werde ich auf sie nicht weiter eingehen.

Paradebeispiele für solch quasi-religiöse Zelebration in der Literatur der Vorkriegszeit sind bei Stefan George zu finden. Nach dem dekadenten, Tod und Untergang zugeneigten Algabal verband George nach der Jahrhundertwende die Schönheit der Jugend mit « Lauterkeit », also Reinheit und Unschuld, und maß ihr ein Zukunfts-, ja Heilsversprechen zu. Schon 1901 schrieb er in einem Merkspruch der *Blätter für die Kunst*: « Die jugend die wir vor uns sehen gestattet uns den glauben an eine nächste zukunft mit höherer lebensauffassung vornehmerer führung und innigerem schönheitsbedürfnis[7]. » Seinen Höhepunkt jedoch erlebte der Jugendkult in dem « Gedenkbuch » *Maximin* von 1907, aufgenommen dann in die Gedichtsammlung *Der siebente Ring*. 1902 hatte George den schönen und begabten Gymnasiasten Maximilian Kronberger kennengelernt, der 1904 einen Tag nach seinem 16. Geburtstag starb. In der Vorrede schon zu seinem Gedenkbuch stilisierte George die Szene der ersten Begegnung mit dem Knaben zu einem fast epiphanischen Ereignis: « Er kam uns aus dem siegesbogen geschritten mit der unbeirrbaren festigkeit des jungen fechters und den mienen feldherrlicher obergewalt », um ihn dann zum Repräsentanten künftigen Heils zu erklären, ausgestattet mit den Attributen göttlicher Reinheit wie Potenz: « Wir erkannten

---

7. GEORGE Stefan, *Einleitungen und Merksprüche der Blätter für die Kunst*. Düsseldorf u. München 1964, S. 31.

in ihm den darsteller einer allmächtigen jugend wie wir sie erträumt hatten, mit ihrer ungebrochenen fülle und lauterkeit die auch heut noch hügel versetzt und trocknen fusses über die wasser schreitet — einer jugend die unser erbe nehmen und neue reiche erobern könnte[8]. » In den Gedichten dann zelebriert George die Divinisierung des Jünglings zur Erlösergestalt mit Hilfe des Bildarsenals, das wir aus Erlösungsszenen kennen : Einbrechen des Lichts in die Finsternis, Aufblühen aus der Dürre, Erweckung aus Müdigkeit und Krankheit, Befreiung aus Dumpfheit und Bedrängnis.

> Dem bist du kind · dem freund.
> Ich seh in dir den Gott
> Den schauernd ich erkannt
> Dem meine andacht gilt.
>
> Du kamst am letzten tag
> Da ich von harren siech
> Da ich des betens müd
> Mich in die nacht verlor :
>
> Du an dem strahl mir kund
> Der durch mein dunkel floss ·
> Am tritte der die saat
> Sogleich erblühen liess[9].

Zwei Jahre nach der Veröffentlichung des Gedenkbuchs *Maximin*, in der Einleitung zu seiner Umdichtung der *Sonnette* von Shakespeare, ließ George verlauten, welchen « gehalt » man in seinem Maximin-Erlebnis zu erkennen habe : « die anbetung vor der schönheit und den glühenden verewigungsdrang[10] ». Mit Blick auf den frühen Tod Maximins bedeutet dies implizit : Die religiöse Zelebration der Jugend geht in letzter Konsequenz so weit, daß man jung sterben muß, um die Jugend zu verewigen; und : der Tod im Glanz der Jugend ist Voraussetzung für die Divinisierung :

> In eurem schleppenden und kalten jahre
> Brach nun ein frühling neuer wunder aus
> Mit blumiger hand mit schimmer um die haare
> Erschien ein gott und trat zu euch ins haus[11].

Die Divinisierung des abgeschiedenen Jünglings zu zelebrieren, ist Aufgabe des priesterlichen Dichters :

---

8. GEORGE Stefan, « Vorrede » zu *Maximin. Ein Gedenkbuch*, Berlin, 1907, zitiert nach *Stefan George 1868/1968. Der Dichter und sein Kreis,* Ausstellungskatalog Deutsches Literaturarchiv Marbach, 1968, S. 181.
9. GEORGE Stefan, « Kunfttag I », in *Werke. Ausgabe in vier Bänden*, Bd. 2, München, 1983, S. 59.
10. Zitiert nach *Stefan George 1868 /1968. Der Dichter und sein Kreis*, S. 183.
11. GEORGE Stefan, « Auf das leben und den tod Maximins. Das erste. » in *Werke. Ausgabe in vier Bänden*, S. 64.

Nun dringt dein name durch die weiten
Zu läutern unser herz und hirn.
Am dunklen grund der ewigkeiten
Entsteigt durch mich nun dein gestirn[12].

Für die Rezeption des im frühen Tod verklärten Jünglings wohl noch folgenreicher als Georges *Maximin* war Rilkes *Weise von Liebe und Tod des Cornets Christoph Rilke*. Zum erstenmal 1904 und in endgültiger Fassung 1906 erschienen, eröffnete die kleine Prosadichtung 1912 als Band 1 die neu gegründete *Insel-Bücherei* und hatte in dieser Ausgabe einen ungeheuren Publikumserfolg. Auch um Rilkes achtzehnjährigen Cornet fügen sich die Epitheta der Schönheit und Reinheit zur sakralisierenden Aura, selbst in der Liebesnacht vor seinem Tod in der Schlacht : « Und nun ist nichts an ihm. Und er ist nackt wie ein Heiliger. Hell und schlank[13]. » Das Bild, das Walter Flex von seinem jungen Kriegskameraden Wurche zeichnete, erscheint wie ein Amalgam aus Fidus' *Lichtgebet* und Rilkes *Cornet*. Und die verewigende Wirkung des frühen Todes, den George als Gehalt des *Maximin* bezeichnete, propagierte auch Flex; im Zwiegespräch mit dem gefallenen Freund läßt er diesen sagen : « Weißt du nichts von der ewigen Jugend des Todes ? Das alternde Leben soll sich nach Gottes Willen an der ewigen Jugend des Todes verjüngen[14]. » Es ist nur eine zufällige zusätzliche Koinzidenz, wenn auch eine stimmige, daß Flex selbst einen Reitertod mit gezücktem Säbel starb, so wie Rilkes Cornet unter den Säbeln der Türken.

Die literarischen Verklärungen früh gestorbener Jünglinge, zumal diejenige des in der Schlacht gefallenen Cornet, weisen voraus auf entsprechende literarische Zelebrationen im Ersten Weltkieg. Freilich ist der Tod auf dem Schlachtfeld jetzt realer Erfahrungshintergrund. Dies zwingt die literarischen Verarbeitungen des Kriegserlebnisses dazu, nach dem Sinn des Todes so vieler junger Männer zu fragen. Und wenn die Sinnlosigkeit des Sterbens in diesem Krieg nicht akzeptiert oder sogar ausdrücklich betont wird, wie z.B. von den Dadaisten, so lautet die Antwort : Für die Einlösung des Zukunfts- und Heilsversprechens, das der Jugend zugemessen wurde, ist der Schlachtentod der Jünglinge ein *notwendiges Opfer*. In dieser Deutung macht sich eine apokalyptische Sehweise geltend, wie sie seit Kriegsbeginn die Interpretationen des Kriegsgeschehens auch im größeren Maßstab bestimmte : Der Erlösung, wie immer sie verstanden wurde, machtpolitisch, gesellschaftlich, existentiell, gehen notwendigerweise Tod und Untergang voraus. Die im Krieg gefallenen Jünglinge erscheinen in der apokalyptischen Perspektive als

---

12. GEORGE, « Auf das leben und den tod Maximins. Das sechste. », Ebd., S. 68.
13. RILKE Rainer Maria, « Die Weise von Liebe und Tod des Cornets Christoph Rilke » in Ders., *Werke in drei Bänden*, 3. Bd. Frankfurt a.M. 1966, S. 102.
14. FLEX, *Der Wanderer zwischen beiden Welten*, S. 101.

Märtyrer, ihr Tod wird als Passion verstanden. In Tollers *Wandlung* endet der junge Mann Friedrich, nachdem er im Krieg war und verwundet wurde, im Gefängnis und stirbt dort ; die Mitgefangenen kommentieren :

> Bruder, deine Worte künden Wege.
> Gekreuzigt wolln wir uns befrein.
> Gekreuzigt wolln wir uns erlösen
> Zu hoher Freiheit auferstehn[15].

Der auferstandene Friedrich schickt sich an, « den Sieg der Menschheit zu gestalten[16] ».

Wie der Zustand der Erlösung, für den die jungen Männer ihr Leben opfern, im einzelnen aussehen soll, bleibt während des Kriegs noch vage und wird mit eher unverbindlichen Metaphern umschrieben. Flex läßt von Wurches Lippen einen « Hauch religiösen Frühlings über Erde und Menschen » hingehen. Toller legt Friedrich die Vision einer von der Jugend geschaffenen « Menschheitskathedrale » in den Mund. Zwar endet sein Drama mit Friedrichs Aufruf zur Revolution, aber eine genauere politische und gesellschaftliche Zielbestimmung findet nicht statt.

Stefan Zweig bemerkte im Rückblick auf die Jugend vor 1914 : « Wir hatten nicht das geringste Interesse für politische und soziale Probleme[17]. » Dies galt natürlich nur für die aus gutbürgerlichen Häusern stammenden, an Kunst und Literatur interessierten Jugendlichen, die dann selbst zu Schriftstellern wurden. In der Tat ist in der Literatur vor 1914 die Behandlung des Themas 'Jugend' bemerkenswert frei von politischen Akzenten, selbst dort, wo es um die Befreiung von bürgerlichen Moralvorstellungen und väterlichen Autoritäten geht. Und wenn, wie bei George, der Jugend eine Führerrolle zuerkannt wird, so ist es eine geistige. Daß viele junge Leute damals nicht gewohnt waren, politisch zu denken, merkt man auch Flex und Toller an ; gleichzeitig aber wird deutlich, daß sich dies unter dem Eindruck des Kriegs zu ändern beginnt. Die Führerrolle, die der Jugend nun zugeschrieben wird, beschränkt sich nicht mehr auf das Geistige. Flex zeichnet den jungen Leutnant Wurche als exemplarischen militärischen Führer und dessen Führerqualitäten als paradigmatische männliche Tugenden. In Tollers *Wandlung* ist zwar immer noch viel von der Erfüllung und Befreiung durch den Geist die Rede[18], aber Friedrich nimmt zum Ende des Dramas hin eindeutig den Charakter eines politischen Führers an, auch wenn noch vage bleibt, wohin die von ihm propagierte Revolution führen soll.

Was sich bei Flex und Toller an Neuem andeutet, weist voraus auf einige charakteristische Merkmale der literarischen Deutung und Gestaltung

---

15. TOLLER, *Die Wandlung*, S. 272.
16. Ebd., S. 282.
17. ZWEIG Stefan, *Die Welt von Gestern. Erinnerungen eines Europäers.* Frankfurt a.M. 1970, S. 58.
18. TOLLER, *Die Wandlung*, S. 284.

von Jugend in der Weimarer Zeit, soweit sich diese noch als 'Jugendkult', als quasi-religiöse Zelebration von Jugend präsentiert : die Politisierung und Militarisierung der Jugend und jugendlichen Führertums sowie die apokalyptische Perspektive, die den Tod junger Männer als Märtyrertod, als notwendiges Opfer für die Erlösung in einer neuen Zeit erscheinen läßt, als eine Art von 'Passion'. Beide Merkmale lassen sich sowohl in den Werken sozialistisch gesinnter Schriftsteller finden, als auch in denen nationalistischer oder nationalsozialistischer Autoren, wobei freilich der Inhalt der neuen Zeit, die durch die apokalyptische Aktion herbeigeführt werden sollte, unterschiedlich gezeichnet wird. Aber auch neue Entwicklungen lassen sich beobachten.

Das apokalyptische Weltbild, das Toller in der *Wandlung* entwarf, war Ausfluß einer ideologischen Position, die man — eine Selbstcharakterisierung Johannes R. Bechers benützend — « Gefühlskommunismus » nennen kann[19]. Viele junge Schriftsteller, vor allem Expressionisten, neigten während der Revolutionszeit und der ersten Jahre der Weimarer Republik zu solchem Gefühlskommunismus. Er prägt auch Bernhard Kellermanns Roman *Der 9. November* von 1921, der mit seiner apokalyptischen Deutung des Kriegs, der literarischen Zelebration eines jungen Märtyrers und auch mit seinem expressionistischen Sprachgestus noch sehr nah an Tollers *Wandlung* steht. Held des Romans ist der junge invalide Soldat Ackermann, in dessen Visionen das letzte Kriegsjahr als apokalyptisches Szenarium erscheint. In Berlin erlebt er die Zersetzung der gesellschaftlichen Ordnung und der Moral als Vorzeichen der totalen Vernichtung. Zugleich aber zeigen sich schon die Vorboten des « kommenden Menschenreichs auf Erden ». Ackermann selbst fühlt sich « auserwählt und berufen [...], das Reich zu bereiten, das Reich des neuen Menschen[20] ». Aber er weiß, daß er dafür die Passion leiden muß. Nachdem er ausrückende Soldaten und die sie begleitenden Mütter und Bräute zu Brüderlichkeit aufgerufen hat, stirbt er, geschlagen und verfolgt von der Polizei. Der Roman endet in der Erwartung der Revolution, mit der Begrüßung der roten Fahnen : « Es sind die Jungen, die gekommen sind, die neuen Gesichter, die Kühnen und Wollenden », die « Vorboten des kommenden Menschen, [...] die dem neuen Reiche vorauseilen ». — « Hoch über dem Strom der Köpfe aber zieht Ackermanns Geist dahin[21]. »

Im weiteren Verlauf der Weimarer Republik legten die links orientierten Schriftsteller ihren Gefühlskommunismus ab, wie schon die selbstkritische Charakterisierung Bechers von 1924 erkennen ließ, und die Zelebration

---

19. BECHER Johannes R., *Arbeiter, Bauern, Soldaten. Entwurf zu einem revolutionären Kampfdrama.* (Bemerkungen zur Umarbeitung, datiert 1. Mai 1924.) in *Gesammelte Werke*, Bd. 8, *Dramatische Dichtungen*, Berlin u. Weimar, 1971, S. 104.

20. KELLERMANN Bernhard, *Der 9. November*, Berlin, 1921, S. 357.

21. Ebd., S. 442, 475.

junger Männer als Märtyrer und Heilsbringer war kein literarisches Thema mehr. Dies hatte politische und ideologische Gründe und war zugleich Resultat eines neuen Stils, der 'neuen Sachlichkeit'. Der Schriftsteller und Journalist Heinz Liepmann erklärte 1930 in der *Weltbühne*, « daß die Mode der Jungen Generation vorbei ist », und er begründete sein Verdikt mit der These, « daß Alter und Jugend zu den mechanischen Begriffen gehören, die ebenso viel und ebenso wenig für einen Künstler besagen wie seine Körpergröße oder Anzugfarbe[22]. »

Im Jahr zuvor schon hatte Kurt Pinthus eine noch aufschlußreichere Diagnose gestellt. Er, der in der Revolutionszeit selbst zu apokalyptischer Weltsicht geneigt hatte, war mit der Figur des Jünglings als Opfer, Märtyrer und Heilsbringer wohl vertraut und daher sensibel für die neuen Tendenzen. — « Der Jüngling : Typ rebellierender Untergangsahnung der Vorkriegszeit. Typ aufbrüllenden Schlacht-Opfers, Typ menschlichkeitsheischenden Zukunftswillens, – diese übersteigerte Jünglingsgestalt rief in übersteigerter Sprache übersteigerte Proteste, Forderungen, Ideen heraus, deren Form und Formulierung damals — so — notwendig und wirksam war. In Lyrik, Drama, Erzählung war der Jüngling Zentralfigur, deren Leuchten die anderen Gestalten überhaupt erst ins Licht riß. Es scheint, daß Glut und Wut dieses Jünglingstyps jetzt verlodert ist… und aus der Asche des Hingesunkenen steigt triumphierend hervor : der Mann. Der Mann oder Männer, selbst wenn dem Alter nach Jünglinge oder Knaben, sind Helden der charakteristischsten Bücher und Dramen der letzten Jahre. Nicht auf das Jünglingstum, — auf das Mannwerden oder Mannsein kommt es an. Der Stil dieser Bücher, tastend versucht oder natürlich gekonnt, ist unpathetisch, unsentimental, schmucklos und knapp; manche nennen diese Technik : 'Neue Sachlichkeit'[23]. » Als Beispiele nannte Pinthus u.a. die Romane *Jahrgang 1902* von Ernst Glaeser, *Prüfung zur Reife. Roman eines jungen Menschen* von Karl Otten (beide 1928) und *Josef sucht die Freiheit* von Hermann Kesten (1927). Die Liste an Romanen, die Jugend in nüchterner, wenn nicht ernüchterter, desillusionierter Sicht darstellten, ließe sich für die Zeit nach Pinthus' Artikel noch ergänzen um Kestens *Ein ausschweifender Mensch*, Peter Martin Lampels *Verratene Jungen* (beide 1929), Glaesers *Frieden* und Wilhelm E. Süskinds *Jugend* (beide 1930).

Als « programmatisch » für die « Tatsache, daß immer häufiger in neueren Stücken der Mann den Jüngling ablöst », verstand Pinthus den Titel von Brechts *Mann ist Mann*[24]. Andererseits war es gerade Brecht, bei dem

---

22. LIEPMANN Heinz, « Das Ende der jungen Generation » in *Die Weltbühne* 26 (29.7.1930), Nr. 31, S. 171-173 ; zitiert nach KAES Anton (Hrsg.), *Weimarer Republik. Manifeste und Dokumente zur deutschen Literatur 1918-1933*, Stuttgart, 1983, S. 663.
23. PINTHUS Kurt, « Männliche Literatur » in *Das Tagebuch* 10 (1.6.1929), H. 1, S. 903-911 ; zitiert nach KAES (Hrsg.), *Weimarer Republik*, S. 328.
24. Ebd., S. 333.

es noch einen Nachklang der Zelebration jugendlichen Märtyrertums gab, in dem Lehrstück *Die Maßnahme* (1930). Das Selbstopfer des « jungen Genossen », das erbracht werden muß, um das große Ziel, die « Revolutionierung der Welt », nicht zu gefährden[25], ist auch hier Bestandteil einer apokalyptischen Weltdeutung, der zufolge Erlösung nur durch Vernichtung zu erlangen ist. Und die Vernichtung der alten Welt und ihrer Repräsentanten kann unter Umständen das Selbstopfer einschließen :

> Aber nicht andere nur, auch uns töten wir, wenn es nottut
> Da doch nur mit Gewalt diese tötende
> Welt zu ändern ist[26].

Daß es ein « junger Genosse » ist, der das Selbstopfer erbringt, wird mit dessen jugendlicher Unbesonnenheit begründet; das Motiv hat sich also von der Auffassung entfernt, Jugend als solche verkörpere ein Heilsversprechen. Dies wäre ja auch nicht marxistisch gedacht. In den anderen Lehrstücken Brechts, die man ebenfalls als « Passionsstücke » verstehen kann, « die das christliche Motiv des einverständigen Selbstopfers variieren[27] », ist denn auch Jugend kein bedeutungstragendes Motiv.

Je näher Schriftsteller um 1930 der kommunistischen Parteilinie standen, desto eher wurde kultische Zelebration auf die Partei oder auf Stalin übertragen. Kultische Verehrung wurde literarisch also weiter betrieben, und sie schloß auch das Selbstopfer ein, nun der Parteigenossen. Dies Selbstopfer war nicht notwendigerweise ein Opfer des Lebens, sondern das Selbst-Opfer im Sinne der Aufgabe eigener Individualität zu Gunsten des Kollektivs. Johannes R. Becher hatte 1919 noch ein « dramatisches Gedicht » veröffentlicht, *Ikaros*, in dem der mythische Jüngling als allegorische Figur benutzt wird, um die Befreiung aus dem Gefängnis der 'alten Welt' zu versprechen. 1931 veröffentlichte Becher die chorische Dichtung *Der große Plan* zur Feier des ersten Fünfjahresplans der Sowjetunion. Jugendliche kommen hier nur am Rande vor als Jungkommunisten, die den Plan erfüllen[28]. Kultische Zelebration findet gleichwohl statt, allein schon durch die Form der chorischen Dichtung; *celebrationis personae* sind Lenin, Stalin und vor allem « der Mann, der in der Reihe geht[29] ».

Moritz Julius Bonn, Professor für Volkswirtschaftslehre, konstatierte 1932 in einem Artikel über « Die intellektuelle Jugend » : « An die Stelle

---

25. BRECHT Bertolt, *Die Maßnahme*, in *Lehrstücke*, Hamburg, 1966, S. 44.
26. Ebd., S. 43.
27. So der Publizist Friedrich Dieckmann bei den Brechttagen 2002 des Berliner Brechthauses, zitiert nach dem Bericht von MAGENAU Jörg, « Mein Lieblingsbuch ? Sie werden lachen, die Bibel ! » *Frankfurter Allgemeine Zeitung*, 15.2.2002.
28. BECHER Johannes R., *Der große Plan. Epos des sozialistischen Aufbaus*, in Becher, *Dramatische Dichtungen*, S. 289.
29. Ebd., S. 191, 195, 374 f., 381, 385.

der Persönlichkeit tritt das Kollektiv; an die Stelle des persönlichen Willens die allgemeine Sehnsucht[30]. » Bonn hatte die politische Rechte im Auge, vor allem den Nationalsozialismus. Sein Diktum traf aber auch auf die Linke zu. Was den Kult um die Jugend anlangt, war das Bild auf der Rechten uneinheitlich. In Ernst Jüngers frühen Kriegstagebüchern *In Stahlgewittern* (1920), *Der Kampf als inneres Erlebnis* (1922) oder *Feuer und Blut* (1925) mochte im Lobpreis männlichen Heldentums noch die literarische Zelebration jugendlichen Draufgängertums mitschwingen, im *Arbeiter* von 1932 geht es dann ebenfalls um die — leidenschaftslos und 'sachlich' präsentierte — männlich-heroische Eingliederung in das Kollektiv des « totalen Arbeitsstaats[31] ».

Doch es gibt auf der Rechten auch deutliche Nachklänge von Flex' *Wanderer zwischen beiden Welten*. In den Kriegs- und Freikorpsromanen z.B., die zum großen Teil um 1930 erschienen — Ernst Schauweckers *Aufbruch der Nation* (1929), Arnolt Bronnens *O.S.* (1929), Edwin Erich Dwingers *Die Armee hinter Stacheldraht* (1929) und *Zwischen Weiß und Rot* (1930), Ernst von Salomons *Die Geächteten* (1930), Josef Magnus Wehners *Sieben vor Verdun* (1930) —, hat zwar ebenfalls eine 'Vermännlichung' der Jünglinge stattgefunden, aber das Vorbild des jungen Kämpfers, rein und schön in seinem Heroismus, scheint immer wieder durch, bisweilen sogar von denselben Bildmotiven begleitet wie Flex' Heldenjüngling Wurche, so z.B. in der folgenden Szene aus Salomons *Geächteten* : « Wir lagen tagsüber völlig entkleidet im glühheißen Sand und ließen uns von der Sonne braten, und als wir am Nachmittage angegriffen wurden, war nicht Zeit gewesen zum Ankleiden, und seltsam genug mochte der Anblick der nackten Männer gewesen sein, die in den Gräben standen und schossen, die dann zum Gegenstoße vorgingen, blanken Leibes, nur das Gewehr in der Hand, weiße, glänzende Jugend, nackt und wehrhaft in der gleißenden Sonne. Noch im Walde schimmerten die schlanken Körper durch die Stämme, und dieser unser Angriff war der tollste und beschwingteste, den ich je erlebt[32]. »

Auch das Opfer wird in diesen Werken als notwendig und sinnhaft gefeiert, allerdings ist der Blick auf das Opfer ebenfalls härter, 'männlicher' geworden, die Begründung seiner Notwendigkeit emotionsloser, 'sachlicher'. Ernst Jünger charakterisierte die Bereitschaft, das Leben zu opfern, als « heroischen Realismus », exemplarisch vertreten durch den « unbekannten Soldaten » des Weltkriegs, den er zum Vorbild des neuen Menschen erklärte. Die Opferbereitschaft des « unbekannten Soldaten » ist freilich

---

30. BONN Moritz Julius, « Die intellektuelle Jugend » in *Das Tagebuch* 13 (16.7.1932) Nr. 29, S. 1105-1109; zitiert nach KAES (Hrsg.), *Weimarer Republik*, S. 651.
31. JÜNGER Ernst, *Der Arbeiter. Herrschaft und Gestalt*, Hamburg, 1932, S. 235 ff.
32. VON SALOMON Ernst , *Die Geächteten*, Berlin, 1930, S. 246.

entindividualisiert ; sein Heroismus besteht in der klaglosen Einordnung in das Kollektiv : « Seine Tugend liegt darin, daß er ersetzbar ist, und daß hinter jedem Gefallenen bereits die Ablösung in Reserve steht[33]. »

Einen neuen, spezifischen Jugendkult entwickelten gegen Ende unseres Zeitraums und dann erst recht nach 1933 die Nationalsozialisten. Der nationalsozialistische Jugendkult, der auch literarisch propagiert wurde, griff auf die tradierten Motive zurück : die Feier der Jugend als lebendig, sauber, die Zukunft repräsentierend, aber auch die Feier jugendlichen Märtyrertums, das die bessere Zukunft garantiert ; und dieser Kult nahm nun auch die neue Tendenz auf, das Opfer zu entindividualisieren, als Opfer des Selbst im Kollektiv anzupreisen und damit politisch zu funktionalisieren.

Beispielhaft in Literatur gebracht wurde der nationalsozialistische Jugendkult schon 1932 in dem Roman *Der Hitlerjunge Quex* von Karl Aloys Schenzinger. Der Führer der Hitler-Jugend, Baldur von Schirach, hatte Schenzinger zu dem Roman angeregt. 1933 wurde das Buch verfilmt ; die Uraufführung fand in München im Beisein Hitlers statt. Der Roman wurde zu einem Bestseller des Dritten Reichs. Hauptfigur und Handlung knüpfen lose an das Vorbild des Hitlerjungen Herbert Norkus an, der am 24.1.1932 von Kommunisten ermordet worden war und als Märtyrer der HJ auf ähnliche Weise zum Kultobjekt gemacht wurde wie Horst Wessel als Märtyrer der SA. Heini Völker, als Hitlerjunge 'Quex' genannt, und die anderen Hitlerjungen verkörpern die Tugenden der 'neuen Jugend' : Sauberkeit, Ordnung, d.h. Ein- und Unterordnung, Gehorsam, Treue und vor allem Opferbereitschaft. Die Hitlerjungen werden mit ihrer Jugendlichkeit, Lebendigkeit und Zukunftsorientierung als Repräsentanten des Nationalsozialismus dargestellt, der ja für sich in Anspruch nahm, eine junge politische Bewegung zu sein, die sich gegen das alte, verknöcherte 'System' wandte. Das Opfer schließlich, der Märtyrertod Heini Völkers, wird als Opfer für die künftige Erfüllung dargestellt. Der Roman endet mit der Bemerkung, daß einige Wochen nach Heinis Tod der Reichsjugendtag in Potsdam stattfand, bei dem 75 000 Hitlerjungen « mit strahlend hellen Gesichtern an ihrem Führer » vorbeizogen[34]. Daß Heinis Opfertod verpflichtendes Vorbild ist, wird dem Leser nahegelegt.

Die politische Funktion, durch Zelebration jugendlichen Märtyrertums die Jugend zu erneuter Opferbereitschaft zu verpflichten, wurde im Dritten Reich dann durch regelrechte kultische Veranstaltungen realisiert, z.B. am Todestag von Herbert Norkus. Eberhard Wolfgang Möller schrieb für diesen Kult einen liturgischen Text, eine chorische Dichtung mit dem sprechenden Titel *Die Verpflichtung*, in der die Jugendführer im Chor rufen :

---

33. JÜNGER, *Der Arbeiter*, S. 147, vgl. S. 34, 40 f., 170.
34. SCHENZINGER Karl Aloys, *Der Hitlerjunge Quex*, Berlin u. Leipzig, 1932, S. 264.

Hier steht die Jugend und sie neigt ihr Haupt
zum Schwur, den wir der Fahne leisten sollen[35].

Daß Hitlerjungen noch in den letzten Kriegswochen als Flakhelfer und Kindersoldaten bereit waren, für ihren Führer ihr Leben zu opfern, war Resultat dieses Jugendkults.

---

35. MÖLLER Eberhard Wolfgang, *Die Verpflichtung*, Berlin, 1935, S. 7.

Jeunesse et jeunisme dans la sociologie de la culture de Siegfried Kracauer

Olivier AGARD
Université Bordeaux 3

Dans son livre le plus célèbre et le plus contesté, *De Caligari à Hitler*, une histoire psychologique du cinéma allemand de 1918 à 1933, Siegfried Kracauer se penche à plusieurs reprises sur la jeunesse allemande et sa représentation à l'écran. Selon Kracauer, qui anticipe ici à certains égards sur certaines analyses de Norbert Elias dans les *Studien über die Deutschen*[1], la classe moyenne est tiraillée entre deux systèmes de normes, l'un démocratique et l'autre qualifié par Kracauer de « bourgeois », mais imprégné de valeurs aristocratiques et guerrières. Ce *Mittelstand*, déstabilisé au lendemain de la guerre par une profonde crise normative, oscille entre aspirations émancipatrices et soumission à l'autorité. Selon Kracauer, les films de l'époque de Weimar mettent en scène ce conflit, en montrant de faux rebelles qui rentrent vite dans le rang, et retrouvent le giron du foyer. Un exemple particulièrement parlant est celui du film de Karl Grune *La Rue [Die Strasse]* (1923), dans lequel un petit-bourgeois quitte son intérieur confortable pour affronter la rue, cette « jungle peuplée de pulsions incontrôlables[2] » (et, en particulier, de prostituées), en quête d'une expérience qui lui fasse surmonter la perte de ses idéaux. Incapable de faire face à la réalité urbaine, il réintègre piteusement son foyer. Dans ce contexte, la jeunesse fonctionne comme un espace de projection et fait l'objet d'un investissement particulier : elle cristallise les velléités de rébellion, mais elle est également lourde de tout un potentiel de régression et de violence, qui, selon Kracauer, se réalise dans le nazisme. Ce potentiel apparaît par exemple clairement dans l'analyse que fait Kracauer de *L'Ange bleu*, lorsqu'il

---

1. ELIAS Norbert, *Studien über die Deutschen*, Frankfurt/Main, Suhrkamp, 1990.
2. KRACAUER Siegfried, *De Caligari à Hitler*, Paris, Flammarion, 1987, p. 133 [traduction modifiée] : « ein (…) Dschungel unberechenbarer Triebe ».

note à propos des humiliations que ses élèves font subir à l'infortuné Professeur Rat :

> *L'Ange bleu* pose de nouveau le problème de l'immaturité allemande et en outre, scrute ses conséquences qui se manifestent dans l'attitude des jeunes gens et des artistes, qui — comme le professeur — sont des rejetons de la classe moyenne. Leur sadique cruauté procède de la même immaturité qui oblige leur victime à se soumettre. C'est comme si le film comportait un avertissement, car ces personnages de l'écran étaient une anticipation de ce qui allait se passer dans la vie réelle quelques années plus tard. Les garçons sont des membres-nés des jeunesses hitlériennes[3].

Dans une scène marquante du film, Rat s'humilie sur scène en imitant le coq, et Kracauer va jusqu'à écrire que le « numéro du cocorico n'est qu'une modeste contribution à un ensemble d'inventions analogues, bien que plus raffinées et ingénieuses, mises en œuvre dans les camps de concentration nazis[4] ».

Sans doute ces analyses classiques présentent-elles plus d'un point faible, et ces passages peuvent expliquer que *De Caligari à Hitler* ait parfois mauvaise presse[5]. Comme le montre une simple comparaison avec la critique que Kracauer avait rédigée à la sortie du film en 1930, elles n'évitent pas le piège de la téléologie rétrospective, et sont prisonnières d'un systématisme un peu mécanique. En effet, en 1930 Kracauer attaquait le film pour son maniérisme et son absence de contenu social ou politique et n'y voyait aucun sombre présage[6].

L'approche extrêmement distanciée et critique de Kracauer dans *Caligari* occulte par ailleurs le fait qu'il a largement participé au monde qu'il décrit, qu'il fait à beaucoup d'égard partie de cette jeunesse de la classe moyenne qu'il analyse en fonction des attentes du public américain. Derrière des formulations qui peuvent paraître réductrices, se cache toute une histoire, plus ambivalente qu'il n'y pourrait paraître. Si Kracauer passe — à juste titre — pour un intellectuel de gauche, précurseur à bien des égards de l'École de Francfort, il a été en réalité au contact de bien d'autres courants de pensée. Son statut de « feuilletoniste » l'a mis en position

---

3. *De Caligari à Hitler*, p. 244-245 : « DER BLAUE ENGEL wirft erneut das Problem der deutschen Unreife auf und zeigt darüber hinaus deren Konsequenzen auf, die zutage treten im Verhalten der Jungen und der Künstler, die wie der Professor dem Mittelstand entstammen. Ihre sadistische Grausamkeit ergibt sich genau aus der Unreife, die von ihm Opfer Unterwerfung erzwingt. Es ist, als ob der Film eine Warnung enthielte, denn diese Personen nehmen im Film vorweg, was ein paar Jahre später im wirklichen Leben passieren sollte. Diese Jungen sind geborene Hitler-Jungen (…) »

4. *De Caligari à Hitler*, p. 245 [traduction modifiée] : « (…) die Hahnenschrei-Nummer ist nur ein bescheidener Beitrag zu einer Reihe ähnlicher, wenngleich raffinierter ausgeklügelter 'Nummern', die in den Konzentrationslagern der Nazis zum Zuge kamen ».

5. Voir par exemple les critiques de PALMIER Jean-Michel, *L'Expressionnisme comme révolte*, Paris, Payot, 1978, p. 22.

6. « Der Blaue Engel », in KRACAUER, *Von Caligari zu Hitler*, Frankfurt/Main, Suhrkamp, 1984, p. 418-421 (l'article est initialement paru dans la *Neue Rundschau* en 1930).

centrale d'observateur participant des nouveaux phénomènes culturels, de prisme de la vie intellectuelle, et son itinéraire est une véritable coupe transversale dans l'époque. Le thème de la jeunesse constitue à cet égard une entrée particulièrement riche et pertinente, car il traverse toutes les phases successives de son activité de journaliste et d'écrivain.

Jeunesse et crise culturelle

Lorsque Kracauer, après des études d'architecture, entre en 1921 à la rédaction locale de la *Frankfurter Zeitung*, il a une marge de manœuvre limitée. Sa production de l'époque comporte beaucoup de travaux de commande exécutés sans grande conviction, comme par exemple les comptes rendus de conseil municipal qui fourniront la matière d'un chapitre satirique de son roman — largement autobiographique — *Georg* (1933)[7]. Pourtant, Kracauer semble s'efforcer de concilier ses activités journalistiques et ses intérêts philosophiques. Un des axes directeurs de son travail est l'observation des divers mouvements de refondation culturelle qui prétendent apporter une solution à ce qui est ressenti comme la crise normative de l'après-guerre. Un indice de cette crise est le succès fulgurant, en ce début des années 1920, du *Déclin de l'Occident* de Spengler, un livre omniprésent dans la vie culturelle francfortoise, telle que la répercute Kracauer, qui ne manque pas une parution ni une conférence sur le sujet[8].

Dans son étude sur les « discours de la troisième voie » (*Dritte-Weg-Diskurse*) en France et en Allemagne, Thomas Keller note le rôle joué par Francfort dans l'élaboration de ces paradigmes alternatifs[9]. Ce rôle de Francfort en tant que laboratoire d'idées a été jusqu'ici peu aperçu, tant la modernité berlinoise a rivé sur elle tous les regards. Mais les articles de Kracauer de la première moitié des années 1920 confirment cette observation : ils présentent un véritable panorama des divers réseaux intellectuels, souvent liés entre eux, qui cherchent les voies d'une « synthèse culturelle » ou d'une révolution de l'âme[10]. C'est ainsi que Rudolf Steiner ou ses disciples viennent à de nombreuses reprises présenter l'anthroposophie[11]. Le peintre *Jugendstil* Heinrich Vogeler, un des fondateurs de la colonie

---

7. Le premier compte rendu semble être : KRACAUER S., « Stadtverordneten-Versammlung », *Frankfurter Zeitung* [désormais abrégée en *FZ*], 5.10.1921. Cette activité de compte rendu se poursuit jusqu'en 1924. Cf. *Georg*, Frankfurt/Main, Suhrkamp, 1973, p. 52-55.

8. À titre d'exemple, le compte rendu d'une discussion sur Spengler « Ausspracheabend über Spengler », *FZ*, 2.6.1921.

9. KELLER Thomas, *Deutsch-französische Dritte-Weg-Diskurse : personalistische Intellektuellendebatten der Zwischenkriegszeit*, München, Fink, 2001, p. 176.

10. Sur l'activisme prophétique des années 1920 : LINSE Ulrich, *Barfüssige Propheten. Erlöser der zwanziger Jahre*, Berlin, Siedler, 1983.

11. KRACAUER S., « Anthroposophie und Wissenschaft. Bemerkungen zur anthroposophischen Hochschultagung in Darmstadt, 25 bis 30. Juli », *FZ* du 3.8.1921.

d'artistes de Worpswede, converti au communisme, expose les principes de son « école du travail[12] ». Le *Bund entschiedener Schulreformer*, une association qui milite pour une réforme scolaire progressiste, organise un cycle de conférences, pour défendre, contre l'école de castes, son projet d'école unique et d'*Arbeitsschule* d'inspiration socialiste[13]. Eberhard Arnold présente la *Neuwerksiedlung*, une communauté qui met en œuvre une sorte de communisme religieux se référant au christianisme primitif[14]. Hermann Graf Keyserling disserte sur son « École de la sagesse » (*Schule der Weisheit*)[15] : il est en quête, comme beaucoup, d'une synthèse des cultures, et à Francfort, en ce début des années 1920, l'intérêt pour les autres cultures, porteuses de valeurs alternatives, est vif : les étudiants de Francfort organisent des soirées russes (« Russland-Abende »)[16], on s'informe sur le Bouddhisme ou la philosophie chinoise[17]. Enfin, des institutions qui explorent des voies nouvelles sont créées : Kracauer rend par exemple compte de la fondation de l'« Académie francfortoise du travail[18] », financée par les syndicats, et dont un des inspirateurs est le sociologue (d'origine juive et converti au protestantisme) Eugen Rosenstock-Huessy. Comme le note Kracauer, il ne s'agit pas seulement pour Rosenstock d'assurer la formation continue du travailleur, mais de travailler à la réconciliation sociale et de promouvoir un sentiment de communauté au-delà des appartenances de classe. Rosenstock-Huessy est proche d'un autre cercle francfortois, autour duquel Kracauer gravite, celui du *Jüdisches Lehrhaus*. A la même époque, la Maison du Werkbund (*Haus Werkbund*) de Francfort est inaugurée[19]. Le *Werkbund*, fondé en 1907, et dont le mot d'ordre est alors « la forme sans ornement » se fixe pour objectif la réconciliation de l'art et de l'industrie, de l'esthétique et du fonctionnel[20].

C'est dans ce contexte qu'il faut situer l'intérêt de Kracauer pour la jeunesse et le mouvement de jeunesse : ce mouvement l'intéresse en tant qu'il témoigne de la prise de conscience d'une crise culturelle, dont les symptômes étaient déjà diagnostiqués par la sociologie de la culture dès

---

12. Kracauer S., « Heinrich Vogeler über die Arbeitsschule », *FZ*, 15.3.1921.
13. Kracauer S., « Bund entschiedener Schulreformer », *FZ*, 18.5.1921. Sur le *Bund entschiedener Schulreformer* : Neuner Ingrid, *Der Bund entschiedener Schulreformer, 1919-1933*, Bad Heilbrunn/Obb, Klinkhardt, 1980.
14. Kracauer S., « Lebensgemeinschaft und Zukunft der Liebe », *FZ*, 14.4.1921. Sur la « Neuwerksiedlung », voir Vollmer Antje, *Die Neuwerkbewegung 1919-1935*, Berlin, 1973.
15. Kracauer S., « Von der Schule der Weisheit », *FZ*, 6.10.1921.
16. Kracauer S., « Rußland-Abend », *FZ*, 22.1.1921.
17. Kracauer S., « Die Philosophie Chinas », *FZ*, 15.4.1921.
18. Kracauer S., « Die Eröffnung der Frankfurter Akademie der Arbeit », *FZ*, 3.5.1921.
19. Kracauer S., « Das Haus Werkbund », 17.9.1921.
20. Le paragraphe 2 de ses statuts précise : « L'objectif de l'association est l'amélioration de la qualité du travail artisanal par la collaboration de l'art, de l'industrie et de l'artisanat, par l'éducation, la promotion et des prises de positions concertées sur des questions spécifiques. » [Der Zweck des Bundes ist die Veredelung der gewerblichen Arbeit durch Zusammenarbeiten von Kunst, Industrie und Handwerk durch Erziehung, Propaganda uns geschlossene Stellungnahmen zu einschlägigen Fragen. »]

les années 1890[21], mais qui se radicalise dans l'immédiat après-guerre. D'ailleurs, la *Jugendbewegung* et les autres mouvements de réforme qui voient le jour au début du siècle sont étroitement liés. Parmi les groupes qui viennent d'être évoqués, la plupart sont inconcevables sans la *Jugendbewegung* : le *Bund entschiedener Schulreformer* regroupe d'anciens *Jugendbewegten*. La *Neuwerksiedlung* emprunte à la *Jugendbewegung* l'idée d'un nouveau « style de vie » [*Lebensstil*], et ses recrues sont issues semble-t-il de la *Jugendbewegung* prolétarienne et de la *Freideutsche Jugend*. Il existe également de nombreuses passerelles entre anthroposophie et *Jugendbewegung*.

De façon générale, *Jugendbewegung* et courants alternatifs partagent le même diagnostic *kulturkritisch*. C'est pourquoi d'ailleurs il faut relativiser la dimension de révolte de la *Jugendbewegung* : elle est largement imprégnée des valeurs d'un *Bildungsbürgertum* en crise[22]. Le *Jugendtag* auquel Kracauer assiste en 1921 le montre : on y joue le prélude des *Maîtres-chanteurs* de Wagner et une fugue de Bach, on y représente une scène des *Brigands* de Schiller, on se réclame de Goethe et Schiller[23]. Faisant le bilan de l'époque wilhelminienne à l'occasion de la guerre, Kracauer voit en 1915 dans le *Werkbund* et la *Jugendbewegung* deux saines réactions parallèles au matérialisme de cette époque[24]. Pour les *Lebensreformer* et les *Kulturkritiker* de tous horizons, le mouvement de jeunesse est l'espoir de diffuser et de concrétiser leurs projets. La jeunesse, élevée au rang d'un mythe, cristallise tous les espoirs d'une revitalisation de la culture, que Nietzsche appelait déjà de ses vœux[25].

Le diagnostic d'une crise culturelle était au centre des écrits de jeunesse de Kracauer. En se référant principalement à Simmel et à Scheler, qui, chacun à leur façon, ont suivi avec intérêt les progrès de la *Jugendbewegung* (elle ouvre la voie, selon Scheler, à un renouveau culturel, vital et érotique[26]), Kracauer y déclinait les pathologies de la modernité, en particulier sa dynamique dépersonnalisante qui est selon lui à l'œuvre aussi bien dans le capitalisme que dans le scientisme ou l'éthique kantienne, trois formes du triomphe de l'abstraction. La vision du capitalisme développée dans les textes de Kracauer s'inspirait à cet égard clairement de la reconstruction de l'histoire de l'économie monétaire à laquelle procédait Simmel dans *La Philosophie de l'argent* : la culture moderne est pensée sous l'angle de la

---

21. Cf. LICHTBLAU Klaus, *Kulturkrise und Soziologie um die Jahrhundertwende : zur Genealogie der Kultursoziologie in Deutschland*, Frankfurt/M, Suhrkamp, 1996.
22. Cette ambivalence est bien décrite dans FIEDLER Gudrun, *Jugend im Krieg : Bürgerliche Jugendbewegung, Erster Weltkrieg und sozialer Wandel 1914-1923*, Köln, Verlag Wissenschaft und Politik, 1989, p. 184.
23. KRACAUER S., « Frankfurter Jugendtag », *FZ*, 31.1.1921.
24. KRACAUER S., « Vom Erleben des Kriegs », *Schriften 5.1*, Frankfurt/Main, Suhrkamp, 1990, p. 11-22, p. 14-15.
25. Cf. la préface de KOEBNER Thomas, JANZ Rolf-Peter & TROMMLER Frank, « *Mit uns zieht die neue Zeit* ». *Der Mythos Jugend*, Frankfurt/Main, Suhrkamp, 1985, p. 9-13, ainsi que *Kulturkritik und Jugendkult*, éd. par Walter Rüegg, Frankfurt/Main, Klostermann, 1974.
26. Cité in SCHENK Dietmar, *Die freideutsche Jugend*, Münster, Lit, 1991, p. 249.

« réification », du triomphe de la « culture objective[27] » et de la déperson-nalisation [« Entpersönlichung[28] »] (Kracauer avait fait la connaissance de l'auteur de *La Philosophie de l'argent* à Berlin en 1907, au lendemain d'une conférence de celui-ci sur les « problèmes du style en art », puis entretenu avec lui une correspondance et ce serait Simmel qui l'aurait alors encouragé à ne pas abandonner la philosophie[29]). Gustav Landauer, qui a beaucoup marqué une partie de la *Jugendbewegung*, est très présent dans un des essais de jeunesse de Kracauer[30]. Lorsque Kracauer évoque dans le titre du plus long d'entre eux la nostalgie de l'action [« die Sehnsucht nach der Tat[31] »], il renvoie à un sentiment largement partagé par les *Jugendbewegten*. Le mot *Tat* est alors sur toutes les lèvres, et on sait que le journal de Diederichs, qui offre une tribune à la *Freideutsche Jugend* s'appelle précisément *Die Tat*. C'est dans *Die Tat* que Kracauer publie en 1923 sa critique du *Ich und Du* de Buber, dans une numéro spécial consacré au mouvement de jeunesse juif[32]. En 1921, c'est dans une autre revue liée à la *Jugendbewegung*, ou qui du moins s'adresse à elle, *Vivos Voco*, qu'avait paru sa grande étude sur « Nietzsche et Dostoïevski[33] ». C'est donc avec bienveillance que Kracauer décrit le *Jugendtag* de Francfort en 1921 : il n'est aucunement choqué par l'autodafé final de « littérature ordurière[34] ».

Kracauer, observateur de la Jugendbewegung

Cependant l'intérêt pour tous ces mouvements alternatifs, *Jugendbewe-gung* comprise, n'implique pas nécessairement de la part de Kracauer une adhésion sans réserves. Rétrospectivement, les mouvements d'avant-guerre lui paraissent trop individualistes : commentant l'apport du *Werkbund* et de la *Jugendbewegung*, il note dès 1915 : « il nous manquait le grand idéal pouvant donner une direction à notre moi tout entier[35] ». Son héros Georg ne goûte pas non plus l'esprit du *Wandervogel* :

---

27. KRACAUER S., *Über den Expressionismus*, Kracauer Nachlaß, Deutsches Literaturarchiv (Marbach) [désormais abrégé en KN DLA], p. 61.
28. KRACAUER S., *Über das Wesen der Persönlichkeit*, KN DLA, p. 161.
29. Selon le témoignage d'ADORNO dans l'article qu'il consacre à Kracauer : « L'Étrange réaliste », *Notes sur la littérature*, Paris, Flammarion, 1984, p. 266. Dans sa lettre du 5.7.1914, Kracauer remercie Simmel de bien vouloir parler avec lui de la poursuite de sa formation philosophique, KN DLA.
30. *Sind Menschenliebe, Gerechtigkeit und Duldsamkeit an eine bestimmte Staatsform geknüpft, und welche Staatsform gibt die beste Gewähr für ihre Durchführung?*, KN DLA.
31. Le titre intégral est *Das Leiden unter dem Wissen und die Sehnsucht nach der Tat*, KN DLA.
32. KRACAUER S., « Martin Buber », *Die Tat*, août 1923. Ce numéro contient en outre des contribu-tions de Gustav Lössler, Franz Rosenzweig, Nahum Norbert Glatzer, Leo Baeck.
33. KRACAUER S., « Nietzsche und Dostojewski », *Schriften 5.1*, p. 95-109. Selon Paul Zimdars, *Vivos Voco* s'adresse à la *Jugendbewegung* pour l'orienter dans le contexte de la crise d'après-guerre, cf. ZIMDARS Paul, *Das religiöse Erleben in der Jugendbewegung*, Leipzig, Oswald Schmidt, 1930, p. 52.
34. KRACAUER S., « Frankfurter Jugendtag », *FZ*, 31.1.1921.
35. KRACAUER S., « Vom Erleben des Kriegs », p. 15 : « (…) so ermangelten wird doch völlig der großen, unserem ganzen Ich Richtung gebenden Ideale ».

> En réalité, il ne connaissait la *Jugendbewegung* que de vue et appréciait tout aussi peu que Fred ces *Wandervögel* avec leurs petites guitares et leurs rubans, qui parcouraient la nature sans relâche, allumaient partout des feux, et se targuaient de leur jeunesse comme si personne n'avait vécu avant eux[36].

D'une certaine façon, cette réticence rejoint au fond une prise de conscience de la *Jugendbewegung* elle-même. Au moment où Kracauer couvre ses manifestations dans la *FZ*, la *Jugendbewegung*, qui avait toujours été un mouvement hétérogène, est en crise. La *Wanderlust* bohème du *Wandervogel*, l'aspiration, formulée par la *Freideutsche Jugend* et brisée par la guerre, à un rassemblement autour d'un projet de société, font maintenant place à l'exigence de *Bindung*. Mais dans ce nouveau contexte, Kracauer doute tout de même de la capacité du mouvement de jeunesse à fonder une nouvelle communauté, et à dépasser l'individualisme.

La Semaine de la Jeunesse, qui se tient en novembre 1921 à Francfort, et dont Kracauer rend compte pour la *FZ*, voit défiler des orateurs d'horizons divers qui ont chacun leur idée de la direction à donner au mouvement. Dans ses articles, Kracauer met curieusement en valeur le discours de Wilhelm Stählin[37], qui milite inlassablement pour un ralliement du mouvement de jeunesse au protestantisme et pour la rupture avec la culture bohème du *Wandervogel*.

> Il [c'est-à-dire Stählin, O. A.] insista fortement sur la responsabilité de cette tendance à la relation informelle, répandue dans les cercles de la *Jugendbewegung*, dans l'échec du *Wandervogel*, et sur l'impossibilité de fonder une authentique communauté sur la simple confiance en une inclination personnelle, sentimentale. La véritable communauté ne repose pas sur l'arbitraire subjectif, mais sur une liaison objective[38].

Cette liaison est bien entendu de nature religieuse, comme Stählin le dit sans ambiguïté ailleurs : « Christ est le sens du mouvement de jeunesse[39] ».

On peut s'étonner de cette prise de position de Kracauer, mais la quête d'un socle normatif dans un monde où l'individu atomisé est devenu un sans-abri transcendantal, un nomade des villes, est alors au centre de ses préoccupations. Dans son essai de 1921 sur Georg Simmel, Kracauer

---

36. *Georg*, p. 93 : « (…) im Grunde kannte er die Jugendbewegung nur vom Sehen her und liebte so wenig wie Fred die Wandervögel mit ihren Klampfen und Bändern, die fortwährend durch die Natur zogen, überall Feuer entzündeten und so jung taten, als hätte niemand vor ihnen gelebt ».

37. Wilhelm Stählin (1883-1975) est l'un des dirigeants de la branche protestante de la *bündische Jugend* après la Première Guerre mondiale.

38. Cité in KRACAUER S., « Fieber oder Heil in der Jugendbewegung », *FZ*, 1.11.1921 : « Nachdrücklich hob er hervor, dass der in den Kreisen der Jugendbewegung bestehende Hang zur Formlosigkeit, der das Versagen des Wandervögels beschuldet hat, dass ferner das Vertrauen auf rein persönliche, stimmungshafte Zuneigung niemals eine wahre Gemeinschaft erzeugen kann… die echte Gemeinschaft beruht nicht auf subjektiver Willkür, sondern auf objektiver Gebundenheit (…) ».

39. D'après un discours de 1921 rapporté in *Die Deutsche Jugendbewegung 1920 bis 1933. Die bündische Zeit*, éd. par Werner Kindt, Düsseldorf, Köln, Diederichs, p. 601 : « (…) Christus ist der Sinn der Jugendbewegung (…) ».

dresse, tout en lui rendant hommage, une sorte de bilan de faillite de la pensée simmelienne. L'auteur de *La Philosophie de l'argent* s'était, selon lui, empêtré dans un relativisme sans fond, dont seul un « saut » kierke-gaardien aurait permis de sortir : « Pour expliquer l'*a priori*, Simmel aurait dû trouver le chemin vers Dieu, vers un principe spirituel, où toutes les caractéristiques de notre esprit ont leur origine[40] ». C'est dans les filets de ce même relativisme que sont pris, selon Kracauer, les idéal-types de Max Weber et la « synthèse culturelle » d'Ernst Troeltsch[41]. Pour Kracauer, la vraie *Bindung* ne saurait donc être que religieuse. A l'époque où il assiste à cette semaine de la *Jugendbewegung*, Kracauer est proche du cercle de jeunes intellectuels qui entoure le rabbin Nobel, au sein du *Jüdisches Lehrhaus* : il participe aux activités du *Lehrhaus*, et y prononce en octobre-décembre 1921 des conférences sur le thème : « les mouvements politi-ques et religieux actuels ». Éminent talmudiste doté d'un fort charisme personnel, Nobel enseignait à ses jeunes disciples le mysticisme juif, alors totalement occulté, même par l'orthodoxie[42]. Kracauer marque de façon générale un intérêt prononcé pour tous les mouvements de réforme reli-gieuse, aussi bien catholiques (le mouvement « Maria Laach », autour de Romano Guardini[43]) que protestants (la théologie dialectique de Barth et Gogarten, autour de la revue *Zwischen den Zeiten*[44]). Dans *Georg*, le héros est près d'accomplir le saut de la foi. Désorienté, il cherche conseil auprès d'un père jésuite[45], dont un des modèles pourrait bien être le jésuite Erich Przywara, qui collabore également à la *Frankfurter Zeitung*. Kracauer avait été beaucoup marqué par la *Kulturkritik* schélérienne des années 1910 et son personnalisme religieux d'inspiration catholique, et, se basant sur les écrits de Troeltsch et de Weber, il considérait que le protestantisme était à la source de cet individualisme contemporain qu'il s'agissait de dépasser. La nostalgie de la *Gemeinschaft* explique également la critique sévère de *Ich und Du* de Buber, qui paraît dans *Die Tat*. Si elle paraît modérée dans sa forme, Kracauer reproche clairement à Buber son anarchisme religieux, sa méfiance vis-à-vis des institutions. Kracauer intervient à cet égard dans une polémique interne au mouvement de jeunesse juif et, à partir de

---

40. *Georg Simmel*, KN DLA, p. 145 : « Simmel hätte, um das a priori zu erklären, den Pfad zu Gott finden müssen, zu einem geistigen Prinzip, dem alle Beschaffenheiten unseres Geistes entließen ».
41. Cf. son article « Die Wissenschaftskrisis », *Schriften 5.1*, Frankfurt / Main, Suhrkamp, 1990, p. 212-222, [*FZ*, 8.3.1923 et 22.3.1923].
42. Cf. BREUER Mordechai, *Jüdische Orthodoxie im Deutschen Reich 1871-1918 : Sozialgeschichte einer religiösen Minderheit*, Frankfurt/Main, Jüdischer Verlag bei Athenäum, 1986, p. 224-225. Sur Nobel, voir également HEUBERGER Rachel, « Orthodoxy versus Reform : The Case of Rabbin Nehemiah Anton Nobel of Frankfurt a. Main », *Leo Baeck Institute Yearbook*, London, 1992, p. 45-78.
43. Voir par exemple KRACAUER S., « Die Tagung der katholischen Akademiker », *FZ*, 24.8.1923 et *FZ*, 6.9.1923.
44. KRACAUER S., « Protestantismus und moderner Geist. Ein Vortrag Gogartens », *FZ*, 3.4.1924.
45. *Georg*, p. 88-91.

présupposés bien différents, rejoint Scholem, qui était lui aussi irrité par le hassidisme subjectif et littéraire de Buber[46].

Mais Kracauer n'est pas religieux, au sens affirmatif du terme. Il n'appartient pas au premier cercle des disciples de Nobel, ainsi qu'il le confie à Leo Löwenthal : « Moi aussi la mort soudaine de cet homme me bouleverse, car je l'ai vénéré et aimé, bien que je ne l'aie approché que de loin[47] ». Le texte de sa contribution à la *Festschrift* en l'honneur de Nobel[48] n'a ainsi pas de contenu directement théologique. La notice nécrologique que signe Kracauer dans la *Frankfurter Zeitung* passe non seulement presque sous silence ses liens au Hassidisme, mais est également une des seules à présenter le rabbin Nobel comme un acteur de la « symbiose » germano-juive : elle insiste sur sa connaissance profonde de la littérature allemande (c'est *a contrario* cet aspect qui intéressait le moins Rosenzweig chez Nobel)[49].

Dans un monde désenchanté, l'absolu, l'hypothétique fondement premier, ne peuvent selon lui plus exister que sous la forme de son souvenir, voire de l'ombre portée de celui-ci : mais cette nostalgie n'affirme plus rien. Elle vit dans la conscience tragique de l'abîme qui sépare la mauvaise réalité de la sphère du sens. Kracauer se définit à l'époque comme « quelqu'un qui attend[50] ».

Cette position a des conséquences politiques. La nostalgie de la *Gemeinschaft* s'accompagne paradoxalement d'un « républicanisme de raison », d'une adhésion modérée, teintée de résignation, à la République de Weimar. Dans l'article sur la semaine de la jeunesse de novembre 1921, sa critique de l'intervention de Wilhelm Stapel, qui représente quant à lui la tendance protestante-völkisch, à laquelle Stählin, sans être à proprement parler un progressiste, s'est opposée, est très révélatrice. Après avoir rappelé que selon Stapel, la démocratie occidentale n'est pas adaptée à l'être allemand, et avoir tout de même salué la hauteur de vue et l'authenticité de ses convictions, qui désarment dans une certaine mesure les objections que l'on aurait envie de lui faire, Kracauer ajoute :

---

46. Cf. MATTENKLOTT Gert, « 'Nicht durch Kampfesmacht und nicht durch Körperkraft...' : Alternativen Jüdischer Jugendbewegung in Deutschland vom Anfang bis 1933 », in KOEBNER Thomas, JANZ Rolf-Peter & TROMMLER Frank, « *Mit uns zieht die neue Zeit*». *Der Mythos Jugend*, Frankfurt / Main, Suhrkamp, 1985, p. 338-359.

47. Lettre à Leo Löwenthal, cité in *Marbacher Magazin 47, Siegfried Kracauer 1889-1966*, éd. par Ingrid Belke et Irina Renz, 1988, p. 36 : « Auch mich erschüttert der plötzliche Tod dieses Mannes unbeschreiblich, denn ich habe ihn verehrt und geliebt, wiewohl ich ihm gleichsam nur aus der Ferne genaht bin ».

48. *Gabe Herrn Rabbiner Dr Nobel zum 50. Geburtstag dargebracht von Martin Buber et. al.*, Frankfurt/ M, 1921.

49. « Je n'ai respecté que le juif talmudique, pas l'humaniste, que le poète et pas le savant, que le prophète et pas le philosophe », lettre de Rosenzweig, citée in Schivelbusch, Wofgang, *Intellektuellendämmerung : zur Lage der Frankfurter Intelligenz in den zwanziger Jahren*, Frankfurt/Main, Insel, 1982, p. 31 : « Ich habe nur den Talmudjuden respektiert, nicht den Humanisten, nur den Dichter, nicht den Wissenschaftler, nur den Propheten, nicht den Philosophen ».

50. Cf. « Die Wartenden », *Schriften 5.1*, p. 160-170 [*FZ*, 12.3.1922].

Si fondamentalement importante soit la relation profonde et intime à la communauté de destin du peuple, elle ne saurait constituer le fondement auquel nous aspirons, que si un sens plus élevé régit le peuple, qui unit ses membres. Considérant nos divisions, personne ne contestera qu'un tel sens nous manque. Mais comment le fonder dans le peuple seul, sans le logos, par qui ce peuple est tout d'abord créé[51] ?

Le ton de Kracauer peut néanmoins paraître étrangement modéré, quand on sait que W. Stapel, rédacteur en chef de la revue *Deutsches Volkstum*, président de la *Fichte-Gesellschaft*, est ouvertement antisémite. Ses prises de position lui ont déjà valu des ennuis avec la communauté juive. Il mènera quelques années plus tard dans *Deutsches Volkstum* une campagne contre le feuilleton de la *FZ*, lorsque Kracauer y exercera des responsabilités[52]. Il est vrai que Kracauer n'est à l'époque qu'un petit rédacteur, sans doute tenu à une certaine neutralité. Kracauer salue en revanche lors de cette semaine de la jeunesse l'intervention de Johannes Schult. Représentant de la jeunesse socialiste, il la poussait à l'époque à se rallier à l'esprit de Weimar[53]. Dans un même ordre d'idées, Kracauer avait rendu quelques mois auparavant compte en des termes favorables d'une intervention de Karl Wilker[54], pédagogue et médecin qui s'illustra surtout dans l'action sociale en faveur de la jeunesse déshéritée, et s'était fait connaître par ses prises de position dans une affaire d'antisémitisme qui avait agité le Wandervogel en 1913 (à Zittau, le Wandervogel avait refusé l'adhésion d'une jeune fille juive, et en l'absence d'une prise de position claire des différentes instances du *Wandervogel*, Wilker avait fait campagne contre ce refus, soutenu en cela par la *Frankfurter Zeitung*[55]). En défendant l'esprit de Weimar, Kracauer répercute également la position de son journal, et à travers lui celui du DDP, dont la *FZ* est alors proche. Dans *Georg*, on peut voir comment le héros, jeune journaliste, est tributaire de la ligne politique du journal. L'un des rédacteurs, Sommer, est d'ailleurs présenté comme sympathisant de la *Jugendbewegung* : un article de Georg trop favorable au catholicisme, et critiquant l'esprit trop subjectif de la *Jugendbewegung* vaut à Georg une réprimande de sa part[56].

---

51. KRACAUER S., « Eine Woche der Jugendbewegung », *FZ*, 13.11.1921 : « (…) so grundwichtig auch die tiefinneren Verbundenheit mit der Schicksalsgemeinschaft des Volkes ist, sie gewährt doch den ersehnten Halt nur dann, wenn über dem Volke ein hoher Sinn waltet, der seine Glieder miteinander verknüpft. Niemand wird angesichts unserer Zerrissenheit leugnen können, dass ein solcher Sinn heute fehlt. Wie aber soll man in dem Volk allein sicher wurzeln ohne den logos, der es in Wahrheit allererst erschafft ? »

52. Sur W. Stapel, cf. DUPEUX Louis, « Der Kulturantisemitismus von Wilhelm Stapel », in NOWAK Kurt & RAULET Gérard, *Protestantismus und Antisemitismus in der Weimarer Republik*, Frankfurt/Main, New York, Paris, Campus, 1994, p. 167-176.

53. SCHLEY Cornelius, *Die sozialistische Arbeiterjugend Deutschlands*, Frankfurt/Main, Dipa, 1987, p. 54.

54. KRACAUER S., « Frankfurter Jugendtag », *FZ*, 31.1921.

55. Sur cet épisode : WINNECKEN Andreas, *Ein Fall von Antisemitismus : Zur Geschichte und Pathogenese der deutschen Jugendbewegung*, Köln, Verl. Wissenschaft und Politik, 1991.

56. *Georg*, p. 92-96.

Son sentiment tragique de la crise moderne conduit par la suite Kracauer à s'éloigner nettement des mouvements de réforme culturelle, dont il suivit l'activité jusqu'en 1923-1924. Au nom du Dieu absent, Kracauer en vient à condamner sans appel ce qui lui apparaît comme l'activisme prophétique, dont l'exemple est pour lui l'anthroposophie, contre laquelle il mène une campagne féroce. Un portrait au vitriol du cercle de Keyserling lui avait déjà valu, de la part d'Otto Flake[57], le reproche de sympathies prolétariennes, parce qu'analysant sociologiquement le cercle de l'« École de la sagesse », il le décrivait comme une émanation de l'« ancien régime[58] ».

Dans une volonté d'affronter héroïquement le désenchantement, Kracauer préfère se plonger avec son essai sur le *Detektivroman* dans la négativité moderne, telle que la cristallise le roman policier, ce genre littéraire mal famé permettant à Kracauer de pénétrer au cœur de la « mauvaise réalité » : « Sans être une œuvre d'art, le roman policier présente à la société déréalisée son propre visage, sous une forme plus pure qu'elle ne pourrait la voir autrement[59] ». Il importe d'affronter cette mauvaise réalité, pour y trouver des traces du sens, plutôt que de se réfugier dans des idéaux révolus.

Par la suite cette attitude qui se caractérise par un anti-idéalisme résolu et une attention micrologique aux phénomènes culturels de la modernité se politise, à la faveur d'une lecture de Marx (principalement les écrits des années 1840).

La fétichisation de la jeunesse

Si le mouvement de jeunesse apparaissait dans les écrits évoqués comme une sorte de mauvaise réponse à une vraie question, Kracauer ne semblait pas interroger la notion de jeunesse elle-même. C'est ce qu'il tend de plus en plus à faire au cours des années 1920, dans le cadre d'une critique du capitalisme qui reprend beaucoup d'éléments de la *Kulturkritik* de jeunesse, mais les sécularise et les enrichit d'une dimension de critique de la domination. Kracauer n'abandonne pas sur le fond le diagnostic *kulturkritisch* de ses premières œuvres, mais le relit à la lumière de catégories marxistes. L'étude sur les employés, *Die Angestellten* (1929-1930)[60], témoigne de cette fusion. La perspective se sécularise, mais Kracauer décrit l'aliénation socio-économique des employés avec les mêmes métaphores que celles avec lesquelles il caractérisait le désenchantement du monde : le vide, l'attente, le froid, la contingence. L'exemple le plus flagrant est celui de l'absence de

---

57. Flake Otto, « Zum Thema Schule der Weisheit », *FZ*, 20.10.1921.
58. Kracauer S., « Von der Schule der Weisheit », *FZ*, 6.10.1921.
59. Kracauer S., *Le Roman policier*, Paris, Payot, 1981, p. 43 : « Ohne Kunstwerk zu sein, zeigt doch der Detektiv-Roman einer entwirklichten Gesellschaft ihr eigenes Antlitz reiner, als sie es sonst zu erblicken vermöchte ».
60. *Les Employés*, Paris, Avinus, 2000.

toit [« Obdachlosigkeit »]. Le groupe des employés n'est pas seulement le lieu social d'une contradiction, ou dans le langage marxiste, d'un décalage entre l'idéologie et les conditions de production, mais il est aussi orphelin du désenchantement.

Dans ce nouveau contexte, la valorisation de la jeunesse est mise à distance, ses présupposés sont interrogés. Kracauer s'en prend désormais à ce que l'on pourrait appeler le mythe publicitaire de la jeunesse éternelle. Il est un corollaire de la théâtralisation du social que Kracauer observe dans le Berlin des employés. Kracauer analysait ce phénomène dans son commentaire d'une conférence de Max Reinhardt[61], qui y expliquait le prestige dont jouissaient les acteurs par le fait qu'ils libéraient le public de la « comédie de la vie quotidienne ». Kracauer, saisissant cette métaphore au bond, remarque alors : « L'évolution du capitalisme moderne pousse ses représentants vers la comédie[62]. » Les règles de la société de services imposent le *keep smiling*, dont Kracauer dénonce l'emprise à l'occasion du concours de l'employé le plus affable[63]. Les employés qui n'ont pas ce « teint moralement rose[64] » sont d'emblée exclus du jeu. Les premiers à être exclus sont les plus âgés : comme le lui dit le responsable d'un office du travail : « Les rides et les cheveux gris [...] cela se vend mal ». Kracauer note que « dans la crainte de se voir périmés et retirés de la circulation, les femmes et les hommes se font teindre les cheveux, et les quadragénaires font du sport pour garder la ligne[65] ». Les travailleurs âgés au chômage ont peu de chance de retrouver un emploi, car « la limite d'âge de la vie active a considérablement baissé, et [...] à quarante ans, malheureusement, beaucoup de gens qui se sentent en pleine forme sont déjà économiquement morts ». Ce « jeunisme » apparaît intimement lié à la fantasmagorie capita-liste. La fétichisation de la jeunesse renvoie au « fétichisme de la marchandise ». Kracauer, qui avait lu attentivement les pages que Lukacs consacre dans *Histoire et conscience de classes* à l'analyse marxienne du secret de la marchandise (son exemplaire personnel de l'ouvrage en témoigne), décrit la montée en puissance du capitalisme financier qui s'émancipe selon lui de toute inscription concrète, se déploie sur une scène virtuelle. C'est en réalité « l'émancipation par rapport aux substances et aux contenus »

---

61. « Über den Schauspieler », *Schriften 5.2*, Frankfurt / Main, Suhrkamp, 1990, p. 231-236 [*Neue Rundschau*, vol. XLI, septembre 1930, p. 429-431].
62. « Über den Schauspieler », p. 231-232 : « Die moderne kapitalistische Entwicklung treibt ihre Träger ins Schauspielerische hinein ».
63. KRACAUER S., « Mißverstandener Knigge. Analyse eines Berliner Wettbewerbs », *Berliner Nebeneinander : ausgewählte Feuilletons 1930-1933* (Hrsg. von Andreas Volk), Zürich, Epoca, 1996, p. 151-156 [*FZ*, 23.11.1930].
64. KRACAUER S., *Les Employés*, p. 44.
65. *Les Employés*, p. 46 [traduction modifiée] : « Aus der Angst, als Altware aus dem Gebrauch zurückgezogen zu werden, färben sich Dämen *und* Herren die Haare, une Vierziger treiben Sport, um sich schlank zu erhalten ».

qui « accroît la capacité à se métamorphoser et nécessite la venue sur scène de bons comédiens[66]. » Ce ne sont plus le travail de la matière et la production de marchandises qui sont déterminants, mais leur mise en valeur publicitaire, la fabrication d'une aura de séduction et de rêve : « Car en règle générale, l'apparence joue aujourd'hui un rôle décisif[67] ». Si bien que la réalité se modèle désormais sur les photos des magazines et le cinéma[68]. La jeunesse est une composante décisive de cette aura de séduction. Kracauer y voit le signe d'une aliénation existentielle, une fuite devant la mort et la révolution, devant la vie dans sa dimension concrète.

Sans doute ce phénomène n'est-il pas spécifiquement allemand, puisqu'il est lié à l'irréalité du capitalisme. Mais il a en Allemagne d'autant plus d'impact qu'il vient redoubler un mythe de la jeunesse plus ancien.

Un phénomène allemand ?

Kracauer voit la jeunesse également comme un mythe spécifiquement allemand, qu'il relie à une conception idéaliste de la culture qui occulte les réalités sociales et politiques. Dans un article paru en 1934, consacré aux jeunesses européennes, il rappelle que la jeunesse est inscrite dans un contexte national, qu'elle n'existe pas en tant que telle[69]. En Allemagne, elle a selon lui un statut quasiment métaphysique. Kracauer esquisse une théorie, sans doute plus libérale que marxiste, du *Sonderweg* et des déficits du *Bildungsbürgertum*, qui reste cependant assez vague, parce qu'elle repose, comme *Les Employés*, largement sur une sorte d'auto-analyse implicite, et sur une lecture sociologisante de romans. Kracauer, à sa façon « feuilletonesque » et journalistique, pense en historien des mentalités. Son usage parfois un peu mécanique de catégories sociologiques marxistes est tempéré par son tact ethnographique.

Dans un souci d'analyse de ces réalités, et avec ce sens sociologique qui le caractérise, il s'efforce de ne plus parler de *la* jeunesse, mais de différencier *des* jeunesses. Au fil des articles, il distingue la jeunesse dorée berlinoise (celle qui se met en scène dans les romans de Klaus Mann[70], de Friedrich Torberg[71]

---

66. « Über den Schauspieler », p. 233 : « Die Ablösung von Substanzen und Gehalten steigert die Wandlungsfähigkeit und ruft die guten Schauspieler auf die Bühne ».
67. *Les Employés*, p. 46 : « In der Regel spielt nämlich heute das Äußere eine entscheidende Rolle ».
68. C'est ainsi que le bureau futuriste du responsable technique d'une entreprise lui évoque le bureau de cinéma dans le film *Spione* de Fritz Lang, cf. *Les Employés*, p. 48.
69. KRACAUER S., « Europäische Jugend », *Schriften 5.3*, Frankfurt / Main, Suhrkamp, p. 285-293, p. 286 [paru dans l'*Europe Nouvelle* en août 1934].
70. KRACAUER S., « Zur Produktion der Jungen », *Schriften 5.3*, p. 66-71 [*FZ*, 1.5.1932] [Il s'agit d'une recension de deux ouvrages de MANN Klaus : *Kind dieser Zeit*, Berlin 1932 et *Treffpunkt im Unendlichen*, Berlin, 1932].
71. KRACAUER S., « Seele ohne Ende », *Schriften 5.3*, p. 159-163 [Il s'agit de la recension de : TOBERG Friedrich, ... *und glauben, es wäre die Lieben*, Wien, 1932].

ou d'Otto Zarek[72]), la jeunesse errante de ces vagabonds urbains (décrite dans les reportages de Albert Lamm et de Ernst Haffner) qui vivent dans un vide normatif[73], la jeunesse petite-bourgeoise (incarnée par le personnage de Schluckebier dans le roman éponyme de Georg Glaser[74]), celle des petits employés (évoquée par Fallada[75]).

Selon Kracauer, le discours idéalisant sur la jeunesse est avant tout le fait de la « bourgeoisie », même s'il semble parfois contaminer les tenants de la lutte des classes (dans sa critique du film *Kuhle Wampe* de Brecht et Dudow, Kracauer questionne l'opposition entre la vitalité sportive de la jeune génération et la résignation, la lassitude des parents[76]). Ce discours tend à prendre des formes nouvelles, même si certains continuent de propager les stéréotypes de la *Kulturkritik* d'avant-guerre, et se paient d'illusions, comme le germaniste Hans Naumann (connu par avoir participé par la suite aux autodafés de livres de 1933[77]), ou Jonas Lesser, qui se réclame de Nietzsche, George et Pannwitz[78].

Mais Kracauer s'en prend essentiellement aux fausses ruptures, qui, tout en prétendant prendre acte de l'état du monde, reproduisent des schémas anciens. Dans les années 1930-1933, le thème de la jeunesse occupe beaucoup Kracauer et il est manifeste que Kracauer s'inquiète de l'existence d'une sorte de potentiel antidémocratique dans la jeunesse bourgeoise, ou, du moins, chez ceux qui se prétendent ses porte-parole.

Un premier exemple de ces fausses ruptures en est la revendication de l'« objectivité » par Frank Matzke dans son livre *Jugend bekennt, so sind wir*[79]. Matzke s'y présente comme le héraut d'une génération « objective », porteuse d'une révolution non sentimentale, et se réclame de cette *Sachlichkeit*, qui pour Kracauer et d'autres critiques de gauche, est une valeur suspecte, puisqu'ils y voient une adhésion affirmative au fonctionnalisme ambiant (même si eux-mêmes participent aussi, d'une certaine façon, de

---

72. KRACAUER S., « Weltstadtjugend? – Brünstiger Zauber », *Schriften 5.2*, p. 220-224 [*FZ*, 17.8.1930] [Recension de ZAREK Otto, *Begierde. Roman einer Weltstadtjugend.*, Berlin, Wien, Leipzig, Zsolnay, 1930].

73. KRACAUER S., « Großstadtjugend ohne Arbeit. Zu den Büchern von Lamm und Haffner », *Schriften 5.3*, p. 124-127 [*FZ*, 23.10.1932] [Il s'agit d'une recension de LAMM Albert, *Betrogene Jugend. Aus einem Erwerbslosenheim*, Berlin, 1932 et de HAFFNER Ernst, *Jugend auf der Landstraße*, Berlin, 1932].

74. KRACAUER S., « Jugend in dieser Zeit », *Schriften 5.3*, p. 198-200 [*FZ*, 5.2.1932] [Recension de GLASER Georg, *Schluckebier*, Berlin-Wien, 1932].

75. Kracauer évoque à plusieurs reprises dans des articles l'ouvrage de Fallada, *Kleiner Mann - was nun?*, Berlin, 1932.

76. KRACAUER S., « 'Kuhle Wampe' verboten! », in *Von Caligari zu Hitler*, p. 536-541, p. 539 [*FZ*, 5.4.1932].

77. KRACAUER S., « Wunschträume der Gebildeten », *Schriften 5.3*, p. 154-159 [*FZ*, 20.11.1932] [Il s'agit de la recension de HELBING Lothar, *Der dritte Humanismus*, Berlin, 1932, et de NAUMANN Hans, *Deutschland in Gefahr*, Stuttgart, 1932].

78. KRACAUER S., « Zu einem Buch über deutsche Jugend », *Schriften 5.3*, p. 212-216 [*FZ*, 5.3.1933] [Recension de LESSER Jonas, *Von deutscher Jugend*, Berlin, 1932].

79. MATZKE Frank, *Jugend bekennt : so sind wir!*, Leipzig, 1930.

cette « nouvelle objectivité »). Pour Kracauer surtout, cette jeunesse n'est pas différente de celle d'avant-guerre, avec son pathos idéaliste. Il y a une fuite dans la *Sachlichkeit* comme il y a une fuite dans le sentiment :

> Voilà ce que nous sommes, c'est la profession de foi des gens de Matzke, oui malheureusement voilà ce qu'ils sont. Au lieu d'enquêter sur une réalité, qui est aussi une réalité sociale, ils se contentent de ne plus croire à des illusions [...], au lieu d'aspirer à changer une situation de misère, il cherchent l'apaisement du côté des choses et des objets, comme leurs ancêtres du côté des sentiments et des idéologies[80].

Un second faux révolutionnaire est, selon lui, Ernst Jünger dans *Le Travailleur*[81]. Certes, Jünger prend acte de l'importance de la technique, il entérine le déclin des valeurs bourgeoises, envisage une économie planifiée, mais la « Gestalt » qu'est le travailleur est davantage vision que connaissance du monde social. Une troisième fausse rupture est proposée par le *Tat-Kreis* qui semble illustrer la thèse de Kracauer selon laquelle l'idéalisation de la jeunesse est un voile jeté sur les antagonismes sociaux réels, puisque Hans Zehrer attendait du mouvement de jeunesse un dépassement des partis et des classes[82]. La jeunesse (dont une partie est très réceptive aux thèses de Zehrer[83]), en particulier la « génération du front », était selon lui porteuse des mutations révolutionnaires. Les jeunes des classes moyennes, loin d'être des prolétaires qui s'ignorent, comme le proclamaient les sociologues marxistes, avaient à ses yeux vocation à fonder une nouvelle élite, et le *Tat-Kreis* contestait à cet égard radicalement l'analyse de Kracauer dans *Les Employés*. Dans une série d'articles intitulée « Soulèvement des classes moyennes » [« Aufruhr der Mittelschichten »], Kracauer déconstruisait les théories de Zehrer et de Ferdinand Fried (socialisme national, autarcie) et les analysait comme des projections fantasmatiques[84], comme les rêves nébuleux d'une classe moyenne en voie de prolétarisation. En même temps, à l'image de nombreux intellectuels de gauche, Kracauer lit *Die Tat* avec beaucoup d'attention[85]. On perçoit chez lui à plusieurs endroits une certaine sympathie

---

80. KRACAUER S., « Neue Jugend ? », *Schriften 5.2*, p. 279-282, p. 280 : « So sind wir, bekennen die Matzke-Leute. Ja, leider sind sie so. Statt die Wirklichkeit, die auch eine gesellschaftliche ist, zu erforschen, begnügen sie sich damit, nicht mehr an Illusionen zu glauben (...) statt (...) die Änderung elender Zustände zu erstreben, beruhigen sie sich genau so bei Dingen und Sachen wie die Vorfahren bei Stimmungen une Ideologien ».
81. KRACAUER S., « Gestaltschau oder Politik? », *Schriften 5.3*, p. 118-123 [*FZ*, 16.10.1932].
82. Comme le note Hans MOMMSEN, « Generationskonflikt und Jugendrevolte in der Weimarer Republik », in « *Mit uns zieht die neue Zeit* », *op. cit.*, p. 50-67, p. 56.
83. Le Tat-Kreis semble exercer une certaine influence sur le mouvement de jeunesse : cf. RÄTSCH-LANGEJÜRGEN Birgit, *Das Prinzip Widerstand : Leben und Werk von Ernst Niekisch*, Bonn, Bouvier Verlag, 1997 p. 179.
84. KRACAUER S., « Aufruhr der Mittelschichten : eine Auseinandersetzung mit dem *Tat-Kreis* », *Schriften 5.2*, p. 405-426, p. 407 [*FZ*, 10.12.1931 et 11.12.1931].
85. Cf. FRITZSCHE Klaus, *Politische Romantik und Gegenrevolution : Fluchtwege in der Krise der bürgerlichen Gesellschaft : das Beispiel des Tat-Kreises*, Frankfurt/Main, Suhrkamp, 1976, p. 55-57.

pour la *Zeitkritik* anticapitaliste de Fried et Zehrer, et il souligne la perti-
nence de leur diagnostic (à défaut d'approuver leurs solutions). Dans un
article de 1934 sur la jeunesse allemande, Kracauer soulignera que le
Tat-Kreis essaie de maintenir son indépendance par rapport au national-
socialisme[86]. On voit ici une fois de plus que les discours de crise de la
République de Weimar ne se laissent pas enfermer dans les catégories
droite/gauche[87]. Mais Fried et Zehrer avaient cependant, selon Kracauer,
le tort de confondre la *ratio* abstraite (c'est-à-dire la raison instrumentale),
dont Kracauer analysait lui-même l'emprise dans *Les Employés*, et la
raison émancipatrice.

C'est également avec un certain intérêt que Kracauer se penche sur
l'expérience des « camps de travail », inspirés par Eugen Rosenstock[88] et
Hans Dehmel d'une part, certains courants de la *Jugendbewegung* d'autre
part[89]. Ce mouvement est encouragé par *Die Tat*, puisqu'en feuilletant
la revue, on y aperçoit des encarts publicitaires pour les œuvres de
Rosenstock. Dans le cercle des *Arbeitslager*, on trouve également les futurs
fondateurs du *Kreisauer Kreis*, en particulier Helmut James Graf von
Moltke. Ces « camps de travail » sont l'œuvre de la jeunesse, comme le
souligne à l'envi Georg Keil, dans un livre cité par Kracauer[90]. Officiellement, l'idée qui préside à ces camps est de rassembler des jeunes gens de
toutes origines sociales (il ne s'agit sur le fond en aucun cas d'une mesure
destinée à combattre le chômage). En 1931, l'ordonnance sur le service
du travail (sur la base du volontariat) du chancelier Brüning semble
annoncer la généralisation de ces camps. Comme dans le cas de l'analyse
du *Tat-Kreis*, l'intention générale de l'article de Kracauer est globalement
critique, mais Kracauer tient à se démarquer de l'attaque violente de
Thomas Murner (c'est-à-dire en fait : Carl von Ossietzky) dans la
Weltbühne, qui dénonçait l'idéologie antidémocratique et autoritaire
propagée selon lui dans les camps de travail. Bien entendu, Kracauer reste
in fine sceptique. Il en arrive à la conclusion que par leur irréalité, ces
structures favorisent tout de même davantage les forces réactionnaires, et
aboutissent à une stagnation politique. Kracauer refuse en particulier de

---

86. KRACAUER S., « Über die deutsche Jugend », *Schriften 5.3*, p. 243-252 [Paru en français dans
L'Europe Nouvelle en août 1933].
87. À ce sujet, voir GANGL Manfred, RAULET Gérard (éds), *Intellektuellendiskurse in der Weimarer
Republik : zur politischen Kultur einer Gemengelage*, Darmstadt, Wissenschaftliche Buchgesellschaft,
1994.
88. Cf. ROSENSTOCK-HUESSY Eugen, *Das Arbeitslager : Berichte aus Schlesien von Arbeitern, Bauern,
Studenten*, Jena, Diederichs, 1931. Voir également les fragments autobiographiques : *Ja und Nein*,
Heidelberg, Schneider, 1968.
89. KRACAUER S., « Über Arbeitslager », *Schriften 5.3* [FZ, 1.10.1932], p. 107-117.
90. KEIL Georg, *Vormarsch der Arbeitslagerbewegung : Geschichte und Erfahrung der Arbeislagerbewegung
für Arbeiter, Bauern, Studenten 1925-1932*, Berlin, Gruyter, 1932, p. 4 et suivantes, p. 35. Un
autre ouvrage auquel Kracauer fait référence est : LAMPEL Peter Martin, *Packt an! Kameraden!
Erkundungsfahrten in die Arbeitslager*, Berlin, Rohwolt, 1932.

considérer ces camps comme les cellules d'une « communauté du peuple », car c'est selon lui une illusion romantique, et une naïveté politique. Mais les *Arbeitslager* pourraient dans certaines conditions non pas fournir un modèle de société, mais au moins aider à créer un espace politique en favorisant la confrontation des points de vue. Kracauer n'est pas totalement insensible à la philosophie dialogique et personnaliste qui inspire l'idée des camps de travail (du moins dans le cas de Rosenstock). Kracauer est frappé au départ par le climat de paix et d'homogénéité dans le camp. Keil insistait en effet longuement sur l'idée qu'il ne s'agissait pas de simuler la *Volksgemeinschaft*, mais de créer un espace constructif de confrontation démocratique[91]. Mais les limites de ce dialogisme, selon Kracauer, qui se montre clairement « marxiste » sur ce point, c'est qu'il occulte les antagonismes matériels, la réalité de la divergence des intérêts.

Le caractère à ses yeux allemand de la *Jugendbewegung* explique qu'un courant français comme *Ordre nouveau*, le mouvement de Robert Aron[92], Alexander Marc, et Arnaud Dandieu, pourtant comparable — à certains égards — au *Tat-Kreis*[93], présente un tout autre visage, moins totalitaire et moins anti-démocratique.

Epilogue

Aux yeux de Kracauer, le nazisme prospère sur une mentalité, qui sans s'identifier au fascisme, lui a, à tout le moins, préparé le terrain. Kracauer, en partant notamment du livre d'Ernst Gründel, *Die Sendung der jungen Generation* (Munich, 1932), décèle un certain nombre de traits présents dans les mouvements de jeunesse qui sont en harmonie avec la vision du monde nationale-socialiste : nostalgie de la *Gemeinschaft*, nationalisme, culte du Führer. Ce diagnostic rejoint celui d'une partie de l'historiographie contemporaine[94]. Le travail — aujourd'hui perdu — que Kracauer consacra en 1938 à la propagande totalitaire[95], qui esquissait par endroit

---

91. KEIL Georg, *op. cit.*, p. 36.
92. Que Kracauer connaît depuis quelques années, Aron ayant été rédacteur en chef d'une revue de cinéma chez Gallimard, dans laquelle Kracauer publia quelques critiques de films allemands.
93. Marc est un connaisseur des œuvres de Rosenstock, ainsi que de celles de Przywara, dont on se souvient qu'il a inspiré Quirin dans *Georg*. Par ailleurs, « Ordre nouveau » milite pour une troisième voie au-delà de la droite et de la gauche, et entretient des contacts avec des cercles de la révolution conservatrice issus du mouvement de jeunesse, en particulier celui de Schulze-Boysen (venu du *Jungdeutscher Orden*, un mouvement de jeunesse völkisch). L'antilibéralisme et l'anti-américanisme extrêmement virulents d' « Ordre nouveau » (Aron et Dandieu signent en 1931 un livre intitulé *Le Cancer américain*), ainsi que certaines de prise de position malheureuses, ont incité des historiens à situer — à tort semble-t-il — ce mouvement dans la proximité du fascisme, cf. KELLER T., *op. cit.*
94. Voir par exemple WEHLER Hans-Ulrich *Deutsche Gesellschaftsgeschichte 1848-1914*, München, Beck, 1995, p. 1104.
95. KRACAUER S., *Die totalitäre Propaganda*, 1938, KN DLA.

une sorte de phénoménologie du fascisme, semblait évoquer les parentés entre *Jugendbewegung* et fascisme, en particulier l'utilisation de symboles et de rituels[96].

Dans *Caligari*, on l'a vu, Kracauer maintient une telle distance critique qu'il donne presque le sentiment de ne pas avoir du tout participé au monde qu'il décrit. Pourtant, par de discrets renvois autobiographiques, il signale son implication, qui le met en situation d'observateur participant. Quand il évoque les « films de montagne » [*Bergfilme*] d'Arnold Frank et leur succès, décrit ce « groupe d'étudiants » qui « longtemps avant la Première Guerre mondiale » « quittait chaque week-end la ville grise pour aller dans les Alpes bavaroises toutes proches, où ils se livraient à leur passion[97] », il parle également de son propre passé d'étudiant munichois : une des rares photos de jeunesse le montre sur un sommet bavarois, en compagnie de quelques camarades, en *Wandervogel* des montagnes.

Auteur d'un article patriotique (quoique ambigu) paru dans les *Preußische Jahrbücher* en 1915[98], Kracauer avait propagé le discours de l'autorité wilhelminienne[99] qu'incarne selon lui le docteur Caligari, allégorie d'un empereur qui avait mené la jeunesse allemande au massacre : à la fois hypnotiseur et hypnotisé, Kracauer avait été un de ces jeunes allemands qui s'étaient enthousiasmés pour la guerre afin de combler un sentiment de vide[100]. Comme l'a très bien perçu Erwin Panofsky[101], *Caligari* est aussi l'autobiographie intellectuelle d'une génération.

---

96. Sur cette question, voir JANZ Rolf-Peter « Die Faszination der Jugend durch Rituale und sakrale Symbole. Mit Anmerkungen zu Fidus, Hesse, Hofmannstahl und George », in « *Mit uns zieht die neue Zeit* », *op. cit.*, p. 310-337.

97. *De Caligari à Hitler*, p. 121.

98. Dans l'article « Vom Erleben des Kriegs », déjà évoqué.

99. Cf. l'interprétation de ce film dans *Caligari*, p. 65-82.

100. *De Caligari à Hitler*, p. 21.

101. Voir par exemple la lettre de Panofsky à Kracauer du 29 avril 1947, Kracauer-Panofsky, *Briefwechsel 1941-1966* (édité par Volker Breidecker), Berlin, Akad.-Verl., 1996, p. 46.

L'éducation des jeunes filles selon Sternheim

Eva PHILIPPOFF
Université de Lille

Carl Sternheim (1878-1942), une fois sorti de sa phase néo-romantique et juvénile, où il voulait, sur le plan théâtral, concurrencer Shakespeare et Schiller, aimait à réclamer pour lui le rôle de grand éducateur, novateur et prophète, sauveur même, capable de donner de nouvelles impulsions au siècle. « Celui qui a profité de ton éducation, possède plus de bagages que l'âne pour faire face à la Création[1] », s'enflamme Klaus, le fils, sur la scène comme dans la vie, et une jeune admiratrice renchérit : « Les quelques Européens qui n'ont pas perdu la raison vous adorent comme le créateur du principe anti-autoritaire. Dans les quinze années qui ont suivi la guerre, plus rien de nouveau n'a été inventé[2] ».

En effet, à partir de 1914, Sternheim s'est plu dans le rôle de guide spirituel dont la tâche était de sauver le monde d'une sclérose due à la routine morale instaurée par les classiques, à la mécanisation, au nivellement, au stéréotypage de l'humanité : « De par ma mission de poète j'étais destiné à rendre l'authenticité au vécu imprécis [des hommes] […] et je ne partais alors d'aucun 'point de vue' fixe, tout ce que je faisais — et voilà

---

1. « Wer deine Erziehung genossen, steht gepackter als der Esel vor der Schöpfung. » STERNHEIM Carl, *Gesamtwerk III*, éd. par Wilhelm Emrich, Neuwied am Rhein, 1964, p. 391. Les passages où Sternheim affirme sa grande influence sur la jeunesse sont nombreux, p. ex. celui-ci de 1932 dans *Vorkriegseuropa im Gleichnis meines Lebens* : « Allen die mir im Kinder-Knaben-Jünglings-jungen Mannesalter nahenstanden, war ich der Führer aus Beruf gewesen ; Briefe bis zum heutigen Tag beweisen, wie jeder sich gern erinnert, daß ich geistig seine Jugend leitete », *Spätwerk, Nachträge zu den Bänden 6 und 7, Band 10/1*, éd. par Wilhelm Emrich und Manfred Linke, Neuwied am Rhein und Darmstadt, 1976, p. 243, ou bien p. 191 : « Im übrigen zeigte es sich schon zu dieser Zeit, daß ich ohne zu wollen, die Führung junger Menschen in und außerhalb der Klasse hatte ; einige trieben die ungehemmte Ergebenheit weit ; Hans Herzog lebte für mich, machte meine Schularbeiten, schlief auf dem Teppich vor meinem Bett […] ».
2. « Die wenigen Europäer, die bei Verstand geblieben sind, lieben Sie als Schöpfer des « antiautoritären Prinzips ». Darüber hinaus ist in fünzehn Nachkriegsjahren Neues nicht erfunden. **Wir waten in einem Vacuum** ». STERNHEIM Carl, *Spätwerk 10/1*, p. 49.

en quoi ce fut un acte révolutionnaire — c'était de m'intéresser à ce que chacun avait de particulier, de lui rendre justice en tant qu'être unique, sans me référer à aucun sytème de valeurs », résume Sternheim en 1932 dans son autobiographie *Vorkriegseuropa im Gleichnis meines Lebens*[3].

Dans ses « Comédies de la vie héroïque du bourgeois » (« Komödien aus dem bürgerlichen Heldenleben »), *La Culotte, Bourgeois Schippel, Le Snob, Table rase* et *La Cassette* (*Die Hose, Bürger Schippel, Der Snob, Tabula rasa, Die Kassette*), reçues par le public et par la critique comme des satires de la vie bourgeoise et petite-bourgeoise, Sternheim prétend a posteriori qu'il n'avait aucune visée moralisatrice, mais qu'il avait, tout au contraire, voulu montrer à l'homme la voie pour trouver « sa propre nuance », sa note personnelle, en suivant sans gêne ses penchants, s'il le faut en utilisant le camouflage hypocrite de la bienséance. « J'ai conseillé à tout être de vivre selon sa nature unique et incomparable, afin que la communauté humaine ne soit pas faite de nombres, mais d'êtres décidés à vivre leur indépendance », affirme-t-il dans un texte programmatique de 1918[4], et dans le texte « Privatkurage » dont le titre n'a rien à voir avec le terme « Zivilcourage », mais signifie « avoir le courage d'être soi-même », il écrit en 1924 : « L'homme, pour être heureux, ne doit pas se laisser guider par une longe, et croire que deux fois deux font quatre, sauf dans les tiroirs-caisses et chez les marchands[5] ». A l'encontre de l'éthique courante qui veut que l'homme agisse toujours selon une maxime pouvant prétendre à l'universalité, ses « héros », le prolétaire Schippel, le petit bourgeois repu Theobald Maske, le « Snob » Christian Maske, l'aristocrate-ouvrier Ständer, agissent tous selon une « éthique » qui n'hésite pas à utiliser l'autre comme moyen, pourvu que cela permette la satisfaction des exigences personnelles. « Si, à l'extérieur, on se conforme suffisamment aux normes de la bourgeoisie et de la psychologie, on a le droit d'être à l'intérieur un géant brutal, un cyclope d'airain, décidé à se réaliser, à s'approprier la vie tel un pâturage, pour ses besoins et avantages personnels[6] » — c'est là le credo théorique

---

3. « Viele dieser Menschen waren bei mir gewesen, ohne daß sie wußten, aus meiner dichterischen Sendung war ich bestimmt, ihrem ungefähr Gelebten durch Verdichtung wirkliches Leben zu schenken; wobei ich keinen « Standpunkt » hatte, [...] als daß ich in jedem das Besondere antippte; ihm in Bezug auf sein Unvergleichliches ohne Werturteil gerecht wurde! » Ibid., p. 268.

4. « Einmaliger unvergleichlicher Natur zu leben, riet jedem Lebendigen ich, damit keine Ziffer, sondern Schwung zu ihrer Unabhängigkeit entschlossener Individuen Gemeinschaft bedeute [...]. » STERNHEIM Carl, *Gesamtwerk, Zeitkritik, Band 6*, éd. par Wilhelm Emrich, Neuwied am Rhein, Berlin 20, 1966, S. 49.

5. « [...] der Mensch, glücklich zu sein, muß nicht an der Leine gehen, nicht glauben, zweimal zwei sei außer in den Kaufmannsladen und an den Kassen vier. » *Ibid.*, p. 311.

6. « [...] führt man sich nach außen hinreichend mitbürgerlich und psychologisch auf, darf man innen brutal, bronzen, ja ein zyklopischer, zu sich selbst gewillter Viechskerl sein, Leben zu eigenstem Nutz und Frommen radikal abweiden ». *Id.* Dans notre article *Les comédies de Carl Sternheim : satire ou prophétie?* in « Allemagnes d'aujourd'hui » n° 76, Paris, 1981, p. 111-129, j'ai attiré l'attention sur l'incohérence de la « philosophie » de Sternheim laquelle ne peut produire que des êtres asociaux qui finissent, ainsi que plusieurs œuvres de Sternheim le démontrent, dans l'asile psychiatrique ou sur une île du Pacifique!

que Sternheim a accolé comme intention à ses comédies prétendues « éducatrices », et non pas satiriques… « Ich will - ich muß », « je veux - il le faut », s'exclame donc aussi en 1920 Klette, qui, sans aucune arrière-pensée, sauve des eaux la riche héritière Klara Cassatti dans la comédie *Le contemporain déchaîné*, et : « Si je pouvais ce que je voudrais », soupire Maud, une des quatre jeunes filles modernes confiées au talent didactique du Dr Siebenstern qui doit, dans son établissement sur le Lac de Constance, à Uznach, en faire des « exakte Zeitgenossen », des « individualités exactement contemporaines ». Et, encouragée par le maître, elle avoue : « Je voudrais vous rosser, Monsieur Siebenstern[7] ! » Réponse quelque peu inquiétante, mais néanmoins admise dans le programme d'émancipation du Dr Siebenstern.

Dans l'établissement d'Uznach, alias Uttwill en Suisse, où Sternheim s'est installé en 1924, le Dr Siebenstern, guide spirituel experimenté, veut, selon les recettes éducatives les plus modernes, donner à ses cinq élèves fémines : Maud, Vane, Thylla, Sonia et Mathilde, le courage d'affronter l'actualité trépidante des « années folles » avec les meilleures armes. Il applique sa méthode avec l'aide de Mary Vigdor, adepte de l'eurythmie thérapeutique, pseudonyme facile à percer pour la danseuse Mary Wigman, et d'Henri Andresen, responsable du volet linguistique, la « Sprachgestaltung », de ce modelage didactique. Nous reconnaissons aisément sous ce schéma les préceptes anthroposophiques de Rudolf Steiner, appliqués à partir de 1919 dans les « Waldorf-Schulen » fondées par Emile Molt. Surmonter les complexes, libérer les pulsions, grâce à ce programme individuel qui s'adresse à l'esprit tout autant qu'au corps, « der Mensch ist Körpergeist-seele[8] », c'est pour ces jeunes filles de l'après-guerre le moyen d'apprendre à se réaliser et à se connaître. Il semblerait que la méthode ait porté ses fruits : « Après avoir pris […] les bastions et les tranchées où la famille et la société avariée de l'Europe se sont terrées, après avoir détruit les fortifications érigées par l'arbitraire masculin », elles sont prêtes à occuper « les postes avancés dans le monde », à s'engager « dans la bataille de la vie », en faisant fi des « idéologies moisies » : Darwin, Nietzsche, Haeckel — les anciens tout autant que les modernes[9] ! On les trouve à présent « plus habiles et plus décidées que jamais à réaliser leurs propres nécessités — une armée de Penthesilées[10] ! » C'est notamment le tabou de

---

7. « Dürfte ich, was ich wollte — […] sie prügeln, Herr Siebenstern! » *Dramen III*, p. 378.
8. *Ibid.*, p. 405.
9. « […] das junge Mädchen sprang nach dem großen Morden, […] so keß in die Lebensschlacht, daß man ein Jahrfünft seine Frechheit, methodischen Sturm auf Basteien, Schützengräben der Familie und ranziger Gesellschaft in Europa bestaunte […]. In knapp fünf Jahren zertrümmerten wir Bastillen des Mannesübermuts, (… schlossen Rundes Zartes Gefälliges unserer Erscheinung aus), als wir in die Welt auf rauhe Vorposten rückten […]. Stellten fest, soweit wir sahen, […] Schnöden Götzendienst! […] Vermoderte Ideeologien [sic] […]. Ein krasses Panoptikum ». Ibid., p. 380 et 381.
10. « Sind geschickter und entschlossener als je zu unseren Notwendigkeiten » […]. « Schnitten, besser gehen und schauen zu können, den Rock, die Haare ab. Eine Armee Penthesileas! » *Ibid.*, p. 380 et 383.

la virginité des jeunes filles qu'elles ont jeté par-dessus bord : « ce bonnet chloroformé de la dépendance sexuelle qu'on leur mettait sur les nattes à la Gretchen[11] ». Bref, elles ont en tout et partout suivi les préceptes de leur professeur pour sortir du rang selon leur « propre nuance ».

Arrive alors Klaus, le fils du Dr Siebenstern, qui lui aussi s'est libéré jusqu'à l'excès sous les cieux brûlants d'Espagne et d'Afrique. La jeunesse féminine se présente à lui dans une mise en scène digne des riches héritières qu'elles sont, sous leur jour le plus attrayant. Maud, Vane, Thylla, Sonia, des « boutons prêts à éclore[12] », et toutes les quatre — elles seront cinq sous peu — des exemplaires paradigmatiques de la jeune fille :

« Si la guerre n'avait produit qu'elle, beaucoup de son horreur serait effacée », s'enthousiasme Klaus, « ni fiancées mystiques, ni objets à l'usage de l'homme, elles sont décidées à vivre leurs propres turbulences, [...] à employer leur charme nu dans l'attaque de l'homme[13] ». Et lui de son côté, après avoir fait une « pause créative », est prêt à « mettre le feu sous leurs mèches — à toutes à la fois[14] », comme il l' assure à son père quelque peu jaloux de la jeunesse.

Alors qu'on s'attend maintenant à des quiproquos — non plus vaudevillesques, mais plutôt orgiaques, si toutefois ce genre de situation peut donner lieu à des quiproquos — nous assistons à un revirement radical que pourtant on pressentait déjà. Quand Sonia et Thylla — « Maud et Vane se suffisent à elles-mêmes[15] » — viennent rendre au pétulant jeune homme, à une heure tardive de la soirée, une visite attaque-surprise, celui-ci résiste à leurs avances, repousse l'agression et s'indigne : « C'est contre les règles du jeu — il manque l'astuce essentielle »! Qu'il existe parmi les hommes des crapules qui s'introduisent nuitamment dans la chambre d'une femme — « ce n'est pas une raison pour les imiter[16]! » ; les jeunes gens en voyage, ne sont-ils pas obligés dernièrement de verrouiller leur porte devant l'impétuosité des femmes? se plaint Klaus, et pour montrer que leur façon de s'émanciper n'est pas si nouvelle ni très originale, il leur cite l'exemple de Lamiel qui, dans le roman inachevé de Stendhal, satisfait en 1826 sa curiosité pour cinq francs dans le bois du village avec un vigoureux valet.

Or, ces remontrances restent sans effet, ces jeunes filles d'un nouvel âge deviennent plus pressantes : « Ne sens-tu pas les accords percutants de nos

---

11. « Man hatte der Armen die Chloroformhaube ihrer geschlechtlichen Hörigkeit über das Gretchenzöpfchen gestülpt [...]. » *Ibid.*, p. 382.

12. « blühreife Polle ». *Ibid.*, p. 394.

13. « Klaus : Das sind nicht mystische Bräute, doch auch kein männlicher Gebrauchsgegenstand mehr ; zu eigenem Trubel Entschlossene, die nicht hinter dem Berg halten, Reize nackt zum Angriff auf uns zu brauchen. » *Ibid.*, p. 414.

14. « Klaus : Feuer will ich unter ihre Dochte zünden. Siebenstern : Unter alle auf einmal? » *Ibid.*, p. 391.

15. « Maud und Vane genügen sich bis in die Nacht. » *Ibid.*, p. 422.

16. « Klaus : Aber das geht nicht so! Ist gegen die Technik des Dramas! [...] Die Sache geht zu glatt, der Hauptspaß fehlt [...]. Daß der Mann Schurke sein kann, ist für das repräsentative Frauenzimmer kein Grund, ihn nachzuahmen. » *Ibid.*, p. 426 et 429.

corps ivres ? […] Déjà il devient accessible au goût, au toucher ! » [« Schon wird er schmecktastbar, bewußtwollbar[17] »], jubilent les Penthésilées déchaînées ! Mais Klaus se rebiffe, refuse de jouer le jeu : « Tonnerre de Dieu, pour un tel revirement l'autre doit tenir son rôle de participant[18] », peste-t-il en les poussant vers la porte. Et c'est là qu'entre la cinquième des pensionnaires, fraîchement arrivée de Lunebourg et quelque peu dubitative devant le programme « Körpergeistseele », gymnique et dynamique, dont les anciennes adeptes lui ont fait une démonstration parlante au bord du lac. Nous savons déjà que Mathilde ne correspond pas tout à fait au profil de l'école, car, comme elle l'a avoué honteusement à Maud, à 18 ans elle est encore vierge ! « C'est gênant », lui réplique-t-elle, « n'as-tu jamais été dans un groupe de 'Wandervogel', dans une école libre[19] ? » Mais non, elle a toujours été chez elle, à Lunebourg et ensuite à Angermünde. Et c'est cette Mathilde — Enterlein de son nom de famille — qui, ayant entendu crier Klaus, vient timidement voir s'il a besoin d'aide. Mais Klaus, sur sa lancée, et se croyant de nouveau persécuté par un désir féminin, l'agonit de reproches : « Vos manières, vos grossières façons, votre manque de nuance sont odieux ! […] Voulez-vous blesser mortellement l'âme masculine à qui sur cette terre seule la pureté immaculée de la jeune fille donne encore l'occasion de jubiler, voulez-vous lui ôter la quille équilibrante ? […] L'homme chaste, qui continue d'exister encore en vomit de dégoût[20] ! »

Il est évident que cette tirade de l'homme ulcéré par l'usurpation féminine du rôle masculin tombe à plat devant la pure vierge de Lunebourg, venue pour lui porter secours, et Klaus ne peut que finir par le constater lui-même, face à une Mathilde qui lui avoue en sanglotant qu'elle n'aurait pas à baisser les yeux si l'homme prévu pour elle par la Création, venait s'incliner devant sa beauté. Et déjà il est « attiré comme par magie[21] » vers la porte par laquelle elle disparaît…

Ce qui suit est sans surprise. Selon le vieux schéma de la comédie, les couples se forment. L'exemple de Klaus et de Mathilde, « couple noble, […] lui, héros, la contemplant avec humilité, elle, baissant chastement les yeux[22] »,

---

17. « Thylla : Fühlst Du unserer berauschten Leiber Bombenakkorde ? » *Ibid.*, p. 427.
18. « Himmelkreuzdonnerwetter nein ! An solcher Weltenwende muß doch der andere mitwirken dabei sein ! » *Id.*
19. « Das freilich ist stark — ist freilich peinlich. […] Ja warst Du nie Wandervogel, in keiner freien Schulgemeinde ? » *Ibid.*, p. 410.
20. « […] Wollen Sie die männliche Seele, die auf Erden nur noch über des Mädchens makellose Reinheit zu jauchzen hat, tödlich verletzen ; ihr das lotende Senkblei zerbrechen ? […] Den keuschen Mann, der immer noch lebt, (würgt) Ekel über Sie. » *Ibid.*, p. 430.
21. « […] Mathilde […], tritt zum Balkon zurück, wohin er, magisch gezogen, auf Fußspitzen folgt ». *Ibid.*, p. 431.
22. « Andresen : Vor mechanischem Lärm hörte man seinen Herzschlag nicht mehr. Vigdor : Der unseres hohen Paares klopft Tag und Nacht gewaltig durchs Haus. Andresen : Wie er sie demütig heldisch ansieht ! Vigdor : Sie in sich hinein keusch von ihm fortblickt ! » *Ibid.*, p. 435.

agit pour ainsi dire comme un catalyseur sur une volonté générale mais latente de liaison durable. La millionnaire Thylla se fiance avec son cousin Franz, Maud et Vane continuent de trouver leur bonheur ensemble, Sonia Ramm, après la passade râtée avec le fils, assure à nouveau le père et maître de sa sympathie définitive, et même les pédagogues associés, Mary Vidgor et Andresen, renoncent à leur évangile moderniste dont le mot-clef était « économie des sentiments[23] » en se laissant porter par l'atmosphère d'épousailles générales que Sonia qualifie non sans ironie de « Nouvelle Objectivité partout[24] ». « C'est par nos excès d'affectation que nous avons provoqué la contre-offensive de la nature ulcérée[25] », constate Andresen désabusé. Serait-ce à dire que Sternheim renonce à sa doctrine ardemment défendue de la « Privatkurage », de l'homme libéré des préjugés, mu par sa propre initiative, ouvert jusqu'à l'éclatement, capable de produire des actions « élémentaires, a-causales [unursächlich] », bref, des miracles ? — tel que Klette « le contemporain déchaîné » ? On pourrait presque le penser, n'eût été la dernière réplique de Sonia à Siebenstern qui réhabilite les efforts pédagogiques de celui-ci : « Loin de [...] l'Européen moyen, tu as créé l'atmosphère particulière, le sol fertile où pouvait germer la graine ; et si, pour le détail tout était faux, nous avons selon tes instructions, quitté les rangs de la multitude pour façonner notre vie selon nos propres règles — et voilà que nous récoltons pour la première fois des conséquences dont le siècle sera marqué[26] ! »

En regardant de près l'*Ecole d'Uznach ou la Nouvelle Objectivité* nous avons l'impression que la morale individualiste de Sternheim, plus proche de Nietzsche et de Stirner que de l'anthroposophie de Rudolf Steiner, semble vaciller dès qu'il s'agit du mariage et du rôle de la femme, et cela pour des raisons qui ont leurs racines probablement dans le subconscient de notre auteur. Nous allons préciser notre propos par l'examen de deux

---

La relation des sexes évoquée par Sternheim dans sa pièce n'est pas sans rappeler le tableau du peintre suisse Ferdinand Hodler *Jüngling vom Weibe bewundert* de 1903 — date qui précède quelque peu l'éclosion des *Komödien aus dem bürgerlichen Heldenleben* de Sternheim où sa conception du monde a déjà pris la forme qu'elle devait imprimer à toutes ses pièces ultérieures (cf. **illustration n° 37**).

23. Le terme d'« économie des sentiments » est symptomatique chez Sternheim pour caractériser l'époque moderne, Sonia dit par exemple en parlant de la relation entre les sexes : « Luxus gilt nicht mehr — Ökonomie! » (*Ibid.*, p. 388). Dans *Le contemporain déchaîné* on lit : « Nur einen Augenblick von sich absehen, verstößt gegen heutiges Gesetz : Ökonomie [...]. » *Ibid.*, p. 27.

24. « Sonja : Neue Sachlichkeit allenthalben! » (p. 441). Maud dit à Sonia à propos de la méthode pédagogique nouvelle : « Bizarrerieen des logischen Realismus, überbetonten Ausdrucks sind Sentimentalitäten. Können nie zu vollem Schauen und Sagen führen. Sonja : Nie zu der neuen Sachlichkeit. » *Ibid.*, p. 406.

25. « Durch unsere Exzesse der Affektation erzwangen wir den großen Gegenstoß empörter Natur ». *Ibid.*, p. 440.

26. « Abseits von [Europas Durchschnitt] schufst Du die besondere Atmosphäre, den gedüngten Boden, auf dem die Saat sproß, und war im einzelnen alles falsch, traten wir auf Dein Kommando aus Reihen der Vielzuvielen zu eigener Lebensfühlung an, die jetzt ihre erste epochemachende Leistung zeigt. » *Ibid.*, p. 442.

pièces, respectivement de 1926-1928 et de 1931, pièces que Sternheim n'a pu finir du fait que son état psychique était devenu critique à cette période. Dans la première *Les Pères ou Knock-out (Die Väter oder Knock out)*, il est largement question d'éducation, celle des jeunes filles et de l'éducation en général. *Les Pères ou Knock-out* fait écho à des visites que les enfants de Thomas Mann, Erika et Klaus, ainsi que la fiancée de celui-ci, Pamela Wedekind, fille de Frank Wedekind, ont rendu aux enfants de Sternheim, à Uttwill : Carlhans, Thea (Mopsa) et Klaus, nés respectivement en 1901, 1905 et 1908[27]. Visites pendant lesquelles on discutait de la jeunesse « libérée » d'après-guerre, des préceptes de Sternheim et de leur adéquation à la réalité. Le fait est que Sternheim, qui devient Carl Kenter dans la pièce où il met en scène la famille Mann et la sienne propre, se sent quelque peu dépassé par cette « jeunesse dorée » que sont les « Dichterkinder », archilibres, décidés à s'extérioriser — « Deine strammen Kinder, die sich saftig ausleben wollen[28] », et qui ont besoin pour cela des finances que les parents sont priés de fournir. Le « conflit » éclate quand Carl Kenter refuse d'accepter une place dotée de 12 000 Reichsmark dans la « Dichterakademie », sous prétexte qu'il ne veut pas siéger dans cette illustre tribune à côté de son collègue détesté Theodor Bromme, alias Thomas Mann, qualifié d'« imbécile intégré » [« Anpassungspinsel[29] »]. « Si en Bromme on rend hommage à une volonté culturelle que moi je combats jusqu'au sang, ma [nomination] en même temps que lui est une défaite cuisante et je me moque des 12 000 RM[30]! », s'exclame-t-il fièrement. Or, sa progéniture ne s'en moque pas : Alabonda, efféminé et rêveur, Balder, décidé à la réalisation de sa personne [« — zu sich selbst entschlossen »], et Billi, 17 ans, qui attend un bébé de René, le fils du collègue et rival de Kenter. « Dans ce processus civilisationnel novateur [...] nous allons contrer avec vigueur les tentatives réactionnaires des anciennes puissances », revendique Balder, en clamant le droit au « démonisme des pulsions[31] », tout autant qu'au soutien financier des parents. Voilà le promoteur de l'éducation anti-autoritaire piégé par sa propre doctrine!

Devant le front formé par sa descendance unie à celle de Bromme qui, dépassé par les événements, s'est dans un moment d'affolement précipité par la fenêtre, pendant que Billi donnait le jour à un vigoureux garçon [« stramm »], Kenter réclame une « pause créative » qui lui permettrait de refaire le point et de se ressaisir loin du tumulte. Cette jeunesse aux

---

27. Carlhans est issu du premier mariage de Sternheim avec Eugenie Hauth dont il a divorcé en 1907.
28. Vol 10/1, p. 8.
29. *Id.*
30. « Ehrt man in Brommme eine zivilisatorische Tendenz, die ich bis aufs Blut bekämpfe, ist mein Sieg mit ihm triftige Niederlage. » *Id.*
31. « Wollen im neuen, das All umstülpenden Zivilisationsprozeß reaktionären Unterdrückungsversuchen der alten Mächte schneidig entegentreten. » *Ibid.*, p. 16. Et : « [...] Durchbruch der Triebdämonie in Eure vermoderten Ideologien ». *Ibid.*, p. 10.

pulsions florissantes, mais par ailleurs « égoïste et vaniteuse » semble n'avoir que trop bien suivi les préceptes de l'auto-affirmation, et dans le « démonisme et l'extase généralisés[32] », Kenter réclame désormais pour lui le rôle d'élément statique, et avoue vouloir régresser dans le sein de la mère : « La pause, créative à partir d'aujourd'hui — je l'implore de façon représentative[33] ! » Et il sera soutenu dans son projet par une présence féminine, car, à côté des jeunes filles qui affirment leur liberté in *rebus sexualibus*, il existe la jeune fille admirative, enthousiaste, prête à l'abandon, faite pour l'homme supérieur, las des luttes et du tumulte, qui exige d'elle une adhésion inconditionnelle : « J'ai besoin que ta pulsion de vénération déchaînée se transforme en un acte d'amour sans précédent[34] », exige Kenter de son égérie, la jeune Fantasia, personnage sous lequel se cache Pamela Wedekind, qui, après avoir rompu ses fiançailles avec Klaus Mann, épouse Sternheim en 1930 au sortir d'un long internement dans une clinique psychiatrique. Véritable ange gardien, Fantasia se pose en protectrice résolue de Kenter, pour défendre son œuvre devant « la horde sauvage que sont ses enfants[35] », et lit avec le maître des extraits de ses écrits : *L'Encyclopédie pour le démontage de l'idéologie bourgeoise* [*Enzykopädie zum Abbau der bürgerlichen Ideologie*], auto-citation de Sternheim, qui suscite chez elle une envie irrépressible d'en embrasser l'auteur. Or, un baiser ne saurait suffire à un « homme de son calibre intellectuel », il lui faut l'abandon complet : « Je produis des phénomènes décicifs, tu te soumets à ma sagesse supérieure, te sacrifies sans détour », exige Kenter de Fantasia, prête de toutes façons à lui prodiguer « du bien et de façon encore jamais observée dans toute l'histoire[36] ». En effet, dans la réalité comme dans la fiction, c'est encore une fois une femme qui sort l'homme — Sternheim / Kenter — d'une crise grave, comme l'avait déjà fait au début du siècle la millionnaire Thea Bauer, épouse Löwenstein, qui lia son sort à celui du jeune écrivain après sa première crise morale et nerveuse.

Mais revenons à la fiction : Fantasia aura bientôt l'occasion d'accomplir un acte plutôt rare. Kenter, retiré dans une clinique psychiatrique

---

32. « [...] ist europäische Jugend nur selbstsüchtig und eitel ». *Ibid.*, p. 17, « Kenter : Ein einziger muß im Weltall den Verstand behalten, in der allgemeinen Dämonie und Extase statisch sein ». *Ibid.*, p. 23.

33. « Die schöpferische Pause ab heute! Ich flehe repräsentativ darum! » *Ibid.*, p. 26. Ce terme, plusieurs fois employé, fait écho au livre de Fritz Klatt, *Die schöpferische Pause. Eine Anleitung, die Schaffenskräfte des Einzelnen zur höchsten Entfaltung zu bringen, zugleich eine Grundlage zum Aufbau des Lebens aus der Einheit von Körper und Geist*, Verlag Eugen Diederichs, 1921.

34. « Ich brauche deinen entfesselten Drang der Verehrung zu beispiellosem Liebesakt gesteigert (...) » *Ibid.*, p. 22.

35. « Das [die Kinder] ist eine Rasselbande, die aus Respektlosigkeit in jedem Augenblick ihr Werk bedroht ». *Ibid.*, p. 24.

36. « [...] ich leiste Entscheidendes, du ordnest dich meiner höheren Weisheit unter, opferst dich bündig. » *Ibid.*, p. 22. Et : « [...] Doch das Schönste, das ich ausdenken kann, bleibt, Ihnen auf historisch nicht dagewesene Weise gutzutun. » *Ibid.*, p. 23.

pour réfléchir aux impulsions nouvelles à donner au siècle, y rencontre son collègue Theodor Bromme, lui aussi soulagé d'avoir échappé aux contingences familiales (Sontheimer se trouve également parmi les patients). C'est là qu'arrive Fantasia, accouchée de fraîche date d'un garçon conçu le jour de la plus grande confusion où Bromme s'est jeté par la fenêtre. Elle offre aux deux penseurs fatigués le premier lait de ses seins féconds qu'ils acceptent de sucer chacun de son côté, enclins à penser « que le monde de Suso et de Hölderlin est proche[37] ».

Le second fragment, intitulé *Aut Caesar, aut nihil* que Sternheim écrivit après son internement et sa longue maladie mentale qui dura de 1928 à 1930, reflète assez fidèlement la crise qui suivit le divorce d'avec Thea en 1928, la vente de la maison à Uttwill et la liquidation de sa bibliothèque, mais aussi le sauvetage par l'amour de la jeune Pamela Wedekind. Dans la première version de ce fragment, le personnage de Bendorf, le poète génial, mais malade, est encore désigné par « Ego », la jeune femme providentielle qui sera Evelyne, porte encore le nom de Pamela. Voilà donc, en plus du contenu étroitement autobiographique de ses pièces, et surtout de celles de la période tardive, un autre indice pour s'autoriser à amalgamer la fiction scénique et la réalité! Dans le personnage de Caesar Kinkel, le tuteur de Bendorf pendant son internement, Sternheim a montré à quoi pouvait mener la réalisation exhaustive, voire excessive de la doctrine de la « Privatkurage ». En appliquant la « Selbstverwirklichung » jusqu'au-boutiste au domaine financier, Kinkel dépouille son protégé, en vendant les biens de celui-ci pendant qu'il est retenu dans l'asile. Quant au domaine sexuel, il se livre à la débauche avec des prostituées pendant un séjour prétendûment « professionnel » à Berlin. Séjour qui, neuf mois plus tard, aura des conséquences : des jumeaux et un enfant en plus avec deux de ses partenaires qui viennent réclamer dédommagement et subsides. Quand la femme de Kinkel, délaissée et sans enfant, découvre le pot-aux-roses, leur mariage s'effondre. Il est vrai, entre temps Madame Kinkel s'est consolée, de son côté, avec l'associé de son mari.

Il nous semblerait qu'il se cache derrière ce canevas vaudevillesque une auto-accusation, certes inconsciente de Sternheim, qui lui aussi, sous la pression d'une sexualité à coup sûr tumultueuse[38], a péché par infidélité. Peu épanoui dans son premier mariage contracté en 1900, il fait un enfant à Thea Bauer en 1905, que l'époux de celle-ci était pourtant prêt à légitimer. Lui-même vivait ponctuellement avec une maîtresse jusqu'à ce que le divorce des deux côtés fut prononcé en 1907, et, toujours en lutte

---

37. « [...] und wir sind nicht mehr weit in dieser Welt von Suso und Hölderlin. » *Ibid.*, p. 35.
38. Winfried Gerog Sebald a très bien démontré dans son livre *Carl Sternheim, Kritiker und Opfer der Wilhelminischen Ära*, Stuttgart, Kohlhammer Verlag, 1969, à quel point toute l'œuvre de Sternheim repose sur des bases quasi pathologiques, et notamment sur une sexualité au bord de la normalité. Les nombreuses scènes de voyeurisme dans son œuvre en témoignent, entre autres.

contre ses pulsions incontrôlables, il fut arrêté par la police et interné pour une agression sexuelle contre une serveuse qui sauta par la fenêtre de l'hôtel pour lui échapper. Or, si l'avocat Caesar Kinkel représente un volet de sa personne avec lequel visiblement, à ce stade, il prend ses distances, l'écrivain Bendorf reflète son état d'esprit à un moment où l'âge et la maladie prenaient le dessus. Revenons à la pièce : après s'être fait encenser par la jeunesse qui le vénère comme « le créateur du principe anti-autoritaire, [...] l'homme dont les écrits ont changé la face du monde »[39], Bendorf subit une crise qui nécessite son internement. Là, sa première et sa dernière pensée se tourne vers Evelyne, la jeune fille digne des modèles de Fra Angelico, Altdorfer, Hölderlin et Stadler[40] ; pure, belle, pleine de vie [« — ins Leben geblüht »], intégrée à l'universel [« — dem grossen Dasein hingegeben[41] »]. Elle veille sur le bien de Bendorf, et transgresse l'interdiction de rendre visite au malade, en utilisant nuitamment une échelle pour accéder à sa chambre. Une fois arrivée, elle contemple à genoux, des minutes durant, le poète adoré dans son sommeil. Bendorf, de son côté a fait une tentative pour la rejoindre en sautant par la fenêtre[42]. « Que doit faire une jeune fille dans un monde capable d'infliger tant de mal à un homme comme toi ? » — « La jeune femme doit aimer comme tu le fais. Afin que sur cette terre, l'amour ne soit pas un mythe »[43], lui réplique Bendorf, alors que la femme (trompée) de Kinkel lance à son mari - alter ego de Sternheim : « Tu peux continuer à t'abandonner à ta folie déchaînée des grandeurs[44] ! »

Est-ce à dire alors que Sternheim abjure sa doctrine de l'éducation anti-autoritaire, de la « Selbstverwirklichung » à tout prix ? Kinkel qui étaie ses actes d'auto-réalisation explicitement par la philosophie de Windelband, lequel, de l'aveu de Sternheim, avait déclenché chez lui en 1906 le concept de la « Privatkurage », est ridiculisé et désavoué, et Bendorf, le poète désabusé, semble avoir trouvé le dernier mot de la sagesse en l'exigence d'un amour désintéressé et complet de la part d'une jeune femme. La clef de l'énigme se trouve dans deux répliques entre Kenter et Fantasia, dans *Les Pères ou Knock-out*, quand Kenter exprime son horreur devant cette

---

39. Cf. note 2.
40. Il s'agit de références multiples qui veulent toujours mettre en avant la pureté, l'authenticité de la jeune fille : p. ex. vol. III, p. 429, Mathilde est comparée à « Hölderlins Mädchen » ; p. 444, on fait référence à Fra Angelico ; vol 10/1, p. 46, on dit d'Evelyne qu'elle est « ein pures Meisterwerk deutscher, mittalterlicher Bildnismalerei » ; p. 99, on dit d'elle qu'elle rappelle « wie Stadler weibliche Holdseligkeit schildert ».
41. *Ibid.*, p. 99.
42. Cette image repose sur un fait réel. En octobre 1929, Sternheim sauta, dans un accès de folie, par la fenêtre de l'appartement qu'il habitait à Berlin avec son garde-malade. Image récurrente dans son œuvre, tout autant que l'intrusion par la fenêtre d'un être aimé, à l'aide d'une échelle.
43. « Die junge Frau soll lieben wie du! Damit Liebe auf Erden kein Märchen wird! » *Ibid.*, p. 112.
44. « [...] kannst dich deinem entfesselten Größenwahn weiterhin überlassen ». *Ibid.*, p. 119.

jeunesse par trop libérée : « C'est un esclavage généralisé qui se cache sous le mot d'ordre de liberté ! », — et Fantasia de lui répondre : « La liberté du particulier non légitimé est une horreur[45] ».

C'est donc cela : puisque l'auto-réalisation n'est plus un geste individuel, élitaire, mais au contraire, a été adopté entre-temps par la multitude indifférenciée, Sternheim s'en distancie pour la réserver expressément à l'être unique, l'être d'élite, l' « être légitimé » ! Mais qui sera habilité pour décerner cette légitimation ? Nous craignons fort que, non seulement Sternheim se voie à peu près seul dans le rôle de censeur, mais qu'en plus il soit enclin à ne décerner ce satisfecit de la légitimation qu'à son unique personne. Le mécanisme est à peu près le même en ce qui concerne la jeune fille. Quand Sternheim, à partir de 1914, a commencé à formuler son message de la « Privatkurage », il n'a apparemment pensé qu'aux hommes. Les héros de ses pièces ne sont, à l'exception de l'*Ecole d'Uznach*, que des hommes ; mais quand il s'est rendu compte que la jeune fille s'est également approprié ce message, il fut pris de court et a pris peur. A ce moment il en exclut donc expressément la femme, la jeune fille, la rangeant probablement dans la catégorie des « individus non légitimés ». Mais ayant besoin lui-même comme partenaire d'un être d'élite, il ne peut leur dénier le droit à l' « auto-réalisation », seulement, pour la femme idéale selon Sternheim, l'auto-réalisation se résume dans l'auto-abandon à l'homme, au sacrifice inconditionnel.

On a donc l'impression d'avoir fait un grand tour avec moult investissement intellectuel dans le langage ampoulé propre à Sternheim, pour revenir au point de départ, pour arriver à une exigence quasi fondamentaliste en face d'une prolifération de la liberté des mœurs allant jusqu'à la perversion. On peut aussi constater d'étranges ressemblances avec notre époque : après la grande vague de libération de 1968, nous sommes de nouveau en face des enfants, fils et filles, de « parents anti-autoritaires », et il semblerait que la libération de la femme ait de nouveau entraîné ce phénomène de rétractation, de rejet par l'homme, qui, faute de partenaire facile, préfèrent pour certains l'homoérotisme, la pédophilie — les allusions à l'homosexualité sont nombreuses chez Sternheim, alors que la pédophilie est encore un sujet tabou[46] — tout en continuant à rêver à la gentille vierge pure, mère digne et dévouée de leurs enfants.

---

45. « Kenter : [...] die allgemeine Sklaverei geschieht unter der Parole 'verabredete Freiheit' [...]. Fantasia : Freiheit des unlegitimierten Einzelnen ist Greuel [...]. » *Ibid.*, p. 24.

46. P. ex : « Fantasia : Ich stelle dazu fest, ein großer Teil der Mannheit meidet schon natürlich das ihn maßlos ermüdende Weib und ist klammheimlich in homosexuelle Ferien gegangen. » *Ibid.*, p. 26.

La valeur mythique et anthropologique de l'enfance dans l'œuvre de Johannes Urzidil

Isabelle RUIZ

Nous sommes réunis ici pour parler du culte de l'enfance en Allemagne de 1870 à 1933, or les textes de Johannes Urzidil que je me propose d'analyser dans cette perspective ont été écrits dans les années 40, 50 et 60. Néanmoins ils ont, à plusieurs égards, leur place dans le cadre fixé. Ce sont des récits rétrospectifs, les souvenirs d'une enfance qui s'est déroulée avant 1914. Urzidil s'est lui-même qualifié de dernier représentant d'une génération disparue et son œuvre se présente pour une bonne part comme un monument érigé à la mémoire d'un monde englouti.

Urzidil est né à Prague en 1896 dans cette Bohême multiculturelle, à la fois tchèque et allemande, juive et chrétienne, qui fut, plusieurs fois au cours du XXe siècle, bouleversée et niée par l'histoire politique : une première fois en 1918 avec la dislocation du vieil empire autrichien, une seconde fois en 1939 avec l'invasion des troupes hitlériennes ; en 1945, les décrets Beneš expulsent la nation allemande du territoire tchécoslovaque ; après 1948, quand la nouvelle Tchécoslovaquie communiste se met à construire des barrages, les eaux engloutissent des villages entiers, effacent purement et simplement certaines vallées de la surface du globe. Après ce cataclysme, Urzidil décide de se soustraire aux Allemands, qu'il considère collectivement coupables, mais il reste fidèle à la langue de son enfance.

Le 8 août 1950, à New York, devant les membres de la Social Scientific Society for Intercultural Relations, l'exilé explique que pour devenir un auteur anglophone, il faudrait qu'il se transforme complètement en un autre homme. Et il ajoute :

> « Nous ne pouvons pas devenir d'autres hommes, parce que nous ne pouvons pas devenir d'autres enfants[1]. »

---

1. « Wir können nicht andere Menschen werden, weil wir nicht andere Kinder werden können. », URZIDIL J., *Dichtung ex ponto*, manuscrit du discours tenu par l'auteur le 8. 8. 1950, à l'occasion

Cette déclaration nativiste, qui implique que l'expérience, c'est-à-dire l'histoire, ne change pas la nature des hommes, annonce la place centrale que va prendre l'enfant dans l'œuvre d'Urzidil.

Environ un tiers de la prose narrative d'Urzidil aborde le thème de l'enfance, quelquefois de l'adolescence, soit directement en se centrant sur un personnage d'enfant, soit indirectement par la perspective de récit choisie. Dans une bonne vingtaine de ses nouvelles, il se met à la place de l'enfant qu'il a été — ou qu'a été son grand-père — pour raconter une histoire pleine de sons et d'odeurs et sans prévention ni préjugé d'aucune sorte. A Prague, au début du siècle, les rancœurs nationales étouffaient le présent. Seuls les enfants pouvaient se libérer de l'emprise du passé.

> Être adulte signifiait se souvenir et faire payer, un jour aux Allemands, un autre jour aux Tchèques; les Juifs, on les malmenait un jour à droite, un jour à gauche (…) L'enfant, à qui cet état de choses était encore indifférent, se faufilait par les rues comme une anguille; jouait avec le crottin de cheval sur le pavé de la ruelle du Tyn; soignait ses bonnes relations avec les marchandes de concombres, car elles le régalaient du jus frais et doux-amer de leurs cucurbitacées[2]…

L'enfant ne classe pas les êtres et les choses dans des catégories apprises. L'Histoire, la culture ne l'ont pas encore corrompu. Cette conception de l'enfance, qui remonte Jean-Jacques Rousseau, s'inscrit dans le cadre d'une critique non de telle ou telle forme de société, mais de la société en elle-même. Pour Urzidil, « les hommes ne valent rien. Seule la nature vaut vraiment quelque chose et l'homme n'acquiert de dignité qu'en fonction de ses émotions naturelles. C'est pourquoi l'enfant est encore parfait, parce que, dans une large mesure, il fait partie de la nature et c'est pourquoi, plus il s'éloigne de ce caractère naturel, plus il s'associe à l'humanité, plus sa valeur s'amoindrit[3]. »

Urzidil conçoit, d'une part, l'enfant comme un idéal de perfection presque divine. L'enfant est magicien ou artiste. Mais en même temps, il y voit, dans un esprit judéo-chrétien, la situation existentielle de dépendance

---

du 90ᵉ anniversaire de la Social Scientific Society for Intercultural Relations à New York. Conservé au Leo Baeck Institute, New York.

2. « Erwachsen sein bedeutete Sich-Erinnern, Heimzahlen, einmal den Deutschen, einmal den Tschechen; die Juden drängelte man dahin und dorthin… Der Knabe, dem das alles gleichgültig war, glitt durch die Straßen wie ein Aal; spielte mit Pferdebohnen auf dem Pflaster des Teyngäßchens; hütete sein gutes Einvernehmen mit den Gurkenweibern in der Melantrichgasse, denn sie labten ihn mit dem kühlen süß-saueren Gurkensaft… », URZIDIL. J, *Prager Triptychon*, Langen-Müller, 1960; rééd., 1963, DTV München, p. 13-14; trad. fr. J. Legrand, *Le Triptyque de Prague*, Desjonquères, Paris 1988, p. 16-17.

3. « Die Menschen taugen nichts. Nur die Natur taugt wirklich etwas und der Mensch erlangt nur vermöge seiner natürlichen Regungen Wert und Würde. Deshalb ist das Kind noch vollkommen, weil es der Natur weitgehend angehört und deshalb : je mehr es sich von der Natürlichkeit entfernt, je mehr es sich der Menschheit zugesellt, umso geringer wird sein Wert. », Lettre du 11. 8. 1951 à Elisabeth Schürer.

et de vulnérabilité de la *conditio humana*[4]. Magicien ou artiste, l'enfant est fragile. En outre, une vision pessimiste de l'histoire, nourrie par la lecture de Jakob Burckhardt et d'Oswald Spengler[5] conduit l'exilé pragois à concevoir aussi l'enfant comme une victime possible de la culture. Voyons à présent comment ces trois aspects du thème — la victime, le magicien et l'artiste — s'expriment dans les textes d'Urzidil et quels indices on peut y trouver des conceptions anthropologiques susceptibles d'avoir influencé son image de l'enfance, aussi allégorique soit-elle.

L'enfant victime

Dans « L'affaire Passeur », le premier « panneau » du Triptyque de Prague (1960), Urzidil raconte un souvenir du temps où il était étudiant. Répondant à une annonce dans le journal, il devient le précepteur d'un adolescent de seize ans, Helmuth Wellner, dernier rejeton d'une vieille famille patricienne de Prague, et qui offre des signes de pathologie mentale. Le narrateur s'aperçoit que « les difficultés éprouvées par Helmuth à s'adapter à l'existence résult[ent] d'un état permanent de suspicion qui se concrétis[e] par des attitudes oscillant entre l'attaque et la défense. Ses gestes [sont] brusques, amples, nerveux ; il parl[e] de façon monosyllabique, achèv[e] rarement ses phrases, et des interrogations inexplicables travers[ent] souvent son discours (…) comme s'il poursuivait à haute voix et à l'improviste une pensée cachée[6]. » Helmuth n'a jamais pu remplir aucune obligation scolaire. Replié dans l'intériorité, il est incapable d'avoir des relations, harmonieuses ou hostiles, avec les enfants de son âge ou avec quiconque. Ce récit autobiographique nous apprend que l'auteur s'est intéressé très tôt — la scène se passe en 1915, puisque l'auteur dit avoir 19 ans — à la psychologie des profondeurs. Il raconte en effet que, dans l'espoir de mieux comprendre Helmuth, il étudie « un nombre imposant

---

4. Je me sers ici de la distinction qu'établit Aleida Assmann dans son *Histoire de l'idée d'enfance* (1978) entre la notion d'enfance absolue et la notion d'enfance relative. Voir EWERS H. H., *Kindheit als poetische Daseinsform. Studien zur Entstehung der romantischen Kindheitsutopie im 18. Jahrhundert*, Fink Verlag, München, 1989, p. 22.

5. Comme l'attestent ses agendas et ses carnets conservés au Leo-Baeck-Institute de New York, Urzidil a lu ou relu entre 1940 et 1955, de Burckhardt *Die Zeit Constantin des Großen, Griechische Kulturgeschichte Drei Bände*, de Spengler, *Untergang des Abendlandes*. Il a quelques affinités avec les *Kulturkritiker*, mais il n'oppose pas « Kultur » germanique, médiévale et métaphysique à « Zivilisation » moderne, rationaliste, démocratique et anglo-française. Sa *Kulturkritik*, étrangère à toute apologie de la volonté de puissance, reste idéaliste ou spiritualiste et ne devient jamais irrationaliste ni anti-démocratique.

6. « Mir wurde sehr bald deutlich, daß Helmuts Schwierigkeiten, sich im Leben zurechtzufinden, auf einen permanenten Verdachtszustand zurückgingen, der sich in seinen zwischen Verteidigung und Angriff wechselnden Verhaltungsweisen äußerte. Seine Bewegungen waren unvermittelt, fahrig und weit ausladend ; sein Sprechen vollzog sich wortweise, gelangte selten zu vollkommenen Sätzen und war oft von unerlklärlichen Fragestellungen durchschossen… », « Die Causa Wellner », *Prager Triptychon* ; tr. par J. Legrand, *Le Triptyque de Prague, op. cit.*, p. 33.

d'ouvrages de psychiatrie et de physiologie sensorielle, depuis les plus anciens jusqu'aux plus récents pour l'époque, ceux de l'Ecole de Vienne[7] qui faisait alors ses premiers pas et luttait encore pour se faire une place au soleil. » Cependant, Urzidil s'empresse d'ajouter que « la sympathie et la compréhension » sont la meilleure thérapie que l'homme puisse offrir à l'homme. C'est donc plus par bonté naturelle que grâce aux théories de Sigmund Freud ou d'Alfred Adler qu'il réussit à se faire accepter par Helmuth en inversant la relation de dépendance maître-élève. Il admet sincèrement avoir besoin d'argent et qu'en acceptant sa compagnie Helmuth lui permet d'en gagner. Il se fait même offrir un livre par le garçon qui, ravi de son nouveau statut de personne utile, demande lui-même à le lire. Le narrateur-précepteur ne cherche pas à éduquer, mais à faire s'épanouir les forces positives en Helmuth. Il ne le force pas à étudier la poésie, mais l'encourage à écrire des vers, il ne lui impose pas de leçons de botanique mais lui trouve un emploi à la pépinière, lorsque le jeune homme manifeste le désir de travailler comme jardinier.

Il adopte un comportement qui, globalement, correspond aux idées des réformateurs de la pédagogie, actifs au début du XXᵉ siècle, c'est-à-dire contemporains de l'histoire racontée par Urzidil[8]. On pense à Georg Kerschensteiner, par exemple, créateur dans les années 1910 des *Arbeitschulen*, où devait être développé chez l'enfant le sens de la création autonome ; on songe aussi à Gustav Adolph Wyneken qui fonde en 1906 avec Paul Geheeb la Freie *Schulgemeinde Wickersdorf* dont l'objectif était l'épanouissement des forces d'autoformation intellectuelle chez les jeunes. Ces programmes, inspirés par les philanthropes de la fin du XVIIIᵉ siècle, Johann Heinrich Pestalozzi et Friedrich Fröbel, ont en commun de vouloir remplacer la notion d'éducation par celle d'épanouissement [*Entfaltung*], ce qui implique une conception nativiste de l'être humain, telle qu'Urzidil la défendait pour expliquer sa fidélité à la langue allemande.

Cependant, Helmuth reste victime de son asocialité pathologique qui, selon le narrateur, n'est rien d'autre que l'expression d'une « crise de conscience à l'égard de son père et à l'égard du monde[9] ». Jakob Passeur, le père, riche et désoeuvré, s'adonne à la généalogie. Il administre comme une propriété privée l'histoire familiale qui le distrait de ses responsabilités présentes. En effet, les Passeur doivent leur fortune à un droit exclusif de passage sur la Moldau, octroyé au début du XVᵉ siècle à un ancêtre qui

---

7. *Idem*, p. 33. Urzidil fait allusion à la psychanalyse de S. Freud (1856-1939), considérée comme première école viennoise. Il pense sans doute aussi à la psychologie individuelle d'Alfred Adler (1870-1937), considérée comme 2ᵉ école viennoise. D'abord disciple de Freud, il rejette en 1911 la théorie de l'étiologie sexuelle des névroses en les considérant comme une exaltation de la personnalité ayant pour but de compenser un sentiment d'infériorité. Peut-être Urzidil songe t-il aussi à C. G. Jung (1875-1961), qui lui ne rompit avec Freud qu'en 1913.
8. Voir SCHEIBE W., *Die Reformpädagogische Bewegung 1900-1932*, Weinheim, Berlin-Basel, 1969.
9. *Le Triptyque de Prague*, p. 48.

avait sauvé le roi en le conduisant sur l'autre rive, alors qu'il était poursuivi par le burgrave dont il venait de séduire la femme. Plusieurs siècles plus tard, la municipalité a fait construire un pont à l'endroit où s'exerçait le privilège des Passeur. Le père de Helmuth se consacre, avec une minutieuse maniaquerie, à réunir les documents reconstituant cette histoire, afin de réclamer à la ville des dommages et intérêts. Ces recherches considérables ne répondent à aucune nécessité financière. Ce qui lui importe ce n'est pas l'argent, dit-il, « c'est l'essence du droit ». En réalité, le père ne s'interroge pas sur la légitimité de ce privilège. Il identifie aveuglément justice et légalité juridique, en jouant avec les édits et les décrets comme avec les rouages d'un mécanisme. En fin de compte, c'est lui et le monde qu'il représente qui sont malades ou coupables de régression narcissique. Helmuth, victime innocente, est le symptôme de cette maladie. Il ne sait rien de cette affaire mais il porte inconsciemment en lui le fardeau d'une culpabilité ancestrale. Quand finalement il en apprend les détails, loin de partager la conception esthétique de la justice qu'à son père, il s'identifie avec la victime de la raison d'Etat, le burgrave, dont le roi s'était débarrassé en le faisant jeter dans la Moldau. Comme pour expier l'injustice commise avec la complicité de son ancêtre contre le burgrave, Helmuth met fin à ses jours en allant à son tour rejoindre les flots profonds de la rivière, qu'Urzidil conçoit à la manière de C. G. Jung comme un archétype de l'inconscient collectif[10].

Un des récits du volume paru en 1956, *La Bien-aimée perdue*, s'achève aussi sur le suicide par noyade d'un jeune être asocial, à la fois fragile et prodigieux.

L'enfant magique

Plus que l'inconscient collectif, c'est en quelque sorte l'état de nature qu'incarnent dans *Grenzland* [Pays frontalier] le paysan Anton Stifter et surtout sa fille de douze ans, Ottilie. Urzidil présente ici un certain type de rapport au monde, où sujet et objet se confondent, et que l'ethnologue Lucien Lévy-Bruhl définit dans les années 1910-1920 comme la mentalité « primitive ». On peut aussi la rapprocher de ce que Aleida Assmann, dans son *Histoire de l'idée de l'enfance*[11] appelle le « concept d'une enfance absolue », c'est-à-dire un état harmonieux, équilibré, de perfection presque divine. Père et fille vivent dans, ou plus précisément avec la forêt de Bohême, à côté du mont Hochficht. L'auteur n'a pas donné à ses

---

10. Voir JUNG C. G., *Über die Archetypen des kollektiven Unbewussten* (1935), GW, Bd. 9/1, Walter Verlag, Olten, p. 13-51.
11. ASSMANN A., *Geschichte der Kindheitsidee*, 1978. Cité par H.-H. EWERS, *Kindheit als poetische Daseinsform. Studien zur Entstehung der romantischen Kindheitsutopie im 18. Jahrhundert*, Fink, München 1989, p. 22.

personnages leur patronyme par hasard. L'esprit d'Adalbert Stifter plane sur ce récit du dialogue entre l'âme de l'homme et l'âme des choses. Urzidil oppose nettement leur perception du monde à la sienne.

> Toni vivait avec la forêt comme avec son père, sa mère, ses frères et ses sœurs, sa femme et ses enfants… il connaissait ses allégresses ou ses inquiétudes, comme celles d'une épouse. Moi, en revanche, je connaissais plus de définitions, je savais que le feldspath s'appelle aussi orthoclase, que l'eau s'écrit H^2O et que le pissenlit est une composacée. Mais ni Toni ni Otti ne se souciaient de ce genre de classification, ils entretenait avec la nature des rapports fondés sur une confiance ou une méfiance innée, selon que la nature se montrait elle-même confiante ou hostile[12].

L'auteur pense en termes scientifiques, tandis que ses personnages animent le monde d'intentions et d'émotions. Pour Lévy-Bruhl, la spécificité de la mentalité primitive réside dans la « catégorie affective du surnaturel », qui donne à l'expérience un caractère mystique. La mentalité primitive ne consiste pas dans un mauvais usage ou une déviation de notre logique, mais dans un autre mode de liaison entre les représentations. Ce mode de liaison, c'est la participation. En vertu de ce principe, les êtres et les objets peuvent être à la fois eux-mêmes et autre chose qu'eux-mêmes[13]. On peut également rapprocher les personnages d'Urzidil de la définition que donne Ernst Cassirer de la « perception mythique », dans son essai de 1944 *Was ist der Mensch ?* :

> La perception mythique est toujours empreinte de qualités émotives. (…) Les choses ici ne sont pas matière inerte ou indifférente. Chaque objet est bienveillant ou malveillant, amical ou hostile, familier ou étrange, séduisant et fascinant ou repoussant et menaçant[14].

Ottilie, plus encore que son père, communique en permanence avec la nature et les objets qui l'entourent. Les oiseaux des bois ne craignent pas de se poser sur elle ; elle fait danser les fleurs d'un geste ; les truites viennent se lover dans sa main plongée dans le ruisseau, elle devine la présence d'un incendie à plusieurs kilomètres de distance, elle pressent l'inconscient des hommes. Elle a des pouvoirs de médium qui l'apparentent à certains per-

---

12. « Toni lebte mit dem Wald wie man mit Vater, Mutter, Geschwistern, mit Weib und Kind lebt… er kannte seine Lustbarkeiten und Unheimlichkeiten wie die einer Ehefrau. Ich hinwiederum kannte mehr Bezeichnungen, ich wußte, daß Feldspat auch Orthoklas hieß, daß Wasser H^2O sei und der Löwenzahn zu den Korbblütlern gehört. Dort mit solcherlei Klassifizierungen brauchte sich weder der Stifter-Toni noch Otti abzugeben, die zu den Dingen der Natur mit eingeborenem Vertrauen oder Mißtrauen standen, wie dies sich eben ergab, je nachdem die Natur selbst zutraulich oder abweisend verhielt. », « Grenzland », *Die verlorene Geliebte*, Ullstein TB, 1982, p. 143 ; trad. fr. par J. Legrand, *La Bien-aimée perdue*, Desjonquères, 1990, p. 157.

13. Cette distinction entre mentalité primitive et pensée civilisée est exposée dans *Les fonctions mentales dans les sociétés inférieures*, dont la première édition date de 1910 ; elle est ensuite précisée dans *La Mentalité primitive* (1922) et *La Mythologie primitive* (1925) La possibilité qu'Urzidil ait lu Lévy-Bruhl n'est, à notre connaissance pas avérée, en revanche, il paraît impossible qu'il ait ignoré C. G. Jung. Or Jung se réfère très fréquemment aux travaux de Lévy-Bruhl.

14. CASSIRER E., *Essai sur l'homme*, Ed. de Minuit, Paris 1975, p. 115. Voir aussi *Philosophie der symbolischen Formen II* : « Das mythischen Denken », 1923-1929.

sonnages de Goethe et de Stifter. Elle incarne, comme l'Ottilie des *Affinités électives*, l'être instinctif, non réfléchi par la conscience qui, soumise à l'ordre mystérieux de la nature, est menacée dans son autonomie et sa volonté. Comme Mignon dans *Les Années d'apprentissage de Wilhelm Meister*, Otti s'exprime dans un langage peu cohérent de mots juxtaposés et fait preuve d'une adresse étonnante avec les objets. On peut encore la comparer à Ditha, la fille d'Abdias, dans le récit des *Studien* de Stifter. Outre ces influences littéraires, on peut voir incarnée en Otti, la notion de réciprocité entre le moi et le monde du courant de pensée dialogique, en particulier du philosophe juif Martin Buber, dont Urzidil allait écouter les conférences à Prague, peu avant la Première guerre mondiale, en compagnie de Max Brod, Franz Kafka et Hugo Bergmann[15]. Buber écrivait en 1923 dans *Je et Tu* :

> Que de choses nous apprenons des enfants et des animaux! Nous vivons dans le torrent de la réciprocité universelle, unis à lui par un lien ineffable[16].

Quelles que soient les influences littéraires ou philosophiques en œuvre dans ce récit, l'Ottilie de ce « Pays frontalier » représente avant tout le souvenir intact de la Bohême, conservé comme un cristal inaltérable dans le cœur d'Urzidil, en dépit de tous les bouleversements personnels ou politiques. Il en évoque lui-même la genèse dans un essai de 1967 sur la création littéraire :

> Un matin, je dis à ma femme : 'Je brûle d'envie de décrire le village de Glöckelberg dans la forêt de Bohême et le paysage des alentours.' ; sur quoi je m'assis et attendis d'abord un moment pour entendre le son d'un mot en moi. Puis d'une phrase qui s'élevait du mot… La matinée n'était pas achevée que j'avais improvisé le récit *Grenzland*, tel qu'il est écrit dans mon livre *La Bien-aimée perdue*. Bien sûr tout cela, en réalité, ne dura pas qu'une brève matinée, cela m'habitait depuis vingt ans, non comme une intention ou un projet, mais comme un cristal qui grandit. Il avait fui, caché en moi, de Bohême en Angleterre les invasions du despotisme, il était passé en Amérique avec moi… Au centre du récit se mouvait le personnage d'une petite fille aux dons magiques, qui avait été une part vivante de ce paysage et qui resurgissait à présent entre les gratte-ciel comme une vision, évocation d'une réalité éclairée et transfigurée[17].

---

15. « Kafka… besuchte… das Holländische Café, nicht unberühmt, denn wir saßen dort in der Nähe der alten Synagoge und des jüdischen Rathauses mit Martin Buber nach dessen Prager Vorträgen beisammen. », URZIDIL J., *Amerika in Kafkas Werk*, Conférence inédite, tenue le 20-11-1969 à l'occasion de l'inauguration de l'exposition Kafka du Leo-Baeck-Institute.

16. BUBER M., *Je et Tu*, trad. fr. de G. Bianquis, Aubier-Montaigne, 1969, p. 36

17. « Eines Morgens sagte ich zu meiner Frau : 'Ich spüre den heftigen Wunsch, das Böhmerwalddorf Glöckelberg und die Landschaft rundum zu beschreiben.' Woraufhin ich mich niedersetzte und erst eine Weile lang in mich hinein nach einem Wort lauschte. Dann nach dem Satz, der aus dem Wort stieg… Noch an jenem Vormittag hatte ich die Erzählung *Grenzland* improvisiert, so wie sie in meinem Buch *Die verlorene Geliebte* steht. Freilich dauerte das Ganze in Wirklichkeit nicht bloß einen kurzen Vormittag, sondern bestand in mir schon seit zwanzig Jahren, aber nicht als Absicht oder Planung, sondern wie ein wachsender Kristall. Er war in mir aus Böhmen vor den Einbrüchen der Despotie nach England geflohen, setzte mit mir über nach Amerika… », J. U. « Einfall und Planung im literarischen Schaffen », in *Blick in die Werkstatt*, Festschrift für K. H. Waggerl, Otto Müller, Salzburg, 1967, p. 22.

Allégorie de la *Heimat* perdue, d'une relation immédiate et spontanée au monde devenue impossible en terre d'exil, la figure d'Ottilie n'en est pas moins nourrie d'une réflexion anthropologique approfondie, influencée par la psychologie de la *Gestalt*, en particulier par Max Wertheimer, qu'Urzidil a rencontré à New York en 1943[18]. Cette influence semble transparaître quand il décrit l'être d'Ottilie comme une unité diffuse aux facultés non différenciées, on pourrait dire comme une « qualité formelle » [*Gestaltqualität*][19].

> C'était une belle petite fille, pas dans les détails, mais par l'accord de ceux-ci. Tout son corps participait à chacun de ses mouvements. Chacun de ses regards était en harmonie avec la perfection de la nature. Quand elle parlait, ce n'était pas seulement avec sa bouche, mais de tout son être et souvent son regard suffisait[20].

Plus l'enfant est jeune, plus l'homme est primitif, moins ses facultés, toutes déjà présentes, sont différenciées. Les psychologues gestaltistes[21] appliquent l'idée d'évolution organique au psychisme et, en cela, réactivent les intuitions anthropologiques du jeune Herder, développées notamment dans son essai de psychologie de 1744[22], où il présente l'épanouissement [*Entfaltung*] de l'âme humaine comme un processus de différenciation et d'autonomisation des facultés, dans lequel l'éducation n'apporte pas de changement qualitatif.

La relation harmonieuse exclusive qui lie l'Ottilie d'Urzidil à la nature est à l'image de la symbiose entre le bébé et la mère. D'ailleurs, les villageois se souviennent que son étrange comportement date de la mort de sa mère. Elle ne veut pas sortir de l'état naïf qui précède la rupture entre le moi et le monde. Elle refuse d'apprendre à lire ; quand l'instituteur veut lui faire écrire le mot soleil, elle se contente de montrer l'astre du doigt ; au catéchisme, elle récite obstinément Notre Mère au lieu de Notre Père, et quand on lui demande qui a créé le monde, elle répond : « C'est moi qui ai créé le monde ».

---

18. Dans un article de 1963, Urzidil se réfère expressément au gestaltisme et définit l'homme comme « qualité formelle » [Gestaltqualität]. Voir URZIDIL J., « Eine Übung im Kopfrechnen », in *Wort in der Zeit*, 1963, J.-G. 9, Nr. 11, p. 33-36.

19. La notion de « Gestaltqualität » est forgée en 1890 par le philosophe autrichien Christian von Ehrenfels (1859-1932), considéré comme le père du gestaltisme qui s'oppose à l'associationnisme.

20. « Sie war gewißlich ein schönes Kind, aber nicht vermöge von Einzelheiten, sondern durch deren Übereinstimmung. An jeder ihrer Bewegungen hatte ihr ganzer Körper Anteil ; zu jedem Blick erklang ihr vollkommenes Wesen. Wenn sie etwas sagte, sprach nicht nur ihr Mund, sondern alles an ihr, und oft genügte ihr Blick. », « Grenzland », *op. cit.*, p. 133 ; trad. fr. par J. Legrand, *La Bien-aimée perdue, op. cit.*, p. 165.

21. Karl Bühler explique dans son ouvrage de 1918, *L'Évolution intellectuelle de l'enfant*, qu'il faut tout un processus de formation pour que la totalité primitive se divise en une polarité entre la perception des objets et la perception de soi-même. KOFFKA K., dans *Die Grundlagen der psychischen Entwicklung*, Gießen, 1921 (Réed. A.W. Zickfeldt Verlag, Hannover 1966) insiste sur l'importance de la maturation dans les facultés complexes ou facultés dites « apprises ». Voir, VORKELT H., SANDER Fr., *Ganzheitpsychologie. Grundlagen, Ergebnisse, Anwendungen*, Beck'sche Verlagsbuchhandlung, München, 1962.

22. HERDER J.-G., *Übers Erkennen und Empfinden der menschlichen Seele*, Sämtliche Werke, Hrsg. Bernhardt Suphan, Berlin 1877-1913.

On voulait lui apprendre ce qui était juste et où trouver Dieu, car ce sont des choses qu'on savait très bien à l'école et à l'église. Elle, elle ne savait pas, elle était. L'être ne voulait pas qu'on l'échange contre le savoir[23].

Cependant, à l'âge de douze ans, Otti arrive au seuil de la puberté. C'est un des sens du titre du récit *Grenzland* [Pays frontalier]. Elle finit par prendre conscience d'elle-même. Elle se met à mesurer sa croissance en traçant des marques au montant de la porte. Enfin, la limite de son innocence est atteinte le jour où elle aperçoit un couple si étroitement enlacé dans une clairière qu'on ne peut distinguer s'il s'agit d'une étreinte ou d'un meurtre[24]. Arrachée à l'harmonie primitive, elle perd brusquement ses capacités prodigieuses et va se noyer dans le lac de Plöckenstein. L'idée que la primitive Ottilie ne survive pas au spectacle de la mort ne contredit pas les observations des anthropologues. Cassirer écrit :

> Le sentiment de l'unité indestructible de la vie est si puissant et si tenace qu'il va jusqu'à nier et défier le fait même de la mort…. Toute la pensée mythique peut être interprétée comme une négation constante et obstinée du phénomène de la mort[25].

Cela dit, cette fin nous ramène à la dimension allégorique du personnage. Avec Ottilie, Urzidil peint son pays sous les traits d'un enfant : comme la Bohême multiculturelle que les luttes nationales ont anéantie, Ottilie ne survit pas à la perte de l'unité. D'autre part, cette régression après la mort de sa mère est à l'image de la fragilité de l'auteur après la perte du pays natal.

Les enfants qu'Urzidil met en scène, qu'ils soient victimes ou magiciens, servent aussi de figures d'identification pour l'auteur lui-même, en tant qu'artiste.

L'enfant artiste

Urzidil établit clairement une analogie entre le jeu des enfants et la création artistique. Dans le récit « Anton est parti », deux enfants de cinq ans, Alf et Adèle, reconstituent le « théâtre du monde » au bord d'une route de faubourg, dans un fossé qui sert de décharge à une usine de jouets. Les adultes — l'auteur écrit « les gens insensibles » — n'y voient qu'un cimetière de poupées, mais pour Adèle, dont le père travaille au bureau de poste, c'est le « bureau des poupées »[*Puppenamt*]. A partir de

---

23. « Man hatte sie lehren wollen, was recht sei und wo Gott wohne, denn dies wusste man ja dort ganz genau. Sie wusste nicht aber sie war. Das Sein wollte sie nicht für das Wissen austauschen… », « Grenzland », *op. cit.*, p. 137, trad. fr. *op. cit.*, p. 170

24. « Zwei Menschen lagen dort eng verschlungen. Man hätte nicht unterscheiden können, ob es eine Umarmung oder ob es vielleicht ein Mord war. » *Idem*, p. 136.

25 *Essai sur l'homme, op. cit.*, p. 125-126.

débris et d'éléments divers, têtes ratées, bras sans mains, jambes sans pieds, morceaux de vêtements, Adèle fabrique de nouvelles poupées, plus ou moins complètes, qui reproduisent les gens du voisinage.

> Ce qui, pour l'usine, est devenu déchet mort, signifie pour Adèle un monde vivant[26].

Adèle ne créé pas *ex nihilo*, son imagination se nourrit de la réalité, comme un écrivain s'inspire de faits divers. En agençant des débris, elle élabore des personnages auquel elle insuffle la vie en leur donnant un nom :

> Adèle est un grand poète et, par conséquent, trouver des noms ne l'embarrasse jamais[27].

Ici encore, l'analogie entre ontogenèse et phylogenèse s'impose. Cette imagination bricoleuse de l'enfant se rapproche de façon frappante de ce que Claude Lévi-Strauss appelle « la science du concret » dans *La Pensée sauvage*. Il écrit :

> Le propre de la pensée mythique, comme du bricolage sur le plan pratique, est d'élaborer des ensembles structurés, non pas directement avec d'autres ensembles structurés, mais en utilisant des résidus et des débris d'événements[28]…

Ainsi l'imagination bricoleuse de la petite Adèle a recréé un couple de voisins, M. et Mme Kobalba, récemment décédés dans un accident de la circulation (mais la fillette prétend justement qu'ils sont venus habiter dans le fossé), les vieux Simonides ; la veuve Eisenschimmel avec ses deux filles, Betti et Mizzi, auxquelles Adèle fait la classe, car le fossé recèle tous les établissements de la vie quotidienne, l'école, mais aussi l'épicerie, où chaque marchandise est figurée par des petits cailloux de couleurs particulières, des pierres et des morceaux de bois. Il y a aussi Monsieur et Madame Wertberg, les acariâtres propriétaires de l'immeuble locatif où logent les enfants. Adèle les a, comme pour rétablir la justice, affublés d'une morphologie déplorable.

> Monsieur Wertberg : sa tête est un dé, cinq points son visage. Madame Wertberg, née Domaschlitzer : sa tête est une boule, son corps une pile de balles de tennis usagées. Son visage est effacé par les corrosions du destin, et qu'on la regarde par devant ou par derrière, c'est pareil. Monsieur Wertberg parle peu et toujours à l'infinitif, par exemple : 'Aller chercher de

---

26. « Was aber der Fabrik zum toten Abfall wurde, bedeutet für Adele eine lebendige Welt. », « Anton ist fortgegangen », *Das Elefantenblatt*, Langen-Müller, München, 1962 ; rééd. in *Morgen fahr ich heim*, Langen-Müller, München, 1971, p. 349.

27. « Adele ist eine große Dichterin und daher um Namen nie verlegen. », *idem, Morgenfahr ich heim.*, p. 355.

28. Lévi-Strauss C., *La Pensée sauvage* (1er éd. 1962), Plon Pocket, coll. « Agora », 1990, p. 36.

la bière! Ouvrir la fenêtre! Fermer la porte! Passer le journal!' Les mots 'Je' ou 'Tu' sont étrangers à son langage[29].

M. Wertberg représente le comble de l'adulte : pour lui tout est objet, rien n'est sujet, tout est moyen, rien n'est une fin en soi, à part lui-même. Son tempérament tyrannique découle de son incapacité à dialoguer. Il est dictateur parce qu'il se tient aux antipodes de l'enfance et ignore cette relation archaïque de réciprocité entre le moi et le monde. C'est la dimension politique de l'éloge de l'enfance. Johannes Urzidil appelle ses lecteurs à opérer un retour sur soi, à retrouver le regard de l'enfance pour extirper les pulsions autoritaires au fond d'eux-mêmes. La volonté de pouvoir n'occupe aucune place dans l'enfant idéal qu'il projette.

Dans les récits d'Urzidil, les enfants ont ceci de commun avec les hommes primitifs qu'ils se retranchent volontiers dans un lieu situé en creux, un fossé ou une caverne. Ainsi, dans le premier récit de *La Bien-aimée perdue*, intitulé « Des jeux et des larmes », les enfants s'installent dans le coin du jardin baptisé « caverne », parce qu'ils ressentent le monde des adultes comme un monde hostile[30]. Les craintes de l'enfant face au monde des adultes sont aussi les angoisses de l'artiste face à ce qu'Urzidil appelle le « Palais d'acier », c'est-à-dire le monde moderne, technocratique, robotisé, falsifié par les formes et les festivités commerciales[31].

Ainsi l'éloge de la pensée sauvage revêt chez Urzidil une double fonction. Certes il traduit d'une part un désir de fuir la réalité, un repli nostalgique et esthétique dans la subjectivité[32]. Mais d'autre part, il entend apporter une orientation éthique. L'intérêt pour l'enfance s'entend comme retour à la nature et non comme régression infantile. Autant l'auteur aime le regard ingénu de l'enfant, autant il blâme les adultes qui ne prennent pas leurs responsabilités.

L'infantilisme des adultes n'est qu'un palliatif inconscient, écrit-il dans un récit américain. Celui des enfants est d'un sérieux mortel[33].

---

29. « Herr Wertberg : ein Würfel ist sein Kopf, fünf Punkte sein Antlitz. Frau Wertberg, geborene Domaschlitzer : eine Kugel ist ihr Kopf, ihr Leib eine Häufung verbrauchter Tennisbälle. Ihr Gesicht ist vom Schicksal fortgeätzt, und es ist gleichgültig, ob man sie von vorne oder von hinten betrachtet. Herr Wertberg spricht wenig, und dann in der Nennform, zum Beispiel : 'Bier holen! Fenster öffnen! Tür absperren! Zeitung reichen!' Die Wörter 'ich' oder 'du' sind seiner Sprache fremd. », « Anton ist fortgegangen », *op. cit.*, p. 353-354.

30. « Die Kinder saßen in der Gartenecke, in der sogenannten 'Höhle'... », « Spiele und Tränen », *Die verlorene Geliebte, op. cit.*, p. 11.

31. Voir URZIDIL J., « Der Stahlpalast », *Die erbeuteten Frauen*, Artemis Verlag, Zürich und Stuttgart, 1966.

32. En cela, Urzidil rejoint l'escapisme irrationnel qui, selon Wolf Wucherpfennig caractérise l'approche du thème de l'enfance dans la littérature autour de 1900. Cf. WUCHERPFENNIG W., *Kindheitskult und Irrationalismus*, München, 1989.

33. Voir « Die große Finsternis in New York » in *Die letzte Tombola*, Artemis Verlag, Zürich und Stuttgart, 1971, p. 86.

Ce sérieux que l'on peut apprendre des enfants consiste à ne considérer ni les êtres ni les choses comme des objets d'exploitation mais comme des sujets. Pour Urzidil, toute vie se fonde sur la réciprocité. Les êtres de nature [*Naturmenschen*] que sont les enfants — mais aussi les fous, les superstitieux, les païens ou les primitifs — participent spontanément à cette relation réciproque en le moi et les choses. Cette réciprocité est un échange personnel qui existe avant et ne peut exister qu'en dehors de la société, car la société place l'homme non plus *dans* mais *face à* la nature qu'elle veut exploiter et fait oublier à l'individu son statut de créature.

Dans les « Jeux et les Larmes », Urzidil compare la caverne des enfants à la demeure de Robinson sur son île[34]. L'idéal de l'enfance a chez Urzidil la même signification que l'éloge de la solitude : c'est une sorte de robinsonnade. *Robinson Crusoë* se présente comme le roman de la confrontation individuelle avec la nature vierge. Urzidil a consacré un essai à Daniel Defoe, portant le titre évocateur de *Monde insulaire des rêves*, où il souligne ce que la nature, dans sa « dureté mais aussi [sa] prodigue bonté », apprend à Robinson :

> Il [Robinson] commence à comprendre le sens de tout travail, et qu'il faut se mettre au service de la nature si l'on en attend des services[35].

Les expériences anachorétiques passionnent Urzidil au même titre que l'enfance. C'est le thème central du récit intitulé *La Fuite de Kafka* où l'auteur imagine le célèbre écrivain pragois quarante ans après sa mort officielle, devenu jardinier à Long Island et menant à l'insu de tous la vie d'un homme simple aux habitudes réglées, « au service à la fois des plantes et des hommes à qui elles profit[ent], et donc au service de soi-même[36]. » En vérité la « fuite de Kafka » est surtout celle de l'exilé Urzidil, qui a fait son propre parcours anachorétique. Il n'a pas travaillé la terre, mais le cuir en devenant à domicile maroquinier et relieur pour survivre à l'époque où il n'avait aucune perspective éditoriale. Les deux essais qu'il a consacrés au travail manuel insistent sur la réciprocité que l'on apprend au contact de la matière : « [les] matériaux… ne donnent jamais plus que ce qu'ils reçoivent[37] ». L'artisan, contrairement à l'ouvrier caparaçonné dans la machine, travaille pour ainsi dire démocratiquement avec les éléments comme avec ses collaborateurs. Il est intéressant de constater qu'Urzidil en tire des conclusions pour la vie sociale et développe une sorte de conscience écologique.

---

34. « Die 'Höhle' hatte etwas Geheimes an sich wie die Inselbehausung Robinsons. », *Die verlorene Geliebte*, p. 11.

35. « Er erfährt in ihrem vollen Umfang die Härte aber auch die spendende Güte der Natur. Es geht ihm der Sinn jeglicher Arbeit auf, und daß man sich in den Dienst der Natur stellen müsse, wenn man von ihr Dienste erwartet. », *Inselwelt der Träume*, tapuscrit inédit, non daté, conservé aux archives Urzidil-Thiberger, Leo Baeck Institute, New York.

36. URZIDIL J., « Kafkas Flucht », *Entführung*, Artemis Verlag, Zürich und Stuttgart, 1964.

37. *Väterliches aus Prag. Handwerkliches aus New York*, Artemis Verlag, Zürich 1969, p. 54.

Toute entreprise continue d'exploitation égoïste des choses, toute présomption tyrannique exercée contre elles, finit nécessairement par entraîner l'homme et l'humanité à la catastrophe[38].

Paradoxalement, toute action profitable sur la société passe donc par un repli hors de celle-ci. C'est dans cette perspective qu'Urzidil étudie la philosophie de l'américain Henry David Thoreau, qui se retira entre 1845 et 1847 dans une cabane construite de ses mains au bord de l'étang Walden dans le Massachusetts, sans pour autant se désintéresser de la politique. Durant son séjour au bord de l'étang il refusa de payer ses impôts, il entendait ainsi contester la guerre contre le Mexique. Après cet épisode qui le conduisit en prison, il écrivit l'essai sur la désobéissance civile. Gandhi et Martin Luther King comptent parmi les fervents admirateur de ce texte qui affirme la puissance de l'individu contre la machine de l'Etat. Plus tard Thoreau combattit l'esclavage, non seulement par ses écrits, mais en aidant un abolitionniste noir à prendre la fuite.

C'est la fréquentation de la nature qui fit mûrir en lui une telle résistance contre les stipulations légales conçues par des hommes[39].

Le retour à la nature que prône Urzidil s'apparente en partie à la contestation juvénile des mouvements beatniks et hippies des années soixante. Il s'agit d'une opposition au « système », c'est-à-dire à un pouvoir qui n'est plus exercé par la conscience morale individuelle mais par l'appareil technocratique. La technique et la science se substituent à la politique et font passer des choix immoraux pour des vérités objectives. L'éloge de l'enfance et de la pensée sauvage est donc un appel à l'homme qui, « dans la fureur de son désir de production matérialiste et technique a oublié la conscience comme source de production[40]. »

---

38. « Jede fortgesetzte selbstische Ausnützung der Dinge, jede gegen sie geübte tyrannische Überheblichkeit muß am Ende den Menschen und die Menschheit zur Katastrophe treiben.", *Über das Handwerk*, Agis-Verlag, Krefeld, 1954, p. 6
39. « Solcher Widerstand gegen die von Menschen erdachten legalen Stipulationen erwächst ihm aus dem Umgang mit der Natur. », « Henry-David Thoreau oder Natur und Freiheit », *Castrum Peregrini*, Den Haag, Nr. 30, 1956, p. 13-31.
40. « Der Mensch hat in dem Furor seiner materialistisch-technischen Produktionsbegier das Gewissen als Quelle der Produktion außer Kraft gesetzt. », URZIDIL J., lettre à Heinz Risse du 25. 2. 1951.